52

1ª edición: octubre 2010
1ª reimpresión: noviembre 2010
2ª reimpresión: noviembre 2010
3ª reimpresión: enero 2011
4ª reimpresión: marzo 2011
5ª reimpresión: mayo 2011

Editorial Alfa
Apartado postal 50304, Caracas 1050, Venezuela
Telf.: [+58 212] 762.30.36 / Fax: [+58 212] 762.02.10
e-mail: contacto@editorial-alfa.com
www.editorial-alfa.com

ISBN: 978-980-354-295-5
Depósito legal: lf50420108001969

Diseño de colección
Ulises Milla Lacurcia

Diagramación
Rozana Bentos Pereira

Corrección
Magaly Pérez Campos

Fotografía de portada
Carlos Hernández / Caribe Focus

Fotografía de solapa
Alberto Rial

Impresión
Editorial Melvin C.A.

Printed in Venezuela

LA REBELIÓN DE LOS NÁUFRAGOS

Mirtha Rivero

COLECCIÓN **H** HOGUERAS

EDITORIAL
ALFA

A Glinda Neva,
car'e pera, car'e sol

Esa era la historia… yo tendría que escribirla cuidando que encajase con sus recuerdos. Sin duda, nunca aceptaría muchos de mis descubrimientos…

Santiago Roncagliolo, *Memorias de una dama*

… el ronquido de las olas cada vez menos perceptible porque el mar seguía alejándose si él aceleraba su carrera, el maletín cada vez más pesado en su mano, y a pesar de que el yate había huido describiendo una amplia curva de espuma al nomás oírse la primera ráfaga, él seguía corriendo ya sin saber por qué, y ahora que el agua le embebía los calcetines y se le empozaba en la planta de las zapatillas oía las voces a sus espaldas dándole el alto, oía los jadeos, el ruido metálico de las cantimploras chocando con los arneses, y de pronto los veía acercarse por los costados, saltar por encima de las rocas, y cuando uno de ellos puso la rodilla sobre la arena y le apuntó, detuvo al fin su carrera…

Sergio Ramírez, *Sombras nada más*

ÍNDICE

PRÓLOGO
«EL NIXON VENEZOLANO»
ALONSO MOLEIRO

El sistema democrático instaurado en el país en 1958 se fue consumiendo mediante un lento período de decadencia que tuvo una cocción de 15 años. Lapso que tuvo en la devaluación del bolívar en febrero de 1983 su capítulo inicial; en los violentos sucesos de febrero de 1989 y 1992 sus expresiones sociales, políticas y militares; y en 1998, un desenlace electoral, quizás no demasiado feliz, pero al menos pacífico.

El naufragio de un experimento cívico que alguna vez había llegado a ser la envidia de América Latina tiene en un trienio especialmente atormentado y acaecido el epicentro de todas las fuerzas liberadas. Aquellas que terminaron por arrasar el poder constituido y darle paso el régimen actual. Nos estamos refiriendo al lapso comprendido entre 1989 y 1992, año en el cual Venezuela, tal y como lo afirmaba la publicidad oficial de entonces, pasaba a ser «otra».

CONCERTACIÓN Y DESCONCIERTO

La lectura de *La rebelión de los náufragos*, de Mirtha Rivero –destinada a ser apasionada–, nos permite elaborar una secuencia de los hechos a partir de la cual el lector será capaz de ubicar la génesis del proceso que condujo a la destitución de Pérez en 1993. Para muchos, no necesariamente para todos, el evento político que, a la larga, condujo a la democracia hacia su colapso final.

Tres son los elementos que, en lo político, a mi entender, acabaron con este proyecto y de forma añadida sellaron la suerte final de la democracia representativa. El primero es el fracaso absoluto de la célebre propuesta de la *Concertación* como engarce para que los partidos acompañaran el proceso de reformas. En lugar de *concertación* hubo *participación*: reuniones donde los mandos económicos encargados ponían al corriente a algunas fuerzas vivas de la nación, pero sin una propuesta política concreta para acompañar las reformas. El propio presidente Pérez pareció haber colegido que con su arrastre bastaba para consolidar el proceso.

El segundo es una consecuencia del primero: el célebre entredicho en el cual quedaron los programas de ajuste económico en situaciones límite como la que vivía la nación. De manera más amplia, me atrevería a afirmar lo dramáticamente incompleta que luce la ciencia económica si se la deja sola ante los acuciantes dramas que tiene en la calle un país del Tercer Mundo como éste. En el ejercicio del gobierno, no hay economía sin política, y esta afirmación está desprovista de su correspondiente viceversa.

El último punto encuentra sus raíces en la profundidad de los años ochenta. Parece claro que Pérez empleó demasiado tiempo en forcejear con Jaime Lusinchi por el control de Acción Democrática, y que en aquella guerra de acusaciones donde se banalizó hasta el límite el recurso de la denuncia, se liberaron fuerzas que acentuaron el desencanto de las masas con el sistema democrático. La guerra soterrada Pérez-Lusinchi tuvo como telón de fondo el caso Recadi, una secuencia de inmundicias que dejaría sin aliento al corazón más patriota. Este fuego cruzado fue aprovechado con mucha astucia por el inefable José Vicente Rangel, entonces un adalid de la denuncia como «institución», habilitado en secreto por sectores del lusinchismo para hacer público el más que discutible caso de la partida secreta como ilícito.

LA HISTORIA AJUSTA CUENTAS

Necesitará el país tiempo para ajustar el juicio histórico que permita consolidar en perspectiva una valoración objetiva sobre lo sucedido aquellos años. Para buena parte de los venezolanos, en el liderazgo y la influencia de Carlos Andrés Pérez en la vida pública contemporánea están todos los males visibles de la Cuarta República. Ninguno como él fue más cuestionado entre los ex presidentes; con ningún otro se ha cebado con tanta pasión el actual régimen; ninguno concentra con tanto método la animadversión y el ánimo conspirativo en sus enemigos.

Pues bien: lo que va quedando claro es que, con el rigor de lo vivido en estos años, comienza a emerger una corriente de pensamiento que aspira a restituir los méritos al primer Presidente reelecto por el voto popular en la historia venezolana. El volumen que tiene usted en sus manos no es el primero que apunta en esta dirección, pero seguramente es uno de sus intentos más acabados.

No hablamos de reflexiones emocionales tocadas por la consecuencia: un libro como *La rebelión de los náufragos* se entrega a la causa de la reivindicación y la verdad como valor por la vía de los hechos. Sin esguinces y sin concesiones. En blanco sobre negro quedan, al menos aludidos, los haberes de su primer gobierno -la expansión económica y la inflación minúscula, las deslumbrantes obras de infraestructura y lo aportado al desarrollo industrial del país-.

Hizo CAP un esfuerzo personal para colocar al país en la modernidad, consolidar un esquema de crecimiento hacia afuera y suscitar el interés de todos los centros de capital. Para eso conformó un gabinete donde estaba muy diluida la huella de su partido, integrado por talentos jóvenes formados en prestigiosas universidades del exterior, beneficiarios de su aplaudido programa de becas, con un proyecto de desarrollo concebido y toda suerte de pergaminos académicos.

Se les podrá hacer observaciones, incluso observaciones graves, a las decisiones tomadas y al soslayo de algunas variables fundamentales en la obra de gobierno, pero lo cierto es que pudo Pérez; con su afán modernizador, dinamizar el aparato productivo, mejorar algunos servicios, promover la inversión extranjera y poner la economía a crecer en poco tiempo. En ese ímpetu, con Carlos Blanco como excelente ductor en la Copre, pudieron cristalizar, además, reformas políticas fundamentales que tienen para los venezolanos carácter imprescriptible. La más importante es la elección directa de gobernadores y alcaldes y la consagración de esta última como autoridad municipal electa. Todo lo anterior está inscrito en el proceso de descentralización como proyecto: una visión federada de la gestión pública que hace de la convivencia política un prerrequisito. Una visión de Estado destinada a desconcentrar el poder de Miraflores, promover liderazgos alternativos plurales y mejorar la calidad de vida en las regiones.

EL LENTE DEL TIEMPO

Hará falta tiempo, decíamos. Para serenar las pasiones, para recobrar el ánimo autocrítico, para ganar claridad viendo en perspectiva. Sobre aquellos años están emergiendo conclusiones previas, insumos para el análisis que algunas veces tienen una naturaleza contrapuesta.

Estos elementos se desprenden desgajados ante los ojos del lector en *La rebelión de los náufragos*. Mirtha Rivero pone ante sus manos un texto extremadamente documentado, asombroso en cuanto a la multitud y variedad de sus fuentes. Voceros que sobrepasan la circunstancia política y se inscriben en las tensiones sociales cotidianas por todos vividas entonces. Incluyendo la televisión.

No es Carlos Andrés Pérez, en definitiva, el político amoral y ambicioso que han retratado sus enemigos. De sus errores se ha dicho suficiente. Dentro de muy poco la nación comenzará a reconocerle sin sonrojarse sus muchos aciertos: la dinámica y acertada orientación de su política internacional, la nacionalización petrolera y del hierro, la consolidación de PDVSA, el legado de su política industrial, su vigor democratizador, de enorme influencia en América Latina; el estilo tolerante y distendido hacia quienes incluso se mofaban de él, los logros sociales que exhibió, sobre todo, al término de su primer gobierno, lustro en el cual todo el mundo comenzó a creer que podríamos dar, en serio, el salto definitivo al desarrollo. Desde mi punto de vista, esa es una de las virtudes cardinales de este libro. Un riguroso trabajo de investigación que contextualiza y le llega al hueso al antojadizo expediente de la partida secreta.

El recuerdo de Pérez estará ligado al esplendor y la decadencia de la democracia. Un estilo que contrasta abiertamente con la mezquindad ruin y el torvo ánimo de revancha que están hoy vigentes. Aquel régimen es historia. El de hoy es presente. Para quien esto escribe, crítico sin miramientos de todas las canonjías del puntofijismo, el balance de ese período es, en cualquier caso, incomparablemente superior a estos diez años jaquetones y sin resultados que han venido después.

La figura de CAP seguirá siendo extremadamente polémica durante muchas décadas más. La historia se encargará de reconocer sus logros y poner las cosas en su lugar. Pues bien: con *La rebelión de los náufragos* tiene usted una excelente y documentada aproximación hacia un aspecto de nuestra historia republicana que estará dando de qué hablar durante varias décadas.

Que no se le escapen a nadie algunas licencias fabuladas que se toma la autora para retratar con incuestionable fidelidad el díscolo frenesí de aquellos años. Quedan convincentemente disueltas ante la escrupulosa descripción de los hechos. La apasionada residente de Santa Paula que, desaforada, toca las cacerolas, brindando, recompensada por los hechos, ante la destitución del entonces Presidente. Un Pérez anciano y en el exilio exclamándole en silencio al pueblo que lo eligió dónde se encuentra el precio de estar eligiendo vengadores.

Los aciertos y los errores tenemos que encuadrarlos en los límites de su condición: la del político latinoamericano aproximado al poder. Graves señalamientos, logros objetivos, ambición de historia, grandezas y miserias, frenética popularidad, momentos de gloria, sufrimiento, cárcel y exilio, rencores llevados hasta sus últimas consecuencias. Al final, tragándose la furia y la indignación, supo cumplir con su palabra y respetar el código institucional de la democracia. Se fue de Miraflores sin que lo empujaran. El Richard Nixon venezolano.

Primera Parte

¿Usted sabe que una de las cosas que pasan con la memoria es que se acuerda de muchas cosas, pero de forma distorsionada?

Carlos Andrés Pérez en *Usted me debe esa cárcel* de CAUPOLICÁN OVALLES

CAPÍTULO 1

Es difícil saber lo que hizo o pensó durante las últimas horas que pasó en su despacho. Queda imaginar, especular, inventar. A las tres y media de la tarde, los objetos personales habían desaparecido de la vista. Esa misma mañana, en menos de noventa minutos, un comando invisible había barrido todo rastro de su paso por allí. Todo testimonio de su devenir público, de su historia oficial. La única historia que, por cierto, tenía cabida en ese espacio, por lo menos en lo que se refería a los cuerpos inanimados. La vida privada era –o él hubiese querido que fuera– privada, no se exponía en papeles, chécheres o portarretratos, y en esa oficina pública no podía haber sino vestigios de su recorrido público. De su trasiego político. De su tuteo con el liderazgo mundial. Esas fueron las huellas que recogieron de la sala esa mañana. El comando sigiloso se había llevado la colección de fotos en donde aparecía al lado de Felipe González, Jimmy Carter, el rey Juan Carlos, Willy Brandt, el jeque árabe de nombre enredado y como media docena de fotos más. También cargaron con los libros de biografías, y por supuesto –fue lo primero que se llevaron– con el busto de Abraham Lincoln y el altorrelieve con la cara de Simón Bolívar. Nada más quedaban, como testigos mudos de otra época, la silla sobreviviente a su primer gobierno –y que Cecilia había mandado a retapizar–, el inmenso globo terráqueo que François Miterrand le regaló en la visita que hizo a Caracas y un revólver calibre treinta y ocho que reposaba –íngrimo– en el centro del escritorio, como la seña más clara de que había llegado la hora de salida. Porque un arma –era su creencia– no es para andar exhibiéndola.

Las armas no son ornamento ni prueba de hombría. Lo había aprendido muy temprano, oyendo las historias de la guerra colombiana de los mil días que le contaba su tío, el general Manuel Rodríguez, y lo comprobó en carne propia mucho después, durante los diez años de resistencia, clan-

destinidad y exilio que empezaron en 1948, cuando los militares derro-
caron a Rómulo Gallegos y él pretendió aguantar en Maracay instalando
un gobierno de emergencia. Desde esos tiempos en que lo perseguían
empezó a familiarizarse con las armas; tanto, que cuando cayó la dictadura y debutó la democracia las siguió teniendo cerca. Había un revólver
escondido en el cajón de la mesa de noche –bajo llave– cuando estaba en
la casa o, si era Presidente y estaba en Miraflores, en la minúscula gaveta que se asomaba discreta por debajo de la mesa que una vez había sido
de Rómulo Betancourt. Esta vez el revólver estaba sobre el escritorio. Lo
acababa de sacar de su escondite porque ya se iba. Había llegado la hora
de cierre. Se iba pese a que no eran las nueve ni las diez o las once de la
noche. Se iba aunque afuera, en la calle, el sol quemara y faltaba para que
cayera la tarde y entrara la noche. En verdad todavía tenía una hora, hora y
media por delante para irse, pero eran pocos los minutos que le quedaban
para estar solo y despedirse de esas paredes. Pronto llegaría la marabunta;
había que alistarse.

El barbero de Palacio acababa de salir. Concluido el almuerzo lo mandó llamar como lo había hecho tantas otras veces en medio de una agenda
complicada, porque debía recibir a un visitante distinguido. Por más ato-
sigado que estuviera no gustaba de aparecer desgreñado y descompuesto,
dando muestra de azoro. Si había llamado al peluquero en momentos menos
trascendentes, cómo no hacerlo a esa precisa hora. ¿Cómo no llamarlo por
última vez? Es más, así llenaba su horario en medio de una jornada tan
pobre y desleída como la que había tenido ese día. Y es que por más empeño que había puesto en fijarse actividades, tareas y reuniones, el esfuerzo
era en vano. Muy poco, casi nada, le quedaba por hacer y esa certidumbre
lo asolaba. La representación inútil de un florero frente a una ventana se le
venía a cada tanto a la cabeza como una alucinación. Odiaba la idea de ser
tratado como adorno. O peor: como estorbo. Toda la vida se había enor-
gullecido de ser un hombre de acción, un ser que actuaba, que hacía, que
se ocupaba. No fue gratuito que en la primera campaña se vendiera como
el hombre que camina. La frase, más que un lema publicitario, más que
un *jingle*, resumía su carácter. Más que un tipo atorado, terco y obstinado
–que lo era– se reconocía como un tipo que ejerce, que ejecuta, que conju-
ga en primera persona el verbo hacer. Porque es de espíritus flojos, pacatos
y débiles detenerse, quedarse inmóvil. Es contrario a su estilo inhibirse o
retraerse ante los tropiezos. Grandes o pequeños. Si se cae un botón de la

camisa y Blanca no anda por ahí, él solito agarra y se cose el botón; si necesita la copia de un documento, nada le impide manejar la fotocopiadora; si le dicen que no vaya al Congreso porque le van a boicotear su entrada y que lo mejor es no ir y dejarlo para después, pues él va, y armado, por si acaso. Siempre hay algo que hacer, que se puede o que se tiene que hacer. Siempre, menos este día.

Pretendiendo huirle a la inacción había pensado presentarse esa tarde en el Parlamento para demandar, él mismo, a los senadores que aprobaran por unanimidad el juicio. Sería un lance emotivo, dramático, digno de grandes titulares. Pero también —lo pensó mejor— una ocurrencia estéril, y a lo mejor contraproducente. No faltaría el resentido que, queriendo humillar, iba a pedir la palabra después de él. Y no, no iba a brindar esa oportunidad. No iban a caerle encima otra vez. No más. Lo prudente era domesticar los impulsos y recoger las alas hasta nuevos tiempos. Además, qué tanta novedad iba a recitar. Qué más quedaba por decir. ¡Qué vaina! Esta vez tampoco se despediría como lo había planeado. En 1979 fantaseó con la imagen de entregar la banda e irse a pie desde el Congreso hasta la sede del partido. Sería un largo trecho, rodeado de gente, de pueblo que en el trayecto se le uniría. Al llegar, el partido lo recibiría con aplausos, inclinándose ante su jefatura. Eso quiso, eso imaginó pero no pudo, porque se dio cuenta de que entre sus compañeros no había interés en recibirlo con honores. Le achacaban que no puso lo que le tocaba para que Acción Democrática ganara las elecciones y que, encima, cuando perdieron, se apresuró en admitir el triunfo ajeno. No lo perdonaban. Había mucho reconcomio, y en vez de homenajes se estaban cociendo intrigas. Por eso no cerró como quiso su primera presidencia. Se quedó con las ganas. Y tampoco iba a poder en la segunda. Parecía una maldición. Lo que restaba era mantener el aplomo. Guardar las apariencias.

Ajustó el nudo de la corbata, tiró el saco hacia abajo y lo cerró abrochando un solo botón. El semblante ya estaba entrenado para lo que venía, pero por si acaso revisó. El ceño no debía revelar inconveniencias. No era hora para descubrirse molesto, aunque lo estuviera, o triste, que también lo estaba, o impotente o sorprendido o herido o desarmado. Ni un atisbo de su ánimo, de su verdadero ánimo, debía traslucirse. Suficiente con la alocución de la noche anterior. Había que mostrarse sobrio, sereno, firme. Entero. Prohibidos los hombros caídos. Pronto le tocaría despedirse formalmente de su equipo. Pronto llegaría el ejército invasor. En cuestión de minutos comenzaría el desfile y había que seguir el libreto. Apretón de manos, saludo cordial, firma del acta, nuevo apretón de manos, abrazo de rigor, otros apretones más allá, quizá un beso en alguna mejilla, y ya. Sin fanfarrias, sin fausto o aparato. Sin discurso. Cerraba el mes más largo de su vida. De su historia. Tanto de la pública como de la privada. El mes más largo, y eso que apenas habían pasado veintiún días.

La fecha exacta: 21 de mayo de 1993.

Moraima –todavía con rastros de trasnocho en el cuerpo– buscaba la noticia en la televisión. Se había acostado a las dos de la mañana, pero la emoción no la había dejado reposar. A las siete ya estaba fuera de la cama, con un café en la mano enfrente del televisor. Desde entonces casi no se había despegado de la pantalla y, a pesar del aporreo, estaba feliz. Ese día no iría a trabajar. Lo había pedido con anticipación porque cumplía cuarenta años y quería celebrar de una manera distinta esa fecha. Iniciaba una nueva etapa en su vida y no quería inaugurarla encerrada en una oficina rodeada de folios y carpetas. Tenía pensado un amanecer diferente, una celebración especial. Pero ni soñaba con lo especial que terminó siendo. Había comenzado a festejar en la víspera, cuando el jueves a las cuatro de la tarde, estando en el trabajo, se enteró de la novedad: «Con nueve votos a favor y seis en contra –leyó en cámara un tipo de rostro grasoso y lentes que le resbalaban en la nariz– la Corte Suprema de Justicia en sala plena declara que hay méritos suficientes para el enjuiciamiento del Presidente de la República, Carlos Andrés Pérez Rodríguez…».

El tipo con lentes no había terminado de hablar cuando un aplauso fuerte y compacto arropó el resto de su discurso. Al magistrado Gonzalo Rodríguez Corro sólo se le veía la cara brillante enmarcada entre un enjambre de cables y micrófonos. Menos de cinco minutos tardó en leer la decisión. A Moraima le entraron ganas de salir corriendo a pegar lecos por la ventana, animada por un alboroto que venía de la calle a la altura de la esquina de Gradillas. Hasta su oficina llegaron los vivas y los cánticos que, como parte de la fiesta, invocaban el nombre de un militar preso. Ella no salió a gritar en ese momento, pero tampoco se quedó sin darse el gusto: en la noche, después de oír el discurso que dio el Jefe de Estado por cadena nacional, chilló de lo lindo desde el balcón de su apartamento en Santa Paula. En su concierto la acompañó su marido, que golpeó sin cesar y sin piedad el fundillo de una sartén. Los dos estaban felices, pero Moraima más; estaba tan contenta que hasta le entraron deseos de lanzar cohetes. Ella, que tanto miedo le tenía a los juegos pirotécnicos desde que, siendo muchachita, se quemó la mano con una luz de bengala. Ella misma se sintió tentada a raspar un fósforo para prender la mecha de un tumbarrancho. Sería una buena manera de empezar su fiesta, se dijo. Tirar cohetes para celebrar una nueva etapa. La suya y la del país. Era el inicio de su cuarta década de vida y el inicio de otra época en la vida del país. No le cabían dudas de lo que venía. El anuncio abría un horizonte de esperanzas, y por sí solo constituía el mejor obsequio que podían darle por su cumpleaños. Ni que lo hubiera encargado. Y esa noche, en los ratos en que no estuvo asomada al balcón o viendo las noticias transmitidas en vivo, se colgó al teléfono para comentar que la renuncia del Presidente –aunque el Presidente no había renunciado pero era como si lo hubiera hecho– era el presente más bonito que le habían dado. En cuanto agarraba la bocina, cada vez más achispada por la champaña, machacaba: es mi mejor regalo.

Aquello era histórico. Nunca imaginó que viviría para presenciar un hecho parecido. Harta de los partidos y de sus dirigentes, se había convertido en una escéptica. Descreía del sistema democrático, o cuando menos de su evolución. Desconfiaba de todo y de todos. Para ella todos los políticos eran corruptos y todos los jueces se podían comprar; lo que hacía falta era que le llegaran al precio. Por eso estaba convencida de que, al final, los magistrados de la Corte no le iban a dar luz verde al juicio en contra del primer mandatario nacional. Era imposible, decía. Ni en *Por estas calles* se había visto. Cómo iba a suceder en la vida real, en la vida de verdad, verdad. No ocurriría nada, había predicho, porque nunca ocurre nada en este país. Todo el mundo roba y roba y se sale con la suya. Nadie paga. Esa era una de sus verdades absolutas. Pero se equivocó. Un día antes de cumplir cuarenta años, la misma Corte de la que tanto despotricaba la había sorprendido. Y ella estaba feliz de haberse equivocado.

Para estar guindando, mejor caer, aseguraba. No encontraba inconveniente en que sacaran al Jefe de Estado antes de tiempo, sobre todo si, como decían, había robado una millonada. Y si no lo había hecho, como se atrevía a cantar uno que otro jalamecate, se vería después. Para averiguar lo que se debía averiguar estaba el juicio que se iba a abrir enseguida. En el tribunal se vería quién tenía razón, pero mientras tanto, lo mejor que podía pasar era que el mandatario esperara afuera. Afuera del gobierno, desprovisto de poder y privilegios, como un mortal cualquiera. Bastante se había prolongado la agonía. Las crisis hay que atacarlas rápido, y esta se había demorado demasiado. Nada peor que un país dando tumbos. Era una majadería pretender esperar los siete meses que faltaban para las elecciones, si la solución al atajaperros en que vivían metidos podía encontrarse antes. Sin golpe, sin muertos, sin hecatombe. Ya estaba bien de dar largas al asunto, que para eso es para lo único que sirven los leguleyos. Para argumentar y contraargumentar y buscar resquicios por donde evadirse. Claro que es lógico que el gobierno maneje un presupuesto para seguridad y defensa, y por supuesto ningún gobierno, ni este ni el de Tucusiapón, lo anda divulgado. Eso es una cosa, pero otra muy diferente es que ese presupuesto no pueda auditarse. Que ese dinero no tenga control. Alguna vigilancia debía tener esa plata porque de lo contrario nadie garantiza que no sea desviada para chequeras personales, o comprar una casa para la querida o pagar los gastos de una coronación que nadie pidió.

Moraima estaba acelerada por la avalancha de acontecimientos, y ese viernes en la tarde todavía quería más. Permanecer pegada a un televisor no era la manera que había imaginado para festejar su cumpleaños, pero sin duda fue la mejor. Ya había visto la sesión del Senado que aprobó el juicio al Presidente, y rio de lo lindo con la discusión que se prendió por el detalle del tiempo que debía mandar el sustituto que nombrara el Congreso. «¡Esto es el acabóse! —exclamó—, antes de votar por el juicio se guindan de las greñas para decidir los días que dura la suplencia». Vio también la ceremonia en donde los congresistas juramentaron al suplente, con banda marcial, himno y hasta discursos. El encargado habló de hora trascendental, de duros embates, de resistencia democrática, de la madurez de las Fuerzas Armadas que son ejemplo para América Latina, y, por supuesto, de la carambola que hizo que, ahora sí, le impusieran el collar de la Orden del Libertador y le entregaran la llave de la urna donde están sus huesos.

—Se nos ofrece la ocasión —decía desde el congreso— para insistir sobre la naturaleza perfectible del sistema, más allá de las aventuras que sólo producen trauma y sobresaltos. Este mandato provisional no lo he buscado ni deseado y me corresponde asumirlo. Actuaré con la firmeza que la situación demanda… No he de actuar como hombre de partido en este trance tan difícil…

Moraima también vio los disturbios a las afueras del Congreso en donde hubo insultos, agresiones y gases lacrimógenos. Y la carretilla de declaraciones que se ofrecieron: ministros, políticos, empresarios, dirigentes vecinales, periodistas, buhoneros, oficinistas y hasta chicheros opinaron sobre el trascendental momento. Ella había visto casi todo lo que difundieron los canales, pero todavía deseaba ver más. Le faltaba el acto de traspaso de mando. Quería mirar las caras, reparar en los gestos, oír las últimas palabras. Quería más, mucho más. Quería ver al mandatario derrocado salir de la casa de gobierno.

A un cuarto para las cinco de la tarde, en el Palacio de Miraflores el aire era espeso. Había desaparecido la incertidumbre y el nerviosismo de los días anteriores, dando rienda suelta a las caras largas, las conversaciones en voz baja y el desmayo ante el peso de los hechos. Secretarias, taquígrafos, mensajeros, analistas, mesoneros, electricistas y bedeles, desafiando la norma, estaban reunidos en el pasillo principal que lleva a Presidencia. En grupitos de cuatro y cinco, esperaban la salida de quien fue su jefe durante más de cuatro años. Conversaban en susurros sin prestar atención al ruido que salía impertinente de los dos televisores que estaban encendidos muy cerca. No había funcionarios de alto rango entre ellos; sólo se distinguía Rosario Orellana, viceministra de la Secretaría, que se acercaba presurosa por el corredor hasta apostarse a un lado de una columna y de un muchacho de ojos rayados, de nombre Javier, que la saludó como saluda un subalterno. Aparte de ella, los contertulios, incluido Javier, eran rasos, rasos. Los grandes personeros —ministros y militares— estaban adentro, aguardando un llamado en la antesala del despacho. A ellos todavía les quedaba oficio por esa tarde. Tras la firma del acta y la despedida, deberían reunirse con el nuevo Jefe de Estado y presentar cuentas, o por lo menos ponerse a la orden. Era lo mínimo, aunque más de uno tenía ganas de saludar y salir corriendo. Entre ellos se repetían los murmullos del pasillo. El espíritu cargado. No había bríos para charlas triviales, toda plática era grave, y el comentario más ligero que se escuchó a esa hora tuvo que ver con la bandera nueva que ondulaba sobre el edificio. La anterior se había roto la tarde antes —justo después de conocerse el fallo de los jueces—, y con la corredera no cupo amague para sustituirla.

La bandera se rasgó por la franja roja y así estuvo ondeando hasta las seis, cuando la arriaron. Ese era el tema de conversación más superficial de los ministros en el vestíbulo, y también lo había sido entre los empleados de la galería. El ánimo era de entierro.

De improviso, un inusitado movimiento que provenía del patio de estacionamientos irrumpió en la pesadumbre y cortó las conversas. Hubo un momentáneo desconcierto. Esperaban la llegada de la caravana del Presidente provisional, pero los carros que estaban llegando y la gente que se estaba bajando de esos carros no formaba parte de la comitiva oficial. A leguas se notaba. Era gente nueva, desconocida, vestida como para una celebración. Cual hormigas que salían de hoyos negros, los recién llegados comenzaron a derramarse y a colmar el pasillo que hasta hacía pocos minutos dominaban los trabajadores de Palacio. En la primera línea del pasaje se formó un batallón de mujeres perfumadas y encopetadas, escoltadas por caballeros que estrenaban trajes y predios. Los empleados y obreros de Miraflores, empujados hacia la pared, parecían intrusos en una fiesta a la que nunca podían haber sido invitados. El aire que transpiraban los visitantes era de jolgorio. Sólo faltaban los papelillos, la alfombra roja y un rey que caminara encima de ella. Los recién llegados se dispusieron a aguardar.

A las cinco de la tarde terminó la espera de unos y otros. Octavio Lepage, acompañado de su esposa, se presentó en el Palacio de Miraflores a tomar posesión de su despacho. Adentro, aguantando para entregárselo, permanecía Carlos Andrés Pérez. Al ver aparecer a su suplente, Pérez sonrió cortés y empezó a cumplir con el guión pautado. Era lo único que le quedaba por hacer. Quince minutos tardó la ceremonia de traspaso. Al finalizar, siempre sin salirse del libreto, sonrió para la foto y estrechó la mano del encargado:

–Le deseo toda la suerte del mundo, doctor Lepage –exclamó, y mientras se dirigía a la puerta sin mirar atrás para ver lo que se quedaba, se dijo a sí mismo–: ¡carajo!, es que esto yo nunca lo vi venir.

CAPÍTULO 2

TALÓN DE AQUILES

—Yo no sé por qué él pensaba así. ¡Esto se veía venir de anteojitos! Todo el mundo estaba claro en que a él lo iban a juzgar. Todos, menos él.

—¿Por qué cree que pasó lo que pasó? ¿Por qué cae Carlos Andrés Pérez?

—Pérez estaba destinado a caer desde el mismo momento en que fue nombrado Presidente. Mucha gente estaba interesada en que él no llegara, y cuando por fin llegó, en su contra se unieron muchos factores y grupos. Se produjo una alianza que sólo se había dado en 1958, cuando la izquierda y la derecha coinciden para tumbar a un dictador. Pero en 1993 la izquierda y la ultraderecha se unieron para tumbar a un Presidente que había sido electo, y que estaba metiéndose con los intereses de mucha gente. Porque Pérez pisó muchos callos. Eso es innegable. Pérez llegó con la idea de democratizar a Venezuela, llegó con una visión de modernizar el país, pero no se dio cuenta de que Venezuela no estaba lista.

—¿No estaba lista?

—Aquí se perdió el norte. Nadie había entendido cuán fatal fue el gobierno de Luis Herrera, ni cuán fatal fue Jaime Lusinchi para Venezuela. Y después de esos dos gobiernos llega Pérez, con una forma de pensar diferente a su primer gobierno, porque ya no es el populista de la década de los setenta sino que es un neoliberal que se rodea de un equipo no adeco, un equipo joven y muy calificado, pero un equipo que tampoco entendía que Venezuela venía herida. Y, después, ellos tampoco entendieron el Caracazo. El equipo de técnicos no alcanzó a entender que la gente estaba llegando a un límite, y Pérez: o no estaba claro o no se dio cuenta o no lo vio o no lo dejaron ver... ¡No sé! Porque cuando se llega a esas alturas como que se pierden un poco las perspectivas...

–¿No podría ser que Pérez sí se había dado cuenta, que sí entendía la situación, tanto que en su gobierno quiso ser totalmente diferente?

–Pero no buscó piso político. Él se lanzó a hacer cambios. Muy importantes, no hay duda. Cambios necesarios, es verdad; pero no supo cómo hacerlo. Él no tenía apoyo de Acción Democrática, no tenía apoyo de nadie. Y la gente que él nombró eran todos unos muchachos que no tenían mano izquierda, que quisieron cambiar las reglas del juego pero no tenían apoyo. Y peor: no lo buscaron. ¡Pérez no lo buscó! Él pensaba que como había ganado con tantos votos, esa votación era su apoyo. Y ¡no!

–Se sobreestimó, como dice todo el mundo.

–Exactamente. Se sobreestimó. Se rodeó de gente muy buena, pero que no tenía manejo político, que nunca había trabajado en la administración pública. Yo no digo que fue un error haberlos nombrado; digo que fue un error nombrarlos ministros. Tenía que haberlos designado directores generales, viceministros, pero no ministros. Porque eran eso: muchachos, muy inteligentes y muy todo pero muchachos que no entendían que para instrumentar políticas económicas se necesita apoyo político. Y no lo buscaron. Ellos simplemente se lanzaron. No le explicaron al país lo que estaban haciendo. Y ahí está el error de Pérez; ahí, su falta de visión. Él necesitaba ese apoyo, necesitaba comunicarle al país las cosas, porque la gente no le compró su paquete. Él se sobreestimó y, al mismo tiempo, subestimó mucho a sus enemigos, porque también hay que dejar algo muy claro: Carlos Andrés Pérez siempre tuvo enemigos. Él llegó adonde llegó por ser un hombre perseverante, pero él tuvo sus enemigos; a él le costó mucho ser candidato la primera vez. Y le costó mucho ser candidato la segunda vez.

–¿Carlos Andrés Pérez era soberbio?

–No. No era soberbio. Lo que pasa es que era terco. Es terco. Terco. Muy terco.

–Dijo que Pérez estaba condenado a salir...

–Grupos de izquierda y gente de derecha decidieron que a Pérez había que sacarlo. Primero vino el golpe militar, y como no resultó, se recurrió al golpe seco. Todo esto era un problema de poder. De poder, y de venganza. Se unieron viejos odios y poco a poco le fueron cobrando cosas. Los viejos odios de Rafael Caldera y Luis Alfaro Ucero[1], y los

---

1 Luis Alfaro Ucero: secretario de Organización de AD en 1989. Secretario general de AD a partir de 1991. Se consideraba que era quien, realmente, controlaba al partido.

resentidos que dejó el golpe de 1945 –un capítulo aún no superado en Venezuela–. Eso, sin contar a los grupos económicos que querían seguir manejando el país. Todos esos intereses confluyeron y, lamentablemente, esto llegó adonde llegó. ¡Una lástima! Se hubieran esperado siete meses, que era lo que faltaba para celebrar las elecciones. Se ha debido dejar que Pérez terminara su mandato y después, si querían juzgarlo, que lo juzgaran. Pero tenían que dejarlo terminar. Lo que pasó fue que, aquí, nadie quería escuchar razones.

–*¿Qué significado hubiese tenido dejarlo terminar su período? ¿Por qué esperar para juzgarlo?*

–Porque la situación no hubiese sido tan traumática. Pasar de Pérez a Octavio Lepage, y después, casi enseguida, a Ramón J. Velásquez golpeó más la institucionalidad. También creo que si Pérez hubiese estado en el poder se hubiese evitado la debacle del Latino, que fue terrible para el país. Él no lo hubiese permitido, él habría buscado una salida, porque la crisis financiera fue terrible para todos… Yo creo que le hizo mucho daño al país toda esta gente que decidió que «el problema era Pérez» y el problema no era Pérez; el problema era la estructura de país, la falta de creencia en las instituciones. Cuando Pérez cae, la economía estaba muy bien, los indicadores eran los mejores: en crecimiento, inflación… Eso hay que destacarlo. Nada que ver con lo que vivimos ahorita. Hay que fijarse que a Pérez lo sacan por diecisiete millones de dólares y porque había subido la gasolina un bolívar ¡¿y cómo estamos ahora?! Ahí es cuando uno se da cuenta de que sí había un plan para sacarlo. Hay que mirar todo lo que ha sucedido en los últimos diez años en el país ¿y ha pasado algo? ¡Nada! Aquí todos los días se viola la Constitución, todos los días lo agreden a uno como ciudadano, le mienten… ¿Y a Pérez lo sacaron por diecisiete millones de dólares? Ahí es cuando uno se da cuenta de que ¡había! una conspiración. Creían que al sacarlo iban a poder poner a cualquiera en su lugar; no se daban cuenta del problema institucional que estaban creando en Venezuela. Pensaban que era muy fácil: salimos de este y ponemos a otro. Y no, no era tan sencillo. En esa época uno abría la prensa y todos los días había alguna información en contra de Pérez. Estaban pendientes de lo que hacía, de qué comía, qué tomaba, cómo viajaba, con quién se reunía…

–*¿Y en la conspiración también estaban los medios de comunicación?*

–¡Imagínese! Los medios son muy responsables porque ellos crearon una matriz de opinión. Ellos dijeron que el gobierno de Pérez era el gobierno más corrupto de toda la historia de Venezuela. Eso lo decían. Yo pregunto: ¿qué ministro de Pérez está preso? ¿Qué ministro fue acusado?

—*¿Y usted cree que Pérez era corrupto?*

—…

—*¿O que el entorno de Pérez era corrupto?*

—El entorno de Pérez era corrupto, eso es un hecho. Pero el entorno cercano a él. Ese fue otro problema que él tuvo. No se dio cuenta de que el entorno que él tenía le estaba creando problemas.

—*¿Está hablando de la señora Cecilia Matos[2]?*

—Ella fue como su talón de Alquiles. Su punto vulnerable. Porque por donde usted metía el ojo, aparecía ella. A lo mejor, no será verdad todo lo que dicen, pero por donde usted se metiera estaba ella metida, y si no estaba, inventaban que estaba. Cecilia aparecía siempre como el poder detrás del trono.

—*¿En verdad era tanto su poder? ¿Pérez se lo daba? ¿O es que él no se daba cuenta?*

—Yo no sé. La verdad que esa es una cosa que no entiendo. No, no entiendo. Creo que ahí hubo un problema serio porque él tenía que haberse dado cuenta de qué estaba pasando… Si yo hablo como su hija, es algo muy difícil de explicar. Uno trató de entenderlo, pero es difícil… Nosotros somos una familia muy moralista ¿y quién nos inculcó esa moral? Él, y mi mamá. Mi papá nos crió con preceptos muy claros. A mí y a mis hermanos. Él nos decía: nunca recibas nada de nadie, porque si lo recibes me comprometes a mí. Insistía en que había que cuidarse mucho, porque favor que nos hicieran a nosotros, se lo iban a cobrar a él.

—*¿Eso les decía?*

—Toda la vida. Él no aceptaba almuerzos en restaurantes caros, no aceptaba que mi mamá llegara a casa de nadie, ni que mis hermanas… Es más, una vez hasta se molestó mucho cuando lo llamé para pedirle permiso porque una amiga de mi mamá se ofreció a pagarme unas clases de esquí. Eso fue entre 1974 y 1977, durante su primer gobierno, que yo estudiaba interna en Francia y en unas vacaciones fui a la casa de doña Alegría —que le tenía mucho cariño a mi mamá—. Yo tenía once años. Sabiendo como es mi papá, yo lo llamo y le cuento que doña Alegría me propone

---

2 Cecilia Matos: con ella CAP mantuvo una relación extramatrimonial desde mediados de los años sesenta. A finales de los años noventa se convierte en su pareja oficial.

aprender a esquiar. Él me pregunta: «¿cuánto cuesta el curso?» Cuando le digo el monto, enseguida me contesta: «no te puedo pagar eso; olvídate de eso». Pero salgo yo: «no, papá, es que doña Alegría dice que ella me lo paga». Más vale que no. Se puso furioso ¡furioso! Quería que yo me viniera para Caracas. De inmediato le dijo a mi mamá: «que se venga; ella no puede aceptar eso. Lo que doña Alegría le dé, su esposo me lo puede pedir a mí en favores».

    —*Por eso a usted le afecta tanto lo del entorno.*

    —Nosotros fuimos criados como clase media; tuvimos las oportunidades que mi papá nos dio, cuando pudo; pero siempre vivimos hasta donde la cobija nos arropaba. Por ejemplo, yo no conocí Disneyworld. Todos los compañeros de mi edad habían ido, y yo no. ¿Por qué? Porque nosotros éramos una familia normal que iba de playa a La Guaira o a Margarita. Yo me fui interna a Francia cuando mi papá fue Presidente, pero apenas dejó la Presidencia me dijo: «Vas a tener que venirte; yo no te puedo pagar el internado». Y me vine. Yo trabajo desde los veintidós años, y mi hermana Sonia, la mayor, empezó a trabajar a los dieciocho. Sonia se pagaba la mitad de la universidad, porque mi papá, en esa época, no podía pagarle toda la mensualidad de la Universidad Católica. Y después, con sus ahorros, Sonia se fue a estudiar su maestría en Londres.

    —*Entonces, para usted, Pérez no es corrupto.*

    —... No será el corrupto *per se*. No es que él se robó el dinero, pero si no es corrupto por lo menos es cómplice. Y lo estoy diciendo como venezolana. Como hija, me parece que mi papá se hizo mucho daño con esa relación. Él la pudo haber sacado a ella para el exterior, la pudo haber mantenido afuera. Si él sabía de esto tenía que haberle puesto coto, de una u otra forma. Él tenía que haberse dado cuenta de qué estaba pasando. Lo digo como hija, porque como venezolana ¡me parece el colmo! Porque nosotros lo elegimos a él para defender nuestros derechos y defender a nuestro país; por lo tanto, él es responsable de toda la gente que nombró, de la gente que estaba a su alrededor... Ahora bien, quítese a Cecilia Matos de todo esto ¿y qué ministro está preso? Ninguno. ¿Qué ministro fue juzgado? Ninguno. Es decir, lo del «gobierno corrupto» fue una matriz creada. Pero qué es lo que pasaba: al tener él esa relación, los medios, que estaban dentro de la confabulación, la utilizaron para crear una matriz de opinión, para dar esa idea de corrupción. Eso es un hecho. ¿Existía corrupción? Hay que ver. La gente le echaba toda la culpa a Cecilia Matos. Fuera o no fuera verdad. La gente habla mucho, ciertamente, pero la forma de vivir de ella es lo que daba qué hablar. Y es que ¿de dónde sacaba Cecilia Matos la plata para vivir donde vivía? ¿Quién se la daba? ¿Por qué se la daban? En inglés hay un dicho que reza: there are not free lunches. Si a ti te están dando algo es porque algo esperan recibir de ti. Ahora bien, ¿Carlos Andrés Pérez no se dio cuenta? ¿Sí se dio cuenta?... De verdad que no lo sé. Lo que sí puedo decir es que todos esos rumores y esos cuentos de corrupción a mí me daban mucha rabia. Y ahí, sí, yo peleaba con mi papá. Él tenía que estar consciente de eso, porque si te llaman ladrón es muy difícil quitarte el mote de encima. Cuando a ti te ponen ese estigma no hay quien te lo quite[3].

3 Carolina Pérez Rodríguez, 25 de julio de 2008. Hija de Carlos Andrés Pérez y Blanca Rodríguez de Pérez. Internacionalista, especialista en Medio Oriente y América Latina. De 1989 a 1993 estaba en una comisión que monitoreaba los programas sociales del gobierno. Personalmente se encargaba de los barrios: 23 de enero, La Vega, Nueva Tacagua, La Dollorita.

CAPÍTULO 3

Todo fue tan rápido. Me meto en su cabeza y pienso como creo pensaría su cabeza esa tarde, cuando iba en el carro rumbo a La Casona. Mientras le abrían el portón del Palacio por última vez, y miraba por la ventanilla a los soldados que todavía se cuadraban a su paso. En esos instantes, con el ánimo quebrantado, ora ya sin disimulo, pudo haberse detenido a pensar en lo tacaños que fueron los días buenos, en lo rápido que se gastaron. Si fue ayer mismo cuando optimista y embriagado había traspasado la reja que ahora cerraban tras de sí. Si fue ayer mismo cuando le pusieron la corona, perdón: la banda presidencial, en el Teresa Carreño. No en el Congreso como era la costumbre y mandaba la Constitución, sino en la Sala Ríos Reyna del Teatro Teresa Carreño, la única obra arquitectónica a la altura de las circunstancias, el único espacio capaz de amparar a tantos huéspedes. Qué distinto el carácter de esa época, qué rimbombante el tono con que se inauguró. La suya no había sido una ceremonia más de transmisión de mando, en donde los invitados especiales sin llegar a la docena asisten como por acto reflejo para brindar apoyo y solidaridad diplomática a un nuevo régimen. No, qué va. Aquel evento que lo elevó a él tuvo visos de cumbre. De conferencia ecuménica que se convoca para investir a un jerarca o para amarrar acuerdos cimeros. Aquella ceremonia fue tarima internacional y se convirtió en plataforma de contactos con trascendencia continental, para no decir mundial. Fueron muchos los extranjeros importantes que llegaron a Caracas: Willy Brandt, Jimmy Carter, Dan Quayle, Felipe González, Mario Soares, Virgilio Barco, Joao Baena Soares, José Sarney, Julio María Sanguinetti, Alan García, José Francisco Peña Gómez, Julius Nyerere, Enrique Iglesias, Ali Subroto, Joaquín Balaguer, Virgilio Cerezo, Daniel Ortega, Fidel Castro. ¡Fidel Castro! en su primera visita a Latinoamérica en treinta años. Nunca antes se había visto una parada de ese tenor en el país o en algún otro de la región. Ese

2 de febrero arribó gente de los cinco continentes sólo para acompañar al amigo –porque eso era él para algunos–, sólo para ser testigo de la hora en que el líder tercermundista se juramentaba como Presidente de una nación joven, pujante y emprendedora. Venezuela estaba llamada para hacer cosas grandes, para marcar derroteros, para cambiar paradigmas de crecimiento. Sería un modelo. Ese y no otro era el sentimiento que cargaba el aire que se respiraba en esa época. Esa y no otra era la sensación que flotaba en el ambiente. Y sólo él había sido competente para fabricar esa atmósfera. Sólo él había podido juntar bajo un techo a tanto y a tan diversos personajes de tan distintos orígenes, creencias e ideologías. Nadie había conseguido algo igual, y difícilmente alguien lo conseguiría después. Los envidiosos y los miopes hablaron de coronación. ¡Qué mezquinos! No alcanzaron a entender la trascendencia. ¡Qué cicateros!

Y ahí fue cuando comenzó todo. ¿O había comenzado antes?

El 2 de febrero de 1989 el escenario semihexagonal de novecientos metros cuadrados de la Sala Ríos Reyna fue ocupado casi en su totalidad por una réplica del estrado del Senado. Para que pareciera aunque no fuera. Todos los partidos políticos habían consentido en cambiar la locación y fue por eso que Carlos Andrés Pérez, el séptimo Presidente constitucional de la Venezuela democrática, se juramentó ante una tribuna de utilería. Era la primera vez que una gala semejante se realizaba en un lugar diferente al viejo edificio del Palacio Federal, sede natural del Parlamento que, en esa fecha, no pudo oficiar como tal por falta de aforo. Era también la primera vez en la vida democrática del país que un dirigente político lograba repetir en la primera magistratura. La Constitución de ese tiempo permitía una reelección presidencial siempre que no fuera inmediata, y hasta entonces nada más Rafael Caldera lo había intentado, pero sin éxito. Él, en cambio, lo había logrado en su primer intento, y ejercería el poder por cinco años más.

A Pérez le tomó juramento un copartidario, Octavio Lepage, que era el presidente del Senado, y por si fuera poco recibió el mando de otro compañero de partido, Jaime Lusinchi, un antiguo amigo. El camino lucía despejado para el nuevo gobierno. La fiesta tenía que ser con pompa.

Para garantizar el brillo del evento no se escatimaron esfuerzos ni recursos. Cinco millones de bolívares nada más costó limpiar y reparar el aeropuerto de Maiquetía, y con semanas de anticipación se reservaron mil quinientas habitaciones de hotel para las delegaciones visitantes; se autorizaron más de quinientas acreditaciones para periodistas y fotógrafos internacionales y mil ochocientos nacionales; diez mil obreros se ocuparon de lavar y acicalar la cara a la capital y quince mil policías fueron encargados del operativo de seguridad. Se cuidaron todos los detalles. Diez años después de haber dejado el poder, Pérez, respaldado por cincuenta y tres por ciento de los votantes, regresaba rodeado de un aura de líder cosmopolita, y en su *come back* quiso hacer mérito a esa reputación.

Las dos mil cuatrocientas butacas del auditorio principal del complejo cultural resultaron insuficientes para las tarjetas de invitación que se cursaron. Todavía hay quien recuerda que la delegación de Tanzania se quedó sin silla y que unos invitados colombianos casi pierden las suyas porque llegaron cinco minutos tarde (como no había cupo en los hoteles los alojaron en las *suites* de una clínica y el congestionamiento de tránsito los retrasó). Antes de comenzar el acto, el teatro era un reverbero, y no sólo por el número de asistentes sino por el brillo de sus galones. Veinte jefes de Estado, el vicepresidente de Estados Unidos, el secretario general de la OEA, el presidente del Banco Interamericano de Desarrollo, el secretario general de la OPEP, el secretario permanente del Sela, el presidente y un vicepresidente de la Internacional Socialista, una decena de ministros de relaciones exteriores, varios ex presidentes –incluyendo los locales–, embajadores, jeques árabes, dirigentes africanos, delegados polinesios, funcionarios de organismos multilaterales, mandatarios derrocados, aspirantes presidenciales de varias naciones, escritores –contando un premio Nobel– artistas e intelectuales de los cinco continentes. Un desfile variopinto que se mezcló esa tarde con los convidados criollos: diputados, senadores, ministros, gobernadores, militares, jueces, empresarios, líderes religiosos, representantes culturales, dirigentes vecinales, cantantes, bailarines y poetas.

En la noche, después de un largo día de actos oficiales, hubo un concierto. La Orquesta Sinfónica Simón Bolívar, Morella Muñoz y un coro de más de mil niños, bajo la batuta del maestro español Theo Alcántara, interpretaron la *Octava Sinfonía* de Mahler. Más tarde también hubo banquete, para el cual se cocieron doscientos corderos, veinticuatro piernas de

res y se destaparon mil doscientas botellas de whisky. No quedó registro
de las garrafas de vino.

–Desde que se coronó la Reina Isabel de Inglaterra no se había visto una acto tan espectacularmente monárquico –comentó a la salida del
evento Eduardo Fernández, el copeyano que llegó en las elecciones detrás
de Carlos Andrés Pérez.

El Gocho había regresado, por si las dudas, por la puerta grande.
Diez años atrás, nadie habría apostado por ese retorno. A lo mejor ni él
mismo. En 1979, unas semanas después de dejar el mandato, ante una
pregunta de Carmelo Lauría[4] sobre la reelección, contestó: «Tengo que
pensarlo mucho». Asumir una nueva presidencia con casi setenta años era
una cuestión que necesitaba considerarse. Estudiarse con calma. Acababa
de leer *Los enfermos que nos gobernaron* de Pierre Accoce y Pierre Rentch-
nick, y le perturbaba el declive de las capacidades y los talentos. El cuerpo
y los sesos responden distinto a los cincuenta y un años que a los sesenta y
seis. «Tendría que pensarlo», confesó en voz alta, pero aún no lo descarta.
Un año después ya ni siquiera se lo plantea, aunque en ello poco tendría
que ver la prematura preocupación por la llegada de la tercera edad y los
achaques que vinieran acompañándola. El dilema entonces tuvo que ver
más con los heridos que él había dejado en su camino. Con los resquemores
que había levantado y con los ofendidos y resentidos que estaban pasándole
factura. Era lo que creía. A la hora de hacer cuentas a su favor no contabi-
lizaron las nacionalizaciones del hierro y del petróleo, o las obras de Guri,
o lo que hizo con la industria del aluminio; mucho menos la creación del
Sistema de Orquestas o la Biblioteca Ayacucho y tampoco se acordaron
de la fundación de becas que mandó a estudiar al extranjero a cientos de
miles de bachilleres. ¡Nada! Al salir del primer gobierno vino la zancadilla

---

4 Carmelo Lauría: banquero, político. Entre 1989 y 1992 era diputado por AD al Congreso. En la primera
presidencia de CAP fue, entre otros cargos, ministro de la Secretaría de la Presidencia. En el gobierno de Jaime
Lusinchi destacó como ministro de la Secretaría, y fue también gobernador de Caracas.

del Sierra Nevada[5], y la jugada –no dejó lugar para la duda– partió de Acción Democrática. Intrigaron y maniobraron y se regó la mala yerba de que el Presidente había complotado para repartirse una comisión de diez millones de dólares. Fue una etapa sórdida. Un día, echado en la hamaca, se quejó impotente ante Sonia, la hija mayor: «¿Es que yo me merezco esto? ¿Es que lo hice tan mal?».

Le dolía admitir que dentro de su propia gente había quien quería eliminarlo políticamente. Querrían cobrarle la pérdida de las elecciones de 1978, sin aceptar que el descalabro tenía otro protagonista y otros responsables. El partido apadrinó al peor postulante, y el partido perdió. Y si perdió había que aceptarlo. No podía repetir el cuento de 1968, cuando el gobierno de Raúl Leoni esquivó durante una semana el triunfo de Rafael Caldera; o lo que pasó en 1973, cuando fue Caldera quien se demoró cuatro días en admitir que habían derrotado a su candidato. En 1978, él se opuso a la repetición de ese capítulo, y eso no se lo perdonaron. De ahí salió la conjura. Estaba seguro. La cuestión del sobreprecio en la compra del buque Sierra Nevada fue un golpe bajo, y se dobló. Sufrió un *knock-down*. Una condena política por parte del Congreso es casi una sentencia firme. Resultó difícil levantar cabeza después de eso. Más de uno creyó que lo habían liquidado. Y quizá es lo que hubiera pasado si el negro Peña Gómez, el dominicano, no se lo hubiera echado sobre sus hombros como el hombre de la Emulsión de Scott cargaba con su bacalao. Peña Gómez fue el gran artífice de su renacimiento. Él y Mario Soares, el portugués, y Willy Brandt, el alemán. Ellos lo rodearon, le dieron ánimos, lo foguearon, lo metieron de nuevo en la candela. Y la Internacional Socialista le dio el reconocimiento a su liderazgo que el partido le había negado.

La candidatura para un segundo mandato la ganó a pulso. En una lucha larga, de persistencia y resistencia. Pero a eso ya estaba acostumbrado. En el pasado cada vez que había surgido su nombre en una contienda interna de AD, enseguida había prosperado también el rechazo dentro del aparato. Le repelían ese modo suyo de ser, opinando sobre todo y metiéndose en todo. Levantaba urticarias su personalidad que en más de una oportunidad

---

5 Sierra Nevada: buque frigorífico comprado con sobreprecio cuando CAP I. En 1980, el Congreso investigó la compra y concluyó que había responsabilidad política de Pérez, pero por un voto se le absolvió de responsabilidad administrativa.

había dado inconvenientes muestras de criterio independiente. Detestaban especialmente lo que muy temprano llamaron megalomanía y delirio de grandeza. En 1972, una vez que Rómulo Betancourt –el líder máximo, el padre fundador– descartó relanzarse por la Presidencia, de inmediato comenzaron a moverse los hilos en su contra. El grupo Leoni, formado por los que habían sido más allegados al ex presidente, fue el más militante en esa oposición. Inclusive hoy en día hay quien asegura que si Leoni hubiera estado vivo, Carlos Andrés Pérez nunca hubiese sido candidato. Pero Leoni murió en julio de 1972, y a los pocos meses, después de superar unos manejos oscuros en la convención interna, él consiguió ser abanderado. Como también lo consiguió en 1987, quince años más tarde.

Tengo que reconocer que en cierta forma soy corresponsable de la segunda candidatura de Carlos Andrés Pérez.
Me acuerdo de que Antonio Ledezma[6], Armando Durán[7] y yo viajamos a Nueva York a convencerlo. A convencerlo para que fuera el candidato, porque nosotros estábamos muy influenciados por la crisis interna que atravesaba AD, en donde Jaime Lusinchi pretendía que Octavio Lepage fuera el aspirante presidencial, cuando, la verdad, Lepage ponía en riesgo la propia permanencia del partido en el poder. Y es precisamente ese hecho, el de la subsistencia en el poder, lo que quizá llevó a que Carlos Andrés Pérez nos recibiera, y nos escuchara.
Retengo la conversación. Cecilia Matos estaba presente y oyó todo el planteamiento que nosotros hicimos y, cuando terminamos, ella dijo algo que después de tantos años puedo repetir de forma casi textual: «Bueno, papi, si tú aceptas te irás solo, porque yo no me regreso a Caracas para que tú seas Presidente».
Carlos Andrés no nos dio respuesta en ese momento. Eso nos puso a pensar. Lo que Cecilia había dicho enfrente nuestro tenía mucha significación para quienes sabíamos la relación estrecha que ellos tenían. Ella lo dijo casi como una amenaza, y eso nos daba vueltas.

---

6 Antonio Ledezma: dirigente de AD, allegado a CAP. En 1989 fue electo diputado. En 1992 fue designado gobernador del Distrito Federal, antes había sido coordinador de las relaciones gobierno-AD.
7 Armando Durán: independiente, allegado a CAP.

MIRTHA RIVERO   37

Pasó un tiempo y un día él me llamó desde Nueva York y me avisó
que iba a venir a Venezuela, específicamente a Santa Bárbara del
Zulia, para cumplir con un compromiso. Armando De Armas, que
era amigo de él, le mandaría un avión para llevarlo hasta allá directamente. Él venía para un bautizo. Cuando eso ocurrió, todavía
estábamos en los días en que no se sabía qué iría a pasar: que si Carlos Andrés Pérez acepta la precandidatura, que si no la acepta. Pero,
igual, él nos llamó y nosotros nos trasladamos hasta el Zulia y allá
nos ocupamos de organizar todo y de movilizar a la gente para recibirlo. Estando en esos preparativos, un compañero me preguntó:
–¿Y tú crees que Carlos Andrés va a volver a ser candidato?
–Yo no sé –le reboté–, pero qué piensas tú de un hombre que viaja
directamente desde Nueva York, Estados Unidos, a Santa Bárbara del
Zulia, Venezuela, sólo para estar presente en un evento como éste[8].

La decisión ya estaba tomada. Pese a lo que dijera Cecilia. Pese a
lo que creyeran los jóvenes dirigentes adecos que volaron en comitiva a
Nueva York para pintarle un lastimoso cuadro del partido y pedirle que
considerara muy seriamente volver al ruedo. Mucho antes de que Ledezma, Durán y Héctor Alonso López aterrizaran en el aeropuerto Kennedy,
Pérez había decidido entrar en el juego e ir por la segunda presidencia.
Desde mediados de 1985, la oficina como senador vitalicio que tenía en
la Torre Las Delicias le venía sirviendo de comando estratégico de campaña y desde allí coordinaban sus movimientos. La meta era el Palacio de
Miraflores, aunque no lo pareciera porque casi no estaba en el país sino
en Estados Unidos, en el apartamento de Cecilia; o en Portugal, en un
cónclave de la Internacional Socialista; o en Zimbabue, para una reunión
del Movimiento de los No Alineados; o en China, recorriendo la muralla.
Casi todas sus apariciones en público tenían que ver con el plan mayúsculo de competir por la candidatura, aunque a simple vista sus actividades

---

8 Héctor Alonso López: joven dirigente de AD. Formaba parte de la tendencia «perecista» del partido; llegó
a ser considerado «el delfín» de CAP.

parecieran las normales, sencillas e inofensivas actuaciones de un político en reposo, apartado por completo de la geografía y la agenda nacional, y pretendiendo solo ser un referente o una consciencia. Pero nada de lo que él hacía tenía intenciones didácticas o turísticas. No se había batido en retirada. No, señor. Cada discurso que pronunciaba y cada zancada que daba apuntaban a la misma dirección. Eran parte de una estrategia, de una maniobra proselitista. Si no qué otra cosa podía ser, por citar un caso, el documental de hora y media de duración que transmitió el canal cuatro de televisión en donde él «explicaba» la cultura china mientras «caminaba» por la muralla y se tuteaba con gobernantes de Pekín.

En 1986, muy lejos de lo que aparentaba a propios y extraños, estaba resuelto. Ya otros lo habían convencido o él se había convencido a sí mismo de que era el único capaz de enderezar los entuertos de Venezuela. Una vez superado el traspié por el escándalo del Sierra Nevada, Carlos Andrés Pérez se sacudió el polvo del traje y se dispuso a regresar al poder. El Sierra Nevada, en lugar de liquidarlo, lo relanzó, y los vínculos internacionales y el roce con los más importantes líderes del mundo reavivaron su nostalgia por el poder. Era imposible pretender que se quedara de brazos cruzados y en la retaguardia. Tenía claro que volvería a ser candidato; sólo que, viejo tahúr, se cuidó de descubrir sus cartas antes de tiempo. No quería dar pasos en falso, y por lo visto ninguna de sus dos familias –tenía dos: la oficial y la otra– estaba muy al tanto de lo dispuesto.

En 1986, cuando Jaime Lusinchi pretendió frenarlo al nombrar como gobernadores de estado a los secretarios regionales del partido, era muy tarde. Ya el nombre de Carlos Andrés Pérez estaba en la calle, y desde la calle había empezado a horadar la renuencia innata de los adecos a la reelección.

Debe haber sido en julio de 1986. Acabábamos de regresar del congreso de la Internacional Socialista que se había hecho en Lima, Perú, a finales de junio. Yo había ido a su casa esa noche para que él terminara de revisar el discurso que había pronunciado allá. Había que corregirlo antes de enviarlo a la oficina de Willy Brandt, que lo estaba pidiendo para traducirlo y publicarlo. Como no le había dado tiempo en la oficina, me dijo que lo acompañara a su casa, que luego de que comiéramos, él lo revisaría. Y resulta que fue ahí, esa noche en su casa, después de comer, cuando nos lo dijo a su hija Marta y a mí:

–No lo comenten todavía, pero he decidido lanzarme por la candidatura.

–¡Ay, Presidente! y con la situación interna tan mala que hay en el partido, ¿usted se va a lanzar? ¿Está seguro?

–Sí, yo tengo un proyecto de modernización. Mire cómo llevan a Venezuela. Este país necesita enseriarse, desde hace rato necesita enrumbarse económicamente y fíjense que no lo han hecho por razones políticas.

Recuerdo perfectamente que fue ahí cuando por primera vez lo escuché mencionar lo de la Generación Ayacucho.

–Yo voy a necesitar a gente como ustedes, a gente joven, capacitada, gente de la Generación Ayacucho, porque para eso yo les di oportunidades de que se formaran en el exterior. La gente del Plan Ayacucho es la que se necesita para modernizar a Venezuela.

–Yo no fui a estudiar a ninguna parte con el Plan Ayacucho –me acuerdo que le dije, en son de broma–. Yo fui con mi propio plan: el Plan Abuelo, porque fue mi abuelo quien me pagó los estudios[9].

Jaime Lusinchi y, según las malas lenguas, Blanca Ibáñez[10], su secretaria privada, se empeñaron en que Octavio Lepage fuera el abanderado del partido. Lepage había sido el jefe de campaña de Lusinchi en las elecciones anteriores y luego, su ministro de Relaciones Interiores. Era, entonces, el virtual sucesor. El designado. Desde muy temprano se sospechó que iba a ser candidato, o mejor dicho: el candidato del gobierno, porque lo que estaba en la balanza no era una elección más sino la dirección de Acción Democrática, la jefatura que estaba disponible desde la muerte de Rómulo Betancourt a principios de la década de los ochenta. Gonzalo Barrios[11] no contaba en esas lides. Él era el presidente del partido, un nombre importante, pero no entraba en la contienda por la jefatura. Desde que murió Betancourt, él era la máxima figura, el más alto dirigente, pero no tenía la suficiente fortaleza para convertirse en el líder indiscutible del parti-

---

9 Beatrice Rangel: fue viceministra y, luego, ministra de la Secretaría con CAP II.

10 Blanca Ibáñez: secretaria privada del presidente Jaime Lusinch, con la cual mantenía relación sentimental. Se le adjudicó gran poder. Al termino de su mandato, Lusinchi se divorció y se casó con ella.

11 Gonzalo Barrios: político. Miembro fundador de AD. Fue ministro del Interior en el gobierno de Raúl Leoni. En 1968 fue candidato a la Presidencia. En los ochenta era presidente de AD, y a principios de los noventa pasó a ser presidente honorario.

do. Carlos Andrés, al contrario, sí la tenía. Si Carlos Andrés conseguía la designación, y luego la Presidencia, se llevaba consigo el control del partido. Y Jaime no estaba dispuesto a permitirlo; tampoco Blanca. Después de detentar las riendas del poder de manera absoluta, era inimaginable transferirlas, y con Carlos Andrés en Miraflores nadie voltearía a mirar al mandatario saliente, mucho menos a su secretaria, que ya nunca más se disfrazaría de militar, ni visitaría guarniciones ni decidiría cuotas de dólares preferenciales ni mangonearía medios ni repartiría canastillas. Por eso Lusinchi y Lepage hicieron mancuerna. Uno obtenía la candidatura, el otro aseguraba el liderazgo de Acción Democrática. Eso pensaron. Ellos dos, y la secretaria privada.

Jaime y Carlos Andrés, después de haber sido grandes amigos, en los últimos años se habían distanciado. Llegaron a ser tan cercanos que, en 1972, Jaime fue quien encabezó el grupo que peleó por la candidatura de Carlos Andrés desafiando al influyente grupo Leoni; y en 1977, Carlos Andrés fue el que se enfrentó a Betancourt, que prefería a Luis Piñerúa, en vez de a Jaime, como aspirante para la contienda del año siguiente. Siempre habían sido compañeros y aliados. Las discrepancias empezaron justo con los preparativos para la campaña de 1983, cuando Carlos Andrés Pérez decide no asistir a un acto en donde sabía se iba a proclamar a Jaime Lusinchi como candidato del partido. No quiso ir –se cansó de decirlo– por una cuestión de principios: se oponía a la negociación que a cambio de la nominación presidencial elevaba a la secretaría general al sindicalista Manuel Peñalver. Una organización policlasista no debía ser comandada por un dirigente sindical y una organización como AD no podía actuar de espaldas a su militancia.

Así fue como comenzó el alejamiento entre los antiguos amigos. Luego, a partir de 1984, durante el mandato de Lusinchi las diferencias se agudizaron cuando Pérez osó cuestionar el papel protagónico que en la vida del país estaba teniendo la secretaria privada del Presidente. Y el enfrentamiento llegó al punto en que un día, frente a frente, uno golpeó fuerte sobre un escritorio y el otro, desairado, salió dando un portazo de la oficina presidencial.

–Esa mujer te va a llevar al fracaso–, oyeron decir a Pérez.

Después de esa noche –porque la discusión fue nocturna– muy pocas veces volvieron a dirigirse la palabra. La guerra se había declarado entre ellos.

O así lo decretaron desde un salón que estaba a un lado del despacho de la Presidencia. De ahí en adelante el liderato no podía ser compartido.

En el año 1986, en una jugada que se creyó maestra, el Ejecutivo resolvió que los secretarios generales del partido Acción Democrática en los distintos estados serían los nuevos gobernadores en cada una de esas entidades. Y desde aquel momento poco a poco fueron cambiando los rostros de las autoridades en las distintas regiones del país. Los liderazgos naturales que tradicionalmente eran reconocidos de una manera consensuada, fueron cayendo de manera paulatina para dar lugar a las autoridades de AD. Porque los adecos eran los que tenían que mandar. Esa era la tesis. Y la apuesta. Desde la oficina presidencial se controlaría la maquinaria del partido y la maquinaria se pondría a trabajar en función de los intereses de la yunta de Miraflores. Porque ese era el más adeco de todos los gobiernos adecos.

Se decretó entonces la fusión entre partido y gobierno, y AD comenzó a administrar el país. Los gobernadores adecos nombraron a los secretarios de organización adecos en los puestos administrativos de sus gobernaciones, y estos, a su vez, designaron a los que le seguían en el escalafón partidista, y así, en cascada. Por supuesto, los contratos, las obras y proyectos las obtenían los empresarios ligados a los funcionarios de Acción Democrática. Y sí, ese era el más adeco de todos los gobiernos adecos.

Con el dominio del aparato partidista, Jaime Lusinchi, Blanca Ibáñez y Octavio Lepage confiaban en obtener el respaldo de los colegios electorales que escogían al candidato presidencial. Casi todos los burós de AD estaban amarrados, y desde el gobierno todo el tren ministerial se afanaba en seguir esa ruta. El próximo candidato presidencial sería el designado por el Ejecutivo. Era una fija, pensaban. Pero en octubre de 1987, los cálculos, las negociaciones y los estimados se vinieron abajo. Contra lo maquinado, se volteó la tortilla. El único estamento de la organización que no se había palabreado, el buró sindical, definió la victoria de Carlos Andrés Pérez en la elección interna de Acción Democrática. Las bases dominaron a la maquinaria, se reseñó. Los trabajadores una vez más decidieron el ganador.

Lusinchi, en su cálculos, no tomó en cuenta un factor muy importante. Había desestimado el sino que rondaba a los adecos desde que empezaron a ser gobierno en 1959: los candidatos presidenciales de AD casi siempre surgían en contra del Presidente adeco en funciones. Eso fue lo que pasó en 1963: Rómulo Betancourt no creía que Raúl Leoni fuera el hombre para sucederlo. Pasó también en 1978: Pérez tampoco apostó por Luis Piñerúa. Y volvió a pasar en 1988.

Jaime Lusinchi alineó toda su artillería –tren ministerial y partido– para enfrentarse a Carlos Andrés Pérez, y perdió.

O eso fue lo que creyó Pérez.

–Papá –pregunté, sorprendida–, ¿de verdad tú piensas volver a ser…?

–Esa es… ¡mi vida!, hija, la política[12].

12 Marta Pérez Rodríguez: hija de Carlos Andrés Pérez y Blanca Rodríguez de Pérez. Entre 1989 y 1993 estaba en la Dirección de Asistencia Social de la Fundación del Niño y, además, se ocupó –ad honorem– de la Dirección de Relaciones Públicas de La Casona.

CAPÍTULO 4

CAPACIDAD DE JODER

–*Hay una tesis que señala que la pugna por el poder dentro de Acción Democrática fue el comienzo del fin. Acabó con el partido y se llevó consigo a la democracia en Venezuela.*

–La democracia venezolana se destruyó a partir de una contienda que tuvo su punto crucial en 1991. Fue una contienda que llegó hasta sus últimas consecuencias. Lo único que en Venezuela se llevó hasta sus últimas consecuencias… En la década de los ochenta, había mucha crítica respecto a lo que eran los adecos y los copeyanos. Se decía: ellos son blancos y verdes pero comen en el mismo plato. Esas críticas, sin embargo, no se expresaban en el hecho electoral, porque cuando llegaban las elecciones, el electorado siempre favorecía a unos o a otros. Y eso hizo pensar al elenco político de los partidos que ellos no estaban en riesgo. En realidad nunca se dieron cuenta de que en algún momento algo tenía que surgir que se convirtiera en una alternativa de poder.

–*En ese contexto se inscribe la pelea interna de AD.*

–El conflicto en AD fue sumamente duro. Comienza en la época de Jaime Lusinchi y tuvo varios matices. Estuvo, por un lado, el matiz de lo que representaba Lusinchi: un gobierno sectario que no lucía como un gobierno del país para el país. Por otro lado, está el caso de Blanca Ibáñez, que fue uno de los episodios que marcó el devenir de los hechos posteriores por una discusión que tuvieron Jaime Lusinchi, siendo Presidente, y Carlos Andrés Pérez, que entonces era ex presidente. Porque en AD había un cuestionamiento muy soterrado, muy silencioso, pero que venía creciendo como una ola andando, sobre el enorme poder que acumulaba la secretaria privada del Presidente.

–Fue cuando Luis Piñerúa[13] comenzó a hablar de «la barragana»…

–Exactamente. Eso hizo que todo ese debate que se desarrollaba entre las paredes internas del partido explotara hacia la calle. Allí fue donde el país conoció que lo que se decía en voz baja en la calle, sobre el enorme poder de la secretaria privada, estaba teniendo eco incluso dentro del partido, en donde estaban sucediéndose críticas muy duras por el proceder de ella. Los periodistas que solíamos cubrir las reuniones del CEN, y averiguábamos cuáles eran las agendas que se estaban discutiendo, sabíamos perfectamente de esas críticas. Yo, que era reportera en ese tiempo, recogí todo lo que se decía dentro de AD. Eran unos cuestionamientos duros. Blanca Ibáñez era la que designaba los secretarios generales del partido; ella, una mujer que no tenía historial de militancia ni activismo, mandaba más que cualquier jefe partidista de los que se habían bregado en la calle. Ella era, además, la que con mano dura se relacionaba con todos los factores de poder real del país: con los grupos económicos, con la Iglesia… Era la verdadera jefa… Y ocurre entonces un episodio en el que Pérez le formuló un reclamo a Lusinchi en ese sentido. Hubo una enorme discusión entre ellos, y desde allí el encono entre el Presidente y el ex Presidente se agrió todavía más. Surge entonces la tendencia perecista dentro de AD, una tendencia muy crítica que reunía a los más jóvenes del partido. En aquel entonces todo el mundo decía que no se podía hablar de un problema de carácter generacional porque Pérez era un antiguo militante de AD, pero la verdad es que quienes lo acompañaban casualmente eran los más jóvenes del partido, los que más o menos estaban entre los treinta y los cuarenta y pico años de edad, y que no habían accedido a los puestos de dirección del partido. O sea, que sí había algo de choque generacional. Ahora bien, cuando Carlos Andrés Pérez muestra interés en repetir en la presidencia, Jaime Lusinchi, enfrentado a él, se planteó impedirlo y movió toda la maquinaria del Estado para que la candidatura del partido no la ganara Carlos Andrés Pérez sino Octavio Lepage. Pero ¡ojo!, dentro de Acción Democrática la figura de Carlos Andrés Pérez ya era muy controversial. A mediados de los ochenta, a él se le atribuían gran parte de los males que había comenzado a exhibir la democracia como consecuencia de su conducción en la época de la Venezuela saudita. Se cuestionaba lo que había sido

---

13 Luis Piñerúa Ordaz: miembro del Comité Ejecutivo Nacional de AD. Candidato presidencial en 1978.

su tránsito por el gobierno y el manejo que hizo de los recursos públicos. Dentro del mundo adeco, se decía que Acción Democrática se había desviado de sus raíces y de su norte histórico a partir de la administración que Pérez había hecho del *boom* petrolero de los setenta, y de la manera como se enriquecieron los contratistas cercanos a Acción Democrática, y como se envilecieron los cuadros medios del partido. Por esa época, además, en AD se venía desarrollando un debate sobre la pertinencia de la reelección, porque a pesar de que la Constitución de 1961 la permitía, entre los adecos había quedado plasmada la impronta de su fundador, Rómulo Betancourt, quien habiendo aceptado incorporar el tema en la Constitución, él mismo no fue amigo de su propia reelección porque, como estadista, comprendió la necesidad de que los partidos se fueran regenerando con sangre nueva… En este panorama, es claro que la aspiración de Pérez de volver a la presidencia iba a contracorriente.

—*Era evidente que Pérez tenía serios adversarios dentro de Acción Democrática.*

—Pérez era una figura controversial, pero tenía los respaldos del buró sindical de Acción Democrática. Y de toda esa organización, el cuerpo político más poderoso era ese buró. Cuando se tenía el respaldo del buró sindical, como lo tenía entonces Pérez, era muy difícil que la candidatura presidencial pudiera favorecer a otra tendencia.

—*Pero en aquellos días no parecía tan fácil. Lepage y Pérez se enfrentaron en las elecciones internas, y hasta el final se llegó a dudar de un triunfo de Pérez.*

—Yo creo que esa disputa entre Lepage y Pérez hizo muchísimo daño, pero esa disputa fue un *round* más de la pelea de Lusinchi con Pérez. Es decir, había una gran pelea entre ambos. Esa era «la pelea», y esa pelea tuvo sus *rounds*, sus episodios. Uno de ellos fue la escogencia del candidato presidencial de AD. La pelea era por el liderazgo y el control del partido, y por los cuestionamientos que Pérez, personalmente, le hacía a Lusinchi por el manejo y la conducción del país y del partido. Desde la Presidencia, Jaime Lusinchi ejerció un poder muy fuerte. Nunca hubiera podido decirse que era un dictador, porque no se puede exagerar, pero el tipo de liderazgo y de conducción que hizo del país y del partido fue propio no de un demócrata sino de un caudillo partidista. Eso le hizo un tremendo daño a la democracia y un tremendo daño a AD y a la manera como evolucionaron los hechos en adelante, cuando la democracia se vio amenazada por el factor militar…

—*¿En qué sentido?*

—Jaime Lusinchi representaba una adequidad muy conservadora, una adequidad profundamente segregacionista en cuanto a la relación con esa otra parte del país que se había formado en democracia. Su gobierno no lucía como un gobierno integrador. Desde luego, esa manera de gobernar de Lusinchi estuvo basada en la certeza que tenía él –y también el liderazgo político de la época– de que la democracia venezolana estaba completamente fortalecida y que ya había tomado raíces en el sentimiento popular, por lo cual pensaban que no había riesgo de perderla ensayando un tipo de gobierno tan extremadamente partidista, tan extremadamente blanco.

—*A eso te refieres cuando dices que Lusinchi movió toda su maquinaria para enfrentar a Pérez.*

—Lusinchi se propuso a todo trance impedir que Carlos Andrés Pérez pudiera reelegirse, y en la precampaña puso toda su energía y todos los recursos del Estado en función de ese objetivo.

—*Y nombra a las autoridades del partido en puestos clave.*

—En un acto que fue sumamente cuestionado en ese entonces, nombra como gobernadores a los secretarios generales del partido. Nunca se había dado algo semejante. Ese hecho marcaba el carácter ultrapartidista del gobierno de Jaime Lusinchi, y eso se iba proyectando hacia todos los niveles de la sociedad. En ese quinquenio todo era adeco, todo tenía que ser adeco.

—*AD apropiándose del país.*

—A partir de allí, uno puede adivinar y comprender el profundo impacto que causaría en el sentimiento del mundo adeco partidista el cambio que posteriormente quiso estimular Carlos Andrés Pérez en su segunda presidencia. Después de un gobierno tan adeco, tan para los adecos, en donde los cargos importantes eran para el partido, era prácticamente impensable que un nuevo gobierno de Acción Democrática buscara en la tecnocracia rostros que vinieran a mejorar la calidad de la gestión.

—*Y esos tecnócratas, además, trajeron una propuesta totalmente diferente de manejo del país.*

—El arribo de Pérez con aquella camada de muchachos recién llegados de las mejores universidades del mundo, con una propuesta estructural de la economía, hizo reaccionar al partido. Pero además, yo no estoy tan segura de si lo que hizo reaccionar a Acción Democrática fueran los cambios económicos que introdujo Pérez. Yo creo que lo que hizo reaccionar a AD fueron los cambios de carácter político, cambios que les arrebataron el poder de muchos estados. Porque el proceso de descentralización política estimulado por Pérez sirvió para que otros partidos que estaban haciendo vida en el sistema, como La Causa R y el Movimiento al Socialismo, accedieran prácticamente a cogobernar al obtener gobernaciones en las elecciones regionales. Por supuesto, esto hizo que los dirigentes más conservadores dentro de Acción Democrática reaccionaran y consideraran que lo que estaba haciendo Carlos Andrés Pérez era colocar al partido en el camino de una pérdida del poder. En AD, consideraban que con la reforma del Estado se estaba cediendo el poder a sus adversarios, a sus enemigos. A ellos no les gustaba la reforma del Estado, no les gustaban las elecciones directas de gobernadores y alcaldes porque consideraban que eso era cesión de un poder, y en política suele señalarse que el poder no se regala… Hubo un comportamiento completamente conservador de ese CEN de Acción Democrática, no solamente respecto de lo que Pérez representaba frente al gobierno y frente a la reforma que trató de estimular; es que también había un tratamiento conservador de cara hacia las puertas adentro del partido; es decir, había una gente dentro del partido que se creía propietaria de una franquicia. Que estaba impidiendo que Acción Democrática pudiera exhibirse frente al país con nuevas caras, con nuevas ideas, con nuevos rostros. Había una gente dentro del partido que estaba impidiendo que nuevas fuerzas políticas pudieran emerger como opciones en los estados, en las regiones. Y no olvides también que entonces se decía que los nuevos presidentes iban a surgir desde la descentralización, desde las gobernaciones de estado, y no olvides entonces que las gobernaciones más importantes estaban en manos de campos políticos y de familias políticas diferentes a las de AD. Los adecos no entendieron que aquella reforma, de alguna manera, estaba tratando de contactar con una molestia popular por todo ese debate escatológico que se había dado en la época de Lusinchi. Los adecos lo único que vieron fue: ¿con estos cambios cómo quedamos nosotros? No pensaron en cómo quedaba la democracia.

–*Y encima, los contratistas del gobierno diciendo: «Ahora no me están dando contratos».*

–Exactamente. El tema de los contratistas dentro del esquema de poder es muy importante, porque generalmente los contratistas siempre funcionan con un operador político. Los contratistas siempre están asociados a algún dirigente político, a algún factor político, a alguna tendencia política. Entonces, en lo que tú cambias la cabeza de un ministerio y das un ministerio a alguien que no es del partido, eso te genera unos cambios en la manera como se distribuyen los contratos. No es lo mismo que tengas a un miembro militante de un partido en el Ministerio de Infraestructura, a que tengas a un independiente, porque ese independiente, seguramente, va a cambiar el esquema de concesiones de contrataciones. Si tú tienes ahora un esquema distinto de contrataciones, hay algún dirigente político a quien no le están llegando sus millones ni su coima. Entonces, se afectaron los bolsillos de los adecos. No solamente se les arrebató poder político; es que se les arrebató la posibilidad de acceder a la cuota de recursos que les llegaba por la vía de los contratistas. Era una pérdida de poder político y era un pérdida de poder económico. Era perfectamente comprensible la reacción virulenta de los adecos: ¡este hombre nos está acabando!... A Pérez lo tumbó Acción Democrática. Acción Democrática montó una operación con la Corte Suprema de Justicia para sacarlo del poder. Ahora, habría que ver si ellos consideraban que sacar a Pérez era una opción para reoxigenar al sistema. Yo dudo mucho que ellos hubieran tenido en mente esa posibilidad de oxigenar al sistema lanzando carne a los leones: en este caso, la cabeza de Pérez. Lo dudo mucho porque yo, que entonces era una chama recién casada, cuando se produjo la decisión de la Corte, el comentario que le hice a mi esposo fue: se acabó la democracia en Venezuela. Entonces, no es posible que la dirigencia política no supiera que una operación de eyección del Presidente de la República iba a degenerar en todos los desarrollos que se estaban dando.

—*¿Por qué siendo tan joven interpretabas que la democracia se había acabado? ¿Qué te daba para pensar así? ¿No era factible creer que después que Pérez saliera bajarían las tensiones y habría un reacomodo de fuerzas?*

—No. Porque lo sucedido era la mejor expresión de que el partido de gobierno no había entendido la profundidad de un cambio que era tan importante, y esa componenda con la Corte Suprema lo que revelaba era que había un sistema que estaba dando patadas de ahogado, un sistema que no entendía que a la nación había que cambiarla, que no entendía que no se podía volver a los gobiernos partidistas. Era evidente que con la salida de Pérez había un intento de restaurar lo que él destruyó con la descentralización. Un intento de volver a la restauración del manejo del poder. Los adecos pensaron que dando la cabeza de un Presidente iban a rescatar su imagen, iban a rescatar la confianza, y resulta que no, que esa fue la mejor demostración de que: «Mira, estos tipos lo tumbaron, hasta ellos mismos saben que no sirve; hay que buscar otra cosa». Yo lo que creí en ese momento es que el país iba a buscar otra cosa, se iba a meter en una aventura. Como lo terminó haciendo. Pero ¡ojo! También pienso que Pérez se sobreestimó, y subestimó al partido. Él sabía que había un desprecio muy grande de la sociedad venezolana por el partido, y que ese desprecio estaba allí, independientemente de los resultados electorales que lo habían beneficiado. Entonces, era lógico que actuara subestimando a sus compañeros de partido y a la organización. Él estaba actuando en función de lo que creía. Siendo Presidente, una vez me concedió una entrevista que yo titulé: «Acción Democrática arrastra los pies». Ese fue el título que le puse, porque esa fue la expresión que él utilizó. Pero ¿quiénes arrastran los pies? Los ancianos, los que ya no pueden más. Y él creía tanto en el poder de su carisma que pensó que podía derrotar a los ancianos, pensó que podía contener esa vorágine de odio que había a su alrededor. Un odio que provenía no solamente del mundo de la izquierda, que estaba metido en el proyecto revolucionario que venía andando, sino del mundo de Los Notables con su propio proyecto, y de su propio partido. Y sobreestimó su capacidad para controlar el conflicto, porque sabía que dentro del partido no había nadie que le pudiera competir en materia de afecto y de carisma; sabía que el partido no tenía cómo competirle a él porque era un partido que arrastraba los pies, era un partido de ancianos, un partido que no era capaz de comprender lo que él ya había comprendido. Y pensó que podía derrotarlos, que podía contenerlos. Pero no pudo, porque si bien los ancianos eran despreciados, y si bien Acción Democrática ya no representaba para el pueblo venezolano lo que una vez representó, había una cosa que sí estaba presente y que Pérez tal vez no contabilizó en su cálculo, que era la capacidad que tiene un elenco político de joder, aunque no tuviera las simpatías populares ni el carisma. Ellos tenían capacidad para obstaculizar, tenían capacidad para complotar, tenían capacidad para conspirar. Tenían capacidad de joder[14].

---

14 Argelia Ríos, 17 de noviembre de 2007. Periodista. Entre 1989 y 1993 cubrió la fuente AD para el periódico *Economía Hoy*.

CAPÍTULO 5

El Estado deberá despojarse del intervencionismo avasallante de Estado protector y munificente, que terminó siendo un Estado obstruccionista, un Estado benefactor y en muchas ocasiones una agencia de contratación complaciente y, por tanto, degradante... Hemos ofrecido al país la liberación progresiva de la economía en todo lo que sea necesario...

(Carlos Andrés Pérez. Discurso toma de posesión. 2 de febrero de 1989).

Al mediodía del 2 de febrero de 1989, en el Salón Ayacucho del Palacio presidencial, Carlos Andrés Pérez contempló satisfecho el cuadro que tenía ante sí. El auditorio estaba en penumbras, pero con el rebote de la luz que alumbraba el presídium conseguía entrever lo que había justo al otro lado de la mesa de madera estilo Luis XV en la que en ese instante posaba sus manos. Veintisiete personas, una al lado de la otra, aguardaban para ser juramentadas. Siete mujeres y veinte hombres, que en unos minutos se levantarían de sus sillas, y erguidos se alinearían al frente como un equipo de pelota que espera cantar el himno antes de comenzar el partido por el campeonato. Ese era su tren ejecutivo. El *roster* que había seleccionado para cambiar el juego. Lucían seguros, serenos. Impecables dentro de sus trajes oscuros, como dictaba el protocolo y se leía en la cartilla de invitación. En el grupo apenas desentonaba una figura diminuta que se acomodaba en el extremo derecho de la sala. Era Gabriela Febres Cordero, la nueva presidenta del Instituto de Comercio Exterior que con su cara de niña recién salida de bachillerato no sólo lucía una refulgente chaqueta roja sino que además se había atrevido a quebrantar la norma no escrita –pero de estricta observancia– que vetaba el uso de pantalones a las mujeres que trabajaran en Palacio con el presidente Pérez. Aquello era un descuido lamentable, sin duda, pero la muchachada no conseguiría arruinarle tan magistral acontecimiento. La designación y juramentación del nuevo gabinete era su primer acto oficial como Presidente de la República, y ninguna travesura podía ensuciarle el retrato de ese momento. Ya se encargaría él de llamarle la atención más adelante. Por muy novedoso y moderno que fuera su gobierno, el progresismo no alcanzaba para romper las normas del decoro y el buen vestir. Esa sería la primera y la última vez que se presentaba en Miraflores con ese atuendo. No más faltaba. El reclamo lo puso en su carpeta mental de «pendientes», y continuó pasando revista.

Mientras escuchaba al secretario leer el acta, le fue imposible reprimir una sonrisa de complacencia. ¿Cómo podía haber mejor selección? debió preguntarse. El equipo había sido cuidadosamente escogido. Batalló mucho para cuadrarlo pero el resultado se le revelaba admirable. Un *dream team*. A pesar de lo que elucubrara la prensa –ayudada, claro está, por unos espíritus remolones de Acción Democrática–, él sí muñequeó tratando de arrimar más compañeros a su cuadrilla de operarios. Colocó a Alejandro Izaguirre, el secretario general de Acción Democrática, en la cartera más importante: la de Relaciones Interiores, y a otro adeco emblemático, Enrique Tejera París, lo designó en Relaciones Exteriores. A Reinaldo Figueredo lo distinguió como su mano derecha al darle la Secretaría de la Presidencia. También metió a Celestino Armas en Energía y Minas, un cargo relevante en una nación que vivía del petróleo. A Eglée Iturbe, que había sido viceministra con Lusinchi, la ascendió a ministra de Hacienda para que manejara las finanzas del país, y a Leopoldo Sucre Figarella, un adeco rancio, lo mantuvo al frente de las empresas de Guayana. En Transporte y Comunicaciones puso a Gustavo Rada, ingeniero que se había graduado con honores en Massachusetts a fines de los años cincuenta, y que había estado entre los que fundó la sección de AD en el IVIC. Y nombró a Fanny Bello en Agricultura, a Luis Beltrán Guerra en Justicia, a Felipe Bello en Sanidad, a Enrique Colmenares Finol en Ambiente. Y a Dulce Arnao en Ciencia y Tecnología. Y a Aura Loreto en el de la Mujer. Trece de los principales funcionarios venían de la cantera de Acción Democrática. Trece de veintisiete –se repetía mentalmente–, y eso sin contar con los dos simpatizantes adecos Luis Penzini Fleury, en Desarrollo Urbano, y Senta Essenfeld, en Familia. ¿Por qué no se sacaba esa cuenta? Aunque lo dudaran –lo dijo y lo repitió muchas veces sin convencer a nadie–, hubiese deseado que el gabinete íntegro estuviera compuesto por militantes de Acción Democrática o que los despachos principales, encargados de hacer los cambios que había dispuesto, estuvieran capitaneados por adecos, pero era ilusorio tan solo imaginar algo semejante. En AD –era su reflexión– no había cuadros de envergadura para encarar la situación; no había nombres ni voluntades que pudieran embraguetarse en la faena de transformar a Venezuela, como era su intención. Ni adecos jóvenes capacitados para tomar el testigo en esa carrera que se había propuesto correr. Por eso buscó en otra parte, o en otras partes, porque el gabinete que haría la transformación se armó tocando distintas puertas. Era absurdo perseguir un cambio profundo aferrándose a patrones y guiones tradicionales, a personajes atávicos. Quería mentes progresistas. Gente calificada, que traería detrás de sí a más gente calificada dispuesta a trabajar. Y así comenzaría a renovarse el Estado y el país. Esa sería su obra –seguía cavilando optimista–. Se había propuesto corregir los entuertos y darle un giro a la economía y la política nacional, y no iba a conformarse con figuras de medio pelo. Quería funcionarios de alto rendimiento. Técnicos. Verdaderos especialistas. No temía colocar a tipos agudos, inteligentes y retadores en cargos importantes, porque no recelaba del intelecto. Porque no era un acomplejado. Todo lo contrario –se autoalababa–. Se jactaba de estar al tanto de lo que ocurría y se debatía en el mundo, y le fascinaba discutir con la *intelligentsia*, y codearse con ella.

Las verdaderas estrellas de su gabinete no venían de AD, es verdad, pero sí eran venezolanos talentosos salidos de las mejores universidades del mundo. Y –una cosa que lo satisfacía de manera especial– varios habían sido becarios de la Fundación Gran Mariscal de Ayacucho, el programa de formación que había establecido en su primer gobierno. Enfrente suyo, esperando por la juramentación, estaban Miguel Rodríguez, graduado en Yale, que iba a manejar el cambio económico; Moisés Naím, doctorado en el Massachusets Institute of Tecnologhy, encargado de echar a andar la apertura comercial; Eduardo Quintero, con postgrado en Harvard, que dirigiría la reestructuración de las empresas públicas; Gustavo Roosen, con Maestría en la Universidad de Nueva York, que reformaría el sistema educativo; Carlos Blanco, economista *summa cum laude* y PhD de la Uni-

versidad Central de Venezuela, designado para manejar la descentraliza-
ción política; Gabriela Febres Cordero, *cum laude* en la Universidad de San
Francisco, que desmantelaría las trabas a las exportaciones no tradicionales.
Marisela Padrón, distinguida socióloga y docente experta en el tema de la
erradicación de la pobreza, que desplegaría la agenda social. El maestro
José Antonio Abreu, quien en 1975 fundó la Orquesta Sinfónica Simón
Bolívar y la Orquesta Nacional Juvenil, que profundizaría su obra desde la
jefatura del despacho de la Cultura. Una verdadera constelación de cere-
bros, y todos, salvo Carlos Blanco, que había sido secretario de la Copre, y
José Antonio Abreu, que había figurado en su primer gobierno y después
en el de Luis Herrera, todos los demás no adecos eran debutantes en la
administración pública y, sobre todo, unos perfectos desconocidos en la
arena política. Provenían de las aulas de clase o de la empresa privada en
donde privilegiaban la competencia y la eficiencia antes que la camaradería y eran unos neófitos en el arte del correveidile y del politiqueo. El
mundo había cambiado y Venezuela no podía quedarse a la zaga. Hasta
la Unión Soviética comenzaba a abrirse y en el resto del planeta relampa-
gueaba un movimiento descentralizador que prometía acercar el poder a
la gente. Ni él, Carlos Andrés Pérez, ni Venezuela podían estar ajenos a ese
movimiento; no podían quedarse afuera. Llegaba al poder con la idea de
dar un salto hacia delante y AD, por desdicha, no estaba preparada para
acompañarlo. El partido mantenía la visión de siempre, defendiendo la
tesis de vivir de la renta y controlar las decisiones políticas. En cambio él
–pensaría–, él sí había evolucionado.

No se iba a cruzar de brazos esperando la anuencia de sus compañeros de tolda. Se conocía y lo conocían de sobra para saber que cuando
se empeñaba en algo, no se detenía. El *carnet* partidista no es garantía de
buen gobierno, era lo que pensaba, no es requisito para ocupar un puesto
en su gabinete. Ni siquiera en su primera administración, cuando carecía
de la experiencia ejecutiva y le faltaban horas de vuelo, se había planteado un gobierno totalmente blanco. Toda la vida lo habían conocido –y
criticado– por su juicio independiente; un rasgo demasiado enraizado en
su talante para dejarlo a un lado a los sesenta y seis años de edad. Lo traía
en la sangre al momento de nacer, y lo ensayó muchas veces a lo largo de
su carrera política. Desde que comenzó se acostumbró a ser asertivo, a
defender sus opiniones y a jugar con el *score* en contra. En los inicios del
trienio adeco fue secretario privado de Rómulo Betancourt –con escritorio en el mismo despacho del Presidente, no se cansaba de recordar–.

Sin haber cumplido veinticinco años empezó a volar alto. Siguió estando muy cerca de Rómulo durante el exilio, y Rómulo –hombre excepcional y difícil– continuó fiándose de él, tanto que cuando volvió al gobierno, en 1959, lo encomendó a la dirección general de Relaciones Interiores y después, cuando hervía la insurrección armada de izquierda, lo convirtió en el ministro policía que actuaba persiguiendo y arrinconando a los rebeldes, muchos de ellos sus antiguos compañeros de partido. En ese entonces y en esos bretes no había tiempo para consultar, decidir y ejecutar. Y cuando lo había –seguía pensando– también debía estar dispuesto a mantenerse firme, aun en medio de un clima tormentoso. Con ese *training* ganó suficiencia, que según él muchos –equivocándose– confundieron con prepotencia, pero poco a poco fue acostumbrándose –y acostumbrando a los demás– a su libertad de acción. Y se fue curtiendo. En la primera presidencia, y en contra de la influyente opinión de Rómulo, se atrevió a incorporar en su equipo a Ramón Escovar Salom –expulsado de AD en la década de los cincuenta– y a Gumersindo Rodríguez –que en 1960 se había ido del partido para formar el izquierdista y rebelde MIR–. Se la jugó también cuando nombró a un ex perezjimenista como cónsul en París, y cuando designó como colaboradores cercanos al independiente Diego Arria[15] y al banquero allegado a Copei, Carmelo Lauría.

Si eso había hecho en su primera administración, nada menos se podía esperar en la segunda. Ante su gabinete de técnicos no cabían las llamadas de atención ni los ojos espantados ni las cejas levantadas. No cabía el asombro. Ya debían estar acostumbrados, diría, y con esa convicción se aprestó a destapar su gabinete.

Tres semanas antes de que Carlos Andrés Pérez firmara su primer decreto en donde designaba al cuerpo de ministros, el país ya había conocido por boca del propio Pérez la identidad de sus principales colaboradores. Fiel a la tónica que en la campaña lo vendió como El Presidente –con mayúscu-

---

15 Diego Arria: político, diplomático. Presidente de la Corporación de Hotelería y Turismo en el primer gobierno de Rafael Caldera. Entre 1974 y 1977 fue gobernador de Caracas y ministro de Información y Turismo. En 1978 se lanzó a la Presidencia con el partido Causa Común. Con CAP II fue embajador de Venezuela ante la ONU.

las– en la mañana del sábado 14 de enero, justo un día antes de viajar hacia
Europa y Oriente Medio para reunirse –qué duda cabía– con otros jefes
de Estado, convocó a una rueda de prensa e hizo el anuncio formal. Tal y
como debía acostumbrarse en otras latitudes –debió presumir– presentó al
tren ejecutivo completo (no un nombre hoy, otro mañana, dos más pasado)
cuidándose de mencionar la trayectoria de cada uno de los designados pero
destacando, de una manera que pretendió ser sutil, el pedigrí académico
de los que enseguida se percibieron como los ministros estrella, los debutantes encargados de darle un giro a la economía. Ese día empezó a usarse
en público un lenguaje diferente. Empezó a hablarse de ajustes macroeconómicos, cambio estructural, devaluación progresiva, desaceleración de la
inflación. Y en la avenida Libertador de Caracas, una corriente de viento
fresco pareció hinchar las paredes de la oficina en donde el mandatario
electo hacía el anuncio a los periodistas. Para él, de repente, el aire luci-
ría más fino, más liviano. Como el que debía respirarse en Pennsylvania
Avenue, Washington, o en Downing Street, Londres. Todo en esa mañana
de enero destilaba grandeza, majestad. Hablaba de promesa.

Pérez venía de hacer una campaña electoral innovadora, vistosa, de
mucho lustre; quizá la más innovadora, vistosa y de lustre que se había
visto en la historia contemporánea venezolana. Una campaña que lo exhibió como un estadista. Un exitoso *manager* de grandes ligas. Y la gente –o
más de la mitad de la gente, a juzgar por los resultados de las elecciones–
compró esa imagen que se fundía y confundía con la evocación de lo que
había sido su primer mandato, con el recuerdo de los lejanos días en
que la rebatiña petrolera se colaba y estilaba por todos lados y había
dólares baratos, obras monumentales, pleno empleo, altos estándares de
vida y aparente opulencia. Y el mito engordó, porque al recuerdo de lo
vivido se le añadió la prestancia y el atractivo de lo que estaba por venir,
o de lo que se pensaba que estaba por venir: a medida que se acercaba la
fecha de la toma de posesión, y trascendía la lista de las personalidades
internacionales invitadas, el entusiasmo crecía y no faltaron los que creyeron que iba a darse un brinco al Primer Mundo.

En los últimos dos años en Venezuela habían ocurrido más de cien
huelgas, las manifestaciones estudiantiles habían recrudecido, los ahorros del
Estado se habían agotado y en todo el territorio escaseaban alimentos. El
escenario no podía ser más tercermundista y desalentador, pero de súbito,
por obra y gracia de la perentoria ascensión presidencial, el triste espectáculo
parecía estar próximo a desaparecer y la cortina pesada que había impedi-

do el libre tránsito hacia una vida mejor estaba por levantarse. Los olfatos
más osados percibieron un aroma de país desarrollado. En un santiamén
–creyeron– se estaría a la altura de las naciones industrializadas, al nivel de
su estándar de gasto, consumo y dispendio. Más de uno desdeñó entonces
–y lo desdeñaron de manera olímpica– la conseja que pregona que para llegar a la estatura de una nación desarrollada el camino es largo, empedrado,
empinado y culebrero. Más de uno se despegó de la realidad, arrobado por la
parafernalia de la toma de posesión y ansioso por escuchar las declaraciones
que en conferencias de prensa, foros y debates emitirían los convidados.

A medida que se esparcía la noticia de los nombramientos de los
ministros y se empezaban a barajar los currículos, se regaba la sorpresa y
también la anuencia y aceptación. Fuera del radio de la política abundaban
los encantados con la primicia –aunque después de todos estos años no
hay quien lo quiera reconocer–. El venezolano siempre ha sido novelero,
amante de las cosas nuevas, llamativas, y qué más novelería que ese arrebato de Primer Mundo, ese barniz de cosmopolitismo con que Carlos
Andrés Pérez inauguraba su segunda etapa. Era todo un lujo contar con
ministros graduados en Yale, Cornell, Harvard, MIT, y un arranque de
magnificencia recibir un mismo día y en la misma sala a Jimmy Carter,
Fidel Castro, al pintor de gordos Fernando Botero y al nobel Gabriel
García Márquez. Aquello sí que era una verdadera novedad y había que
militar en ella, como se militaba en los movimientos vecinales y todo el
poder para los vecinos, o en la elección de alcaldes y qué maravilla la descentralización. Como igual se militaría en las filas de la antipolítica, y como
más tarde, mucho más tarde, en la comparsa que le daría todo el poder a
un tipo con cachucha. Pero esto sería después, diez años después, y esa es
una historia que no se puede entender si no se cuenta antes otra.

A principios de 1989 emocionaba ese aspaviento de funcionarios
cuarto bate que hablaban inglés fluido, y excitaba el alboroto y rebulicio
de líderes de talla mundial sentándose en los sillones criollos. Aquellos
pocos días antes y después de la Coronación fueron los mejores. Los de
mayor exaltación. Aún no se había anunciado el paquete económico pero
ya se especulaba sobre lo que sería, y sonaba muy interesante por no decir
seductor todo lo que tenía que ver con el apremio de apertura económica,
el *crawling peg* –que vaya a saber lo que significa– y el ingreso de Venezuela al GATT. En fin, que el país estaba asombrado, pero más asombrados
que todos y –eso sí– mucho menos agradados que los demás estaban los
adecos –una parte importante del país–, que apenas un día antes de que

se hiciera la rueda de prensa y el anuncio oficial del equipo ministerial se
habían enterado, por fin, de cuál era la movida que se traía Carlos Andrés
Pérez. Fue el viernes 13 de enero cuando el Comité Ejecutivo Nacional –el
CEN– de Acción Democrática conoció la lista de los principales ejecutores
del nuevo plan de gobierno.

Desde el principio el tema fue la actitud de la gente; la actitud de
ellos era de prepotencia; los famosos tecnócratas tenían un desprecio
profundo por Acción Democrática… ¿Y él? Él no se planteó algo
así como: «Yo quiero que Acción Democrática colabore». O: «Que
participe otro partido y se incorpore un ministro de otro partido
porque estas son medidas muy duras y se necesita que haya un consenso». No. Él no se planteó un gobierno de unidad, de consenso,
como hizo Rómulo Betancourt cuando el 23 de enero, que sabía
lo que tenía que enfrentar, buscó incorporar a todos los sectores de
poder en el país. Carlos Andrés no hizo eso. Él no. Él presentó el
gabinete ¡y ya! Y de verdad, hubo una reacción terrible porque lo
presentó como un hecho cumplido. Él no consultó. Para nada.
Yo entiendo que un Presidente tampoco es de los que va a llegar y
preguntar: «¿Qué les parece a ustedes si nombro a…?». Pero sí creo
que todos los presidentes consultaban. Tenían sus preferencias por
determinadas personas, pero aceptaban que alguien les hiciera una
observación, que por lo menos los papaúpas del partido, lo que
llamaban «el cogollo», opinaran. Así como le dijo David Morales Bello[16] cuando supo lo del nombramiento del fiscal. Todos los
presidentes estaban acostumbrados a recibir llamados de alerta, a
oír que recomendaban a alguien del partido para que ocupara un
cargo. Siempre había ese tipo de cosas. Pero él, no; él presentó su
gabinete y: «Vamos a hacer esto». Fue como si dijera: «Si a la gente
le va mal, o le gusta o no le gusta, o si a los adecos les interesa o no,
a mí me importa tres pitos».
Él nombró su gabinete, y a los días tuvo su primer problema que,
da la casualidad, se lo causé yo.
Se acercaba la instalación del nuevo Congreso y la elección de su
directiva. Él tenía su candidato para la presidencia, quería que Da-

---

16 David Morales Bello: miembro del Comité Ejecutivo Nacional de AD. Entre 1989 y 1994 fue senador.

vid Morales Bello fuera el presidente. Pero dos noches antes de que en el partido se hiciera la selección, Octavio Lepage me invitó a su casa para hacerme una propuesta.

–Yo tengo contados los votos –me dijo– y sé que le gano a Morales Bello pero, para ganar, la votación tiene que ser secreta. Necesito que tú seas quien lo proponga.

Lepage sabía que si la votación era a mano alzada, muy poca gente iba a querer enfrentarse al Presidente electo. Porque el Presidente electo es como el rey, y desde el día siguiente de las elecciones todo el mundo está adulándole. Pues bien, Lepage me propuso eso, y acepté. Yo no era de la rosca de Lepage ni de nada, pero nunca había tenido muy buenas relaciones con Carlos Andrés. Ni en su primer gobierno, que había sido viceministro de Información y Turismo por año y pico; a mí no me gustaba Carlos Andrés, no me gustaba su gobierno, no me gustaba su equipo, no me gustaba toda aquella cosa del dispendio. Había muchas cosas de aquel gobierno con las que yo no estaba de acuerdo. Después, también tuvimos opiniones encontradas cuando la precampaña de 1977, porque su candidato para sucederlo era Jaime Lusinchi y el mío fue siempre Luis Piñerúa... Y ahí quedó una fricción. Es más, cuando yo aspiré la primera vez al CEN, él me hizo una campaña adversa, porque su candidata era Teo Camargo[17]. Total, que ni él me quería a mí ni yo lo quería a él. Era una cuestión de tipo personal. Y entonces, cuando Lepage me propuso aquello con mucho gusto acepté. Yo no iba a ganar nada, pero acepté.

Llega el día de la selección, y Carlos Andrés postula a Morales Bello para presidir el Parlamento. Alguien postuló a Lepage, no me acuerdo quién, lo único que pido –intervine yo– es que la votación sea secreta. Carlos Andrés se quedó sorprendido, pero igual se aprobó la moción. La votación fue secreta, y Lepage ganó por un voto. ¡Hay que imaginarse! Esa fue la primera derrota de Carlos Andrés Pérez sin haber asumido la Presidencia de la República, sin haberse juramentado[18].

---

17 Teo Camargo: dirigente de AD. Secretaria privada de Carlos Andrés Pérez.
18 Paulina Gamus: miembro del Comité Ejecutivo Nacional de AD. Entre 1989 y 1994 fue diputada.

CAPÍTULO 6

Entre el 4 de diciembre de 1988 y el 2 de febrero de 1989, una sola vez se encontraron Carlos Andrés Pérez y Jaime Lusinchi. La reunión se realizó en la oficina presidencial de Miraflores al día siguiente de las elecciones, y se supone que han debido tocar el tema de la transición entre una administración y otra, y también de AD y de las bancas conseguidas para el Parlamento, y sobre todo han tenido que hablar de la manera en que tendría que reacomodarse la maltrecha relación entre los dos dirigentes, en vista de que Acción Democrática seguía siendo el partido de gobierno. Tendrían que convivir de nuevo. Los tiempos de la precampaña y la campaña habían expirado y también la excusa para la separación. Se supone que esos fueron los temas que trataron esa noche, pero eso es lo que se presume, lo que se conjetura, porque en realidad no hay nada que lo certifique, ni quien quiera reconstruir aquella conversación. Los protagonistas de ese día jamás soltaron prenda sobre el intercambio, y de los dos únicos testigos que tuvo la charla, uno está muerto y el otro ni siquiera accede a que se revele su identidad. Por lo tanto, todo lo que se diga o se piense de aquella cita no deja de ser especulación.

No debió ser una plática fácil, ni siquiera porque estaban frescos los escrutinios y la sonrisa de satisfacción por el triunfo electoral era capaz de suavizar cualquier antagonismo. No debió ser sencillo entablar un diálogo, pero la realidad lo imponía; al fin y al cabo los dos eran adecos y los dos eran políticos fogueados que sabían que la *realpolitik* imponía excepciones y concesiones. Por eso, quizá, aquel pudo haber sido un intercambio más formal que efectivo, más estudiado que verdadero, diseñado para llenar las formas y cubrir apariencias en un momento en que el escenario nacional exigía ese encuentro. A lo mejor, por eso, ninguno de los dos quiso revivir el pleito de años atrás en ese despacho presidencial; primero, porque no era ocasión para hacerlo y, segundo, porque ninguno estaría con ánimos de sacar a relucir el asunto que los había distanciado. Lusinchi estaba de partida y era incapaz de rebajarse tocando el punto, y Pérez, eufórico por la victoria, se habrá mostrado condescendiente con el adversario, y no le interesaba detenerse en fruslerías de un pasado que él consideraba remoto; él estaba llegando –pensaría– y la catajarra de votos lo elevaba a líder indiscutible del país y del partido. Lo demás era deleitarse en pequeñeces.

Después de ese día, y durante dos meses, no volvieron a verse las caras pero cualquier analista o espectador avezado podría apostar que aunque no se reunieran debieron seguir tomándose en cuenta. A la luz de lo sucedido a mediados de enero de 1989 con la votación que ganó Lepage para la presidencia del Parlamento, queda constancia de que por lo menos uno de ellos, Lusinchi, sí se ocupó del otro. Sí se tomó el trabajo de hacer la tarea: la jugada para quedarse con el control del Congreso era la prueba patente. Carlos Andrés Pérez, por el contrario, se confió. O se descuidó. Ocupado en gobernar desde la sombra (apenas cerraron los escrutinios envió una misión especial a Washington para negociar un trato con el Fondo Monetario Internacional y otra a los países del área para tratar la paz en Centroamérica), desatendió sus deberes e ignoró uno de sus flancos débiles –tal vez pensó que no los tenía–: el hecho cierto de que Jaime, desde el segundo plano al que lo quería confinar, se resistiría a quedarse en la penumbra.

Carlos Andrés, sobrado, no le dio la importancia debida a las diferencias que había tenido con Jaime. Ya lo había vencido en la contienda interna, y esa conquista por sí sola lo había henchido de orgullo. Le había inflado el ego y había determinado lo que vino más tarde. Él les había ganado a Lusinchi y a Lepage en la lucha por la candidatura. Él, desde afuera y con el apoyo dado por las bases militantes, había superado a la maquinaria del partido. Él, en las elecciones nacionales había sacado más votos que el propio partido. Él, en suma, estaba por encima de Acción Democrática. Y en esa cumbre en la que se había encaramado lo sorprendió la maniobra para escoger al nuevo líder del Palacio Federal. En su triunfalismo, Carlos Andrés Pérez creyó que el perecismo había arropado al lusinchismo, y no se dio cuenta de que su creencia no tenía bases sólidas. Porque el perecismo o lo que así se conocía era sólo una agrupación de gente que creía en Pérez, que era afecta a él y que lo respaldaba votando en las urnas; pero el perecismo no era un movimiento orgánico, no era ni estaba organizado. El lusinchismo, por el contrario, era un aparato, era esa estructura gigantesca que quedó montada desde que se resolvió encumbrar a los secretarios regionales del partido como gobernadores. Pérez, es verdad, le había ganado la elección al aparato –desde afuera y desde abajo–, pero no había ganado el aparato. Y lo que era peor: desde que obtuvo la candidatura no se ocupó en conquistarlo, en penetrarlo. Y el aparato seguía intacto; era algo vivo, orgánico, estructurado, y por encima de lo que dijeran los resultados de las elecciones nacionales, el aparato seguía siendo lusinchista.

El 18 de febrero de 1989 suena el interministerial en mi casa y yo me sorprendo porque lo había mandado a desconectar. Tomo la bocina y es el presidente Pérez quien me habla:

–Usted se cree más importante que nadie, cómo es eso que mandó a desconectar el teléfono.

–No, Presidente, como ya no soy ministro…

–Venga para Miraflores, que necesito reunirme con usted.

En esa reunión se puso a contarme una anécdota que supuestamente ocurrió en los días iniciales del gobierno de Raúl Leoni, en 1964. Según ese cuento, Leoni y doña Menca, su esposa, habían llamado a un adeco distinguido para que le llevara un mensaje a Rómulo Betancourt, que como todo el mundo sabía, había estado en contra de que Leoni lo sucediera en la presidencia. El emisario había sido llamado por el Presidente y el mensaje debía llevar el sello presidencial, pero quien en verdad habló ese día fue doña Menca:

–Dígale a Betancourt que yo le perdono que se haya opuesto al Calvito –a Leoni lo apodaban así– pero mientras él sea el Presidente de Venezuela y yo la primera dama, ninguna mujer que no sea Carmen Valverde va a pisar La Casona.

Después de eso, también supuestamente, es que Betancourt armó su viaje para Italia, y de ahí para Suiza.

Pues bien, el 18 de febrero de 1989, el presidente Pérez me cuenta esa anécdota y me dice:

–Necesito que le diga a Lusinchi que, vistas las relaciones, lo más conveniente para los dos es que él salga del país. Que se vaya al exterior, y que me mande a decir para dónde se va y así le hago la vida más fácil.

Yo, enterado del asunto, voy con mi encomienda. Lusinchi y Blanca Ibáñez me recibieron en la casa de un amigo:
–No –fue la respuesta que se mandó a Miraflores–, no me voy porque yo soy un líder fundamental.
Le llevo la razón al Presidente, y me plantea:
–¿Y por qué no te lo llevas de viaje, un tiempo?[19]

–Señor Presidente. Supongamos que hoy es 4 de febrero de 1994, usted acaba de entregar a su sucesor un país reestablecido y en paz al cabo de un gobierno arduo pero fructífero. Pregunto: ¿qué diferencia hay entre esta Venezuela de hoy 4 de febrero de 1994 y la que usted recibió hace cinco años, el 2 de febrero de 1989? Segundo: ¿hasta qué punto pudo contribuir usted a avanzar en los sueños de integración, autonomía y democracia plena de América Latina? Y la última: ¿no se siente usted tentado a solicitar a su pueblo una tercera oportunidad dentro de dos quinquenios, y a la muy bíblica edad de ochenta y un años?
–Realmente es muy placentero que tenga el honor de recibir la primera pregunta de un latinoamericano de los quilates de Gabriel García Márquez. Lo único malo es que me ha querido meter por los vericuetos de su imaginación, y debo decirle que hoy, en 1994, no me siento que haya atravesado *Cien años de soledad.* Seguro estoy de que hemos cumplido y por eso hoy están haciendo fila para recibirme de nuevo en la calle los trabajadores venezolanos. La verdad es que hemos de cumplir y diré que he cumplido una tarea muy difícil, pero hemos hecho avanzar la integración latinoamericana porque no hay para nuestras patrias otra solución que el acuerdo de todos nuestros países para fortalecer, como lo hemos hecho, nuestras relaciones con los Estados Unidos y nuestras relaciones con la Comunidad Europea. Hemos luchado frente a los nuevos imperialismos, los imperialismos de la ciencia y la tecnología, y nos hemos hecho abrir paso y estamos presentando la Venezuela y la América Latina del año 2000. Estas serán mis palabras el 4 de febrero de 1994. Ahora, en cuanto a mi otro período presi-

19 Identidad reservada.

dencial, mi querido Gabo, sería una amenaza insoportable para mis compañeros de partido que aspiran a la Presidencia de la República que yo dijera que voy a ser candidato de nuevo. Estoy seguro que no me aprobarían la reforma de la Constitución; de manera que por esa razón renuncio, desde ahora, a esa posibilidad.

(Carlos Andrés Pérez respondiendo a Gabriel García Márquez. Primera rueda de prensa como Presidente. 4 de febrero de 1989).

CAPÍTULO 7

UNA SALIDA CANTADA

—*¿Por qué cayó Pérez?*

—Cuando un líder político se fundamenta en el apoyo popular tiene que hacer honor a ese apoyo popular, tiene que procurar mantenerlo. Porque el principal escudo que tiene un líder es el apoyo del pueblo, y Carlos Andrés Pérez, lamentablemente, lo perdió con una serie de medidas económicas, algunas de muy buena intención y que quizás en el futuro pudieran producir efectos positivos, pero que en todo caso no fueron lo suficientemente explicadas. Y lo peor es que en la pérdida de su popularidad arrastró a Acción Democrática, que era el pilar fundamental de ese respaldo que tuvo. Aparte de eso, él cometió grandes errores, como ese de hacer que renunciaran cinco miembros de la Corte Suprema de Justicia y colocar en su lugar a gente que no le merecía ninguna confianza. Y perder el contacto con los militares, eso fue lo que le pasó con los alzamientos. Carlos Andrés no supo enfrentar las situaciones. Parecía que no las conocía. Por allí han declarado algunos, y culpan a Acción Democrática; dicen que nosotros no le brindamos apoyo al plan económico. Pues yo voy a decir una cosa: ¿sabes hasta dónde llegó la lealtad de Acción Democrática con su Presidente? A que nosotros aprobamos la Carta de Intención con el Fondo Monetario Internacional sin haberla leído.

—*¿Solidaridad automática?*

—No, no fue solidaridad automática sino que el Presidente nos dijo que la estaban traduciendo. Eso fue en La Casona, en una reunión a la que convocaron al Comité Ejecutivo Nacional. Él dijo que la carta la estaban traduciendo, y llamó a Miguelito Rodríguez: ministro, explíquela usted. Y Miguel hizo una explicación larguísima, que nosotros no entendimos realmente, pero que por solidaridad con el Presidente de la República la aprobamos, y recuerdo que a mí me tocó dar la declaración y decir: el Comité Ejecutivo Nacional de Acción Democrática apoya al Presidente en la firma de la Carta de Intención.

—¿En esa reunión fue cuando, oficialmente, le presentaron al CEN el programa económico?

—¡Ah, no! Esa fue otra cosa… Yo había sido miembro de la comisión del programa de gobierno de Carlos Andrés Pérez, que había presidido Gonzalo Barrios, y cuando Pérez da a conocer sus políticas económicas yo dije: ¡Coño! ¿Cómo es posible? Si Carlos Andrés dos meses antes, en Maracaibo, presentó su programa que era el que nosotros habíamos preparado, ¿cómo es posible que ahora venga con un nuevo planteamiento? ¿Con un planteamiento que nosotros en Acción Democrática no conocíamos?

—¿No lo habían manejado?

—¡Nunca! Nosotros nos basábamos en el programa que él leyó en Maracaibo en donde habló de que iba a poner una computadora a cada colegio. Eso era lo que había elaborado Gonzalo Barrios. Nosotros, con Gonzalo. Por eso me sorprendí. Pero, fíjate lo que yo descubro dos o tres años después. Estaba yo en Sao Paulo asistiendo a un seminario en la sede del Parlatino —porque yo, a la par de secretario general de Acción Democrática era presidente del Parlamento Latinoamericano—, y una noche, después de terminar la jornada, me voy a tomar unos tragos con Héctor Silva Michelena que también estaba allá. Nos pusimos a hablar del programa de gobierno, y Héctor me cuenta que durante la campaña electoral él estaba haciendo un estudio comparativo de los programas de gobierno de los distintos candidatos y al mostrárselo a Américo Martín, éste le dice: «pero ese no es el programa de Carlos Andrés». «¿Cómo que no?», le contesta Héctor Silva. «No, chico, —le vuelve a decir Américo—, el verdadero programa de Carlos Andrés lo están redactando Pedro Tinoco[20] y Miguel Rodríguez».

—¿Había dos equipos?

---

20 Pedro Tinoco: abogado y banquero. Fue ministro de Hacienda en el primer gobierno de Rafael Caldera. En 1973 aspiró a la Presidencia al frente de un movimiento desarrollista. En 1989 ingresa al gabinete de CAP II como presidente del Banco Central de Venezuela.

–Exacto. Y de eso me entero yo cuando Héctor Silva me lo cuenta años después.

–¿Por qué cree que Pérez tendría un programa paralelo? ¿Por qué no informaba al partido? ¿Por menosprecio?

–Carlos Andrés Pérez declaró una vez que Acción Democrática era un cascarón, que solamente servía para ganar elecciones. Lo dijo muchas veces, y lo decía internamente. Él utilizaba al partido cuando lo necesitaba. Eso no quiere decir que él no fuera un hombre fundamental de Acción Democrática y que, además, condujera al partido a dos grandes victorias. Él es un gran líder, de eso no hay duda. Pero la verdad es que esas políticas económicas de Carlos Andrés no las entendió la gente. Ese no es mi fuerte, la economía, pero...

–Pero usted se opuso desde el principio.

–Totalmente, porque eran políticas en donde perdía Acción Democrática. Eran políticas que podría haber aplicado cualquier otro gobierno; quizá un gobierno desarrollista, un gobierno de Copei, un gobierno yo no sé de quién más, pero no uno de Acción Democrática.

–Ha dicho que algunas de esas medidas fueron con buena intención y que, quizá, con el correr del tiempo hubieran podido ser positivas. Si le da el beneficio de la duda, ¿por qué no pudo apoyarlas?

–¡Pero no estoy diciendo que nosotros apoyamos la Carta de Intención... sin conocerla! ¿Quieres una muestra de mayor lealtad, de mayor desprendimiento?

–¿Y cuando la conocieron...?

–Cuando la conocimos empezaron los problemas. Pero además, el partido no tenía influencia en el gobierno.

–¿Usted fue quien dijo, o fue David Morales Bello, que el de Pérez era el gobierno adeco en donde Acción Democrática no había colocado ni un portero?

–Yo no exageré tanto. Dije que era un gobierno totalmente alejado del partido. No era cuestión de un cargo más o menos, pero es que ¡todos! los cargos de importancia en materia económica estaban en manos ajenas al partido, todos los cargos... Es más, cómo se le ocurre a un gobierno de Acción Democrática colocar como ministro de Educación a Gustavo Roosen, si uno de los pilares de Acción Democrática fue la educación de masas, por encima de la educación de castas. ¡Cónchale! con tantos educadores formados en nuestras filas...

–¿Y no le decían eso a Pérez?
–Claro que se lo decíamos.
–¿Qué respondía?
–Nada, ¡nada! Él escogía a los ministros y nos llamaba: «Decidí nombrar ministro a fulano, fulano, fulano…» Y si el Presidente de la República decide nombrar a alguien, qué va a decir el partido.
–Para usted, entonces, el gobierno cae por una serie de errores, todos de Carlos Andrés Pérez.
–De Carlos Andrés Pérez y también del partido. Porque después en el partido se instauró lo mismo: la concentración del poder en cinco personas, en el cogollo. Sobre todo con la llegada de Luis Alfaro Ucero a la secretaría general. Entonces decidía él, y quien no estaba de acuerdo, lo perseguían. Cómo sería, que a mí me eligió presidente del partido la Convención Nacional, que es la máxima autoridad, pero me quita un CDN, un Comité Directivo Nacional. Es decir, que me eligen mil quinientos delegados de todo el país, pero me quitan ciento veinte personas.
–Pero porque usted había pedido la renuncia de Pérez.
–¡Exacto! Pero es que la salida de Pérez la veía venir, y si él me hace caso no le pasa nada. Él ha debido negociar. Era una avalancha lo que se nos venía encima, tan se nos vino que fíjate todo lo que causó.
–Estaba hablando de los errores del partido.
–Los errores de los que hablo fueron dentro de Acción Democrática, por algo que ya venía carcomiendo al partido, que era la falta de interés popular.
–¿Y por qué ocurría eso?
–Por dejadez de principios, por dejadez de doctrina, porque más nunca se discutió dentro de Acción Democrática. Por el cogollito. Esa escuela del cogollito nos hizo mucho daño; ya no había asambleas para discutir, sino asambleas para aprobar.
–¿Dice que parte de lo que sucedió se debe a la lucha por dominar el partido?
–¡Ah! claro. Hay que recordar que Jaime Lusinchi sale de la Presidencia con un nivel alto de popularidad, y además con un gobierno bueno. El gobierno de Jaime lo destruye, lo destroza, la influencia de Blanca Ibáñez, pero eso se conoció posteriormente, y ella, además, no tuvo que ver con la política esa pequeña que hizo Jaime, esa política popular que Car-

los Croes[21] supo muy bien promocionar. Con todo lo que ocurrió, Jaime Lusinchi sale de la Presidencia con un gran prestigio. Pero entonces, el entorno de Pérez –que no era de Acción Democrática– lo convenció para que emergiera como el líder de la nueva Venezuela, y para hacer eso necesitaba descartar a Jaime Lusinchi. Y es ahí cuando sale la denuncia por la compra de los *jeeps* con dinero del Estado. Y empieza entonces eso que tú apuntaste: la lucha por el poder. Para consolidarse en el poder nacional, y también en el poder partidista.

–Pero cuando Pérez asume, usted dice que él gobernó contra el partido.

–No. Gobernó sin el partido.

–Lusinchi fue el primer mandatario que gobernó con el partido directamente: todos sus gobernadores eran los secretarios regionales de AD. ¿Esto no fue contraproducente para la credibilidad en la democracia? ¿Para el mismo partido?

–Quién sabe, quién sabe. Porque toda la vida los secretarios generales del partido fueron los luchadores sociales regionales, eran los que conocían los problemas del estado. Y de ahí salieron estupendos gobernadores. Tan buenos como Morel Rodríguez, que hace poco ganó en Nueva Esparta. Tan buenos, y sin modestia aparte, como mi hermano Oscar Celli, en Carabobo. Como Otto Padrón Guevara, en Anzoátegui. Ellos fueron grandes gobernadores porque conocían los problemas. Lo que pasa es que se produjo corrupción… Mejor dicho, no corrupción, sino que empezó a ocurrir que todo lo hacía la gente del partido: que si iban a construir unos brocales, contrataban a un compañero para que hiciera los brocales; que si se necesitaba una autopista, era para los compañeros la autopista. Eso fue produciendo una desviación. Pero el hecho de nombrar a los secretarios generales del partido como gobernadores no fue un error. Casi todos esos gobernadores venían de las asambleas legislativas, donde conocían los problemas del estado, y ellos merecían ser gobernadores. Así como Rómulo Betancourt, Raúl Leoni, Carlos Andrés Pérez, Jaime Lusinchi, Luis Piñerúa, Gonzalo Barrios merecían ser presidentes, ellos merecían ser gobernadores.

–La descentralización política que promovió Pérez encontró mucho rechazo dentro de Acción Democrática.

---

21 Carlos Croes: periodista. En el gobierno de Jaime Lusinchi fue jefe de la Oficina Central de Información.

–El país lo que nos estaba pidiendo era la elección de los alcaldes, esa era la gran presión que había en la calle. ¿Y qué pasó? Que se cometió un doble error, de nosotros en el partido y del gobierno. Carlos Andrés Pérez quería cobrarles a los que habían sido gobernadores de Jaime e imponer en los principales estados a otra gente, que también era del partido pero era gente más allegada a él. Entonces nosotros, en el partido, sin darnos cuenta, le tomamos la palabra a Carlos Andrés y aceptamos meter a los gobernadores en el mismo saco de los alcaldes. ¿Qué ocurrió? Que el primer año de ese gobierno fue tormentoso: por las políticas económicas, por los sucesos del 27 de febrero y por ese último error que fue levantar la inamovilidad laboral. ¡¿Cómo es posible?! En esos días había la estabilidad en el trabajo, porque se había dictado un decreto que no permitía botar a la gente, pero el decreto vencía el 1º de diciembre... ¡Coño! Qué le costaba a Carlos Andrés Pérez, si las elecciones eran el 3 de diciembre, prorrogar por quince días o un mes más la estabilidad... Él no lo hizo, y perdimos todos los estados industriales. Los perdimos por la botazón de trabajadores que hubo. Me cuenta mi hermano que, en Carabobo, la casa del partido se llenó de gente protestando porque los habían botado. Esa no fue la causa principal de la derrota, es verdad, pero perdimos todos los estados industriales. Esa pugna entre Jaime y Carlos Andrés nos hizo mucho daño.

–*Asegura que el gobierno de Lusinchi fue bueno. Pero es obvio que hubo una concentración de poder para los adecos; además, la economía tampoco marchó bien: terminó con control de precios, desabastecimiento, las reservas prácticamente en cero... Con ese marco, ¿cómo ve los disturbios del 27 de febrero? ¿Fueron una reacción al programa económico de Pérez?, ¿a la escasez que venía desde Lusinchi?, ¿a la crisis económica que se había solapado?*

–Carlos Andrés nombró sus ministros apenas ganó, y esos ministros empezaron a dar declaraciones y a calentar el ambiente, sobre todo con lo del aumento de la gasolina. Y vino el aumento de la gasolina, que fue el estallido. Claro, es posible que esa caldera estuviera allí, yo no lo niego, pero ¡carajo!, las declaraciones que daban los ministros sobre las cosas malas que iban a hacer fueron caldeando. Aunque dijeran que eran políticas necesarias, la gente lo interpretaba como cosas malas. Y se produjo esa reacción apenas aumentaron la gasolina. Esa mecha encendida es la que provoca todo.

–*Entonces: Pérez cae por sus errores y no tiene asideros la teoría de la conspiración.*

–Por supuesto que hubo una conspiración. Los grandes culpables son aquellos que decían que había que acabar con los partidos políticos.

–*La tesis de la antipolítica.*

–La antipolítica. Los que creyeron que acabando con los partidos iban a surgir ellos, los que tenían dinero, los que tenían medios, empresas. Yo no sé si hubo una conspiración, pero evidentemente tenían un cartabón que seguían e iban destruyendo y destruyendo. Las cosas malas las engrandecían y las buenas las ocultaban.

–*A pesar de la reticencia que le tenía a Pérez, ¿alguna vez pensó que él podía salir como salió?*

–Sí, claro; porque él ha debido negociar. Negociar todo, incluso su salida.

–*¿Cómo la negociaba?*

–Como la negoció Nixon. Nixon dijo: «Vamos a negociar, yo me voy y me respetan mis derechos y ¡listo!».

–*Pero Pérez se apartó; él respetó las normas de la democracia.*

–¡Ah, no! Ahí sí digo: por encima de todo, Carlos Andrés Pérez es un gran demócrata, porque hay que ver el poder que tiene un Presidente para desvirtuar cosas y quemar archivos, como intentó Nixon. A mi juicio, lo que más encumbra a Carlos Andrés Pérez es haber acatado no solamente la decisión de la Corte Suprema sino todo el proceso, con una gran dignidad. Y el presidente Pérez acató democráticamente, y nunca insurgió violentamente o haciendo valer su poder. Claro, entre otras cosas, porque él no creyó que eso llegaba.

–*Hay quien piensa que ni Pérez ni el partido movilizaron gente para que independientemente de que fuera a salir, esa salida se viera con un respaldo popular.*

–La verdad es que aquel proceso fue tan sui géneris que ni él nos reclamó eso ni nos pidió…

–*¿Y a ustedes no se les ocurrió?*

–Tampoco. Yo ya no era secretario general. El secretario era Alfaro. Yo estaba de presidente y…

–*¿El secretario es el que mueve, el que moviliza…?*

–Más un hombre tan autócrata como Alfaro.

–*¿Cuándo supo que era inevitable la salida de Pérez?*

–Quizá yo cometí el error, que no fue error, porque yo lo había dicho muchas veces internamente y nadie me paró bolas. Quizá la petición de renuncia, lo reconozco, puede que no se la haya hecho de la mejor forma, pero el planteamiento mío era que había que llegar a un acuerdo, que el Presidente tenía que negociar.

—*Pero él había negociado todo.*

—Él no negoció; él entregó. Él entregaba y entregaba y entregaba, a cambio de nada. Él no supo negociar. Él entregó la Fiscalía, y entregó la Corte Suprema de Justicia, y nombra la junta de notables y no nombra a ninguno de Acción Democrática. Entregó todo.

—*¿No sé siente responsable por la caída de Pérez?*

—Si soy responsable seré uno de los menos responsables, y sería, más que todo, por el cargo que tenía, pero en lo personal, no. Yo advertí internamente todo lo que nos estaba ocurriendo. Y a eso es a lo que me refiero: quizá mi planteamiento de pedir su renuncia, en la forma en que lo hice, pudiera ser una falla. Pudiera ser. Pero no me arrepiento. Después de tantos años no me arrepiento. Yo lo que quería era que el Presidente negociara, incluso si tenía que salir, que negociara su salida.

—*Y tuvo que decirlo en público porque...*

—Porque internamente lo decía y lo decía y ¡nada! Entonces, pensé: ya está, lo voy a decir públicamente para ver qué ocurre. Pero eso estaba cantado. La salida de Pérez estaba cantada[22].

---

22 Humberto Celli, 21 de noviembre de 2007. Dirigente de Acción Democrática. En 1989 era secretario general, y luego, en 1991, pasó a ser presidente del partido.

CAPÍTULO 8

Regresé a Venezuela en noviembre de 1988, un mes antes de las elecciones presidenciales, y cuando Pérez ganó, de inmediato me invitó a formar parte de su gabinete. A mí no me sorprendió su invitación porque ya él me venía invitando...

Lo conocí en el año 1985; yo apenas regresaba de hacer el doctorado en la Universidad de Yale. Había terminado mi tesis en diciembre de 1984 y en enero de 1985 ya estaba trabajando en el Instituto de Estudios Superiores de Administración, el IESA. En aquella época todos los venezolanos que estudiábamos afuera nos regresábamos a Venezuela. Yo tuve la oportunidad de quedarme, pero me regresé, y comencé a dar clases en el IESA. Tenía treinta y un años, y en ese momento formé parte de un proyecto latinoamericano: era una investigación sobre el ahorro y la inversión en la región, en donde participaban destacados economistas de toda América Latina. A mí me tocó desarrollar la parte de Venezuela, y fue ahí donde precisé, de una manera muy clara y categórica, el verdadero origen del endeudamiento venezolano. A raíz de eso fue que Pérez se interesó en conocerme; había leído el artículo mío «Mitos y realidades del endeudamiento externo de Venezuela» que apareció publicado en *El Diario de Caracas*, y me invitó a almorzar para conversar. Después de eso, durante 1985 nos vimos un par de veces.

Esos fueron mis primeros contactos con él; así fue como lo conocí. Antes de eso, antes de hacer esa investigación, la idea que yo tenía de Pérez era la del anecdotario venezolano: era Locoven, un tipo que había sido un gran irresponsable en su primer gobierno. Idea totalmente falsa, por supuesto, concebida por intereses creados y por los medios de comunicación.

En 1986 no nos vimos, y en 1987 yo me fui a Washington invitado por el prestigioso Peterson Institute for International Economics. Había sido uno de los dos ganadores de un concurso internacional en donde participaron más de trescientos economistas de todo el mundo. El otro ganador fue Soon Cho, famosísimo profesor de la Universidad de Seúl que después, por cierto, fue nombrado ministro de Planificación de Corea. Estuve año y medio en el instituto como *visiting fellow*. Y por casualidad, en Washington vivían dos hijas de Pérez: Sonia, que era la directora por Venezuela en el Banco Interamericano de Desarrollo, y Carolina, que en ese momento estaba muy enferma, y por ese motivo Carlos Andrés iba con frecuencia a visitarlas. Creo que iba por lo menos una vez al mes. En Washington, los dos teníamos un amigo común que era Gilberto Moreno, un viejo dirigente de AD que era el embajador de Venezuela en la OEA. Un gran tipo que siempre nos reunía a comer y a conversar. En esos días hablamos mucho. Inclusive, Carlos Andrés llegó hasta a visitarme al instituto en donde trabajaba.

En Washington me tocó conversar mucho con él. Parece mentira, yo conversé más con Carlos Andrés estando en Washington que todo lo que había conversado antes, aquí en Caracas… En esos encuentros yo discutía con él mi idea de cómo había que manejar la economía venezolana, le decía cuáles eran los errores que se habían cometido a través de los distintos gobiernos, y a partir de ahí –creo– él empezó a pensar seriamente, no solamente en mí, sino que pensó en hacer una renovación del establecimiento político venezolano.

Entre 1987 y 1988 lo vi con bastante frecuencia, y después… Después me convertí en su ministro favorito[23].

Miguel Rodríguez había estudiado en Estados Unidos becado por la Fundación Gran Mariscal de Ayacucho, el plan creado por Carlos Andrés Pérez en su primer mandato para formar y capacitar recursos en el extranjero. En 1977, recién graduado de Economía en la Universidad Central de Venezuela y faltándole apenas dos semestres para titularse también en Ingeniería (estudió las dos carreras casi simultáneas) concursó en el pro-

---

23 Miguel Rodríguez: ministro de Planificación (Cordiplan) de CAP II.

grama de becas, y al mes de inscribirse le aprobaron su solicitud. Tenía entonces veintidós años, una esposa y tres hijos (se había casado a los diecisiete) y con esa tropa tomó rumbo a Boston sin hablar inglés. Allá, muy rápido se aburrió del instituto adonde tenía que ir seis horas diarias y decidió aplicar al departamento de Economía de la Universidad de Harvard para aprovechar el tiempo mientras aprendía otra lengua. Y tuvo éxito. Consiguió el chance de asistir a cursos de doctorado. En Harvard se fue fogueando en el idioma y se fue deslastrando de las ideas de economía marxista de las que se había nutrido en la UCV. Al terminar su *training*, solicitó ingreso en cinco universidades para hacer una maestría y sólo Stanford le negó el cupo. El resto: Yale, Harvard, Columbia y Berkeley lo aceptaron. Escogió Yale, y se convirtió en asistente de James Tobin, Premio Nobel de Economía de 1981 y conocido keynesiano por sus ideas a favor de la intervención del Estado en la economía. Desde entonces él también se considera partidario a ultranza del keynesianismo, y por eso es que aún rechaza el mote de neoliberal que le endilgan desde que en 1989 aceptó ser el ministro de Planificación de Carlos Andrés Pérez en su segunda Presidencia.

También lo tildaron de *yuppie*, tecnócrata, *Iesa boy*, pero sobre todo, pronto lo comenzaron a llamar Miguel Rodríguez *el Malo*, para diferenciarlo de otro que con semejante nombre y apellido también figuraba en el equipo de Pérez. El otro era Miguel Rodríguez Mendoza, el internacionalista que desde finales de 1986, en la etapa de la precampaña, dirigía los grupos de reflexión que cada semana debatían sobre los problemas del país. El que en octubre de 1987 comenzó a coordinar el programa electoral del entonces candidato oficial de Acción Democrática, y que a partir de febrero de 1989 fue designado Comisionado de la Presidencia para negociar el ingreso de Venezuela al GATT (General Agreement on Tariffs and Trade), el sistema multilateral de comercio. Para distinguir entre los dos migueles, uno empezó a ser *el Malo* porque –con su verbo vehemente– parecía llevar la batuta del programa económico que fue blanco de una salva de críticas, una vez diluido el alboroto de la toma de posesión. El otro Miguel, por descarte, pasó a ser *el Bueno* o Miguel Rodríguez Mendoza, con sus dos apellidos a cuestas. Pero ninguno de los dos, ni el Malo ni el Bueno, estaban inscritos en Acción Democrática.

Miguel *el Malo*, aun antes de que su nombramiento se hiciera público, empezó a ejercer su puesto y salió de viaje a pedir prestado en nombre del nuevo gobierno. A mediados de diciembre de 1988, junto con Pedro

Tinoco y Carmelo Lauría, primero, y solo con Tinoco, después, se embarcó en un periplo que lo llevó a Nueva York y Washington a negociar con bancos y organismos internacionales para hacer frente a los pagos inmediatos y poner a funcionar el país, que virtualmente estaba en la quiebra. El gobierno de Jaime Lusinchi había gastado casi hasta la última puya del tesoro nacional (las reservas efectivas rondaban los trescientos millones de dólares) y la nueva administración no tenía con qué responder a los compromisos de su mes inaugural. Con el dinero que había en las arcas acaso bastaba para, muy apretado, cubrir treinta días de importaciones, pero quedaban pendientes el reconocimiento de cartas de crédito vencidas que se dieron a los empresarios para importar con dólares preferenciales, el urgente pago de intereses de la deuda externa refinanciada y, además –un desembolso que llegó a descuadrar los cálculos hechos porque se desconocía su existencia–, la cancelación de pagarés por millonarias compras militares que se habían hecho después del incidente fronterizo con Colombia, a raíz de las correrías de la corbeta Caldas en aguas venezolanas en 1987.

La panorámica –aunque suene a cliché o frase manida– no podía ser más fea y lóbrega. La población llevaba ocho meses padeciendo los estragos de un desabastecimiento en alimentos y productos de primera necesidad, más de la mitad de los hogares rayaban en la pobreza, hervían las protestas en distintos frentes por el congelamiento de precios y tarifas y, para rematar, el barril de petróleo se estaba vendiendo a tristes once dólares. Se tendría que hacer magia para cuadrar las cuentas públicas, pero antes de cuadrarlas en el papel había que emprender acciones urgentes. Y eso fue lo que intentó explicar Miguel el Malo, ya como ministro en funciones, a la máxima dirigencia de Acción Democrática, que se reunió en La Casona la mañana del viernes 10 de febrero para la presentación oficial del plan de ajustes macroeconómicos, «El gran viraje» –como lo llamó el Ejecutivo– o «el paquete» –como terminaron llamándolo los adecos y el resto del país–. Ese día, el nuevo jefe de Cordiplan abrió la agenda hablando sobre el panorama mundial y la manera en que Venezuela encajaba en ese concierto. Describió tendencias; habló de crisis nacional; suministró cifras, muchas cifras y concluyó que nada más quedaba una opción, una exclusiva opción para salir de la crisis: rendirse a un programa severo de ajustes. Sólo así recuperaría la economía. Sería un programa de fuerte expansión económica y control de la inflación, aunque de momento iba a sentirse un aumento drástico en los precios que no obstante poco a poco iba a ceder porque, aprovechando la fuerte devaluación que vendría, se apresuraría la reforma comercial para abrir y desregular el mercado. Y, menos mal, ya contaban con el beneplácito del Fondo Monetario Internacional, que garantizaba la entrada de «dinero fresco». Acto seguido, Miguel el Malo desplegó su paquete de medidas.

Mientras el funcionario hablaba, la mayoría del auditorio adeco no podía ocultar el estupor. Algunos porque no entendían, otros porque, pese a que entendieran, no estaban de acuerdo y otros porque aunque no entendieran, tampoco estaban de acuerdo. La resistencia era manifiesta a juzgar por las caras largas y las líneas rectas de sus bocas, sin el menor asomo a curvarse en una sonrisa de satisfacción o consentimiento. La mayoría tenía sus reservas, y algunos pocos se atrevieron a expresar sus dudas o cuestionamientos, y más pocos fueron los que se lanzaron a hacer preguntas directas. ¿Qué pasará con las cuotas mensuales de un apartamento si se aumentan las tasas de interés? ¿Qué es eso de cambio flexible? ¿Y préstamo puente? ¿Y a cuánto es que puede llegar la inflación si se liberan los precios? La concurrencia enredada entre guarismos se revolvía incómoda en los sillones. Hubo amagos de agitación al mencionarse el acuerdo con el FMI y al detallar el «inmenso» monto de cartas de crédito con tipo de cambio preferencial que «se dejaron» vencer. Pero cuando Miguel Rodríguez dijo que había que liberalizar la economía para corregir los desequilibrios que debieron haberse corregido tres años antes, y que no había otra solución porque se gastaron las reservas y «la botija está vacía» la reacción se hizo sentir. Hubo gruñidos, carraspeos de garganta y unos cuantos labios se curvaron pero hacia abajo. Acusaron el golpe y recordaron, por los bajos, que Jaime Lusinchi había retardado la devaluación y el aumento de los intereses para que Carlos Andrés pudiera ganar las elecciones, y no estaba bien ni era bien visto y mucho menos iban a aplaudir que desde los primeros días el Presidente y su gobierno, desmarcándose de la familia, quisieran culpar de todos los males a la administración anterior.

En aquella maratónica jornada, aparte de Miguel Rodríguez, hablaron otros ministros, pero tan solo él, Eglée Iturbe de Blanco y Moisés Naím quedaron marcados en el recuerdo de los invitados a La Casona. Él, porque de inmediato fue identificado como la voz cantante; la ministra de Hacienda porque, pareciendo olvidar su cuna socialdemócrata, a una pregunta sobre el impacto del alza de las tasas de interés en las hipotecas contestó displicente: «Eso se enderezará en el tiempo»; y el ministro de

Fomento porque aun cuando defendió la obligatoriedad de las medidas económicas, como si tuviera una bola de cristal, avisó que «la puesta en práctica de este programa puede traer problemas sociales».

Para los funcionarios gubernamentales esa cita con los directivos del CEN se desenvolvió sin mayores sobresaltos –una o dos preguntas espinosas, no más–, pero eso no quitó que la reunión fuera larga y sobre todo intensa; intensa, por lo que se dejó de decir o por lo que se «sintió» que no se había dicho. En ese momento, los bisoños administradores públicos no sabían que aquel sería el primero de una serie interminable de encuentros que iban a mantener mientras permanecieran en el gobierno. De ahí en adelante, independientemente de lo que pensaran u opinaran, casi una vez por semana tendrían que ir a rendirle cuentas al partido o por lo menos a tratar de convencerlo. Sólo que los futuros encuentros no se realizarían en la residencia presidencial, escogida esa vez porque ofrecía la misma majestad que el Palacio de Gobierno, pero con un ambiente relajado, lejos de interrupciones, interferencias y periodistas. Después de ese día, las juntas se harían en terreno del contrario, en la sede del partido blanco, epicentro de tensiones, debates y filtraciones periodísticas. Pero, de nuevo, ninguna tensión podía presagiarse en aquella fresca mañana caraqueña de febrero de 1989. Todo eso vendría después, cuatro o cinco semanas después; y mientras eso llegaba, los ministros recién encargados –blindados por años de manosear tesis y antítesis académicas– lucían como los dueños de la tarima. Para ellos el conciliábulo en La Casona constituía un evento formal, era la presentación oficial del programa económico a las más altas autoridades del partido de gobierno, un programa del que estaban absolutamente convencidos y en el que militarían hasta el final de sus vidas. Podían ser debutantes en los pasillos de la política, pero dominaban el arte de pararse en un estrado a desplegar argumentos y defender tesis; eran expertos en hacer frente a auditorios duchos y avezados. Además, el Presidente había sido muy explícito en su discurso inaugural y contaban con su franco respaldo.

Para los dirigentes adecos que asistieron casi de mala gana a La Casona, el encuentro también tuvo viso de ceremonia, y con ella Carlos Andrés Pérez inauguraba de modo oficial su deslinde de Acción Democrática. Todavía no habían terminado de digerir el nombramiento de los tecnócratas, cuando veían cómo se desdoblaba el pergamino de un programa que aseguraban se les había mantenido oculto durante más de un año de campaña electoral, un programa en el que –estaban segurísimos– algo habría tenido que ver la mano oculta de Pedro Tinoco, que aunque ese día no había portado por La Casona, no dejó de ser recordado *sotto voce*. Y no para bien.

–Detrás de todo esto tiene que estar Tinoco, segurito. Tanto dio y tanto dio Carlos Andrés hasta que lo metió a juro en el gabinete. Al fin se salió con la suya. Si es que a Jaime también había querido vendérselo, pero Jaime dijo que no, que ni de vaina aceptaba a un banquero desarrollista en su gobierno. Pero Carlos Andrés… ¡qué brío!, ponerlo en el be-ce-ve. Zamuro cuidando carne. Y Tinoco –me corto la cabeza si no es así– también tiene que estar detrás de tanto *yuppie* metido a ministro.

Lo que se presentó el viernes 10 de febrero en La Casona fue idéntico a lo que una semana más tarde se anunciaría al país en cadena nacional de radio y televisión. Ese viernes a las diez de la mañana el programa económico estaba a punto, y no aceptaba modificaciones o cambios de última hora. Eso lo sabían los ministros cuando se pararon a exponer, y eso había quedado muy claro a los convidados al evento.

Él era muy autosuficiente; ahí es donde digo que se sobrestimaba. Efectivamente era una figura bien interesante en el plano político, pero consideraba que con su liderazgo, con su popularidad, bastaba. Pensaba que él dominaba las cosas. ¡Y no fue así! Fíjate lo que pasó con el propio paquete. Con el paquete, que no es otra cosa que una política de rectificación ¡a fondo!, incluso de sus propios errores. ¿Y qué fue lo que pasó allí? No se da cuenta de que no tiene partido o no actúa en función de que no tiene partido. O retó al partido a poner algo que no tenía o se colocó en una situación de desventaja[24].

Hechos los locos convirtieron a Parque Central en su sede por definición. Se desplazan por la torre oeste, asiento natural de los tecnócratas tomando en cuenta que allí está, precisamente, el ministerio encargado de la planificación y coordinación, vulgo Cordiplan. Otros cuantos se infiltraron en Fomento y hasta hubo algunos que

---

24 Héctor Alonso López.

tomaron Hacienda por asalto, a pesar de ser este último despacho tecnófobo por excelencia.

Llegaron calladitos y como quien no quiere la cosa, a cuenta de jóvenes y bien inteligentes organizaron sus oficinas y las atestaron de papeles. Son oficinas más bien asépticas, donde por suerte no pusieron las típicas fotos familiares que suelen rayar en lo cursi, ni el afiche del Presidente de turno con la banda tricolor cruzándole el pecho...

El tecnócrata por excelencia se caracteriza por andar siempre cargado de papeles de trabajo, planes encarpetados, proyectos voluminosos y documentos bien ordenados en su maletín. Cada aseveración, afirmación, declaración o información suministrada por un tecnócrata va acompañada de por lo menos un gráfico de barras perfectamente diseñado... Salpican sus discursos de expresiones en inglés, y lo peor de todo es que Cornell, Harvard, Yale o Em-Ai-Ti los convirtieron en lo que los americanos llaman *workaholics*... Salen más tarde que todos los demás, almuerzan apurados hamburguesas en el *fast food* más cercano o se quedan masticando sándwiches o pastelitos de queso. No perdonan fines de semana, Carnaval o Semana Santa para reunirse a trabajar...

Mientras el tecnócrata está afinando el documento que se entregó al Congreso, antes de darlo a conocer a los medios (porque se trata de un tema delicado), el político ya le sacó veinte copias y las repartió a todos los periodistas de prensa, radio y televisión y, encima, declaró sobre el contenido del documento...

(Ross Mary Gonzatti en *El Diario de Caracas*, 2 de mayo de 1990).

Él conocía a mi familia desde hacía muchísimos años; conocía mucho a mi papá, y creo que eso le daba una cierta confianza de quién era yo, independientemente de mi preparación académica. Entendía que yo podía ser una persona recta, correcta, leal y dedicada al trabajo y a lo que él quería hacer. Y por eso me llamó.

Me ofreció el cargo el 28 de diciembre de 1988, Día de los Inocentes. Yo salía de viaje esa misma noche, y como a las diez de la mañana llaman a mi casa para decirme que el Presidente quería hablar conmigo. Yo pensé que era una broma por del Día de los Inocentes y colgué el teléfono. Volvieron a llamar diciendo que era Teo Camargo. Yo sabía quién era Teo Camargo, pero no tenía mucha relación con ella, así que cuando llamaron, yo pensé que era lo mismo y ¡pum!, volví a trancar el teléfono. Después de eso vino una tercera llamada que atendió mi papá, y él me llama la atención:

—Mi'ja, a usted la está llamando el Presidente y le cuelga el teléfono, ¿qué es eso?

—No, papá, no le haga caso. Es una llamada para hacerme caer por inocente.

Ahí es cuando me dicen que no es así, y me entero de que me citan inmediatamente para la Torre Las Delicias. Llego a la torre, y cuando entro a la oficina, el Presidente tenía en sus manos un ejemplar de *El vía crucis del exportador*, un librito que yo había hecho como año y medio antes. Él saca el libro y me dice:

—Yo quiero que todo esto que dice aquí se desmonte completamente. Quiero que Venezuela cierre con el esquema de sustitución de importaciones, quiero promover las exportaciones no tradicionales, y esto no se puede hacer si no se desmantela lo que el libro dice. Para eso necesito que usted sea la presidenta del Instituto de Comercio Exterior.

Me quedé sorprendida. Y perdida. *El vía crucis…* era un folleto chiquito, de no más de cincuenta páginas, en donde yo había recogido mi experiencia en el proceso de exportar en Venezuela. El libro era producto de mi frustración al ver todos los obstáculos que había que vencer para poder exportar. Porque aquello era insólito. ¡Kafkiano! Y en el libro lo que hice fue un recuento de todos los trámites burocráticos que había que cumplir; de todos los sellos, firmas y hasta huellas digitales que se requerían para poder sacar un cargamento de cemento a los Estados Unidos. Hice el manual, y el doctor Pedro Tinoco lo leyó y le gustó. Tanto, que el Fondo Latino lo editó y al acto de presentación se invitó a gente importante, entre ella al presidente Pérez, que en ese tiempo era ex. Después supe que el libro le había impresionado muchísimo, porque resaltaba el absurdo de un esquema de sustitución de importaciones en donde no había un criterio claro para promover la producción nacional. Pues bien, el presidente Pérez lo leyó, e intuyo que de ahí le vino la idea de nombrarme como jefa del ICE, porque eso fue lo primero que me dijo:

–Quiero que esto que usted dijo, lo arregle. Tiene todo mi apoyo, todos los decretos que se necesiten, pero cambie todo eso.

Cuando él me dice aquello, lo que sentí fue una gran confusión, un gran desconcierto. Yo no tenía ninguna expectativa, y jamás se me pasó por la cabeza ese nombramiento. Mi primera reacción fue quedarme callada... Al rato le contesté que no, que no podía hacerlo, que no me sentía capaz; pero él insistió.

–Sí puede. Tiene que hacerlo.

–Pero es que me voy de viaje –se me ocurrió decirle.

–¿Y no puede cambiar su viaje?

–Es que yo estoy agarrando avión esta noche.

–Bueno, váyase, y el 18 de enero está de vuelta porque es nuestra primera reunión de gabinete.

Me imagino que para ese día él pensaba haber cuadrado a todo su equipo, y había que estar en la primera reunión. Pues bien, yo me fui... ¡y no volví! Tenía mucho miedo. Estaba aterrorizada. Yo sí sabía cuál iba a ser mi trabajo, y cómo lo podía hacer porque desde la empresa privada a mí me había tocado lidiar con todo ese tema de las exportaciones. También estaba consciente de que no era posible que Venezuela saliera adelante con el esquema económico que llevábamos. Eso lo sabía, pero lo del nombramiento me parecía que era demasiado grande. Así que me fui de viaje y no vine el 18 de enero. Me quedé. Como que tenía la esperanza de que el Presidente se olvidara y buscara a otra persona... ¡no sé!

No me sirvió. Me ubicaron, y me llamaron. El veintipico de enero me regresé. El 2 de febrero me juramentó en Miraflores en un acto en donde todo el mundo tenía que ir de color oscuro, pero a mí nadie me explicó eso y yo me fui en pantalones y con una chaqueta roja... En ese momento tenía treinta años[25].

Una vez cumplido el formalismo de enterar a las autoridades de Acción Democrática, el gobierno pasó directamente a informar sus pla-

---

25 Gabriela Febres Cordero: presidenta del Instituto de Comercio Exterior de febrero 1989 a mayo 1991.

nes a otros sectores, antes de hacer el pronunciamiento oficial. Tal parecía
que se esperaba notificar a los adecos para salir corriendo a hablar con los
demás. Tres días después del combate silencioso con el CEN, el Presidente y sus principales ministros se reunieron en el Palacio de Miraflores con
los directivos de los medios de comunicación, y entre esos dos encuentros
hubo sesiones con jerarcas de distintos partidos políticos, y con representantes de la empresa privada. Y en todas y cada una de esas jornadas, tal
como había sucedido en la reunión con el partido de gobierno, se partió
de la premisa de que el retrato nítido y descarnado de la situación –una
inmersión violenta en la realidad económica del país– era la mejor herra-
mienta de convencimiento. La información clara, precisa y sin tapujos,
pensaban los funcionarios, era suficiente argumento para persuadir a los
más renuentes sobre las dificultades que se atravesaban, y una vez convencidos sería mucho más fácil que se rindieran ante la evidencia de que
sólo quedaba un camino: cambiar de rumbo. Y hacerlo de inmediato. Sin
dilaciones, sin miramientos y sin gradualismos.

No hay otra salida, fue el ritornelo que oyeron los invitados a Miraflores, y con ese estribillo martillándoles en la cabeza salían de la sede de
gobierno, y una vez que salían se multiplicaban los escépticos y comenza-
ban a correrse bolas. La ducha fría de realidad no bastaba.

No está claro si el encuentro con los editores y dueños de periódicos,
radios y televisoras formaba parte de la estrategia gubernamental o si se
programó a última hora en vista del alud de informaciones en contra que
empezaron a salir a la luz, luego de las reuniones en La Casona y Miraflores. Lo que sí fue evidente es que a partir de ese día se sintió un tenue
–muy, muy tenue– cambio en el cariz de las informaciones, después de que
entre el sábado 11 y el lunes 13 de febrero se había registrado un inmenso
número de notas cargadas de pesimismo y tendiendo a la catástrofe.

Hasta el día en que se produjo la reunión con los medios, las opiniones, análisis e informaciones que habían «trascendido» daban cuenta
de un horizonte desolador. Eran múltiples los titulares que señalaban lo
pernicioso de un convenio con el FMI, el inevitable estallido inflacionario que golpearía los bolsillos de los venezolanos y el «cataclismo» que se
avecinaba si no se reconocía el pago a dólar preferencial de las cartas de
crédito a los empresarios. Porque para aquellas fechas ya se sospechaba
–o ya lo sabían– que la cifra a pagar por los compromisos de los impor-
tadores estaba muy por encima de los dos mil millones y medio de dóla-

res que se habían estimado, y por el retintín de los ministros a la hora de calibrar el asunto, se temía que pese a lo acordado con la administración anterior, el nuevo gobierno no asumiría la diferencia cambiaria cuando se devaluara la moneda. El clima de angustia era palpable al leer los periódicos y seguir los noticieros radiales de primera hora o los avances informativos que cada tanto daban los distintos canales de televisión. No porque fuera fin de semana dejaron de producirse noticias, adornadas todas con las coletillas de: «fuentes confiables aseguraron que...» «se filtró...» «se supo...» Liberación de precios; aumentos de luz, agua, teléfonos y gasolina; alza en las tarifas de transporte, devaluación, incremento en las tasas de interés eran los pronósticos que erizaban la piel. De la euforia y excitación que se vivió a principios de febrero con motivo de la Coronación, la sociedad venezolana, como si fuera bipolar, pasó de manera brusca a la neurosis y la desesperanza.

En medio de esta avalancha apocalíptica se da la presentación del programa a los medios de comunicación. La mayoría de los dueños de medios –en eso confiaban desde el Ejecutivo– eran tipos modernos que creían en la libre empresa, en la autonomía del mercado, en la liberación de la economía y con esa idea se les citó a la sede de gobierno. El encuentro se realizó a final de la mañana del lunes, y a partir de entonces, las páginas de los periódicos y los noticieros audiovisuales empezaron a dar cuenta de lo visto u oído en Miraflores, y uno que otro de esos reportes accedió a notar las bondades o los beneficios, y uno que otro editorialista cambió un tanto el tono de sus líneas, y se mostró también un tanto –sólo un tanto– más conciliador y esperanzador. Desde entonces no sólo se registraban los comentarios que *off the record* y tras bastidores daban políticos, empresarios y –aunque no sea crea– funcionarios incrédulos ante la efectividad del «paquete», sino también las declaraciones positivas y esperanzadoras. Sin embargo, los escépticos seguían siendo más. Siguieron pesando en el ánimo colectivo declaraciones tan contundentes como las que vaticinaban que 1989 sería el año de la más alta inflación en la historia de Venezuela, independientemente de lo que se hiciera. ¿Y si era así, para qué «El gran viraje?».

Tres días más tarde, el 16 de febrero a diez minutos para las siete de la noche, el presidente Pérez en transmisión conjunta para radio y televisión hizo el anuncio oficial: aumento de treinta por ciento en sueldos para obreros y empleados públicos, cambio único y libre del bolívar, ajuste en servicios de teléfonos y electricidad, reducción en los subsidios a los fertilizantes, liberación de las tasas de interés, aumento gradual en la gasolina, gasoil y lubricantes, tasas preferenciales para el agro, subsidios para vivienda de interés social, becas alimentarias y creación de cuarenta y dos mil hogares de cuidado diario. En el acto lo acompañó su tren ejecutivo completo. Pérez pronunció el discurso de pie. Se vio serio, circunspecto, y como queriendo añadir más formalidad al acto vistió traje negro y –algo novedoso– usó anteojos para leer el legajo de páginas que reposaban en un podio adornado con el escudo nacional. Era la primera vez que aparecía en público leyendo, y con lentes. A pesar de sus sesenta y seis años, nunca antes en ninguno de los innumerables actos de su carrera política se le había visto apoyarse en artilugios ópticos. Los que portó esa noche y que, después, muy poco se le vio utilizando, eran unas gafas sencillas, de armazón aparentemente liviana pero nada más haberlas usado en «esa noche tan linda» –como la llamó el periodista Javier Conde en *El Diario de Caracas*–, daba a entender al auditorio que se había iniciado un nuevo tiempo. Una nueva época. Una en donde se necesitaba usar cristales gruesos para apreciar la realidad. En una noche como esa –reseñó Conde– «CAP pasó el suiche».

> …Los errores y las omisiones que hemos ido acumulando a lo largo de estos años, en medio de la crisis de la deuda y la baja de los pecios del petróleo, nos han llevado a esta grave situación que ineludiblemente ha salido a la luz con el cambio de gobierno, provocando el desasosiego y la incertidumbre... Es comprensible que así suceda. El país se siente desconcertado… La realidad exige una reorientación de la vida nacional y la adopción de nuevos hábitos de comportamiento y de consumo…
>
> Por años nos atuvimos al incremento del ingreso petrolero, con innumerables defectos y deficiencias, pero también con grandes logros. Durante los últimos diez años la situación ha sido otra. La caída de los precios del petróleo, la deuda externa, la fuga masiva de divisas, los cambios diferenciales y otros tantos errores y omisiones han acumulado profundos desequilibrios… La inflación ha sido represada y se han pagado más de veinticinco mil millones de dólares por deuda externa. El frenesí importador incentivado por los mecanismos irregulares de Recadi, a la par que las bajas tasas de interés, han impedido el ahorro y estimulado el crédito para un pequeño sector privile-

giado. Esta es la vieja y cómoda tradición de ir tapando los huecos con remiendos...

(Carlos Andrés Pérez. Anuncio oficial del programa económico. 16 de febrero de 1989).

Pérez llamó a la dirección del MAS, y Miguel Rodríguez nos explicó el programa de ajustes. Recuerdo que cuando él terminó de hablar, Pompeyo Márquez tomó la palabra y le hizo una sola pregunta: «¿dónde está la gente?» Eso resumía todo. Porque la visión tecnocrática del problema era que bastaba con aplicar unas cuantas recetas que debían tumbar la inflación –después de hacerla subir previamente, por supuesto–, y que todo esto, la gente lo iba a entender. Confiaban en el carisma de Pérez, en la popularidad de Pérez. Como él le había dado ¡una paliza! a su rival en las elecciones... Pero no fue suficiente.

Claro, estos jóvenes tecnócratas no eran políticos. Ninguno de ellos era un político. Eran unos tipos muy bien intencionados, con mucho conocimiento de lo que manejaban, pero no eran políticos.

Y por supuesto, si Pérez mismo no se creyó obligado de explicarle al país lo que iba a hacer, imagínate tú si estos muchachos iban a hacerlo. Ese no fue un error de ellos, ellos eran los ministros[26].

Las decisiones que hoy adopto no se inscriben en el propósito coyuntural de paliar una situación que no puede continuar de todos modos. Su objetivo es enrumbar al país hacia destinos acordes con sus potencialidades históricas. Se trata de medidas que en algún momento debían dictarse; que debieron haberse adoptado hace mucho tiempo...

(Carlos Andrés Pérez. Anuncio oficial del programa económico. 16 de febrero 1989).

---

26 Teodoro Petkoff: alto dirigente del Movimiento al Socialismo (MAS), partido del cual fue fundador en 1971, tras deslindarse del Partido Comunista.

Yo había sido director académico del IESA durante muchos años, y en esa posición uno termina conociendo a muchas de las figuras políticas, económicas y sociales del país. De manera que yo conocía a Pérez, pero no era amigo de él. No era de su círculo ni mucho menos. En la campaña electoral de 1988 no trabajé para ningún equipo de gobierno: no lo hice ni para Carlos Andrés Pérez ni para Eduardo Fernández. Para ese momento era profesor en el IESA, escribía columnas en la prensa y opinaba. Pero no formé parte de ningún equipo, y el día de las elecciones voté por Eduardo Fernández, a pesar de que nunca fui miembro de Copei como tampoco lo fui de Acción Democrática, y en otras campañas había votado por AD. Es decir, yo era –realmente– un independiente.

Ahora bien, en el último mes y medio antes de las elecciones, en los periódicos empezaron a hacer especulaciones sobre quiénes serían los posibles integrantes del equipo de gobierno de cada uno de los candidatos y, para mi sorpresa, mi nombre salía en dos listas. Supuestamente si ganaba Eduardo yo iba a ser miembro de su equipo, y si ganaba Pérez también. Pero eran especulaciones. Ninguno de los dos habló, jamás, conmigo, y yo, francamente, tenía otros planes, tenía un proyecto de otra naturaleza.

De manera que yo no iba para el gobierno ni estaba planeando hacerlo. Pero un día –ya siendo Presidente electo– Pérez me llama. Recuerdo que yo estaba en el IESA, y era viernes como a las cinco de la tarde.

Obviamente, cuando llama, yo suponía que él me iba a ofrecer algo, y pensé que podía ser el Ministerio de Educación debido a mis ocupaciones en el IESA. Pero no, cuando llego a su oficina, me ofrece el Ministerio de Fomento, cosa que naturalmente me sorprende, pero igual, le digo que no. Como se sabe, Pérez nunca fue explícito en la campaña con respecto a su planteamiento económico. En su programa de gobierno no aparecía nada de lo que después se hizo. De hecho, si hubiera aparecido, no hubiera ganado; pero en todo caso, en ese momento yo le dije que no, que no lo aceptaba.

–¿Por qué? –pregunta.

–Porque, Presidente, usted sabe cómo pienso y, de verdad, no creo que yo sea la persona que usted necesita. Estamos en una situación dramática, el país está realmente muy, muy mal. Las reservas están en trescientos millones de dólares, hay tres niveles de tipo de cambio, las tasas de interés están artificialmente bajas, hay escasez de pan, leche, café, medicinas... Hay un control férreo, y los precios ¡de todo! están represados. Ante esta situación, yo estoy convencido de que en Venezuela hay que hacer una cantidad de cosas que, sinceramente, yo creo que usted no va a hacer.

Y comienzo a decirle que para mí, el Ministerio de Fomento constituía el eje central del aparato regulador del Estado. Porque Fomento era el que se encargaba de dar los permisos de importación, y por lo tanto, las cuotas de Recadi −el Régimen de Cambio Diferencial− estaban asociadas a eso. Fomento era el que se encargaba de dar los permisos de exportación y regulaba los precios: del hielo, de los entierros, de las arepas, del papel, de la carne ...

−Porque en Venezuela −le destaqué− no se toma una decisión económica importante que no pase por el Ministerio de Fomento, y particularmente creo que eso es parte del problema. Allí hay una burocracia que está sirviendo como un tapón y provoca un cuello de botella a la actividad económica. Yo creo que hay que desregular todo eso. Y si es así, Presidente, le digo que usted lo que necesita en ese ministerio no es a un tecnócrata, lo que necesita es a un tronco de político. A quien tiene que buscar es a alguien que sepa negociar los precios con los distintos sectores.

−Precisamente −me contesta−, eso es lo que yo quiero cambiar. Por eso lo estoy llamando, porque sé quién es usted. Yo lo he leído, y sé cuál es su pensamiento.

−No, Presidente, de verdad, muchas gracias, pero no estoy disponible; tengo otros planes, y esto no lo puedo aceptar. Le deseo suerte, pero no...

−Mire, hagamos lo siguiente: no me diga que no, todavía. Déme la oportunidad de volver a conversar. Piénselo durante el fin de semana, venga por aquí el lunes a las seis, y hablamos de nuevo.

Le digo que está bien, que nos vemos el lunes siguiente, y me despido muy tranquilo. Pero cuando estoy saliendo, me advierte:

−Por cierto, le quiero decir algo: si me dice que no, sepa que de aquí en adelante, cada vez que usted escriba en los periódicos sobre lo que hay que hacer para ayudar al país, yo lo leeré riéndome.

−¡Me fregué! −eso fue lo que pensé en ese instante.

Si decía que no, me fregaba; pasaría el resto de mi vida preguntándome qué hubiese pasado de no aceptar el ministerio o recriminándome por no haberlo hecho. Y si decía que sí, me fregaba igual, porque sabía lo que se me venía encima. Los empresarios, las amas de casa, los sindicatos, los medios, los políticos... todos se verían afectados por decisiones que yo tomaría. Sabía lo que me esperaba. Ese año –a petición del Grupo Santa Lucía– había dirigido un ejercicio de simulación que se llamaba «Y ahora que ganamos ¿qué hacemos?». El trabajo consistía en desarrollar casos de diferentes ministerios. Cada caso describía en detalle la situación, y el ejercicio consistía en identificar qué debía –o qué podía– hacer un nuevo gobierno, quienquiera que fuese el ganador de las elecciones. Por lo tanto, yo sabía lo que le iba a tocar a quien se encargara de Fomento, pero al mismo tiempo pensaba: «¿y cómo hago para decir que no?...» Total, que pasé uno de los peores fines de semana de mi vida... Hablé con Susana –mi esposa–, con amigos, colegas, otros familiares... En fin, que el lunes fui a su oficina, y le dije que sí.

–Le voy a aceptar, pero con tres condiciones: uno, que voy a estar sólo por un año; dos, que en política comercial esto es lo que hay que hacer –y ahí le expuse todo lo que yo creía que se tenía que hacer, que fue en verdad lo que después se hizo– y tres, que yo quiero tener libertad de designar a mis directores de línea y a mi viceministro; no quiero que me los imponga el partido.

–Bueno –dijo Pérez–, lo más importante es que en cuanto a la política económica, ya estamos de acuerdo: eso es lo que vamos a hacer. En cuanto a sus colaboradores, yo lo entiendo pero tráigame las listas para ver quiénes son. Y en cuanto a lo del año de permanencia, pues ya lo veremos. Usted cree que va a durar un año, pero de pronto yo lo boto antes...[27].

El problema es complejo y lo estamos enfrentando con sinceridad y decisión... No vamos a claudicar ni a torcer el rumbo en nuestra determinación. Pero es necesario que el país sepa toda la verdad para que asumamos la responsabilidad que permita abrir las pers-

---

27 Moisés Naim: ministro de Fomento (Industria y Comercio) entre febrero de 1989 y agosto de 1990.

pectivas claras al futuro nacional. Planteo al país que nos concerte-
mos. Es un gigantesco esfuerzo, que demanda una voluntad firme y
una disposición para la austeridad y el esfuerzo que algunos todavía
no entienden a cabalidad... Para este duro esfuerzo convoco al país.
No hay soluciones fáciles...

(Carlos Andrés Pérez. Anuncio oficial del programa económico. 16
de febrero de 1989).

¡Dígame eso!... El día que anunció las medidas ¡leyendo un papel!
Con lentecitos de tecnócrata y fríiiiio como una culebra. ¿Cuándo
se había visto así? ¿Cuándo había leído un papel? ¿Es que había
perdido la chaveta?
Carlos Andrés negó sus habilidades naturales. Le gustó la vaina
esa de un gobierno distinto. Él compró la idea, yo no sé de dónde ni a quién, de un gobierno diferente, eficiente. Sí, todo eso
estaba muy bonito, y muy chévere pero ¡no desde el primer día,
papito! ¿Y con todos esos tecnócratas?... Que ellos serían muy
inteligentes, pero cómo se le ocurre encasquetarlos en los ministerios, cómo los pone a manejar un país. Y ahí está, mire lo que
sucedió: si tiras al pajón al partido y te quedas con la tecnocracia,
te jodiste. ¿Por qué dejaste el partido a un lado?[28]

---

28 Identidad reservada.

CAPÍTULO 9

COCTEL MOLOTOV

—*Usted figuraba como coordinador del programa de Carlos Andrés Pérez, un programa que tuvo como cabeza visible al presidente de Acción Democrática, Gonzalo Barrios. Hay quien asegura que ese no fue el plan que Pérez llevó a cabo al llegar a la Presidencia.*

—Es una interpretación de las cosas. En Venezuela, los programas de gobierno, y eso lo entendí siempre, son como un mecanismo para agrupar a profesionales de distintas tendencias, no necesariamente militantes del partido, sino profesionales que quisieran colaborar con el candidato y presentar ideas. Además, hay que tomar en cuenta que en aquellos momentos la situación del país era difícil, de la que no se podía hablar en la campaña porque uno no habla de las cosas malas en las campañas. De hecho, a mí, en esa época, me sucedió algo desafortunado; fue una mezcla de engaño y mala fe: me hicieron una entrevista en *El Nacional*, y yo accedí porque me plantearon que era algo *off the record,* que era más bien una reunión para entender lo que AD estaba haciendo. Pues, al final, terminó ocurriendo que la entrevista la publicaron a página completa, y el título era: «Carlos Andrés va a devaluar cuando llegue al gobierno». Eso generó un pequeño escándalo… Todo esto lo cuento para decir que lo cierto es que el país requería una serie de medidas, y esas medidas fueron las que se pusieron en práctica: un programa de ajustes, un plan de modernización de la economía nacional, una apertura gradual. Yo creo que en ese momento nadie estaba preparando un programa alternativo, sino que cuando se comenzaron a hacer las reuniones para conformar el gobierno y definir las políticas que se iban a poner en práctica en lo inmediato, se fue hablando de esto. De todas maneras, es verdad que quien tenía la voz cantante en lo que podrían llamar un programa alternativo no era ninguno de los protagonistas aparentes, sino Pedro Tinoco. Él era el principal asesor económico de Carlos Andrés.

–*¿Tinoco era el principal asesor económico?*

–Sí. Claro que era.

–*Imagino que él tuvo mucho que ver en los nombramientos.*

–En los nombramientos, nunca se sabe cómo es eso. La verdad es que yo creo que al final los nombramientos fueron una decisión directa de Carlos Andrés de involucrar a gente que no eran técnicos de los partidos sino que eran técnicos independientes. Esa fue una decisión más de él, pero ciertamente la influencia de Tinoco en el programa económico era importante. Sin lugar a dudas.

–*Mucha gente dice que Miguel Rodríguez era quien llevaba la batuta del equipo económico; otra gente dice era Pedro Tinoco, sobre todo por su ascendencia en las líneas maestras del programa. Pero hay quien dice que si bien Tinoco «siempre estaba», en un gobierno las cosas son tan complejas que no se puede decir: Fulano es el mandamás.*

–También es verdad. Sin duda, la opinión de Tinoco era una opinión importante para Carlos Andrés, pero también es verdad que entre Carlos Andrés y Miguel se originó una química extraordinaria, y para entender eso hay que regresar a los años anteriores a lo que fue el gobierno, cuando Miguel aparecía como un keynesiano discutiendo los temas económicos. Y justamente así conoció a Carlos Andrés, porque Miguel desarrolló una tesis en la que decía que, prácticamente, durante el primer gobierno de Pérez no había habido endeudamiento externo neto, porque la deuda externa que se contrajo en ese período se había utilizado para fortalecer la capacidad productiva del país. Claro, eso enamoró a Carlos Andrés, desde el primer momento, y Miguel, que es un tipo fogoso, aguerrido, apasionado, hizo química con él. Y en verdad, hoy en día no importa si fue o no fue Tinoco el poder detrás del trono en materia económica, porque como todas las cosas en política, lo que cuenta es la percepción de la realidad, no la realidad misma. La percepción de la realidad era que Miguel era el jefe del programa económico y era el líder del equipo económico, y así fue.

–*Al iniciarse el gobierno usted fue designado comisionado de la Presidencia para negociar el ingreso de Venezuela al GATT...*

–Sí, yo pasé los dos primeros años negociando el ingreso, y se logró la inclusión de Venezuela. Una vez que se logró, era obligatorio que el Congreso la aprobara mediante una ley, y creo que esa fue la única ley que aprobaron sin controversia en todo el período de Carlos Andrés.

–*Eso ocurrió a finales de 1990, y en mayo de 1991 usted fue designado como nuevo presidente del ICE. Cuando estuvo en el ICE, ¿hubo alguna intromisión de parte de Pérez, o de parte del partido? ¿Sintió presiones?*

–No, nunca. Ni del Presidente ni del partido. Eso no se daba, o se daba en mucha menor medida de lo que se puede dar hoy en día. A nadie le pedían el *carnet* de ningún partido para trabajar. Está el caso mío: yo tenía relación con el partido sin ser militante de Acción Democrática, porque yo no era adeco. Nunca me inscribí.

–*¿Y fue totalmente autónomo en su gestión?*

–Yo trabajaba muy cerca de Carlos Andrés porque él tenía un interés especial en todo lo que era el manejo del Pacto Andino, en el manejo de la relación con Colombia.

–*Él querría manejar eso directamente.*

–Si me preguntas a mí cuál fue el principal logro del gobierno en mi área, pero que trasciende más allá de mi área, diría que fue la relación con Colombia. La apertura con Colombia, el dinamismo que se creó en la relación bilateral no tenía precedentes… Lo que se logró fue una cosa muy especial. Llegó un momento en que yo hablaba más con el ministro de Comercio de Colombia que con cualquier otro ministro en Venezuela. Hablábamos para resolver problemas comunes que se presentaban, y los resolvíamos. Realmente había un interés mutuo de avanzar en muchas cosas, y se hicieron muchísimas cosas. Es más, hoy en día, a pesar de las tensiones, no han podido acabar con eso que se hizo. Con todo lo que ha ocurrido, con todas las tensiones con Colombia, con las enemistades, las críticas y todo lo que ha habido, no han podido acabar con lo que se creó en aquel entonces. Eso sigue, y funciona. Lo que se acabó fue la amistad, pero la apertura económica sigue.

–*¿Cómo era Pérez como gerente, como administrador público?*

–Es un hombre con el que da gusto trabajar, que escucha, que sabe lo que quiere, respetuoso de las opiniones de los demás y que toma las decisiones que considera que objetivamente son las más adecuadas. Yo trabajé muy cerca de él porque como presidente del ICE era miembro del gabinete económico. Él tenía mucho interés en lo que yo manejaba, y eso me daba un espacio que tal vez otros ministros no tenían. Tenía un acceso muy directo. Yo le mandaba un memo y lo llamaba poco después, y ya lo había leído. Siempre estaba informado, siempre con cosas concretas que plantear. Muy formal. Y en el Consejo de Ministros, hablaba todo el mundo, y él oía, oía, oía y al final tomaba la decisión, pero nunca interrumpía.

–Fue uno de los pocos funcionarios que estuvo en el equipo de Pérez desde el principio hasta el final, lo vio sortear los dos golpes. ¿Cómo fueron los últimos días o cómo fue el gobierno…?

–Después del primer golpe, lo más importante que ocurrió fue que convencieron a Carlos Andrés de crear el Consejo Consultivo, y recuerdo que una crítica frecuente de ese consejo era que se había sido muy inepto a la hora de explicarle a la población lo que se estaba haciendo en materia económica. Criticaron que no se explicara con claridad lo que se estaba haciendo, y achacaban a eso el hecho de que no entendieran bien las políticas que estaban en marcha.

–Pero los del Consejo Consultivo también recomendaron unas políticas económicas que no eran las de Pérez.

–Sí, también recomendaron otras políticas. Pero es que ese era el espíritu de la época, porque en cierta forma ellos recogían estos planteamientos del grupo de Los Notables. Había una mezcla de rechazo a las políticas económicas, con actitudes personales frente a Carlos Andrés. Enemistades personales. Hubo gente como Arturo Uslar[29] y Ramón Escovar Salom[30] que nunca le perdonaron a Carlos Andrés cualquier cosa que él hubiese hecho en el pasado. Se dio esta situación peculiar en la que gente de derecha coincidió con gente de izquierda, que tampoco le perdonaron a Carlos Andrés otras cosas que él había hecho.

–¿Hubo entonces…?

–Una animadversión personal.

–¿Resentimiento?

–Yo creo que había muchísimo de eso. Un pase de factura personal. Por supuesto había los resentimientos de la gente de la izquierda, porque hay que recordar que Carlos Andrés fue el ministro del Interior de Rómulo Betancourt, y fue muy importante en la lucha antiguerrillera. Hubo mucho pase de factura en ese sentido, conjugado con el rechazo a las políticas económicas. Lo insólito es que a la luz de lo que ha pasado después, lo que vivimos ahora en la Venezuela del año 2009 es que toda esta gente que supuestamente quería una mejor democracia, lo que terminaron fue promoviendo la situación difícil que vive el país hoy en día.

¡–Volviendo al último año de gobierno de Pérez, ¿cuándo se dio cuenta de que el gobierno empieza a caer?

---

29 Arturo Uslar Pietri: destacado escritor venezolano. Durante CAP II encabezó el grupo de Los Notables.

30 Ramón Escovar Salom: en 1989, el Congreso lo designó fiscal general de la Nación.

–La verdad es que entre los meses que van desde el primer golpe, en febrero, hasta el segundo, en noviembre, Carlos Andrés se veía como si no hubiera pasado nada. Él acepta el establecimiento de este Consejo Consultivo, acepta el ingreso de gente del partido Copei al gobierno, pero lo hace sin creer que eso fuese necesario. Era lo que parecía. Es decir, la actitud de Carlos Andrés tras el golpe de febrero de 1992 fue como que no le daba importancia. Siguió *business as usual*. Pero, claro, cuando vino el segundo golpe la situación ya era más difícil. Y se juntó con que, paralelo a la insurrección, empezaba lo del juicio promovido por Ramón Escovar Salom y por José Vicente Rangel con la prensa, *El Nacional* especialmente. Lo que sí es de destacar es que Carlos Andrés hasta el último minuto creyó que él iba a ganar la votación en la Corte Suprema de Justicia por el antejuicio de mérito. Nunca pensó que algo en contra podía ocurrirle a él, no creyó que él podía perder la votación. Pero otra cosa notable es que, pese a que nunca creyó que algo en su contra pudiera prosperar, una vez que se produce la decisión en la Corte, en ningún momento puso en tela de juicio que tenía que irse. No pensó en maniobrar o manipular buscando amigos. Jamás se planteó desobedecer una orden de la Corte Suprema.

–*En síntesis, ¿por qué salió del poder Carlos Andrés Pérez?*

–Salió porque, en un momento dado, tenía prácticamente a todo el país en contra. El problema en Venezuela es que el Estado de Derecho es un Estado frágil. Hoy más frágil que nunca, pero siempre ha sido frágil y en consecuencia las instituciones son susceptibles de ser manipuladas. En ese momento se dio una combinación de las opiniones de todos estos intelectuales de peso en el país, de todos estos Notables, con la opinión de los medios de comunicación, con *El Nacional* a la cabeza y teniendo a Alfredo Peña dirigiéndolo en su guerra a muerte contra el gobierno. A todo esto se suma la insurrección militar. Y esa combinación de factores con instituciones débiles no la aguanta nadie. Yo creo que la insurrección militar por sí sola no gana; por sí misma no iba a ninguna parte. Hubiera fracasado. Pero combinándola con la simpatía generada por los medios de comunicación, el rechazo a las políticas de apertura, la guerra de guerrillas que mantenía ese grupo de Notables… pues, ¡caramba! era un coctel molotov[31].

---

31 Miguel Rodríguez Mendoza, 20 de enero de 2009. Internacionalista. Independiente allegado a Acción Democrática. Fue el coordinador del programa electoral de Carlos Andrés Pérez. En 1989 es nombrado Comisionado Especial de la Presidencia para negociar el ingreso de Venezuela al GATT. En mayo de 1991 lo designan presidente del Instituto de Comercio Exterior.

CRONOLOGÍA EN BUSCA DE CONTEXTO

17.02.1989   Reinaldo Figueredo, ministro de la Secretaría de la Presidencia, adelanta gestiones para reforzar la seguridad del despacho del Presidente.

19.02.1989   Tres días después del anuncio del programa de ajustes, la foto de primera página de *El Diario de Caracas,* de manera inusual, recoge un evento social: el matrimonio eclesiástico entre hijos de las familias Fernández Tinoco y Cisneros Fontanels. La leyenda de la fotografía da cuenta del lujo con que se había celebrado el enlace y destaca que «la crisis tiene excepciones». El encabezado de la portada es: La boda del siglo.

20.02.1989   Transportistas de líneas en Guarenas, Charallave y Los Teques, en el estado Miranda, inician una serie de paros escalonados en demanda de incremento en las tarifas urbanas y extraurbanas. Funcionarios de la Policía Metropolitana que exigen pagos atrasados, mejoras salariales y reemplazo de los mandos militares en la institución, inician un conflicto que los lleva a una huelga. Empleados de los tribunales se paralizan por cinco días reclamando cancelación de deudas de contratación colectiva. Maestros de colegios públicos suspenden actividades demandando aumentos de sueldo. Estudiantes y empleados universitarios en varias ciudades del país protestan por las muertes de dos compañeros. Los estudiantes también reclaman el mantenimiento del medio pasaje estudiantil.

20.02.1989   En La Casona, en la primera reunión del comité operativo de AD con el Presidente, Gonzalo Barrios propone como fiscal general a Ramón Escovar Salom.

22.02.1989   El Consejo de Ministros aprueba una rectificación presupuestaria por doscientos cincuenta millones de bolívares a cargo de una partida del Ministerio de Relaciones Interiores para «Gastos de Seguridad del Estado».

23.02.1989   El Presidente ordena una investigación inmediata de las gestiones de la oficina de Régimen de Cambio Diferencial –Recadi–, por presunta corrupción en la entrega de dólares preferenciales.

24.02.1989   En el terminal de pasajeros de Guarenas, usuarios del servicio de transporte protestan por un aumento en los precios del pasaje

interurbano que sin autorización oficial pretenden cobrar choferes de autobuses y carros por puesto.

25.02.1989   Antes de salir al exterior, Jaime Lusinchi dice en relación al refinanciamiento que hizo de la deuda: la banca nos engañó. Y en
alusión a los tecnócratas del gabinete de Pérez, habla de «advenedizos y conversos».

26.02.1989   En avisos desplegados en la prensa, el gobierno autoriza un aumento de treinta por ciento en las tarifas de transporte colectivo. La regulación regirá a partir del miércoles 1º de marzo y por
noventa días, al cabo de los cuales una comisión determinará los
nuevos precios de acuerdo con la estructura de costos del sector.

27.02.1989   Entra en vigencia un incremento en los precios de la gasolina.

Segunda parte

No quiero una popularidad que se cifre en que mi voz se silencie, o en que no me atreva a tomar medidas que puedan en alguna forma disminuir el aprecio o la confianza que en mí se tenga. Por eso les dije: yo no les pido que me lleven en hombros a Miraflores, mi orgullo y mi ambición es a que me saquen en hombros de Miraflores...

CARLOS ANDRÉS PÉREZ, 28 de febrero de 1989

CAPÍTULO 10

El último lunes de febrero, la viceministra Beatrice Rangel llegó a su oficina a las siete de la mañana. Tenía un largo día por delante y debía aprovechar que el Presidente no despachaba temprano. A esa hora estaría en La Casona preparándose para la reunión semanal con el comando operativo de Acción Democrática –el cogollito– que empezaba a las ocho. Allí también estaría Reinaldo Figueredo, el ministro de la Secretaría, así que tenía dos largas horas por delante para recibir a los directores del ministerio y procesar papeles antes de que Presidente y ministro llegaran, y cada uno por su lado le pidiera cuentas, girara instrucciones y demandara más diligencias y más papeles. Después de que terminara con ellos, le tocaba ponerse patines, porque a las dos de la tarde se reunía el secretariado del Consejo Nacional de Seguridad y Defensa (Seconasede) y quería hacer un repaso final del dietario, además de darle una última revisada al informe que debía llevar. El consejo, en el análisis del entorno externo, iba a hacer seguimiento al proceso de paz en Centroamérica y a ella le habían encargado que aportara los *inputs*. El tema lo conocía a fondo porque desde hacía casi seis años venía tratándolo con el presidente Pérez –en ese entonces ex presidente–. Era una experta en la materia.

Graduada en Relaciones Internacionales en la Universidad Central de Venezuela y con postgrados en las universidades de Boston y Harvard, Beatrice Rangel trabajaba en Acción Democrática desde principios de la década de los ochenta, época en que llegó de los Estados Unidos, pero era militante adeca desde los dieciocho años. Se inscribió en el partido y se desligó con ese acto de cualquier conexión con el ideario político de su padre (Domingo Alberto Rangel, que en 1960 rompió con AD para fundar el Movimiento de Izquierda Revolucionaria). Desde que era adolescente era socialdemócrata y se había mantenido fiel y cercana al partido pese a vivir por temporadas en el extranjero. En 1982, el último año de Gonzalo Barrios como vicepresidente de la Internacional Socialista, estuvo trabajando con él como su asistente en relaciones internacionales, y en 1983, cuando Carlos Andrés Pérez heredó esa vicepresidencia –y a ella, a su vez, la nombraron vicepresidenta de las mujeres socialistas– pasó a trabajar con Pérez como su mano derecha para asuntos de corte internacional. En 1988, cuando se ganaron las elecciones, pensó que le había llegado la hora de medirse en otro terreno. Trabajaría en el sector privado. Había hecho un pacto con el Presidente: cuando él llegase a la Presidencia, ella montaría una empresa consultora y, a la par, se aventuraría a ampliar la frecuencia y la duración del programa semanal de tres minutos que tenía en el canal cuatro de televisión. Quería ser como Barbara Walters, le había dicho. Pero Pérez, apenas electo, olvidó el trato y la envió al exterior en misión especial en busca de salidas a la guerra en Centroamérica, que ya sentía que estaba tocando puertas muy cercanas. Después, en enero de 1989, la nombró como segunda al mando en el equipo de Secretaría de la Presidencia. Porque ella fue la viceministro que el Presidente le eligió a Reinaldo Figueredo. Era a ella a quien quería cerca para que manejara la agenda internacional que quería mantener bajo su lupa.

El último lunes de febrero, Rangel andaba en esas funciones en el Consejo Nacional de Seguridad y Defensa. La semana anterior se había reunido dos veces con un militar flacuchento, educado y hasta simpático, por lo conversador, que hacía las veces de asistente del general Arnoldo Rodríguez Ochoa, el secretario permanente del Consejo. El militar flacuchento, con rango de mayor, le había pedido información reciente sobre el conflicto centroamericano que amagaba con destrabarse después de la cumbre que acababa de realizarse en El Salvador, gracias a las negociaciones que, justamente, se habían hecho en Caracas cuando la toma de posesión. Entre ambos –el mayor flacuchento y ella– prepararon el programa de la reunión, y habían quedado en encontrarse ese lunes a fines de la mañana pero el mayor no se presentó; se declaró enfermo como a las diez, le dijeron, y a ella le tocó enfrascarse sola con el temario. Menos mal que pudo desocuparse temprano y desde las once de la mañana se encerró en los sótanos del Palacio Blanco para alistar el encuentro que de todos modos empezó retrasado y que nunca pudo llegar a término. A las cuatro y cuarenta de la tarde el general Rodríguez Ochoa recibió una llamada, y al colgar el teléfono, se excusó:

–Agotaremos la agenda en una próxima reunión, porque me están llamando del Comando.

El general, parco y escueto, no dio más detalles, sino que se levantó y se fue. Todos los demás lo siguieron. Beatrice Rangel agarró sus carpetas, se dirigió a su oficina y al salir del túnel que une los dos palacios, el Blanco y el de Miraflores, junto con la luz de la tarde le llegó un aguacero seco.

–Fuiff, fuiff, fuiff… –oyó tres tiros, seguidos por el grito de un soldado–. ¡Doctora, métase!

Al entrar a su oficina se enteró de lo que estaba pasando en Caracas. Eran las cinco de la tarde y había estado encerrada seis horas en los subsuelos del Palacio Blanco.

No hay dato que señale con exactitud cómo fue que empezó todo, en qué sitio y hora justa, y la identidad de quien o quienes lo iniciaron. No hubo periodista que pudiera recoger en su libreta esos pormenores, pero todos los indicios apuntan hacia un terminal de buses y microbuses en la ciudad dormitorio de Guarenas, estado Miranda, entre las cinco y treinta y las seis de la mañana.

A un costado de la vía, varios vehículos con los motores encendidos despidiendo humo de gasoil se habían formado uno detrás de otro, listos para empezar a recoger su pasaje. A su lado, en el borde de la acera, crecía inmensa la cola de gente malhumorada que esperaba turno para abordar el carro que los llevaría hasta Caracas. En el aire se mezclaba el vaho del aceite pesado, el perfume del café caliente que ofrecían vendedores ambulantes y el ánimo mustio de los que esperaban. Comenzaba la semana, y en la mayoría de los rostros se adivinaba el sueño por el madrugonazo, además de la fatiga y la impotencia que producen el saber que todavía faltan veinticuatro horas para cobrar el sueldo. El hartazgo podía respirarse.

Aunque eran muchas las personas que se alineaban en la acera, la única bulla que reverberaba en el ambiente era el sonido ronco y monótono de los motores, la mayoría de diesel, como el ruido de fondo en una película de bajo presupuesto. Hasta que, de improviso, el letargo típico del día y la hora fue roto por un tumulto que provenía del inicio de la cola: varias personas discutían, y las ondas de su discusión fueron subiendo de contenido y de decibelios para despabilar a los espíritus dormidos. Por unos segundos no se tuvo claro lo que sucedía, pero poco a poco los gritos y las groserías se hicieron cargo de enterar la situación. Tres o cuatro de los zombis habían despertado de su sueño ante el llamado alevoso que les hacía el chofer del primer autobusete. El tipo, mascando chicle y apostado en la puerta, exigía el pago irrestricto de una nueva tarifa.

–Son dieciséis bolívares –decía, chasqueando la goma en su boca.

Así debió ser el inicio de lo que más tarde se llamó el Caracazo, aunque su origen hubiera sido en Guarenas, y no en Caracas.

–Eso es un abuso –es lo más probable que haya reclamado alguien.

–Esto es un atraco, un robo a mano armada –habrá gritado una doña.

–¿Y si te pago lo que pides, con qué me regreso? –preguntaría otra a manera de súplica.

–Son dieciséis bolos –seguramente remachó el conductor, encogiendo los hombros y sintiéndose guapo y apoyado por los compañeros que ya asomaban sus figuras en las puertas de los otros microbuses.

–Aquí no hay ningún abuso –se atrevería a vociferar otro chofer–, y el que quiera montarse en mi carro tiene que pagar lo justo.

–Ya está bueno de cargar con los costos –diría otro más–. O es que no se han enterado de que el gobierno autorizó un aumento del pasaje, o es que no saben que ayer subieron la gasolina.

A la medianoche, era cierto, se había hecho efectiva un alza de veinticinco céntimos –un medio– en el precio de la gasolina, y dos días antes los conductores de buses y autobuses habían llegado a un acuerdo con el Ministerio de Transporte y Comunicaciones para subir las tarifas congeladas desde hacía casi dos años. El aumento acordado por el ministerio había sido de treinta por ciento y debía comenzar a regir el 1º de marzo. Pero en Guarenas, el tipo que mascaba chicle y sus colegas de los demás carros y camionetas por puesto, no quisieron esperar hasta el miércoles 1º ni recibir sólo dos bolívares más. Un día antes de la fecha de cobro se antojaron de pedir no diez sino dieciséis bolívares por pasaje, porque «nadie trabaja de gratis».

Los pasajeros que esperaban en la parada se despertaron para sacar cuentas y las cuentas no cuadraron. Era final de quincena, y estaban hartos.

Casi a la misma hora, después se supo, un incidente igual se estaba anidando en una estación de autobuses de la vecina Guatire. Los conductores afiliados al mismo gremio que los de Guarenas pedían dieciocho bolívares en vez de los doce que legalmente les tocaba. Y algo similar sucedía en Caracas, en la avenida Bolívar, en los alrededores del terminal del Nuevo Circo; y en una parada de la avenida Bermúdez en Los Teques, y en otra de la avenida Soublette, en La Guaira. Pero fue en Guarenas el estallido. En donde primero explotó la rabia.

Un usuario se cansó y pretendió entrar a juro en la buseta, otro sí aceptó pagar lo que demandaban y a empujones se abrió paso para llegar hasta el carro, otro le tiró las monedas en la cara al chofer, y el chofer tomó por la pechera al insolente y lo tiró hacia la calle.

–¡Pero si fue un medio lo que te subieron! –protestó una señora, mientras esquivaba el hombre hecho un bulto que caía en la acera.

–Es que ustedes se creen más arrechos que todo el mundo –espetó el bulto, de nuevo convertido en hombre, mientras una mujer a su lado lo ayudaba a levantarse y lo halaba inútilmente por un brazo.

–¿Con qué derecho no vas montar a los estudiantes? –reclamó un muchacho con morral al hombro cuando se enteró en medio del bululú de que no le iban a aceptar el pago de la media tarifa.

De ahí en adelante, las conjeturas se multiplican, y cualquier cuento que se eche luce creíble. La gente empezó a quejarse cada vez con más brío, y el reclamo que iniciaron unos pasajeros somnolientos fue engordando y engordando para transformase en queja airada, censura general, abucheo y finalmente en disturbio, que al principio se camufló como uno más de los muchos disturbios a los que se habían acostumbrado Guarenas y el resto del país durante todo el año 1988. Pero pronto se cayó en cuenta de que aquel no era un disturbio más: porque los manifestantes estaban cada vez más bravos y porque los policías que debieron hacerles frente no lo hicieron –bien porque no pudieron, bien porque no quisieron– y a los que protestaban en el terminal se les unieron los liceístas de un plantel cercano que habían protestado la semana anterior y el año anterior. Y empezaron los destrozos. Hay quien dice que antes de que eso pasara unos guardias nacionales quisieron intervenir. Un guardia reconvino a uno de los choferes, pero el tipo como estaba envalentonado no le hizo caso. El guardia insistió, y preguntó la razón del aumento desorbitado.

–El motivo es que nosotros hemos recibido las instrucciones de la Central Única para tomar esa decisión; esta es una tarifa que viene autorizada a nivel de-la-Cen-tral –y cantó las sílabas de las últimas tres palabras, desentendiéndose del griterío de protesta–.

El guardia –enfurecido– hizo un disparo. Unos aseguran que el tiro fue al aire, para calmar la gritería; otros aseveran que el disparo fue contra un neumático. Otros, en cambio, juran que ahí no hubo tiro, ni guardias ni policías. En todo caso, lo que sí es cierto –y en eso coinciden todos los cuentos– es que por ningún lado aparecieron comandos uniformados –de guardias o policías– armados con petos, escudos y escopetas de perdigones. En esas primeras horas de la mañana del lunes 27 de febrero de 1989 no se sintió el sonido de las peinillas restregándose contra el asfalto ni el olor picante de los gases lacrimógenos.

La protesta se desbocó y paralizó por completo el terminal, alcanzó la calle inmediata y llegó hasta la autopista bloqueando el tránsito hacia Caracas. Se incendiaron cauchos, y se quemó un microbús, y luego una camioneta, y después un autobús. Con piedras se rompieron ventanas y vidrieras, y más tarde, con palos y tubos, abrieron boquetes en las paredes y se violentaron puertas y destrozaron las santamarías de los primeros negocios. Ya la cólera no se pudo contener porque tras las primeras ventanas rotas o puertas derribadas hallaron un cuantioso botín: era el arroz, el azúcar, el café, el papel higiénico por el que se llevaba meses penando; era la harina, la leche y el pan que habían desaparecido de los estantes y por los que la población había sido condenada a la escasez o, en el más afortunado de los casos, al trueque. El saqueo se regó para ser el más grande y más cruento del que se ha tenido noticias. De ahí en adelante la furia arremetió contra lo que encontró a su paso: abasto, panadería, carnicería, tienda de ropa, licorería, venta de electrodomésticos, negocio de computación, concesionario de autos. Cargando con lo que pudiera, arrasando con lo que no podía. En medio del arrebato alguien convocó para cerrar filas en contra de un supermercado inmenso que se encontraba cerca. El negocio pertenecía a una cadena cuyos dueños eran también los dueños de una televisora, y no pasó mucho tiempo para que llegaran los reporteros y las cámaras de esa televisora; luego llegaron los reporteros de una televisora de la competencia, y los de un periódico, y los de otro, y los de una agencia internacional de noticias, y los de una emisora de radio y los de otra más. A las diez de la mañana del 27-F todo el país, en vivo y en directo, sabía de los destrozos, la rapacería y la rabia.

La reportera Cristina Marcano de *El Diario de Caracas* fue uno de los periodistas que esa mañana enviaron a Guarenas. A su regreso, antes de ponerse a escribir, a manera de informe le comentó a Lucy Gómez, la jefa de redacción:

–Si tú me preguntas: ¿Cuántos carros quemaron en Guarenas? Yo te diría: Todos los carros de Guarenas. ¿Cuántos negocios saquearon? Todos los negocios de Guarenas. ¿Cuánta gente está en las calles? Toda Guarenas está en la calle.

¡Atención!... Lo del 27 de febrero no fue un rechazo a Carlos Andrés Pérez; fue una explosión, pero no contra él, porque él acababa de llegar. Aquello fue una explosión, una explosión de rabia social espontánea, porque nadie la organizó. Luego, algunos grupos trataron de dirigirla pero no pudieron. Aquello era gente harta de pasarla mal; eran los explotados de siempre, los olvidados de siempre, ellos fueron los que dijeron: ¡basta ya, no nos la calamos más! Pero aquello fue un aviso importante, y Pérez no lo entendió. No entendió que ahí lo que había era una rabia que necesitaba conducción. Ese fue el mensaje que transmitió el pueblo, pero él no lo entendió[32].

Aún no había llegado el descanso para el almuerzo cuando a las redacciones de los periódicos habían llegado noticias sobre desórdenes en distintos puntos de Caracas y en Maracay, Charallave, La Guaira, Valencia, Barquisimeto, Mérida, San Cristóbal, Barcelona, Puerto La Cruz, Puerto Ordaz, San Félix, Maracaibo. Aunque cueste creerlo, a esa hora todo el mapa de Venezuela lucía encendido. Si ese día alguien hubiese tenido el poder para seguir la histeria colectiva desde el cielo, hubiera podido armar un tablero gigantesco que diera el parte de una guerra que se prolongaría por varios días. Pero casi al mediodía de ese lunes 27-F ningún ser sobre la tierra pareció tener tal poder o, mejor dicho, nadie dentro del gobierno venezolano pareció darse cuenta de que la magnitud de los hechos daba para lanzar una voz de alarma.

A las once y treinta de la mañana el ministro de Relaciones Interiores, el *Policía* Izaguirre, se encontraba como todos los lunes en la reunión de la dirección nacional de AD —se quedó con el hábito desde que fue secretario general—. Llevaba media hora oyendo discutir a sus compañeros de partido sobre el mejor sistema y la fecha apropiada para realizar las elecciones de alcaldes y concejales cuando una secretaria le hizo llegar un papel doblado.

---

32 Armando Durán: en febrero de 1989 era ministro de Turismo. Luego, y hasta 1993, ocupó diversos cargos: ministro de Secretaría a la Presidencia; ministro de Relaciones Exteriores y embajador en España.

El *Policía* despliega el papelito, lo lee y sin dar muestras de la gravedad de su contenido (más tarde se especuló que el papel informaba de los brotes de protesta) ni mayores excusas o explicaciones, salió de la sala. Después de que se fue, el CEN continuó discutiendo el asunto que les ocupaba en la agenda: la fecha que más convenía al partido para las elecciones municipales. Al término del comité, por boca de periodistas que lo estaban cubriendo, algunos dirigentes se enteraron de lo que sucedía en la capital, y les dio por creer que eran unos más de los desórdenes a los que ya se habían acostumbrado. Si el ministro del Interior no les había dado ningún aviso, qué tan anormal podía ser lo que estaba sucediendo. Qué tan alarmante sería.

Pero lo era.

Reportes de inteligencia militar venían diciendo que había mucha tensión en las calles. En noviembre de 1988, en un punto de cuenta que le llevó al entonces presidente Lusinchi el vicealmirante Germán Rodríguez Citraro, que estaba al frente de la Dirección de Inteligencia Militar (DIM), presentó un estudio hecho en cinco ciudades en donde resaltaba el alto grado de insatisfacción que latía en la sociedad. Según la medición hecha en Caracas, Maracaibo, Valencia, Barquisimeto y Ciudad Bolívar, el descontento era tanto que podía llevar a espontáneos incidentes de desobediencia civil, e incluso, en el caso de Caracas, se corría el riesgo de que el malestar desembocara en episodios violentos o de franca rebelión. Para esas fechas, aunque no lo decía el informe militar, un millón de familias en todo el país vivían en situación de miseria, más de la mitad de los hogares se podía considerar que eran pobres, y el desempleo, la inflación y la escasez eran los problemas que más los maltrataban.

La preocupación de la DIM, según quedó registrada en el documento, se centraba en la necesidad de reactivar planes para enfrentar conflictos internos, porque estimaban que las Fuerzas Armadas no serían capaces de manejar un eventual estallido popular.

Tres meses después de aquella notificación, y con un nuevo gobierno asentado en la avenida Urdaneta, las probabilidades de un estallido eran mucho mayores y la olla con el caldo de insatisfechos amenazaba hervir y rebosar. Al votar en masa por Carlos Andrés Pérez se había votado por un retorno brusco y acelerado a la Gran Venezuela, a la era de Pérez I, con muchas plazas para trabajar y dólares baratos para comprar toda la comida que se quisiera. Sin preguntarse de dónde iba a salir la riqueza con un petróleo que se vendía a once dólares el barril, la mayoría de la gente había votado por un regreso a ese pasado glorioso de abundancia. Ese era el gran viraje que esperaban, el único en el que confiaban para salir de la miseria. Era el cambio que querían. Pero con el triunfo de Pérez no llegó ni siquiera un espejismo de lo que había sido su primera presidencia, y el día en que se hizo público el programa económico los efectos descorazonadores se palparon desde lejos y de inmediato. El foco rojo de advertencia se encendió de nuevo: diez días antes de finalizar el mes de febrero, nuevos informes de Inteligencia hablaron de «crisis de expectativas».

Para entonces, aún se desconocía la fecha cierta en que comenzarían a regir las medidas económicas, pero los solos avisos de devaluación, liberación de intereses, ajustes en servicios y levantamiento de controles de precios bastaron para desatar los temores por un aumento violento en el costo de la vida, además de agudizar la crisis de desabastecimiento que ya llevaba ocho meses (después del «paquete», los que aún podían vender a régimen controlado empezaron a no querer hacerlo; esperaban mejores precios). Lo que se avecinaba se presentía catastrófico, y las ofertas para contrarrestar esa catástrofe lucían exiguas. Aumentar el salario mínimo a cuatro mil bolívares, incrementar treinta por ciento el salario a los trabajadores públicos y una endeble promesa de acuerdo para los trabajadores de las empresas privadas fueron remedios de poca ayuda para la autoestima colectiva. Sobre todo después de escuchar la lluvia de pronósticos agoreros que provenía desde los sectores opuestos al gobierno, que aprovechando que se había diluido la espuma de las galas por la toma de posesión, comenzaron a horadar la mole de respaldo popular con que CAP había llegado a la Presidencia. Porque en aquel concierto de desagrado nadie podía, nadie quería dejar de tocar su acorde disonante: Copei, en boca de Eduardo Fernández, aseguraba que el panorama del país era difícil e incierto y que la devaluación haría que se duplicaran los precios de todo lo importado. La principal figura del MAS, Teodoro Petkoff, pronosticó que con «el plan Tinoco» la devaluación sería de cien por ciento y que el fin de año cerraría con inflación, recesión y deterioro «brutal» del salario. La Causa R, a través de Pablo Medina[33], denunciaba que hasta el oro de las reservas lo estaba vendiendo el gobierno. La CTV exigía congelar los bienes de la cesta básica y aumentar todos los sueldos en cincuenta por ciento. Fedecámaras, aunque en teoría era partidaria del

---

33 Pablo Medina: político de izquierda. En 1989 era diputado por La Causa R, partido fundado en 1971 por disidentes del Partido Comunista de Venezuela.

ajuste, regateaba los aumentos en su sector mientras estuvieran atados a las prestaciones sociales. El periodista Alfredo Peña, en *El Nacional*, aseguraba que el gobierno iba a reconocer el pago de millones de bolívares en cartas de crédito «chimbas» y hasta AD puso su nota: Lusinchi calificó de advenedizos a los que desde el gobierno le echaban a él la culpa de la crisis económica, y Gonzalo Barrios, pretendiendo ser conciliador, enredó más: «Todos tienen que hacer sacrificios, aunque los de abajo parecen estar más cerca de los sacrificios. A los de arriba puede que los afecte nada más que psicológicamente».

Para la tercera semana de febrero las protestas populares tomaron las calles y las páginas de los diarios, y consumieron los minutos de los noticieros de radio y televisión. Médicos, maestros, empleados de tribunales, empleados universitarios… y hasta policías se fueron al paro exigiendo el pago de viejas deudas; reaparecieron con más bríos los reclamos estudiantiles por la media tarifa de pasaje; se registraron conatos de saqueo a pequeños comercios en el oeste de Caracas y ciudades del interior del país; se reportó la quema de una jefatura en un pueblo de los llanos centrales, y el viernes 24, en Guarenas, usuarios de buses y microbuses protestaron en el terminal de pasajeros por un intempestivo y abusivo aumento que pretendieron cobrar los conductores de las líneas.

Era imposible que tantas manifestaciones consecutivas pasaran desapercibidas para los organismos que meses antes habían emitido las primeras voces de alerta. A mediados de febrero, analistas militares de la DIM reactivaron sus avisos y si bien en el reporte de situación que elaboraron no advertían la mano negra de la subversión, se insistía en mantener la guardia porque grupos de extrema izquierda –los ultrosos de siempre– podrían aprovechar cualquier incidente. El análisis militar no quiso concluir con que los estallidos podían poner en peligro a la democracia, pero sí asomaron que «el sistema» podría quedar «resentido». El chispazo podía venir de cualquier lado, con cualquier excusa.

El informe de Inteligencia elaborado tras los primeros quince o veinte días del mandato de CAP II no trascendió. Unos dicen que no llegó a Pérez, que no dio tiempo. Otros que como el almirante que dirigía la DIM no estaba enteramente de acuerdo, no se llevó a punto de cuenta. El caso es que no se conocen registros de que llegara hasta el Presidente, como sí ocurrió con el que se le presentó a Lusinchi en noviembre de 1988.

El 26 en la noche, se sabe que a la DIM llegaron reportes que alertaban de posibles disturbios a primeras horas del día siguiente; se habló de «desobediencia civil» para protestar por el alza de pasajes en zonas de la periferia de Caracas, lo que no se sabe es por qué no trascendieron, o si trascendieron por qué no les dieron importancia. Tampoco mereció atención de los distintos componentes militares, y –eso sí es seguro– amaneció el 27-F y encontró empiyamados a todos los del gobierno –militares y civiles–.

Al mediodía, Caracas estaba enardecida. Como si fuera una copia en carbón –pero ampliada– de Guarenas, los disturbios caraqueños rebasaron los límites naturales de las paradas de carritos y se propagaron raudos y veloces por la ciudad, desguarnecida por la huelga de brazos caídos de la Policía Metropolitana. Desde hacía un mes la mayoría de los catorce mil efectivos reclamaban mejores sueldos y exigían –sobre todo– un cambio de sus superiores, que eran oficiales de la Guardia Nacional, por funcionarios policiales. Como no les hicieron caso se declararon en abierta insubordinación. Esa fue la razón de que no se vieran por las calles las cuadrillas antimotines enfrentando los sucesos. La mayoría de los policías estaban de paro, y los que no estaban no pudieron enfrentar la turbulencia; en parte, porque, solidarios con la turba, prefirieron no intervenir o prefirieron saquear; en parte, porque se dieron cuenta de que no podían oponerse a tamaña fuerza; y en parte, porque los contados patrulleros que llamaron por radio pidiendo autorización para intervenir recibieron órdenes de replegarse y recogerse en espera de providencias de los superiores. Pero la superioridad –policial o militar– no apareció. Ni siquiera dando el reporte a los que estaban más arriba. Al parecer.

A las doce del día no había rincón de la ciudad que se salvara del desafuero. La Hoyada, El Silencio, avenida Baralt, Catia, 23 de enero, Propatria, Lídice, San Martín, San Agustín, El Paraíso, La Vega, San Martín, Antímano, Las Adjuntas, Caricuao, El Valle, Coche, El Cementerio, Los Rosales, Las Acacias, Los Chaguaramos, La Florida, Maripérez, San Bernardino, Petare, recibieron el castigo de saqueos abiertos a comercios de todo tipo y tamaño, comandados y ejecutados por gente de todo tipo, condición y edad. Porque no sólo fueron los marginales y los que viajaban en carritos por puesto los que saquearon la ciudad; a medida que avanzaba el día y capeaba la impunidad, más y más personas de clase media dejaron de ser espectadores y se atrevieron a dejar la ventana o el sofá frente al televisor para participar en el motín, para arrancar su tajada en ese masivo acto de desvalijamiento. Y lo que se llevaron –unos y otros– no se limitó a artículos de primera necesidad. Junto con cuartos de res, guacales de frutas y sacos de azúcar, se llevaban lámparas, televisores, equipos de sonido, computadoras. Hasta lavadoras y neveras cargaron en hombros, sillas de mano, carruchas, carros de supermercado y carretillas. Por eso la revuelta se llamó el Caracazo, porque en Caracas –mucho más grande que Guarenas– el motín se enseñoreó, sin fuerza pública que lo impidiera.

A la una de la tarde, cuando el ministro Carlos Blanco terminó de grabar un programa en Venevisión, al salir del encierro del estudio le comentaron: hay brollos. Entonces calculó mentalmente el tiempo que iba a necesitar para buscar a su hijo al colegio y dejarlo en la casa. Si había desórdenes, a lo mejor le iba a llevar una hora o un poco más hacer el recorrido. Jamás se imaginó el calibre de los desórdenes y tampoco hubo quien lo previniera, porque en esa época la telefonía móvil no había llegado a Venezuela y ni siquiera un ministro contaba con celular, muchísimo menos un ministro de Estado. Por eso Carlos Blanco, ministro de Estado-presidente de la Copre, desconocía la magnitud de lo que a esa hora acontecía en Caracas y en todo el país. No hubo mujer, hijo, secretaria, subalterno, hermano, primo, amigo o simple conocido que lo llamara para preguntarle por lo que estaba pasando (porque para algo se conoce a un ministro), para citarlo a una reunión urgente en vista de lo que ocurría o sencillamente para contarle las penurias que atravesaba o las que contaba la televisión. Él ignoraba todo. Cuando le dijeron «hay brollos», mientras sacaba cuentas de horas y minutos en su cabeza, instintivamente se asomó por una ventana, pero desde la colina al final de la avenida La Salle no observó gran cosa. Se despidió de Luis Enrique Oberto, el diputado copeyano con quien había debatido en la televisora y se montó en el carro. Su chofer buscó la vía de la Cota Mil para llegar hasta el colegio que quedaba en Altamira, a orillas de la autopista Francisco Fajardo y desde ahí, por esa autopista, conducir hasta Parque Central. Era la ruta lógica, y si había mucho tráfico siempre quedaban las vías alternas, los caminos verdes. Pero apenas se acercaron a la avenida Andrés Bello, buscando llegar a Maripérez y salir hasta la Cota, entendieron que no sería tan fácil. Ese día era imposible escapar de la descomunal tranca. Demoró casi cinco horas desde que salió del estudio de televisión hasta que puso un pie en Miraflores. Entró a Palacio a tres minutos para las seis de la tarde, justo a tiempo para irse con el Presidente a Barquisimeto. Por poco no aborda el helicóptero.

Junto con el Jefe de Estado iban, además de Blanco, los ministros Reinaldo Figueredo y Moisés Naím y varios militares. Esa noche se celebraría la asamblea anual de la Asociación Venezolana de Ejecutivos, en donde Pérez pronunciaría la alocución principal que giraría –lo sabía porque él le había preparado el boceto de discurso– sobre la gerencia pública y la gerencia privada.

Para el momento en que alzaron vuelo con dirección al aeropuerto de Maiquetía, Blanco había cambiado la idea que tenía de lo que ocurría en Caracas; después de pasar tantas horas en medio del zaperoco de vehículos atascados, manejaba otro orden de magnitud; además, la radio del carro le había suministrado pistas. No sabía, sin embargo, que aún se quedaba corto en las estimaciones. Algo que también le sucedió al resto del alto gobierno a juzgar por lo que dejó de hacerse ese día y por lo que Pérez, incluso, confesaría tiempo después: a la hora de embarcarse para Barquisimeto no se tenía información real de la gravedad de los disturbios. Pero algo debía saber al montarse en el helicóptero, algo tendrían que haberle comentado sus subordinados, aunque fuera de manera tangencial.

De todos modos al sobrevolar El Calvario, a unas cuantas cuadras de la sede gubernamental, el Presidente y su séquito tuvieron que presentir el tenor de lo que sucedía. El humo denso de las quemas opacaba el verde del parque pero no podía disimular la dimensión de la protesta que se había estado librando en tierra, en los alrededores de la avenida Sucre. La escena semejaba el saldo de un campo de batalla, con gente corriendo cargando bultos de un lado a otro, *containers* de Blanco no recuerda con exactitud si fue en ese momento, pero está casi seguro de que sí, que fue cuando sobrevolaban El Calvario –y no más tarde, montados en el avión en ruta al estado Lara– cuando el mandatario dijo algo que lo perturbó:

–Esto es una reacción de los pobres contra los ricos –dejó caer Pérez–.

Quién sabe lo que le habían dicho de lo que ocurría en Caracas para que él lanzara esa conclusión: pobres contra ricos. A lo mejor ya le habían comentado del hallazgo en el supermercado de Guarenas y la ira que desató. Quién sabe qué le dijeron, y quién se lo dijo: ¿el ministro de Relaciones Interiores, que desde la mañana cuando salió del CEN debía estar enterado de los disturbios y debió haber informado al Presidente como correspondía? ¿El gobernador de Caracas, persona de su entera confianza y que tenía acceso directo y a quien también le correspondía cantar el SOS de alarma para que lanzaran los salvavidas? ¿El ministro de la Defensa, que tenía que saber que la Guardia Nacional acantonada en la ciudad no era suficiente y que debió enterarse de lo que sucedía en el resto del país? ¿Quién le dijo qué a Pérez? Si es que le dijeron algo. En todo caso, fuera de esas palabras, nada en el comportamiento del mandatario hizo sospechar a Carlos Blanco que el gobierno se enfrentaba a un fenómeno extraordinario; nada le hizo pensar que se avecinaba una tragedia. Porque, todavía hoy lo sostiene, hasta ese momento el alto gobierno no había sido enterado de la crisis.

Al llegar a Maiquetía, antes de montarse en el avión, todo fue tan rápido como se esperaba que fuera, sin retrasos por llamados de radio a última hora o conversaciones en tono grave con edecanes o secretarios. El viaje siguió como estaba pautado.

No obstante, al descender en Barquisimeto, el viso de normalidad se esfumó ante el inusual operativo militar que recibió al Presidente. Un contingente de soldados había sido desplegado a lo largo de toda la ruta que llevaba desde el aeropuerto hasta el Hotel Hilton. Al ministro de la Copre, aunque era nuevo en funciones de Estado, le pareció excesivo ese despliegue. No estaba al cabo de saber que la capital del estado Lara también había sido campo de disturbios, pero si lo hubiera sabido hubiera llegado a la misma conclusión a la que llegó en ese instante: la situación era anormal. Un poco más tarde, ya en la asamblea, el discurso presidencial le dio más motivos para pensar en la atmósfera extraña en la que se estaban moviendo. En una intervención que no tenía nada que ver con lo acordado, Pérez improvisó sobre la pobreza en Venezuela, sobre la depauperación a la que había estado sometida la población durante tantos años. Sin duda –siguió Carlos Blanco en sus cavilaciones– la pieza oratoria del Presidente se vio influenciada por lo que había visto desde el helicóptero.

Una vez que terminó el discurso, la comitiva presidencial dio una vuelta por el salón, saludó a los organizadores y a unos pocos delegados y enfiló, de inmediato, de regreso al aeropuerto. Ni siquiera se quedaron para el brindis de rigor. Serían las diez de la noche cuando aterrizaron en Maiquetía y, poco antes de que la sobrecargo abriera la puerta del avión, del fondo del aparato se acercó un militar que, con una ametralladora al hombro, se cuadró ante Carlos Andrés Pérez:

–Presidente, el Batallón Bolívar le garantiza su llegada al Palacio de Miraflores.

Carlos Blanco abrió los ojos como dos platos y, pasándose la mano por la calva, dijo para sus adentros: «¡Ah, caraj! Esto es otra cosa, esto es otra historia».

Efectivamente, la película era distinta. Cuando la caravana presidencial llegó a Catia, el mandatario y sus acompañantes evaluaron los destrozos en el terreno. La avenida Sucre era un campo arrasado, y muy poco se había podido hacer para evitarlo. Ni los metropolitanos, ni los guardias, ni la policía técnica, ni siquiera la policía política sirvieron de contención. Los pocos que intervinieron fueron desbordados por la borrasca. Se había cumplido la profecía. El escenario de desobediencia civil que había pronosticado la DIM se hizo realidad, encontrando desguarnecido al aparato del Estado que al caer la noche del 27 de febrero no había hallado la manera de enfrentar el caos.

Para la hora en que Carlos Blanco regresó a Caracas acompañando al Presidente, los despachos de las agencias internacionales de noticias y las redacciones de los principales periódicos, radios y televisoras, estaban anegados de informes –no confirmados– de las primeras muertes y los primeros enfrentamientos. Se decía que los muertos eran quince, y que los enfrentamientos se producían entre uniformados y revoltosos, francotiradores y uniformados, francotiradores y revoltosos, revoltosos y revoltosos, y entre revoltosos y pistoleros de clase media que tenían miedo a que los marginales o el hampa común tomaran sus predios. También se había recibido información de muertes ocurridas sin que mediara algún tipo de lucha. Ejecuciones, para unos. Ajusticiamientos, para otros. Y se comentaba de la aparición de encapuchados y de grupos que se movilizaban en motos organizando barricadas. Pero todas esas informaciones eran extraoficiales. Ninguna tenía categoría oficial que validara los datos sobre el número de heridos, muertos, negocios saqueados, pérdidas. Eran reportes sin vocero, informes *off the record* que había dado alguna fuente médica o policial, o relaciones que se habían levantado en las rondas hechas por la ciudad y por los hospitales, entrevistando a transeúntes, saqueadores, policías, médicos, enfermeras, camilleros y heridos. En todo ese largo día, ni siquiera un triste boletín de prensa gubernamental vomitaron los viejos teletipos y télex o los novísimos faxes. Al apagarse el 27 de febrero, ninguna autoridad había aparecido en público para alertar, apaciguar o anunciar las medidas que se podrían estar tomando; tampoco se había reestablecido el orden público. Los periodistas, los editores, los dueños de

los medios no entendían. Y así terminó el día para el resto del país: sin
gobierno que diera la cara.

Para el statu quo imperante no había mejor señal que el Caracazo.
Si un político fuera sagaz, las manifestaciones estaban claras. Pero
el venezolano siempre piensa que Dios es venezolano, que siempre,
en el momento de las chiquiticas, las cosas se van a resolver, que la
Divina Providencia nos va a salvar, y sí, a veces las circunstancias
históricas y el precio del petróleo nos salvaron...[34]

En la madrugada del martes 28, después de veinte horas de inacción,
el gobierno decidió entrar en movimiento y comenzar a hacer todo lo que
dejó de hacer el día anterior. Pérez giró instrucciones a Julio César Arreaza,
el secretario del Consejo de Ministros, para que convocara de urgencia a
un gabinete de seguridad; el general Ítalo del Valle Alliegro, ministro de
la Defensa, apurado por el Presidente, por fin había rendido un informe.
El primer listado de víctimas contabilizaba dos decenas de muertos y cientos de heridos. En Caracas los disturbios continuaban, agudizados por las
barreras montadas por grupos de motorizados que se dedicaron también a
incendiar autobuses. La situación era crítica. No podía haber más demora,
demandaba el Jefe de Estado, mientras pedía explicaciones a subordinados, exigía celeridad, y levantaba de sus camas −con llamadas telefónicas
en tono de alarma, según cuentan− a dirigentes de Acción Democrática.
Los primeros ministros que acudieron a Miraflores −los primeros citados,
en verdad− además del de Defensa, fueron los de Relaciones Interiores,
Justicia y Secretaría. Ellos, junto al gobernador de Caracas, los comandantes del Ejército y la Guardia Nacional, los directores de la Policía Técnica
Judicial y de la Disip y el procurador general, tuvieron la junta inicial,
y cuando a primera hora de la mañana arrancó el Consejo de Ministros,
la cabeza de gobierno ya presentía que lo que quedaba era movilizar tropas del Ejército. A pesar de que el Plan Ávila para emergencias de orden
público no se había puesto en práctica desde el gobierno de Rafael Caldera
−diecinueve años antes− y debía estar desfasado (sin manuales, normas, y
mapas actualizados), era el recurso que restaba.

---

34 Identidad reservada.

La reunión extraordinaria de la mañana abrió con el informe más reciente del Ministerio de la Defensa: sesenta y cuatro muertes confirmadas. Ese único número fue suficiente para imprimir celeridad a la reunión, que no se detuvo en analizar causas o buscar componendas tras bastidores, pues aunque algunos ministros íntimamente creyesen que los disturbios podían estar instigados por intereses extremos, casi todos coincidían en que el origen estaba en la insatisfacción popular que había estallado espontáneamente. Después del primer cambio de impresiones, nadie parecía contravenir que la protesta se había propagado por la debilidad y la incapacidad de la fuerza pública. A media mañana se había aprobado el traslado de soldados desde el interior del país, restringir las garantías constitucionales y decretar un toque de queda diario de doce horas. Finalmente el Palacio de Miraflores había salido de la parálisis.

A las once de la mañana estuvo listo el decreto de suspensión de garantías, pero antes de ejecutarlo y hacerlo saber al país, el Presidente quiso arropar su actuación con el manto de unanimidad de criterios: se empeñó en conseguir el aval de los partidos políticos. El esfuerzo resultó estéril. Mientras la capital se desangraba en tumultos, y los miembros del alto mando militar caminaban y daban vueltas por los salones del Palacio de Miraflores esperando el decreto que los autorizara a entrar en acción, Pérez trataba de convencer a quien no quería dejarse convencer, a quien no quería retratarse al lado del gobierno en una coyuntura tan difícil.

Mientras tanto, Caracas, que desconocía lo que se estaba decidiendo en la cúpula del gobierno o, peor aún, que ignoraba –al igual que el resto del país– que seguía teniendo gobierno, continuaba sumida en disturbios. Las calles sin ley permanecían en poder de los asaltantes. Los comercios, bancos, escuelas, fábricas, farmacias, oficinas que habían cerrado o no habían abierto el día anterior, se mantenían cerrados, si es que la turba los había perdonado. Con esa panorámica, el desconcierto era general. No se entendía –ni siquiera lo entenderían los asaltantes eufóricos– dónde estaba la autoridad. Qué había pasado con el gobierno, por qué nadie salía a plantar cara. La perplejidad se agigantó a media tarde del martes, luego de la fallida aparición de Alejandro Izaguirre en televisión:

–La situación general del país se encuentra normalizada –señaló el ministro con una voz que poco a poco iba bajando el volumen hasta comenzar a vacilar-. Sólo en la ciudad de Caracas… subsisten… No puedo… perdón…

Mientras hablaba en vivo, el titular de Relaciones Interiores sufrió una baja de presión y casi se desvanece ante los ojos de los televidentes. Hubo que cortar la transmisión en el acto y, como era natural, la desorientación pública fue mayúscula. El síncope del funcionario, sin embargo, como que imprimió la celeridad que faltaba, porque fue a las cuatro de la tarde del martes cuando el Jefe de Estado se dio por vencido y firmó el decreto número cuarenta y nueve de su administración. Sólo el partido de gobierno lo acompañó en ese aprieto. Veinte minutos más tarde, en cadena de radio y TV se dio a conocer el decreto de suspensión de garantías. Media hora después, Carlos Andrés Pérez, usando corbata oscura, se dirigió al país para lamentar las víctimas y los destrozos. En su intervención reconoció que «la tragedia» ocurrida era la expresión de un resentimiento acumulado, y la consecuencia de políticas equivocadas del pasado que no habían logrado erradicar la pobreza. De pasada respaldó una vez más su plan económico y ratificó la suspensión de garantías individuales y políticas. A partir de ese instante se cancelaron los derechos de libertad individual, libre tránsito, reunión, expresión, manifestación e inviolabilidad de domicilio.

A las seis de la tarde del 28 de febrero empezó el toque de queda, y fue entonces, treinta y cinco horas después de que comenzaran los disturbios, cuando el Estado salió a la calle a hacer su trabajo. Pero salió tarde y muy mal representado. En lugar de las fuerzas de orden público, salieron nueve mil hombres, la mayoría muchachos entre dieciocho y diecinueve años de edad que habían sido recién reclutados por el Ejército para hacer el servicio militar obligatorio. Eran jóvenes, eran inexpertos, eran del interior del país y desconocían cómo moverse en la ciudad capital. Y salieron con fusiles de asalto, tanquetas y vehículos blindados a enfrentar una protesta civil que comenzó por el cobro injustificado de ocho bolívares de más en una tarifa de transporte público.

La suspensión de garantías se mantuvo durante veintitrés días, diecinueve más de lo que tardó en reestablecerse la calma.

Apenas tenemos veinte días en el ejercicio del gobierno, pero es tal la situación que vivimos que la impaciencia ya revienta los *containers* de todos los venezolanos… Hoy tenemos que lamentar decenas de muertes, también lamentamos más de dos centenas de heridos… Compatriotas… al decirles que hemos tenido que asumir esta dura responsabilidad de suspender las garantías en el país, lo hacemos en su beneficio... estas medidas duras en el campo económico, lo hacemos en su beneficio...

(Carlos Andrés Pérez. Alocución presidencial con motivo del decreto de suspensión de garantías. 28 de febrero de 1989).

Tenía menos de un mes en el mando y se le levanta Caracas... porque el contraste era demasiado grande: aquella Venezuela faraónica que se expresa a través de la toma de posesión y que se expresa a través de una cosa, que muy poca gente recuerda: un matrimonio de no sé qué parte de la familia Cisneros, que fue algo tan, tan obsceno. Un contraste tan marcado con las dificultades que vivía el país, que todo eso fue creando un ambiente. ¿Y qué gobierno puede salir bien parado de un levantamiento popular que además fue reprimido como fue reprimido?... Por supuesto, esa cifra de tres mil muertos que se dijo yo no la creo. Lo que nosotros llegamos a contabilizar fueron doscientos setenta y siete muertos, que es una cifra suficientemente ¡horrible! como para que haya que exagerarla hasta hablar de tres mil... Pero esa represión dejó al gobierno con plomo en el ala. Con plomo en las dos alas[35].

Como lo dijo el presidente Pérez ayer, estas medidas son del gobierno venezolano, y no unas medidas impuestas desde el extranjero.

(Michel Camdessus. Director-gerente del FMI. 1º de marzo de 1989).

Yo siempre he creído que el Caracazo no fue espontáneo. No fue un movimiento que surgió solo. Creo que fue algo dirigido pero que se salió del control. Los que lo instigaron ni siquiera pensaron que eso iba a llegar a los niveles que llegó, que se iba a desbordar, y que iba a ocurrir lo que ocurrió. Pero ahí estuvo metida mucha gente...
Creo que todo fue inducido para hacer daño. Como parte de una estrategia de oposición, como una cuestión de ¡hasta cuándo los adecos! Porque decían «este es un gobierno adeco después de otro

---

35 Teodoro Petkoff.

gobierno adeco»... Una estrategia de empezar a hacer oposición, pero se les desbordó... Y después empezó todo el rollo ese con lo del número de muertos, que si fueron mil, que si mil y pico. Toda esa demagogia que hubo, porque eso no fue verdad. Los muertos que hubo se registraron. Yo fui la presidenta de la comisión de la Cámara de Diputados que investigó los sucesos del Caracazo, y esa comisión aprobó por unanimidad un informe donde se concluyó que fueron doscientas y pico las personas muertas, no los mil y tantos que decía el masista Enrique Ochoa Antich[36] y otra gente. Ese informe se aprobó por unanimidad, y de esa comisión del Congreso formaron parte todos los partidos... Hasta Aristóbulo Istúriz, que era de La Causa R... Es decir, no se pudo comprobar que hubo un solo muerto más de los doscientos y pico[37] que registró la policía. Doscientos setenta y siete.

Después llegó gente de Amnistía Internacional y se armó todo los que sabemos... Aquello fue toda una campaña de descrédito contra el gobierno que resultó terrible. Y ahí empezó, realmente, el quiebre. Yo creo que el golpe de 1992 no hubiera ocurrido jamás si no ocurre el Caracazo.

El quiebre de la ilusión democrática no fue con el golpe de febrero de 1992, sino fue con el 27 y el 28 de febrero de 1989[38].

---

36 Enrique Ochoa Antich: diputado del Movimiento al Socialismo. Hermano del general Fernando Ochoa.

37 Organizaciones no gubernamentales señalan que la cifra rondaría entre 360 y 400 muertos.

38 Paulina Gamus.

CAPÍTULO 11

PERDIERON LA TORTA

—Cuando aceptó la oferta para ingresar al gabinete de Pérez, lo hizo con la condición de estar sólo un año. ¿Por qué un año?

—Porque yo entendía que me sería difícil sobrevivir el primer año después de todas las decisiones impopulares que estaba obligado a tomar en ese período. Yo conocía bien la dura situación que venía, y sabía que quienquiera que fuera el ministro de Fomento durante ese primer año iba a ser el pararrayos de ataques muy fuertes de todas partes. Ese ministro se iba a quemar. En ese año, mi trabajo era hacer lo necesario para enderezar las cosas. Mi misión no era ser popular sino tomar las decisiones que eran indispensables —que se habían pospuesto por demasiado tiempo— y luego irme. Como yo no era un político ni quería hacer carrera política, y afortunadamente mi carrera personal y mi vida tenían blindaje, me podía dar el lujo de correr esos riesgos. Tenía una red familiar y profesional que me aceptaría una vez que saliera del gobierno; en otras palabras, tenía «dónde caer» cuando se produjera la fuerte reacción que se iba a producir. Sabía que iba a ser el bombillo que se iba a quemar, y al que después reemplazarían por otro bombillo. Alguien tenía que hacerlo. Entendí que esa mi contribución a un país al cual mi familia y yo le debíamos mucho.

—Pero no se fue al año.

—Efectivamente. Al año fui donde el Presidente a recordarle nuestro acuerdo, pero él me dijo: «Si usted se va ahora, van a pasar tres cosas. Primero, que nos quedan temas pendientes en los que no hemos logrado avanzar, como la política automotriz, por ejemplo. Segundo, que sabiendo cuál es la relación que existe con el partido, ante su salida yo no voy a tener otra alternativa que poner en su lugar a alguien que me imponga el partido, y esa persona, lo más probable, es que va a deshacer todo su trabajo de un año. Tercero, que es muy importante, y es a lo que más temo porque lo otro yo lo puedo manejar, que la gente dentro y fuera del país va a interpretar que usted se está yendo porque tenemos diferencias en política económica. Si se retira ahora, los inversionistas, los mercados y todos van a pensar que su salida significará un cambio dentro de esa política. Eso sí que nos va a hacer mucho daño. Y eso sí no lo puedo manejar. Así que reflexione, no eche a perder todo lo que hizo durante este año». Y me di cuenta que, en verdad, él tenía razón.

—*Mientras estuvo en el gabinete, ¿quién era el coordinador del programa económico?*

—Esa es la pregunta que sólo quienes no están en un gobierno pueden hacer. El que está en un gobierno sabe que gobernar es algo de tal complejidad, y tiene tantos matices y tantas áreas que sólo pensar que hay alguien con la capacidad, el tiempo o el poder para coordinarlo todo, es una ilusión. Es decir, Pedro Tinoco, de una manera fabulosamente competente, manejaba todo lo que eran los temas de deuda, finanzas, política monetaria. Miguel Rodríguez manejaba brillantemente sobre todo lo que era el diseño de la estrategia económica, las relaciones con los organismos multilaterales, las negociaciones con ellos y muchos programas cruciales. Y el diseño macroeconómico, por supuesto. El área de la reforma comercial, de la política de precios y todo lo relacionado con la «economía real» la manejaba yo. Los temas fiscales, Eglée de Blanco. Para los temas de privatización estaba Eduardo Quintero, al principio, y después Gerver Torres[39]. Y obviamente estaba PDVSA. Entonces: ¿quién era el gran conductor de eso? El presidente Pérez. Es decir, el Presidente, como un buen gerente, dictaba los grandes lineamientos, pero él nos dejaba hacer, y debo decir que él era de una disciplina gerencial extraordinaria. Eso se evidenciaba en nuestras reuniones de gabinete. Él recibía cuentas de los ministros de una manera absolutamente rigurosa y disciplinada; por ejemplo, mis cuentas con él eran todos los lunes a las diez de la mañana y el Presidente no me falló ni una. Y puedo decir que a veces llegábamos a grandes niveles de detalle… Me impresionaba muchísimo cómo él estaba enterado, y sabía y hacía preguntas inteligentes. Ahora, preguntar: ¿quién era el zar de la economía en Venezuela?… Repito:

---

39 Gerver Torres: economista. Docente del IESA. En la década de los ochenta fue miembro del equipo económico de la Copre. Entre octubre de 1988 y junio de 1990 fue director de El Diario de Caracas. En agosto de 1990 fue nombrado presidente del Fondo de Inversiones de Venezuela.

dime a cuál decisión te refieres, a qué área en específico, y yo te digo quién coordinaba. Porque hay que tomar en cuenta que ese era un gobierno de profesionales exitosos con personalidades muy fuertes e independientes. ¿Es posible imaginar a alguien que, de verdad, logre coordinar a Tinoco, Rodríguez, Naím, o la misma Eglée de Blanco que como ministra de Hacienda era una persona importante dentro del gabinete? Ahora, desde el punto de vista de los medios de comunicación, indudablemente y afortunadamente, el que más aparecía explicando y defendiendo el programa económico era Miguel Rodríguez.

–*¿El tren ejecutivo se conocía entre sí? ¿Había armonía entre ustedes? Lo pregunto porque hay una ilusión de que formaban un equipo compacto, pero también hay una tesis que señala que no eran un grupo unido e incluso se dice que dentro del gabinete había dos bandos encontrados.*

–Obviamente dentro del equipo había ministros que compartían una misma visión de los problemas del país y cuáles eran las soluciones. Miguel Rodríguez, Eduardo Quintero, Gerver Torres y yo teníamos una visión común y el Presidente se había comprometido con un programa de cambios en el que nosotros creíamos. Pero en ese gabinete había ministros que no ocultaban el hecho de que preferían estar haciendo las cosas de manera muy distinta. Estaban con el programa simplemente porque el jefe les había mandado a estar con el programa, porque si por ellos hubiera sido, no lo habrían hecho. Ese otro grupo estaba liderizado por Reinaldo Figueredo, el ministro de la Secretaría de la Presidencia, con el apoyo sutil, pero muy eficaz, de Eglée de Blanco. Muchas veces, a nosotros nos era más difícil empujar cosas dentro del gobierno que fuera del gobierno. Yo conseguía, a veces, más comprensión y apoyo para lo que estaba intentando hacer entre algunos miembros de la oposición que entre algunos colegas ministros.

–*Tenían que ganar la batalla adentro, para intentar afuera...*

–Y era muy difícil ganarla. Es decir, discutíamos, decidíamos y aprobábamos en el Consejo de Ministros, pero después la ejecución de lo que se había aprobado se retardaba o se trancaba. A veces quienes tenían que ejecutar las tareas, de cierta manera atrasaban, arrastraban los pies o cambiaban las cosas. Yo sentía los efectos de una poco fiable pero muy eficaz resistencia pasiva al programa de reformas desde dentro del equipo de gobierno. Y fuera del gobierno, ni se diga. El país entero rechazaba las reformas o las apoyaba, siempre y cuando no se tocasen sus intereses.

–Quiere decir que fueron muy difíciles esos dos primeros años de gobierno, dentro del propio gobierno.
–Fueron terribles. Una verdadera pesadilla, pero increíblemente importantes.
–¿Recuerda la primera reunión de gabinete económico con el CEN: el Comité Ejecutivo Nacional de AD?
–Cómo no. Pero es que no fue una, fueron decenas de reuniones. Yo sentía que pasaba mi vida explicando, justificando, rindiendo cuentas y siendo regañado por el CEN del partido de gobierno. Salvo algunas excepciones, los líderes del partido que nos tenían que dar guía, protección y apoyo político nos criticaban ferozmente. Nos trataban como a unos seres extraños que no tenían por qué estar en un gobierno que les «tocaba» a ellos, a sus familiares y amigos. Y, obviamente, en ese sentido tenían razón, puesto que casi todos los ministros de la economía no eran miembros de AD, y, lo más importante, estábamos llevando a cabo cambios que tocaban intereses que ellos habían protegido por décadas... Es que si me preguntas cuál es la principal sensación que yo tengo de mi estadía en el gobierno, puedo decir que son tres sensaciones: una, sueño, por lo cansado que estaba; segundo, pánico; tercero, esperanza.
–¿Pánico por qué?
–Pánico, por esa perenne sensación de que todo el tiempo había una bomba atómica esperando por el ministro para ser desarmada. Era como que uno llegaba, se sentaba en su escritorio y traían una caja que decía: «Aquí hay una bomba atómica, hay que desarmarla porque va a estallar exactamente en tanto tiempo». Y cuando uno estaba tratando de entender cómo desactivarla, traían otra bomba. Y otra, y otra, y otra. Y el ritmo de llegada de bombas atómicas que había que desarmar inminentemente era mucho mayor que la capacidad de desarmarlas a la velocidad que llegaban. Pongo un ejemplo: están por llegar todos los barcos con trigo a Venezuela, pero los van a desviar porque no se han hecho los pagos, y resulta que no hay cómo pagarles. Eso producirá una masiva escasez de pan. Por otro lado, los conductores de taxis y de camionetas por puesto alrededor de Caracas tienen las tarifas reguladas desde hace dos años pero el precio de los cauchos y los repuestos se ha triplicado y los conductores van a ir a la huelga y van a paralizar Caracas a menos que se liberen las tarifas...Y eso sucedía todo el tiempo. Era una bomba cada diez minutos, y cada una de esas bombas tocaba vidas y de no desactivarlas se producirían enormes impactos humanos, económicos y políticos.

—Imagino, además que, por ejemplo, para pagar los barcos que traían el trigo se podía acudir a la partida presupuestaria de otro ministerio pero eso implicaba negociar con ese otro ministerio que a su vez tenía sus bombas...

—Exacto. Y mientras todo eso estaba sucediendo, yo tenía que pasar una cantidad inmensa de horas en interpelaciones en el Congreso. Pasaba incontables horas en el Congreso y con los políticos. Y aquello era básicamente un *show* porque ahí a nadie, en el fondo, le importaba nada. Les importaba mucho más ganar puntos con el público que los veía en los noticieros de televisión —los canales y los medios de comunicación en general, hay que recordarlos—. No apoyaban las reformas, y su tibio apoyo lo condicionaban a la defensa de sus intereses económicos. Eran muy pocos los políticos o los líderes del país que entendían o hacían el esfuerzo de entender la naturaleza de las reformas o la lógica detrás de lo que se estaba tratando de hacer. Aunque, en justicia, también hay que reconocer que los tecnócratas de la economía explicábamos las cosas muy mal. Hablábamos en un idioma difícil de entender. Ahora bien, eso en lo que respecta a las constantes interpelaciones obligatorias en el Congreso, y a las reuniones con el CEN. Yo iba mucho al CEN. Por eso es que digo que no hubo una reunión con el CEN, hubo muchas. Casi todos los lunes había una.

—Le hice referencia a esa primera reunión del CEN con el equipo económico porque me han dicho que, ese día, usted fue el único que avizoró lo que podía venir, el único que dijo que el programa de ajustes podía traer protestas.

—No hacía falta ser un gran adivino para saberlo. Una cosa es ver las cosas a nivel macro, como Cordiplan y el Banco Central, que manejaban las cifras macro: la balanza de pagos, la política monetaria. Otra es el Ministerio de Fomento, que en esencia es el ministerio micro. Es el ministerio de los precios del huevo, del pollo, de la leche… Yo estaba obligado a entender mucho más en detalle, porque estaba en contacto con la cadena de distribución, con los bodegueros, los transportistas, y tenía más información a ese nivel que otros ministros. Pero además, yo venía de escribir un libro, junto con Ramón Piñango, *El caso Venezuela: una ilusión de armonía* y estaba absolutamente consciente de cuán frágil era la estabilidad social en Venezuela, y cuánto dependía del petróleo y del dinero, y sabía que si no había dinero esa estabilidad era una ilusión de armonía.

—Se asegura que fue uno de los ministros que mejor se relacionó con los dirigentes de AD, hasta llegar a ganarse la confianza de algunos. Por otro lado, en un discurso que pronunció en el IESA en 1990, usted aseguró que en su tránsito por la administración pública había desarrollado un enorme

respeto por algunos políticos que por lo general eran muy poco apreciados. ¿A
quiénes se refería?

—Admiro a los políticos decentes que ambicionan el poder para
hacer el bien. Es un oficio noble y con frecuencia incomprendido. Por el
desprecio generalizado hacia los políticos y hacia los partidos políticos –a
veces, pero no siempre, merecido– en Venezuela perdimos la democracia.
En mi lista de políticos admirables puedo hablar de Luis Piñerúa y de
Paulina Gamus, por ejemplo. Es decir, cuando uno iba a las reuniones del
CEN se encontraba con que había gente muy primitiva, gente que uno
se daba cuenta de que estaba allí simplemente porque estaba usufructuan-
do de la política de manera brutal. Pero, de pronto, uno descubría a una
persona como Piñerúa, que tenía una imagen pública de ser autodidacta y
poco formado, pero que constantemente nos sorprendía con la calidad de
sus análisis. A pesar de que muchas veces era rígido, hacía preguntas muy
inteligentes. Hay que acordarse de que aquel gabinete de Carlos Andrés
Pérez era un gabinete con enorme preparación académica y profesional, y
si había gente en Venezuela que sabía de lo que estaba hablando, era ese
grupo de profesionales. Pero resulta que uno llegaba a una reunión con AD
y se encontraba con gente como Piñerúa, que tenía una opinión muy bien
formada sobre temas muy técnicos, a la altura de los mejores analistas del
país. Pero el primero en esa lista, sin lugar a dudas, el principal de todos esos
nombres que eran despreciados, denostados y vilipendiados, pero que en
realidad era de un talento enorme y merecía mi mayor respeto, era Pérez.

—*Cuando Pérez le propuso el ministerio, usted alegó que Fomento era*
un despacho para un político y no para un técnico. Después de su experiencia,
¿ratifica esa idea o piensa que mejor podía haber sido una amalgama entre
lo político y lo técnico?

—Lo que se descubre cuando se está en el gobierno es que esa diferencia es una ilusión. Era imposible hacer el trabajo que yo tenía que hacer
sin hacer política, pero al mismo tiempo era imposible si sólo hacía política
y no entendía la dimensión técnica de lo que estaba haciendo. Acuérdate de que en las mañanas yo me tenía que sentar con unos políticos que
a duras penas sabían escribir pero que tenían un poder enorme, y en la
tarde tenía que estar en una mesa con diez tipos del Fondo Monetario y
del Banco Mundial, todos con PhD, para negociar temas muy técnicos.
Así que en las mañanas entendía lo que era políticamente deseable pero
técnicamente imposible, y en la tarde veía qué era lo que la racionalidad

técnica requería y la realidad política impedía. Tener esas dos dimensiones me ayudó mucho a lograr ciertas cosas mientras estuve de ministro.

—*Volviendo a la tesis de los dos bandos dentro del gobierno: unos estaban con todo apoyando al gobierno, pero otros, según usted, «arrastraban los pies» porque consideraban que la aplicación del ajuste era de choque...*

—La gente no entendía ni aceptaba que no había alternativa. Tú podías dar discursos, podías darte golpes de pecho, podías desgarrarte por la situación de los pobres, pero al final la realidad era que no había dinero. Punto. Además, no se tenía un aparato para seguir controlando los precios, no había cómo seguir dando dólares de Recadi a una tasa artificial, ya no se podía proteger más a las industrias ineficientes del país o subsidiar a empresas del Estado que cada año perdían cantidades obscenas de dinero, ni mantener un sector público gigante e inoperante que empobrecía a todos. Había que desmontar el aparato de controles que estaba asfixiando la economía y empobreciendo y corrompiendo a los venezolanos... Y todas estas cosas estaban conectadas. Primero, se necesitaba dinero y si los organismos multilaterales como el Fondo Monetario o el Banco Mundial no te prestaban, nadie lo hacía. Y los multilaterales decían que no iban a dar ni un céntimo si no eliminaba el cambio múltiple —es decir, Recadi— que era una fuente de distorsión económica y de enorme corrupción. Liberar el cambio obligaba a liberalizar los precios, y esto forzaba a que se abriera el comercio internacional y a reducir las barreras a las importaciones. Porque si se dejaba que la tasa de cambio fluctuara libremente era imposible mantener los precios controlados y administrados por el Ministerio de Fomento. ¿Cómo decide alguien desde un escritorio en el gobierno cuál es el precio del jabón, del pan, de una medicina o de miles de productos si la estructura de costos de cada uno de esos productos cambia a diario, a medida que oscila el precio de la moneda, la tasa de interés o los insumos necesarios para la producción? ¿Cómo sabe un funcionario medio, mal pagado y poco formado de un ministerio, cuál debe ser el precio «correcto» de la pasta de dientes que consumen millones de venezolanos cada día? No lo sabe, no se puede. Si no puedes controlar precios —y además era un mito que estaban controlados— entonces es necesario liberalizar importaciones. De no hacerlo, de no liberalizar las importaciones, estallaría la inflación, pues los vendedores no tendrían incentivo para ponerles límites a sus precios, ya que la competencia del exterior estaría siendo frenada por los controles del gobierno. Por eso había que quitarlos; para que quien vendiera cauchos, por ejemplo,

no cobrara más por esos cauchos que lo que costaría traerlos importados.
Había que introducir competencia internacional para ponerles límites a
los precios de los industriales y comerciantes locales. En conclusión: todo
estaba entrelazado. El país no tenía opciones, y hacer una cosa obligaba a
hacer la siguiente y, luego, la próxima… Pero esta explicación que acabo de
dar jamás fue aceptada por quienes criticaban la política económica. Todos
proponían «el gradualismo». Venían a mi oficina o me interpelaban en el
Congreso y pedían gradualismo. Eso, en la práctica quería decir subsidios
y protecciones para los intereses que representaban y *shock* para el resto
del país. Los sindicatos, los industriales, las empresas multinacionales, las
pequeñas y medianas empresas, los indígenas, los maestros, los médicos,
los banqueros, las universidades, los militares, los empresarios… todos se
organizaron para presionar al gobierno y tratar de extraer subsidios del fis-
co y protecciones que los cobijaran de los costos del inevitable ajuste que
había que hacer. La verdad es que ningún gobierno democrático escoge
darle un *shock* económico a su población, a sus votantes, si puede evitarlo.
Ese debate de *shock* versus gradualismo, en realidad, era un debate absolutamente hipócrita, tendencioso y teatral. No había la opción de hacerlo de
manera diferente. Al país se le habían acabado las opciones.

    —En otras oportunidades ha dicho que una falla fundamental del gobier-
no fue la falta de una política de comunicación: no se supo comunicar al país el
programa de ajustes, Pérez no lo comunicó. ¿Tendría eso que ver con que Pérez a
lo mejor no estaba totalmente convencido o no entendía completamente el progra-
ma económico, y por lo tanto no se sentía con la suficiente seguridad para poder
«venderlo» o defenderlo?

    —No, no lo creo. Yo creo que él estaba profundamente convencido.
Todos los días él tenía la oportunidad de echar para atrás, pero yo lo veía
muy determinado, y explicando cosas inclusive mucho mejor de como lo
explicábamos los demás. Es decir, es obvio que el gobierno no comunicó con
eficacia lo que había que hacer, pero yo también tengo dudas de que hubiera habido una manera de comunicarlo con eficacia. Era una sociedad que
llevaba demasiadas décadas acostumbrada a una manera de hacer las cosas,
y sacarla de sus comodidades y de sus arreglos era muy difícil. Acuérdate de
que esta era una sociedad que no lograba, por ejemplo, ponerse de acuerdo
para hacer cosas tan obvias como privatizar el hipódromo. En Venezuela, el
hipódromo era el único lugar de carreras de caballos del mundo que perdía
dinero, y era dinero del Estado. El Estado perdía todo el dinero pero los
dueños de caballos ganaban mucho y eran gente muy rica. Y era imposible

privatizarlo. ¿Por qué había que privatizar el hipódromo? Para que el dinero que todos los años le tenía que dedicar el Estado a subvencionar y subsidiar a los criadores de caballos se utilizara para comprar medicinas para los hospitales de los niños. Más obvia no podía ser una decisión. Pero fue imposible que la aceptaran. Los intereses alrededor de las carreras de caballo eran poderosísimos. Y es una buena evidencia de lo errado que es suponer que el presidente Pérez o su gobierno eran todopoderosos. Desde adentro uno sentía todo lo contrario. Entonces, ni siquiera vale la pena discutir si el gobierno hizo una política comunicacional adecuada, y yo me pregunto si es que había alguna política comunicacional que hubiera podido convencer a las élites de ese país, y no sólo las económicas, también las sindicales, militares, religiosas, universitarias o periodísticas, que tanto se beneficiaban de la situación, de abandonar sus privilegios. Élites que, además, probaron ser muy miopes: por estar defendiendo migajas perdieron la torta.

—Lo preguntaba porque interesa conocer hasta qué punto Pérez entendía o estaba convencido del programa económico, cuando se sabe, por ejemplo, que al principio él era reacio a privatizar la telefónica CANTV y costó convencerlo...

—Lo que importa no es el proceso, lo que importa es el final. Al final, Pérez decidió privatizar la CANTV y la privatizó de una manera transparente. Todo el mundo reconoció en su momento que fue un modelo de transparencia y eficiencia. Logró precios extraordinariamente positivos; logró eliminar un subsidio gigantesco que el Estado le daba a la CANTV y utilizar ese dinero para fines mejores; logró que el servicio mejorara; logró que se generara mucho más empleo. Toda decisión de política pública tiene un proceso, en toda decisión de política pública hay avances y retrocesos, hay conversaciones, dudas, debates. Pero lo importante no es el debate, lo importante es lo que se hizo. Al final, la prueba, el dato concreto e indiscutible, es que se privatizó la compañía telefónica de una manera transparente y se obtuvieron buenos resultados para el país. Todo lo demás: los comentarios, los cuentos, son chismes secundarios.

—Me habló de las tres sensaciones que le vienen a la cabeza cuando se acuerda de su paso por el gobierno: sueño, porque siempre estaba cansado por trabajar tantas horas; pánico, por las muchas bombas que tenía que desactivar; y esperanza. ¿Se sentía esperanzado al estar en el gobierno? ¿Sentía que estaba construyendo algo?

—La esperanza era lo que lo empujaba a uno, lo que nos empujaba a todos. Era la gran oportunidad de corregir distorsiones importantes, de crear mayor prosperidad para todos, de disminuir la pobreza, de destrancar el juego o de eliminar la corrupción. Yo pensé, muchos pensamos, que era posible; sin embargo, resultó en la pérdida de una generación.

–¿Por qué dice que se perdió una generación?

–Venezuela lleva empantanada desde el 27 de febrero de 1989. Si se compara con lo que ha pasado en el mundo en todos estos años, la pérdida de oportunidades que vivió y sigue viviendo mi país es muy triste. Países miserables lograron crecer alcanzando una gran prosperidad; países devastados por guerras, como Vietnam, han avanzado. En naciones como China, India, Chile, Brasil hay un enorme progreso; en países como Colombia, destruido por la guerrilla, en donde todo era peligro y la gente no podía ni siquiera salir a la calle, se nota un gran avance; en países como El Salvador, que vivió una guerra terrible, hay progreso… En fin, todas esas naciones han progresado, pero los números revelan que Venezuela lleva dos décadas retrocediendo. Décadas que además han sido importantísimas, ya que en los últimos veinte años hemos visto cómo en el mundo se ha hecho posible que los países pobres saquen a su población de la miseria. Venezuela perdió ese tren. Por ahora.

–Pero después del 27 de febrero usted siguió en el gobierno, siguió esperanzado y cuando salió, al año y medio, siguió conectado porque se fue como representante venezolano ante el Banco Mundial. Quiere decir que siguió creyendo que eran factibles los cambios. ¿Cuándo perdió la esperanza?

–Perdí la esperanza cuando vi la convergencia de fuerzas de todo tipo que estaban dispuestas a tumbar a Pérez. Realmente me sorprendió mucho ver a gente muy inteligente, gente decente, que contribuyó a eso. Gente que hoy en día está, o debe estar, profundamente arrepentida. Gente como Ibsen Martínez[40], que fue el guionista de una novela que se llamó *Por estas calles*, que hizo un profundo daño distorsionando ante la opinión pública lo que se estaba tratando de hacer. Hoy en día, yo sé –Ibsen es un amigo por quien tengo mucho afecto–, y él lo ha dicho públicamente, que está arrepentido del rol que jugó. Líderes como Rafael Caldera, Ramón Escovar Salom, Marcel Granier[41], Oscar García Mendoza[42],

---

40 Ibsen Martínez: escritor, dramaturgo, guionista de televisión, articulista de prensa.

41 Marcel Granier: directivo del Grupo 1BC, dueño de Radio Caracas Televisión, *El Diario de Caracas*, Radio Caracas Radio, entre otras empresas. Conducía desde 1976 el programa de entrevistas *Primer Plano*. Casado con Dorothy Phelps, nieta del fundador del grupo 1BC.

42 Oscar García Mendoza: banquero. Desde principios de la década de los ochenta está al frente del Banco Venezolano de Crédito, uno de los bancos más conservadores y estables del sistema financiero venezolano.

Teodoro Petkoff, el grupo de Los Notables, los periodistas, los dueños de medios de comunicación, la mayoría de los políticos, y muchos empresarios... En fin, debe haber una larga lista de gente que por acción u omisión contribuyó a una situación que terminó tumbando a Pérez. Todo el mundo se abalanzó en su contra. Y por supuesto que Pérez cometió errores, y nosotros cometimos numerosos errores, pero fueron errores que los líderes de entonces se los cobraron demasiado caros. Y no se los cobraron al grupo de gobierno y a Pérez, sino que se los cobraron al país y, a fin de cuentas, a sí mismos. Todos seguimos pagando a diario las consecuencias del fracaso de las reformas de Pérez, sobre todo los pobres y la clase media devastada por el estancamiento económico, la inflación y la desesperanza. No fue el fracaso de un Presidente y su equipo de gobierno. Fue el fracaso de la miope generación que lideró a Venezuela en todos su ámbitos en los años ochenta y noventa[43].

---

43 Moisés Naím, 18 de enero de 2009. En 1988 era profesor de Economía y Gerencia del Instituto de Estudios Superiores de Administración –IESA–, después de haber sido su director académico. Fue ministro de Fomento entre febrero de 1989 y agosto de 1990. De 1990 a 1992 fue representante de Venezuela ante el Banco Mundial.

CAPÍTULO 12

Al cumplir un mes en el poder, Carlos Andrés Pérez había enfrentado ya su primera crisis pero todavía no podía respirar tranquilo y decir que la había sorteado. El jueves 2 de marzo, nueve mil muchachos estrenando botas y fusiles aparentaban estar en control de las calles caraqueñas, y el resto del país parecía que salía del caos. Comenzaba a restaurarse el orden, aunque orden no es igual a calma. Sin embargo, ese jueves al caer la tarde, CAP, después de volar sobre la ciudad, debió darse cuenta de que empezaba a superar los aprietos. Le pidió a Reinaldo Figueredo que como primer punto del Consejo del día siguiente incluyera el programa de ajustes. Su olfato de viejo político había despertado de la atrofia y el aletargamiento en que había estado sumido a comienzos de semana para avisarle que era hora de retomar la agenda de gobierno. No podía permitirse un nuevo ataque de parálisis. Faltaba poco para que relampaguearan las críticas por la decisión de haber sacado a los militares para reprimir –era obvio que esa embestida vendría– pero en cambio la ofensiva contra las medidas económicas lejos de apagarse o abrir un compás de espera, había recrudecido. La censura en los medios y la restricción a la libertad de expresión eran efectivas sólo para reducir los litros de sangre en las crónicas noticiosas, pero resultaban inútiles para contener la arremetida contra «El gran viraje».

Los disturbios inyectaron sangre nueva a los opositores, que empezaron a exigir rectificaciones porque, se dijo entonces y se sigue diciendo veinte años después, la protesta había estallado en rechazo a un programa económico que, cruel paradoja, no había empezado a funcionar porque, salvo el alza a la gasolina, ninguna otra medida se había hecho efectiva. Entre los oponentes no sólo desfilaron los partidos de oposición, sino que Acción Democrática también se sintió autorizada a marcar en público sus reservas. Y del lado afuera de los partidos, las élites económicas e intelectuales que desde inicios de la década de los ochenta enarbolaban críticas a los políticos, encontraron en el Caracazo el pretexto perfecto para desacreditar a la dirigencia que en treinta años de democracia no había sabido responder a las expectativas de esa multitud rabiosa que salió a quemar carros y asaltar comercios. Como si fuera poco, y para amargura de Pérez, hasta la vieja tradición militarista venezolana recibió su dosis de insulina. Los militares energizados por la revuelta retomaron sus jugadas conspirativas y a finales de ese mismo año se atrevieron a un primer ensayo golpista.

Y es que después del 27-F se desbocaron las pasiones, se desataron los demonios. Pero ni siquiera la recién recobrada intuición de CAP pudo apreciar ese desfogue. A un mes de haber llegado a Miraflores, Carlos Andrés Pérez pensó que lo peor había pasado.

El primer Consejo de Ministros después del Caracazo fue una reunión maratónica a la que asistió el tren de gobierno en pleno. Hasta Pedro Tinoco, presidente del Banco Central de Venezuela –que no necesariamente asistía– estuvo presente. Al único que se extrañó ese día fue al titular de Corpoturismo, Armando Durán, quien se encontraba de comisión en Berlín. La reunión empezó a media mañana y terminó en la noche, doce o catorce horas más tarde. Pérez abrió la sesión. A su mano derecha estaba el ministro de la Secretaría, Reinaldo Figueredo, y a su izquierda, el ministro de Cordiplan, Miguel Rodríguez.

–Vamos a discutir la implementación de las medidas económicas –planteó–. La mesa está abierta para debatir la puesta en práctica de la Carta con el Fondo Monetario, así que digan todo lo que tengan que decir, expresen sus dudas y cuestionamientos. Háganlo con toda franqueza, con toda sinceridad, pero eso sí, voy a ser muy explícito: una vez que hoy se apruebe lo que se termine de aprobar, independientemente de lo que se haya dicho aquí, independientemente de lo que se piense de manera personal, al salir de este salón no quiero contradicciones, no quiero discursos encontrados. Quiero una sola voz. Si alguien no está de acuerdo con esto, yo prefiero que presente su renuncia, que salga del gobierno, y no que después se hable en los pasillos por debajo de cuerda, o que se filtre a la prensa que hubo ministros que no estuvieron de acuerdo con lo aprobado en este consejo. Una vez aclarado este punto, tiene la palabra el ministro de Cordiplan para que nos explique cómo ve la situación, y cómo debe desarrollarse todo.

–Presidente –intervino Miguel Rodríguez, extrañamente comedido–, de cara a la situación extraordinaria que acaba de ocurrir, yo creo que perfectamente se puede revisar el *timing* de las medidas que vamos a implementar. Yo puedo ir de nuevo a Washington y renegociar con el Fondo, con el Banco Mundial y el Banco Interamericano, y no creo que haya ningún problema de posponer un poco... Podríamos demorar un par de meses la implementación del programa, o quizá hasta el fin del año escolar, cuando los estudiantes estén de vacaciones...

–Ministro, espérese un momentico –cortó en seco el Presidente el recule del subalterno–. Usted nos ha explicado, hasta la saciedad, la importancia del programa de ajustes para enfrentar la crisis de corto plazo del país; usted ha dicho que este es el programa que Venezuela necesita para despegar y alcanzar su crecimiento económico, así que: ¡hágame el favor!... Vamos a ejecutar este programa de una vez. Yo quiero que quede perfectamente claro que este gobierno y este gabinete vamos a proceder con el programa económico tal y como lo veníamos discutiendo. Se va a empezar a implementar ya, porque, precisamente por lo que ha ocurrido hace cuatro días, si nos ponemos a esperar dos o tres meses se nos va a venir el mundo encima, y no vamos a implementar absolutamente nada. Si nos demoramos, las distintas fuerzas políticas nos lo van a impedir. Nos van a comer vivos. Si no lo hacemos ahora, no lo hacemos nunca. Así que, ministro, haga la exposición que tiene que hacer, y todos nosotros tengamos la discusión que debemos tener, pero, repito, ese programa lo empezamos a ejecutar de inmediato.

Con ese espaldarazo, el jefe de Cordiplan, ya sin cortapisas, desplegó su artillería económica, y expuso a sus anchas un detallado cronograma con fechas de aplicación, metas y objetivos a conseguir. Mientras Rodríguez explicaba y describía el presente y el porvenir, el ministro de la Secretaría, al lado derecho de Pérez, se revolvía incómodo en la silla. No conseguía disimular su malestar. Y no lo hizo. La revuelta popular de principios de semana y su estrecha relación con el mandatario le daban permiso para exhibir su desacuerdo. Al inicio de la discusión, intervino con moderación, quiso explicar que apenas arrancando el gobierno, y después de un estallido social como el que se había visto, era inconveniente, por no decir imposible, aplicar un ajuste del carácter que se planteaba, sin ningún tipo de gradualismos. Su observación fue refutada con el argumento que el *team* económico manejó desde un principio: la gravedad de la crisis no se avenía con cambios escalonados, paulatinos e imperceptibles. Había que tomar el toro por los cuernos. El debate continuó desarrollándose, hablaron todos los ministros de la economía, y los que no lo eran también opinaron, preguntaron, expresaron temores. Figueredo intervino varias veces más, hizo unos cuantos pronunciamientos largos, siempre destacando su discrepancia, y en uno de ellos, cuando replicaba el planteamiento de uno de los tecnócratas –que hoy ya nadie recuerda si era Rodríguez o acaso Moisés Naím– objetó con vehemencia.

–No es posible aplicar una terapia intensiva de este tipo a un país que ya viene con diez años de deterioro económico. No están dadas las condiciones para un ajuste de este tenor. Este es un programa neoliberal, y Venezuela no…

El ministro de la Secretaría no terminó la frase. En ese instante, el Presidente fue quien no quiso esconder su disgusto.

–A mí ¡se me injuria! –interrumpió, golpeando la mesa con la mano abierta– si se me dice que yo soy neoliberal.

Pérez siempre había detestado las etiquetas, los motes que a manera de sobrenombre se endilgan porque es más fácil encasillar que intentar comprender la complejidad de un pensamiento, la multiplicidad del mundo, los claroscuros de una actuación. Tal vez sería arrogancia, pero lo que él tenía en mente, la concepción que en ese momento manejaba de cómo debía administrase el país, no era posible atapuzarla toda en un solitario compartimento. Era muy simplista pretender que la conducción de un gobierno –el suyo o el de cualquiera– pudiera etiquetarse. El universo interrelacionado en el que le había tocado moverse en su segunda administración no soportaba análisis bajo lentes de treinta y cuarenta años atrás. Ya lo había dicho antes, y Figueredo tenía que saberlo; no era un recién llegado a la arena política ni tenía dos meses conociéndolo. El Estado espléndido –lo había repetido una y cien veces en reuniones durante la campaña–, el Estado que todo pagaba y que en todo se metía no tenía razón de ser, no tenía justificación; pero eso no significaba que él, Carlos Andrés Pérez, él, el Presidente de la República, hubiera abandonado la idea de tener un Estado fuerte, poderoso. Tendría que volver a nacer y ser otro muy distinto para declinar el rol –que se atribuía– de gran conductor de la Nación, para descreer de la misión importantísima que el Estado todavía tenía que cumplir en Venezuela y en

América Latina. Que consintiera en abrir la economía y liberalizar las reglas no podía traducirse en claudicar, abandonar o entregar la administración de una nación a las fuerzas del mercado. Lo que pretendía –y eso tenía que saberlo Figueredo– era hacer más eficiente la administración pública, más productiva. No se podía ser tan simplista. No podía englobarse la riqueza de un pensamiento, de su pensamiento, bajo una escueta etiqueta: neoliberal. Y saltó ante el comentario del ministro.

No fue esa la primera vez que lo quisieron enmarcar con ese rótulo. Días antes, en la reunión que tuvo con el cogollito en La Casona, uno de los compañeros de partido comentó el artículo periodístico de Rafael Poleo en donde calificaba al programa económico de neoliberal. Aquella mañana se molestó, pero no tanto como cuando su ministro de la Secretaría lo dijo en el consejo. Fue tal su reacción que algunos pensaron que Reinaldo Figueredo había contrariado tanto a Carlos Andrés Pérez que ya no tenía cabida en el gabinete. Todos tenían muy en cuenta el llamado que el mandatario había hecho al comienzo de la reunión: si alguien no está de acuerdo, que presente la renuncia. No obstante, pese a las elucubraciones, nada ocurrió. Al filo de la noche, cuando agotada la discusión sólo restaba decidir, CAP recapituló:

–Es evidente que todos aquí, con excepción del ministro Figueredo, están de acuerdo en adoptar las medidas, pero de todas maneras yo pido que pasemos a votar.

Y de ese primer Consejo de Ministros después del Caracazo salió el calendario de implantación de las medidas económicas. Sólo el aumento en el precio de la gasolina quedó fuera del paquete y del cronograma. El tren ejecutivo lo aprobó por unanimidad. El ministro de la Secretaría de la Presidencia también alzó su mano para convalidarlo.

Yo voté a favor de las medidas. Y no porque no me quería ir del gabinete, puesto que después del consejo yo le llevé mi renuncia al Presidente. Yo voté a favor porque la situación era muy delicada y no quería mostrar delante de los ministros, y mucho menos que se colara hacia fuera, después del Caracazo, que su ministro de máxima confianza desde el punto de vista personal y político se estaba yendo a menos de dos meses de empezar el gobierno. Lo que hice fue cumplir, y le llevé mi carta de renuncia a su despacho. El Presidente la agarró, y no hizo ningún comentario. Yo lo dejé a su decisión, para que él la pusiera en práctica cuando lo considerara necesario, cosa que nunca hizo. Pero yo sí se lo expliqué abiertamente:

–Presidente, no estoy diciendo que usted sea neoliberal, lo que estoy diciendo es que su política económica es una política neoliberal, y se lo estoy diciendo como economista, no se lo digo dentro de un juego político. Lo hice porque era mi deber. Porque me sentí obligado. Para mí, está clarísimo: la única manera de que usted pueda poner en práctica un programa como el que se aprobó en el Consejo de Ministros es si hace como hizo Pinochet en Chile: pone al Ejército con las bayonetas caladas. No hay otra forma.

–¿Qué está diciendo? ¿Que me convierta en un dictador? –me preguntó.

–No, en absoluto, lo que estoy diciendo es que ese programa de gobierno, en esta democracia venezolana, no llegará al final. Usted no va a ver el resultado.

Pero el presidente Pérez siguió el consejo de sus ministros de economía. Y sí, es cierto, existía la Carta de Intención con el Fondo Monetario Internacional, pero las medidas económicas que se adoptaron fueron más allá de la Carta, porque la tesis de Miguel Rodríguez Fandeo y de otros ministros era aplicar lo que se llama el *Big Bang*, el gran choque; es decir, tumbar todo y hacer una cosa nueva. Y yo estaba en total desacuerdo, y argumenté pero, evidentemente, como ministro de la Presidencia, no tenía el equipo económico para discutirle a Pedro Tinoco y a todos esos otros ministros. La cuestión es que tampoco había que ser un gran economista para ver que nos estábamos montando en un trampolín.

A mi modo de ver, ahí ya estaba el germen de lo que vino después, con los militares conspirando y todo lo que sucedió con los golpes. Aunque también es verdad que las conspiraciones existían antes de que nosotros llegáramos al gobierno, porque los famosos comacates existían desde hacía mucho tiempo y era cuestión de que tuvieran la oportunidad para actuar. Pero de todos modos…

Venezuela no estaba preparada para ese programa económico, y yo estaba profundamente angustiado con el hecho de que la recaída sobre el aspecto social traería consecuencias nefastas para el país. Me daba cuenta perfectamente de lo que implicó el Caracazo, y sabía cuál era mi posición dentro del gobierno. Yo, en ese momento, era la persona más cercana al Presidente. Venía trabajando con él desde su campaña electoral, había coordinado todo el enfoque del programa y... no, no esperaba que este tipo de cosas se adoptaran[44].

Reinaldo Figueredo –graduado en Ciencias Políticas de la Universidad de París y en Economía de la Universidad de Bruselas– había sido la cabeza visible del equipo de Carlos Andrés Pérez durante su lucha por la Presidencia. Estuvo con él desde la temporada de la precampaña, cuando a mediados de los años ochenta todavía no se había destapado la candidatura. La relación entre los dos había empezado a principios de la década de los setenta, cuando CAP era jefe de la fracción parlamentaria de Acción Democrática y Figueredo, asesor de Gonzalo Barrios en materia petrolera. Luego, aunque no era miembro del partido, por sugerencia de Barrios pasó a trabajar en el área de energía del programa de gobierno de CAP I, y cuando todo indicaba que sería nombrado viceministro de Energía de aquella administración, fue designado presidente del Instituto de Comercio Exterior, puesto en el que se mantuvo los cinco años del mandato. Al salir del gobierno, después de inscribirse en AD, se fue a Ginebra como director comercial de la UNCTAD, órgano de las Naciones Unidas, y a partir de 1985 reanudó sus contactos con Pérez y se convirtió en su más estrecho colaborador. Gozaba de su absoluta confianza. Fue quien estuvo detrás de la exitosa y vanguardista campaña que con gran despliegue técnico se manejó desde el búnker de Los Chorros y que terminó con el triunfo de CAP en 1988. Y él, se decía por aquellos tiempos, era su heredero. El dicho pareció confirmarse cuando en febrero de 1989 lo nombraron ministro de la Secretaría de la Presidencia, el aliado más cercano con que cuenta un Presidente, la persona más próxima a su intimidad. Su mano derecha, que podía inclusive participar en la renegociación de la deuda.

Pero las cosas no eran lo que aparentaban, y eso lo entendió muy rápido el propio Figueredo. Después de ser el más estrecho colaborador de Pérez, después de ser considerado su principal asesor por casi tres años, se encontró con que en el gabinete no era él quien llevaba las riendas, no era él quien organizaba, coordinaba o tenía la mayor ascendencia sobre el Presidente. A pesar de estar en el despacho más próximo a la jefatura de Estado, no llegaba a tener el estatus ni el poder que, por ejemplo, tuvo Carmelo Lauría cuando la presidencia de Jaime Lusinchi o cuando

---

44 Reinaldo Figueredo.

CAP en su primer mandato. Como ministro de la Secretaría, Figueredo se sentaba a la derecha de Pérez, pero ya no era su mano derecha.

Más que participar en el programa de gobierno de Carlos Andrés Pérez, participé en absolutamente todo. Yo manejaba la oficina que tuvimos en la Torre Las Delicias y después me fui con el comando para Los Chorros; yo era el que coordinaba el equipo que teníamos tanto para hacer la política interna como para la política internacional. Y yo veía cuál era el programa que se estaba haciendo. Estaba en todo, todo... Pero paralelamente estaba otra gente, había otra gente... O sea: había un doble juego, y yo nunca he sido partidario del doble juego...
No diría que el doble juego era del presidente Pérez, sino que... ¡la política es una cosa muy complicada! y hay intereses detrás. No dudo de que había intereses... Y había gente que era partidaria de un entendimiento total con el Fondo Monetario y el Banco Mundial, y yo no. Sin estar del todo en contra, no estaba de acuerdo en seguir las recomendaciones que al Presidente le estaban haciendo sus ministros de economía.
Desgraciadamente, cuando hay las campañas electorales, se hacen programas de gobierno que tienen algunos elementos genéricos, pero después esos programas los ponen de lado. Eso es una realidad, y no solamente en Venezuela. Entonces, quienes durante la campaña habían hecho el programa no fueron colocados en las posiciones para su ejecución, sino que en su lugar fueron colocados otros que no tenían absolutamente nada que ver con ese programa y que no creían en él[45].

Las razones para el discreto desalojo del otrora favorito tenían que ver –bien lo supuso el desalojado– con las dos visiones diferentes que se movían dentro del gabinete, y con la preferencia abierta que mostraba el Presidente hacia una visión, por encima de la otra.
Desde un principio, y a lo largo de todo el mandato, en el seno del gobierno coexistieron –o Pérez quiso que coexistieran– dos concepciones distintas de ver la economía y la política del país. En el terreno económi-

---

45 Reinaldo Figueredo.

co, un bando entendía que el ejercicio de gobierno era redistributivo, y por lo tanto era partidario de la economía planificada y de la intervención del Estado para decidir y regular y garantizar la redistribución. El otro 'ando anteponía el equilibrio de las cuentas económicas, y promovía la apertura, la desregulación, la transparencia y el mercado.

Esas nociones económicas tenían su contraparte en lo político, aunque no todos los defensores de una postura económica automáticamente lo eran de la correspondiente en política. En el tren ministerial, un grupo sustantivo era fiel a los valores políticos tradicionales con los que se había tenido éxito durante treinta años; sus integrantes defendían una suerte de corporativismo, en donde privaba la solidaridad con el partido y la defensa de los intereses del grupo y de la organización como base para garantizar la subsistencia. Esos eran los que mayoritariamente defendían el rol interventor del Estado en la economía. Otros, más librepensadores –que por lo general convenían también con la apertura económica–, eran partidarios de la autonomía y la descentralización política, y la elección directa de los cargos públicos. Pero aunque se pudiera presumir una regla, no existía una norma común, un manual exacto de comportamiento, y a veces los que estaban de acuerdo con una postura económica no suscribían la postura política equivalente o toda la política en su conjunto, porque las facciones no estaban definidas, y a veces incluían en sus filas a quintacolumnistas.

Entre los que defendían la desregulación económica por supuesto que se hallaban los tecnócratas que comandaban el cambio de rumbo, mas no todos dentro del gabinete económico estaban a favor del viraje. Eglée Iturbe de Blanco, ministra de Hacienda, y Celestino Armas, ministro de Energía y Minas, ambos técnicos formados y militantes activos en las filas de Acción Democrática, eran remisos al paquete de ajustes, aunque sus resistencias –que llegaron a ser considerables– fueran mucho menos visibles o explosivas que las de Reinaldo Figueredo. Iturbe estuvo un año en el despacho, y fue sustituida por Roberto Bobby Pocaterra, también militante adeco y también reacio a los cambios, pero mucho más asequible que ella. Armas, por el contrario, se mantuvo cuatro años en el MEM y desde allí se erigió en serio opositor a la reinstalación del ajuste en los precios de la gasolina, suspendido después del 27-F y finalmente reincorporado –pese a la renuncia de Celestino– a mediados de 1990. Otra que se podía contar entre los disconformes era Fanny Bello, ministra de Agricultura que estuvo sólo seis meses en el gobierno. A ellos se les podían sumar, aunque no formaran parte del comité económico, Alejandro Izaguirre, ministro de Relaciones Interiores, adeco de vieja cepa, y Armando Durán, ministro de Corpoturismo, político independiente cercano a Acción Democrática y antiguo amigo del Presidente.

Al día siguiente del Caracazo, horas antes de irme a Berlín, yo hablé con Pérez en privado:

–Hay que cambiar el gabinete –le sugerí– porque el problema de Venezuela no es una crisis económica. Es una crisis política.

Mi opinión era que el gabinete económico era impecable desde el punto de vista tecnócrata pero no era un gabinete político; por eso propuse dejar a Miguel Rodríguez, Moisés Naím, Eduardo Quintero… a todos ellos, como asesores de los ministerios económicos y nombrar en su lugar a ministros políticos. Pero Carlos Andrés se negó.

–De ninguna manera –me dijo–, tenemos el mejor gabinete de la democracia y tenemos que seguir con esto.

Pero los tecnócratas resolvían problemas técnicos de la economía y no podían enfrentar una situación política de crisis. Carecían de la experiencia para salir adelante, y una prueba de eso fue lo que sucedió con el precio de la gasolina. Porque era absolutamente imprescindible aumentarla, de eso no tengo la menor duda, pero ocurrió que no hubo venta política. Antes de subir el precio había que ir preparando el terreno, pero esos ministros no eran políticos, y eso no fue lo que se hizo. Los ministros de la economía no entendían lo que era el factor humano, no entendían que ellos podían hacer lo que quisieran pero que antes tenían que venderlo políticamente.

Se lo dije a Miguel Rodríguez en un Consejo:

–Eso que estás diciendo está muy bien para la ecuación de Harvard que tú escribes en el pizarrón, pero ahí falta la variable humana.

Yo tuve muchos enfrentamientos con el grupo. Otra vez también se lo señalé a Fernando Martínez Mottola, cuando todavía él no era ministro sino jefe de una comisión para privatizar las empresas públicas. Él fue a Consejo de Ministros para hacernos una explicación de cómo era que empresas como el Inos, que distribuía el agua; Cadafe, que distribuía electricidad; y CANTV, que era la telefónica, arrojaban pérdidas.

–Es que esas empresas –le repliqué– son empresas que suministran servicios públicos. Son servicios que tiene que asumir el Estado, porque hay inversiones que sólo el Estado las puede asumir. Pongamos por caso a La Electricidad de Caracas, que es una empresa privada: ¿cuántos consumidores por kilómetro cuadrado tiene La Electricidad de Caracas? ¿Tú crees que esa empresa, con lo que le reportan sus consumidores, va a gastar para llevar la electricidad desde Ciudad Bolívar a Santa Elena de Uairén? No, no lo hace, porque eso sólo lo puede hacer una empresa del Estado.

–Bueno –me contestó–, pero es que en los Estados Unidos las empresas públicas dan beneficios.

–Eso es otra historia. Nosotros somos un país del Tercer Mundo, y como país del Tercer Mundo no podemos tener las expectativas de un país como Estados Unidos. Tenemos que conformarnos con lo que tenemos y resolver las cosas como sabemos[46].

Durán, nacido en Cuba de madre venezolana, es periodista de formación, además de doctor en Filosofía de la Universidad de Barcelona. Llegó a Venezuela en la década de los sesenta trayendo en la maleta su experiencia como fundador de la agencia Prensa Latina y una inclinación ideológica por la socialdemocracia que sin embargo no se tradujo en una inscripción en AD. Amigo personal de Pérez, en 1984 integró el gabinete de Jaime Lusinchi como ministro de Información y Turismo, hasta que un año después salió por una confrontación con la secretaria privada, Blanca Ibáñez. Luego –dicen que por intervención de Pérez– se fue como embajador venezolano a Uruguay, y en 1987 regresó al país para trabajar en la campaña de Pérez, encargándose de la relación con los medios. En 1989, en un acto de justicia poética, como a él le gusta llamar, CAP lo retornó al despacho del turismo y permaneció en su equipo gubernamental manejando varios ministerios hasta que en 1992, como figura cercana al Presidente, debió salir de la administración por las concesiones que se hicieron tras el golpe militar. Fue, está visto, un aliado del mandatario, pero eso no significaba que todo el tiempo concordara con él; al revés, amparándose en su amistad se daba la libertad de mostrar su desacuerdo. La mayoría de las veces lo hizo a solas, compartiendo confidencias en la oficina presidencial –sobre todo en los primeros tiempos mientras estuvo en Corpoturismo, y más tarde cuando fue a Secretaría– pero también lo demostró ante los otros ministros en las reuniones de Consejo. No era de los que se cuidaba.

---

46 Armando Durán.

Como él hubo otros, pero no todos eran abiertos a mostrar sus des-
acuerdos ni siquiera en la intimidad de la oficina presidencial, y hacer que
coincidieran o se entendieran dos visiones tan distintas de ver la economía
y la política era una tarea complicada. Pérez, como jefe del equipo, confió
en que sería el puente que las uniría, pero no siempre resultó así. Mejor
dicho, casi nunca resultó así. Y de lado y lado quedaban disconformes.

La composición del gabinete fue hacia otro lado, y esto llevó a cometer una cantidad de errores. Yo, en ese Consejo de Ministros, fui
el único que argumentó con mucha fuerza que ese programa no lo
podíamos aplicar. Fui el único que realmente se opuso a las medidas. Yo estaba clarísimo de que no estaba en la línea, pero veía venir
un problema muy serio con Acción Democrática, porque una de
las cosas que nunca fue el presidente Pérez –no así Jaime Lusinchi–
era un *apparatchik*. Él no era un hombre de estar haciendo manejos
con el aparato del partido[47].

Tan temprano como el 18 de febrero, en una reunión a puertas cerradas en la casa de Gonzalo Barrios, un minicónclave adeco había criticado
a Pérez y a su paquete económico, presentado escasos dos días atrás. Ese
domingo, por más que se pretendió impedir que trascendiera lo discutido,
hubo quien se ocupó de filtrar información. Por encima de la reserva que
aconsejaba la condición de partido de gobierno, interesaba más marcar la
distancia, aunque fuera *off the record*, con ese mismo gobierno. Ese día el
cotilleo fue intenso, en contra de los ministros tecnócratas y en contra del
programa que según los dardos adecos traería consecuencias «muy negativas»
para Acción Democrática si, como se sospechaba, había elecciones regionales
ese año. Sólo Gonzalo Barrios –que como presidente del partido procuraba, a
veces con poco éxito, fungir de fiel de la balanza– y Pedro París Montesinos[48]
–que presidía la comisión de finanzas en el Senado– lucieron conciliadores.
Los demás –que eran nueve o diez– se enfrascaron en que debía haber mejor
manera de organizar las finanzas públicas sin tener que sufrir «tremendos»
costos políticos. Y, por supuesto, debía haber mejores conductores económicos
que los que procedían de filas distintas a la socialdemocracia. Los visitantes

---

47 Reinaldo Figueredo.
48 Pedro París Montesinos: dirigente de AD. Entre 1989 y 1993, fue Senador y presidió el Congreso durante
dos años.

a la casa de Barrios, liberados de protocolo y formalidades, explayaron sus emociones, opinaron sin reserva. No perdonaban las simpatías que algunos ministros como Eduardo Quintero y Moisés Naím habían tenido con el que había sido candidato socialcristiano, y mucho menos querían olvidar el pasado izquierdista de otros como Miguel Rodríguez –militante del MAS en sus años más mozos– que además, para agravar el cuadro, había comenzado a desplazar a la burocracia partidista en el ministerio, rodeándose de más izquierdistas o ex izquierdistas que era casi decir lo mismo, como también lo estaba haciendo el ministro Naím. Los adecos –especialmente lusinchistas– rechazaban que se prefiriese a los conversos antes que a cualquier figura surgida de las entrañas blancas de AD.

Ese encuentro dominguero sirvió para medir la temperatura de las relaciones entre el partido y el gobierno; sin embargo, todo lo que ahí se oyó entraba en el terreno de lo extraoficial, y trascendió cubierto bajo el manto de la especulación, de lo supuesto. Lo no confirmado. No fue sino hasta después del 27 de febrero cuando la murmuración salió de los círculos cerrados para hacerse notar.

Después del Caracazo, la crítica la inauguró Gonzalo Barrios. En alusión a los orígenes de los disturbios, y haciendo gala de sus usuales enunciados guabinosos, habló del «beso mortal del FMI». De ahí en adelante y hasta que CAP dejó Miraflores, cincuenta meses más tarde, las descargas de flechas de los arqueros acciondemocratistas no cesaron. Pudieron aminorar en ocasiones, pero nunca dieron tregua, y en aquellos días inmediatos al 27-F, cuando aún se barrían los vidrios y se recogían los escombros, los que habían sido los más fervientes opositores a su reelección, se cebaron:

–Quedó comprobado que segundas partes no son buenas –explotó un alto dirigente en la primera reunión partidista que se realizó tras los saqueos–. Un tipo que fue Presidente, después de diez años pierde contacto: con las Fuerzas Armadas, con los medios de comunicación, ¡con la gente! Cómo es posible que a los veintipico de días de estar en el gobierno se produzca un alzamiento como este, del cual el Presidente no tiene ninguna información. Esto lo que demuestra es que se perdió ese hombre, que se consideraba un policía. Carlos Andrés Pérez perdió esas condiciones.

–La manera como se implementa este programa no la soporta este país –aseguró otro, en tono semejante–. No hay vocería política que lo sustente. Los funcionarios serán muy capaces, pero desde el punto de vista político son nulos. Esta gente no tiene manera de comunicarse con el país porque el país no sabe quiénes son ellos.

Poco a poco, las autoridades de Acción Democrática abandonaron la mesura, y sus cuestionamientos traspasaron las paredes de las oficinas del partido hasta llegar a las primeras páginas de los periódicos. Escudándose tras los disturbios, se preocuparon muchísimo menos por las formas, al extremo de que incluso el sector sindical, que había sido el pilar del regreso de CAP al poder, en abierto desacuerdo con las medidas económicas, se sumó al deslinde. Antes de terminar el mes de marzo, Juan José Delpino[49], adeco que presidía la Confederación de Trabajadores de Venezuela, atacó de frente a la política «de inspiración foránea» y un mes más tarde, en repudio al «destino neoliberal» al que se quería conducir a la nación, terminó por convocar a un paro general de doce horas.

Y así continuó la dirigencia socialdemócrata. Colgándose del antagonismo tenaz que había dejado la revuelta. A sabiendas de que la administración necesitaba un respiro y buscaba un aliado, comenzó a hacer las exigencias que antes, en los días iniciales del gobierno, no se había atrevido. Los adecos pidieron mayor participación o más visibilidad y poder dentro del gabinete. Era lo mínimo que el gobierno le debía a la organización. Era la deuda que el Presidente tenía con su partido.

El hecho de que un hombre que no fuera adeco manejara el presupuesto de la República fue considerado dentro de Acción Democrática como una afrenta; una afrenta insoportable. Era posible aceptar esa situación en cualquier otro ministerio, en uno poco relevante, incluso era posible ver en una Embajada a un hombre de la izquierda o a un copeyano; pero en un ministerio de finanzas, o de planificación, o en un ministerio de infraestructura, donde se manejaba mucho dinero, eso era inaceptable. Los adecos consideraban que era una bofetada a Acción Democrática[50].

En AD se abrieron a ejercer presión de la manera que mejor podían, y que más sabían. Fue en el Congreso donde comenzaron a forzar que le pagaran su deuda o —dependiendo de por dónde se mirara— a cobrarse por la afrenta. Las leyes que a partir de entonces necesitó el Ejecutivo para apuntalar su apertura encontraron serias resistencias de la bancada blanca,

---

49 Juan José Delpino: dirigente de AD. Fue diputado y senador. En 1989 era el presidente de la CTV.
50 Argelia Ríos.

y algunas no consiguieron ser aprobadas después de cuatro años de andar
bregando con ellas para arriba y para abajo, porque la fracción de Acción
Democrática fue la primera que puso obstáculos. Pero el Jefe de Estado
no pestañeó.

Pérez se resistió a que el partido de gobierno, su partido, el que había
ayudado a fundar cuando todavía era un muchacho, funcionara a manera
de una agencia de empleo. Para él, esos tiempos habían terminado. Ese
era el discurso que pronunciaba entre sus íntimos. Estaba consciente de
lo ambicionados que eran los ministerios de infraestructura –Transporte
y Comunicaciones sobre todo–. Sabía que para el liderazgo tradicional
«perder» esas carteras significaba olvidarse de manejar la asignación de
contratos y olvidarse también de las cuotas para mantener al partido y a
sus cuadros. Él sabía todo eso, pero no estaba dispuesto a ceder. Y a juzgar
por las apariencias no lo hizo. En el tiempo que duró su segunda presidencia, los despachos de infraestructura se mantuvieron fundamentalmente
en manos de quienes se avenían a su proyecto de apertura o por lo menos
no se convertían en escollos. En el caso específico del MTC, el ministerio
más codiciado, aunque hubo algún amago de transar, nombrando a figuras más conciliadoras o conocidas para los adeístas, esos amagos duraron
pocos meses, y por lo general el ministerio siempre quedó bajo el dominio
de los tecnócratas.

Pero en la acera de enfrente, en la franja en donde se había atrinche-
rado el aparato partidista no se observó la menor intención de dar cuartel,
y a medida que transcurrían los meses, los enfrentamientos fueron más
notorios. En AD insistían en que la ruta económica escogida traicionaba
los principios socialdemócratas, y ante eso eran también intransigentes.
Se opusieron a la liberación de precios, a la política salarial, a la política
cambiaria y a la reforma comercial que estaban en marcha, y se plantaron
firmes en contra del aumento de la gasolina, de los planes de privatización
de empresas y de las reformas financiera y fiscal que el tren ejecutivo porfiaba
en imponer. Pelearon fuerte. Y pese a que en ocasiones daba la impresión
de que el partido perdía batallas, a la larga –o a largo plazo, como gustaban
decir en mentideros económicos– no necesariamente ocurrió así.

Humberto Celli puso cara de estafado cuando uno de sus asistentes
se le acercó al oído para darle a conocer una bomba de lo más molotov: el tantas veces anunciado aumento de la gasolina. Semejante

tubazo que Carlos Andrés Pérez dejó preparadito antes de viajar a la coronación de Alberto Fujimori partió en dos la reunión del Comité Ejecutivo Nacional de AD.

Hacía rato que se había instalado el CEN cuando se coló a la sala de sesiones lo que ya era una noticia confirmada. El secretario general de AD, entre sorprendido y disgustado, bajó a su oficina y tomó el interministerial.

Dado que Celestino Armas se encuentra en la cumbre de la OPEP, el líder adeco habló con Rafael Guevara, titular encargado de Energía y Minas. Celli le pidió, en nombre de la dirección nacional del partido, que pospusiera la puesta en vigencia de la medida hasta el regreso de Pérez.

Negativo el procedimiento. Guevara lamentó no poder cumplir con el deseo del partido de gobierno.

–Lo siento mucho, Humberto. No está en mis manos incumplir una decisión adoptada por el gabinete.

Celli regresó a la sala de reuniones y rindió informe de lo conversado. Esto provocó una seguidilla de intervenciones al reiniciarse la sesión del CEN. De Gonzalo Barrios para abajo se produjo un duro cuestionamiento al baño de agua fría que Pérez y el equipo económico arrojaron sobre un partido de gobierno que no se siente como tal. Nadie salió en defensa de CAP. Por fin, el Jefe de Estado lograba el consenso en el CEN, pero en su contra.

(Vladimir Villegas en *El Diario de Caracas*, 25 de julio de 1990).

A mí me preocupaba mucho que la información saliera solamente en las páginas económicas de los diarios; me angustiaba que no se le estuviera hablando a la gente común y corriente.

En una de las oportunidades en que iban a subir el precio de la gasolina, se había previsto montar una rueda de prensa para hacer el anuncio. Era una rueda de prensa conjunta de los ministerios de Hacienda, Cordiplan y Energía. Pero se acercaba el día… y nada. Pues, ¡juro! que yo me arrodillaba –porque además tenía veinticinco años, y esas son cosas que uno hace con veinticinco años, y se tiene la osadía y la verdad en la mano–, y caminaba de rodillas detrás de Miguel Rodríguez por todo el despacho, diciéndole:

–Miguel, por favor, entiéndeme, nosotros le estamos hablando a la gente que lee los cuerpos de economía de los periódicos, pero quién le está explicando al quiosquero que está allá abajo, en la avenida Lecuna, qué coño es lo que tú estás haciendo aquí, quién le explica lo del aumento de un mediecito en la gasolina. ¡¿Quién?!

Pero es que ahí no había quien trazara líneas en materia de comunicación. Al principio, cuando estuvo Luis Vezga Godoy en la OCI, hubo algunos intentos de hacer algo coordinado, pero Vezga no duró mucho. Y entonces cada ministerio iba por su lado… una cosa muy desarticulada. No había una estrategia. Aquello era como mojarse el dedo en la boca y levantarlo para arriba, para ver por dónde venía el viento. Algo completamente intuitivo.

Es que, de hecho, y Miguel puede dar fe de eso, había días en que yo llegaba en la mañana reclamándole:

–Yo sueño con Carlos Andrés, ¿tú puedes creer eso? Sueño que estoy en Miraflores, diciéndole: Presidente, por favor, usted tiene que explicarle al país qué es lo que estamos haciendo, tiene que hablarle a la gente. ¿Por qué tengo que soñar eso? –le decía a Miguel– ¿Cómo es posible que yo esté soñando con Carlos Andrés Pérez, si a mí me gusta más Brad Pitt? Pero, no, qué va, yo no sueño con Brad Pitt, ¿y por qué?, pues porque ustedes no me paran bola…[51]

A la resolución que a fines de julio de 1990 dio luz verde al aumento mensual –y durante cinco meses– de quince céntimos en el precio de la gasolina, el CEN de Acción Democrática respondió con un rechazo unánime porque –blandiendo un razonamiento usado por los marxistas– no estaban dadas las condiciones sociales y políticas. Según la dirigencia, la decisión podría tener «algún soporte» económico, pero era perjudicial para la población. Cuando Humberto Celli terminó de leer el comunicado a los periodistas recordó que hacía dos días habían tenido la reunión semanal en La Casona y el mandatario no había tenido la delicadeza política de advertir lo que se preparaba.

El *round* de la gasolina, en apariencias, lo había ganado Pérez. Al

---

51 Gabriela Caraballo: periodista. Entre febrero de 1990 y junio de 1992 fue directora de Prensa del Ministerio de Planificación (Cordiplan).

alza gradual acordada en 1990, siguió una aprobada en agosto de 1991 –también gradual y por cinco meses– y la que entró a regir en enero de 1992, que de acuerdo con lo registrado por la reportera Dalia Gutiérrez de *El Diario de Caracas* pretendía extenderse por todo el año, pero que tuvo que suspenderse en marzo de 1992 tras el golpe militar, cuando el gobierno, en busca de consenso y estabilidad, tiró la toalla. Otras medidas económicas no corrieron mejor suerte.

La reforma impositiva, por ejemplo, y pese al empeño que puso el tren ejecutivo, nunca pudo ver la luz de la *Gaceta Oficial* mientras Carlos Andrés Pérez fue Presidente. La historia de ese empeño fue larga y emblemática.

La primera versión fue aprobada por el gabinete económico a mediados del año 1989, poco antes de terminar el período de sesiones del Congreso y de que Pérez iniciara una gira al exterior. En cuanto salió del horno del gabinete, CAP dispuso su cabildeo porque quería que se aprobara cuanto antes, y esas fueron las instrucciones que dejó antes de partir. En la gira iba también el ministro Reinaldo Figueredo, y a escasos minutos de salir para el aeropuerto el Presidente dio esa encomienda a Alejandro Izaguirre, quien se quedaba en la Presidencia, y a Beatrice Rangel, que suplía a Figueredo.

–Como prioridad –ordenó– les dejo encargadas todas las consultas políticas para que pase la reforma impositiva lo más pronto posible por el Congreso.

Los funcionarios cumplieron con la tarea encomendada; enseguida convocaron a las distintas organizaciones políticas. Entre los que acudieron por AD al llamado estaban Luis Alfaro Ucero, que en aquel entonces era secretario nacional de Organización, y los diputados Carmelo Lauría y Henry Ramos Allup. Las reuniones con los partidos se realizaron por separado, y en la mayoría la introducción del proyecto estuvo en manos del jefe de Cordiplan.

–Venezuela es el único país de América Latina en donde no existe el gravamen del IVA –fue el *speech* con que el ministro recibió a los convidados–. Ya es hora de modernizarnos. Es indispensable ampliar la base tributaria para que no caiga el gasto público. Se cobrará lo justo para equilibrar las cuentas, y de todos modos nunca será más de cinco por ciento porque nosotros no necesitamos una tasa más alta, como el doce o el quince por ciento que exigen en Colombia o en Argentina. Venezuela cuenta con los recursos del petróleo; tenemos una gran regalía petrolera.

Al terminar la presentación, en cada uno de los encuentros los políticos de las distintas toldas se mostraron renuentes, y algunos francamente refractarios a la nueva política tributaria. Todos los partidos esgrimieron razones económicas o incluso ideológicas. Acción Democrática, además, quizá confiada porque hablaba con copartidarios –no hay que olvidar que Izaguirre y Rangel estaban presentes– manejó un argumento adicional. El razonamiento de AD era menos teórico o doctrinario pero sí más pragmático, y en definitiva más contundente. Es justo aclarar que la argumentación adeca no fue hecha en el marco de la reunión, sino que se hizo minutos después, cuando los dirigentes recogían sus bártulos, y el ministro de Cordiplan hacía lo propio y ni siquiera escuchó. Pero Beatrice Rangel, en cambio, recuerda muy bien lo que oyó ese día:

–Todo ese plan está muy bien pero este año hay elecciones de gobernadores y alcaldes, y nosotros no vamos a subir los impuestos en este momento porque no nos van a elegir. Así que esto mejor como que lo dejamos para el próximo período de sesiones del Congreso.

Llegaron las elecciones y terminó ese período, y el año. Y vinieron tres años más y otras elecciones regionales, pero Acción Democrática siguió oponiéndose. Ya no con razonamientos aplastantes, pero sí tan efectivos como para exasperar la paciencia de los miembros del gabinete que, cuando casi creían contar con la anuencia de Copei, se daban de frente con la muralla del «todavía no» que levantaba el partido del Presidente. El antagonismo de Acción Democrática llegó a ser tan grande que hasta Armando Durán –que no era precisamente un fanático del equipo de los tecnócratas o de sus jugadas políticas– llegó a comentar en medio de una reunión que AD se había convertido en el principal partido de oposición.

Fue un problema muy serio cuando se discutió lo del IVA. Me acuerdo especialmente de una reunión tormentosa en donde estaba Henry Ramos, que era el jefe de la fracción parlamentaria y quien llevaba la voz cantante en contra del IVA. Y lo hacía de una manera feroz. Él[52] y Armando Sánchez Bueno eran los principales oposicionistas. Era una cosa feroz la que tenían en contra porque decían que era un impuesto regresivo que no se podía aprobar, que

---

52 Henry Ramos Allup, Armando Sánchez Bueno: Diputados. Miembros del CEN de AD.

sólo estarían de acuerdo con un impuesto selectivo que se aplicara por etapas y... ¡qué se yo!...[53]

En el año 1991, veinte meses después de que el gobierno iniciara las primeras consultas políticas sobre la reforma impositiva, miembros del CEN de Acción Democrática seguían sosteniendo que el tema no corría prisa. Fue a finales de febrero, en un encuentro en Cordiplan donde asistieron Henry Ramos Allup, Carmelo Lauría, Luis Alfaro Ucero, y Lewis Pérez.

–Si el gobierno está apurado –manifestaron casi a coro–, el Congreso no. De esos apuros es que salen las cosas mal hechas.

... Por eso fue que no se pudo aprobar el IVA en el mandato de Carlos Andrés, porque ellos fueron los que más se opusieron. El IVA se aprobó después, a fines de 1993, en el gobierno de Velásquez, con el apoyo de Henry Ramos y compañía...[54]

---

53 Armando Durán.
54 Armando Durán.

CRONOLOGÍA EN BUSCA DE CONTEXTO

07.03.1989	Liberación de precios.
13.03.1989	Empieza a regir el mercado libre cambiario.
24.04.1989	Congreso Extraordinario de la CTV ataca al gobierno por «el paquete».
18.05.1989	Para protestar por el programa de ajustes, paro general de doce horas convocado por la Confederación de Trabajadores de Venezuela –la principal organización obrera, manejada por AD– y apoyado por los demás sindicatos.
03.07.1989	En el tradicional acto anual de promoción militar, por primera vez en muchos años no hay ascensos a los grados máximos de general de división y vicealmirante porque –según el Jefe de Estado– no existen suficientes cargos vacantes.
15.07.1989	CAP asiste en París, Francia, a los actos conmemorativos del bicentenario de la Revolución francesa, cuando una llamada desde Caracas le avisa que a las afueras de Cúcuta, Colombia, un comando del guerrillero Ejército Popular de Liberación (EPL) había secuestrado a su primo y cuñado, Norberto Rodríguez. Se piden diez millones de dólares por su liberación. Al principio, los secuestradores no están enterados de los vínculos de Rodríguez con el Presidente de Venezuela, pero al saberlo pretenden que CAP negocie con ellos. Pérez se niega: porque el gobierno venezolano no puede ni debe inmiscuirse en los asuntos internos de otro país, y porque –no es la primera vez que lo dice– él no negocia con secuestradores. Norberto Rodríguez, tachirense de nacimiento, había sido cónsul venezolano en Cúcuta, y una vez que dejó el consulado se arraigó en la ciudad colombiana y compró una finca de los alrededores. Tenía setenta y un años cuando lo secuestraron. Su liberación se produjo ocho meses y medio después, el 30 de marzo de 1990, en vista de su delicado estado de salud. Después se supo que Jacobo Arenas, comandante de las FARC, intervino directamente en la liberación: al conocer la gravedad del rehén exigió al EPL que se lo entregara. Dedujo las consecuencias que podrían traer a todos los grupos insurgentes colombianos si un familiar del Presidente venezolano se les moría en cautiverio.

30.11.1989   El Ministerio de la Defensa devela supuesta conspiración militar que estallaría poco antes de los comicios regionales. La conspiración se descubre por un documento que le habrían hecho llegar al comandante del Ejército. Se trata de una orden de operaciones firmada bajo el pseudónimo Zeus. Como jefes del movimiento se señala a un grupo del Ejército, todos con grado de mayor. Como Zeus se identifica al ayudante personal del jefe de la Secretaría del Consejo Nacional de Seguridad y Defensa (Seconasede), general Arnoldo Rodríguez Ochoa. Los implicados son interrogados. Se solicitó para ellos un Consejo de Investigación, pero el Jefe de Estado no lo autoriza por falta de pruebas. A ese incidente se le conoció después como «La noche de los mayores».

03.12.1989   Se celebran las primeras elecciones de gobernadores y alcaldes, con un registro de abstención que asciende a 54,9%. Son veinte gobernaciones en disputa: Acción Democrática obtiene once; Copei, siete; el MAS, una; La Causa R, una. Aunque AD consigue el mayor número, de las seis regiones más importantes del país pierde cinco –Anzoátegui, Aragua, Carabobo, Miranda y Zulia–.

CAPÍTULO 13

Nadie recuerda qué hizo Carlos Andrés Pérez el último día de 1989. En qué casa estaba, acompañado por quién. Cómo fue su ceremonia de despedida –si es que tuvo alguna– o cuáles las palabras que usó para despachar el año que estaba terminando. Es imposible reconstruirlo, pero en todo caso al margen de lo que hizo, dijo o dejó de hacer y decir, mientras escuchaba en la radio cantar a Néstor Zavarce su *Faltan cinco pa' las doce* –es lo único seguro, era la tradición–, una sensación de alivio debió bañarlo. Por fin acabado 1989, por fin habían terminado los primeros once y complicados meses de su segunda presidencia, y su proyecto, su plan de gobierno, salvo algunas magulladuras, había salido ileso. Contra todos los pronósticos seguía en pie, y así pretendía seguir. Si por casualidad pidió un deseo esa noche, fue ese. Si se hizo algún propósito por año nuevo, ese debió ser el primero, si no el único: mantenerse en la ruta. Todavía le quedaban cuatro años y un mes más para batirse. Faltaban muchos enfrentamientos, y el más cercano lo tenía a la vuelta de unos días, cuando pasaran los efectos del atracón navideño y el país, y sobre todo sus compañeros de partido, despertaran del asueto y las fiestas. Tendría que saber lo que se avecinaba y estar preparado, qué más le quedaba.

El cierre de 1989 pareció dar la razón a los que en AD criticaban a Carlos Andrés Pérez y a su paquete. A los ojos de los adecos los resultados de las elecciones de diciembre habían sido devastadores, y en la reunión del CDN que se instaló el 25 de enero de 1990 se lo echaron en cara. La sesión inaugural fue en la sala plenaria de Parque Central. Asistieron doscientos cincuenta delegados, entre ellos siete ministros de gabinete –los siete inscritos en AD– y el Presidente. CAP estaba sentado en la primera fila del presídium, entre Gonzalo Barrios y Octavio Lepage, a la misma altura de Humberto Celli y Luis Alfaro Ucero, y cuando estos dos se pararon a discursear en el centro de la tarima, casi sin necesidad de altavoces pudo escuchar el chaparrón de críticas, pullas y recriminaciones que le endilgaron.

–Presidente –inauguró Celli el ataque– ¿es que acaso los profesionales y técnicos de AD no tienen el suficiente mérito profesional para ocupar cargos de responsabilidad en su gabinete?... Si quiere que el partido le dé la base política a su gestión, por vía de solidaridad militante, los adecos deben tener espacio, cabida y derecho a estar dentro del gabinete ejecutivo.

Un escandaloso aplauso interrumpió el discurso del secretario general. Pérez, en el podio, no aparentó conmoverse por la andanada. Imperturbable, tomaba notas en una libreta. Desde el lugar en donde se encontraba, podía ver el costado derecho de Celli, y si hubiese querido –de lo cerca que estaba– cada vez que Celli alzaba su mano para calzarse los lentes pudo haber advertido la mancha oscura –probablemente de café– que se asomaba indiscreta en el puño de la camisa. Pero el Presidente no debió ver nada de eso. Daba la impresión de estar concentrado en sus apuntes, y cuando levantaba la vista del papel dirigía su mirada hacia el frente –al infinito– o a un lado para intercambiar un breve comentario con Barrios o Lepage. Su cara era una pared contra la que resbalaba la descarga de acusaciones.

–La dirección de la política económica incidió de manera decisiva en los resultados electorales –continuó enjuiciando el orador–. El programa de ajustes es un conjunto de medidas insensibles que más que atemperar lo duro del momento económico ha empeorado la situación, al punto de que estamos a las puertas de una transnacionalización. El comentado proceso de privatización conducirá de manera acelerada a la transnacionalización de nuestra economía, y eso es un riesgo más grave que ser una colonia. Es necesario un nuevo plan económico concebido por venezolanos y para venezolanos, porque el actual no tiene nada que ver con nosotros.

Después de Celli, en ese primer día sermonearon diecinueve oradores más. Unos menos intensos que otros, pero en general el ánimo era de reproche. En los discursos y en las reuniones de pasillo entre una intervención y otra, culpaban al gobierno de que el partido perdiera el control de nueve gobernaciones, cinco de ellas las más importantes del país. El programa económico era el causante de sesenta mil nuevos desempleados y de ochenta por ciento de inflación –la más alta que habían vivido–, y el mandatario era el responsable de haberlos arrastrado hasta el barranco de unas elecciones a las que nunca debieron haber llegado. En las mentes de «los duros», los llamados «ortodoxos», que en todo momento se habían resistido a los cambios, restallaba un solo pensamiento: se estaba cumpliendo lo que más temían. El poder se les iba de las manos. Y todo por culpa de CAP y su afán de modernismo, su ambición de historia.

–Salimos mucho mejor de lo que creíamos –soltó Luis Alfaro Ucero cuando le llegó su turno de intervenir.

La estocada del secretario de Organización –en una proclama que traicionaba su acostumbrado mutismo– más que disculpar la derrota (que, de paso, a él también se la querían imputar «los perecistas» porque era quien movía la maquinaria) atestiguaba una creencia acendrada en las mentes más conservadoras de la organización: con paquete o sin paquete, nunca debieron ir a las elecciones de gobernadores. Según esas mentes, todavía no era el tiempo de hacer la reforma política en Venezuela. Los venezolanos –y los dirigentes adecos– no estaban preparados para una apertura como la que se había encaprichado en hacer el jefe de gobierno, y antes que él su ministro para la Reforma del Estado, que desde los tiempos del presidente Lusinchi –cuando aún no era ministro– venía criticando a los partidos, sobre todo al partido AD, y venía porfiando en unos cambios dizque para profundizar la democracia. Perder en Miranda, Carabobo, Zulia, Aragua y Anzoátegui puso a Acción Democrática contra una esquina, pero eso era más o menos lo que presagiaban Alfaro y los adecos que aplaudieron de pie su discurso en ese mediodía de CDN. Lo sucedido lo venían recelando desde que dos años atrás cayeron en la encerrona que les montó CAP, cuando en un acto público se comprometió y comprometió a Acción Democrática a descentralizar el Estado. Luis Alfaro Ucero lo tenía muy presente; nada podría hacer que se le olvidara esa celada. La debía tener muy fresca en su memoria.

Había ocurrido en una tarde de campaña electoral. El 23 de enero de 1988, Carlos Andrés Pérez era el orador de orden en la sesión especial que realizó el Concejo del Municipio Libertador para celebrar los treinta años de democracia. En su alocución, el entonces candidato sorprendió invitando a los demás aspirantes presidenciales a suscribir un acuerdo de reformas que llevaría a modernizar los partidos políticos y el Estado. El que resultara electo –propuso– debería cumplir con los puntos acordados, entre los que sobresalía la creación de la figura del alcalde y la elección directa de los gobernadores de estado.

–Hace treinta años tuvimos el acierto de hacer un pacto para darle estabilidad a la democracia –recordó Pérez en aquella oportunidad–.

Rómulo Betancourt, Rafael Caldera y Jóvito Villalba[55] firmaron el Pacto de Punto Fijo para que la naciente experiencia democrática alcanzara solidez y posibilidades de fructificar. Hoy, con el mismo espíritu de avanzada social vengo a proponer un pacto para la reforma del Estado… Este pacto vendría a ser el testimonio de la decisión irrevocable de quienes participamos como candidatos presidenciales, y de los partidos que nos respaldan, de apoyar a quien resulte electo Presidente en el cumplimiento de los objetivos señalados. Hoy presento este esquema de reformas como un homenaje de Acción Democrática, de sus hombres y de sus mujeres, al pueblo venezolano. Como un reconocimiento a su capacidad y a su voluntad de avance social.

Al terminar su disertación, que demoró una hora, fue aplaudido con efusividad por las barras de militantes adecos que ahogaron el toldo blanco bajo el cual se guarecían Pérez y los invitados destacados; con un poco menos de apasionamiento batieron palmas los concejales del ayuntamiento que lo había invitado; y con discreción y quizá mera cortesía por algunos de los convidados especiales, entre quienes se reconocía a altas autoridades de Acción Democrática.

Un hecho histórico que nunca podrá ser subestimado, en justicia a Pérez, es el proceso anunciado por él cuando era candidato, desde la parroquia 23 de enero. En esa oportunidad se pronunció por la elección de alcaldes y gobernadores, y eso es algo que no hay que desconocer ni olvidar porque generó un rompimiento político de profundidad en Acción Democrática. Al proponer Carlos Andrés Pérez la elección directa de alcaldes y gobernadores, le quitó a Acción Democrática toda posibilidad de monopolio del poder político. Después que él se pronunció en público, a AD no le quedó más alternativa que, a regañadientes, aceptar[56].

La resistencia adeca a la apertura no era algo nuevo, producto de rivalidades políticas, ni podía ser encasquetada a la atávica animadversión que por Carlos Andrés Pérez sentía un grupo de dirigentes. La renuncia a las reformas formaba parte de un pensamiento político que echaba sus raíces

---

55 Villalba, Jóvito: político de centroizquierda; en 1945 fundó Unión Republicana Democrática.
56 Héctor Alonso López.

en los primeros años del sistema democrático, en 1961, cuando se aprobó la Constitución y consagró una forma y una manera centralista de organizar y hacer política, y de ser Estado. Durante dos décadas esa tesis había funcionado sin mayores problemas, y había encontrado en Acción Democrática a sus más fieles defensores y practicantes, pero a medida que pasaban más y más años, la fórmula se desgastaba y a mediados de los ochenta comenzó a ser confrontada, aunque nunca desde dentro del corral de Acción Democrática. En AD, la dirigencia continuaba pensando que la cúpula del partido sabía interpretar los deseos y aspiraciones de su militancia y, por extensión, de la población. O lo que es lo mismo: el CEN tenía la palabra y el don de mando. No creyeron los adecos que llegaría tan pronto el día en que se impusieran los cambios, y mucho menos que fuera de la mano de un líder adeco. Habían logrado torear con bastante éxito las demandas por el voto uninominal y las peticiones para establecer la figura del alcalde como máxima autoridad de los municipios. Si habían podido resistir a las cada vez más exigentes presiones del organizado movimiento vecinal, confiaban en que seguirían manteniendo el esquema tradicional. Tan seguros estaban, que fue un gobierno de AD –el más adeco de todos los gobiernos adecos– el que creó y mantuvo bajo su ala a la Copre, la comisión que reunía en su seno a los más fervientes paladines de la descentralización. La Copre, tal vez pensaron, sería la válvula de escape.

Por eso, cuando el 23 de enero de 1988 Pérez lanzó su pacto para la reforma –y de paso tuvo el tupé de proponer a la Copre como ente coordinador– se produjo un cisma en el seno de Acción Democrática. Fueron pocos los que en aquel momento y sobre ese asunto se colocaron al lado de CAP. Era mucho lo que arriesgaban. Consentir, con los ojos cerrados, la elección directa de las autoridades regionales era aceptar que cualquiera que lo desease, cualquier militante o dirigente de base, podía bregarse su puesto como concejal, diputado estadal, alcalde o gobernador, independientemente de lo que pensara el cogollo. Y una vez que se lo bregara en las urnas, quién le iba a regatear ese liderazgo. Qué convención nacional o comité directivo impediría que un gobernador de estado se lanzara a la carrera por la Presidencia. Qué dedo partidista podía ser capaz de desplazarlo, qué instancia lograría controlarlo.

Dos años y dos días más tarde, Luis Alfaro Ucero debía recordar todo aquello. El 25 de enero de 1990, al intervenir en aquel CDN postelectoral, habló desde lo más profundo de su orgullo herido.

–El partido le dio un cheque en blanco al presidente Pérez, y el partido estaba consciente del costo político que eso significaba –admitió con aparente estoicismo, para de inmediato rematar–: más grave es la actitud de ministros que tienen la desfachatez de escribir en los periódicos lo que les da la gana de Acción Democrática, y no saben en verdad lo que es el partido por dentro.

Se refería, sin nombrarlo, a Carlos Blanco, el ministro de la Copre que ni aun siendo miembro del gabinete había dejado de escribir en la prensa sus columnas semanales de opinión abogando por la descentralización.

Yo no estuve en ese CDN, pero me enteré de lo que pasó porque el presidente Pérez me llamó a su despacho, y me lo dijo:
–Ministro, vaya a ver qué hace con Alfaro, que le dedicó su intervención en el CDN.
Es que la élite política, en general, no entendía el tema de la reforma. La única manera que tenía la élite gobernante de conservar el poder era redistribuirlo, pero no lo entendieron. No lo entendieron nunca, y eso que el tema de la reforma llevaba mucho tiempo en discusión. Entre 1982 y 1983, los que estábamos en el máximo comando de la candidatura de José Vicente Rangel establecimos relaciones políticas con todos los sectores y entre ellos con Jaime Lusinchi, siendo candidato de AD. Hubo un par de reuniones, patrocinadas por Alfredo Baldó Casanova, a las que asistimos Jaime Lusinchi, Carlos Andrés Pérez, José Vicente Rangel, Luis Miquilena y yo, con la idea de que Lusinchi, cuando ganara las elecciones –porque era más o menos evidente que él las iba a ganar– desarrollara un programa de transformaciones, y la corriente «rangelista» estaría dispuesta a apoyar ese programa. Cuando llegó Lusinchi al gobierno, Simón Alberto Consalvi, que era su ministro de la Secretaría, en conversaciones por separado con Ramón Velásquez y conmigo, fue ideando un mecanismo para luchar por los cambios en el Estado. De ahí salió la idea de la Comisión Presidencial para la Reforma del Estado, la Copre.
En Acción Democrática había resistencia, especialmente en Gonzalo Barrios, que decía que iba a ser un saco de gatos, y que en todo caso la Comisión debería estar integrada por cuatro o cinco personas. Al final, resultó que fueron treinta y cinco personas, con

Ramón Velásquez como Presidente y yo como secretario ejecutivo, y a nuestro alrededor gente de diferente procedencia política, intelectual y profesional. Aquello fue visto como un gesto de apertura por parte de Lusinchi, y al principio él mismo le dio muchísimo apoyo a la comisión. Eso fue en el año 1985, hasta comienzos de 1986. Luego, al hacer nosotros las propuestas políticas, Lusinchi le retiró el respaldo. En enero de 1987 fue la última reunión que sostuvimos con él. Después, más nunca. Es decir: la mitad del período de Lusinchi no tuvimos comunicación con él, siendo como éramos una comisión asesora del Presidente de la República. Él se oponía terriblemente al tema de la elección directa de gobernadores y alcaldes. Me llamó un día, y me lo dijo:

–Mira, Carlitos –me trataba con esa confianza porque mi familia y la de él se conocían desde hacía muchos años–, ¿crees que aquí se pueden montar esos presidenticos que están promoviendo?

Ahora bien, en el marco de esa disputa entre Lusinchi y la Copre, Carlos Andrés apoya a la Copre, y se hace abanderado de la necesidad de las reformas que nosotros proponemos. Así se inició una relación de encuentros periódicos, y en el curso de 1988 hicimos reuniones con todos los aspirantes presidenciales, que culminaron con un gran acuerdo firmado por todos los candidatos y los directivos de la Copre para impulsar las reformas. Y es así como en agosto de 1988, antes de las elecciones, el Congreso aprueba la Ley de Elección de Gobernadores. Ya se había creado un ambiente de opinión pública favorable, y ya el gobierno de Lusinchi no podía oponerse, porque Carlos Andrés era el candidato de AD y él se había pronunciado por las reformas. Así que se aprobó la ley y, paralelamente –esto hay que reconocerlo–, el que era presidente de AD en ese momento, Pedro París Montesinos, a pesar de que el CEN era muy conservador, había ganado la pelea por la Ley Orgánica de Régimen Municipal para impulsar la elección de los alcaldes. Fue así como logramos, conjuntamente, la aprobación de las dos leyes.

Cuando Carlos Andrés gana las elecciones presidenciales, invita al comité coordinador de la Copre y nos plantea que está dispuesto a impulsar las reformas.

Acción Democrática se seguía oponiendo porque evidentemente la elección de gobernadores iba a suponer, no solamente que pudiera

haber gobernadores de otros partidos, lo que ya era gravísimo para ellos, sino que los gobernadores no los podía escoger el secretario general del partido junto con el Presidente de la República; no los podía escoger el cogollo de AD. Aunque fueran adecos tenían que escogerlos en los estados consultando a la base, y eso creaba, como en efecto creó, una pérdida de control del grupo dirigente nacional. Y a eso se resistió ¡duramente! AD. Tanto es así que cuando, ya en el gobierno, empezamos a discutir cuándo avanzar con las elecciones, ellos seguían discutiendo si era o no conveniente. Recuerdo en especial una reunión en el salón del Consejo de Ministros que había sido convocada por el Presidente y a la que asistió un grupo de dirigentes del CEN. Estábamos discutiendo lo de la fecha. Y ahí fue que Carlos Andrés Pérez dio una de las demostraciones que yo pienso que lo harán merecedor de un lugar en la historia; inmediatamente, él vio que el asunto de la reforma se le iba a enredar con el partido, y dijo:
—Mejor vamos a discutir estas objeciones en el Congreso. Que la ley vaya al Congreso, tal como está, y allá discuten ustedes.
Por supuesto, lo que Carlos Andrés Pérez estaba pensando es que los adecos iban a tener que oponerse públicamente, y como públicamente no lo iban a hacer, prácticamente de ahí salió la decisión para convocar en diciembre de 1989, a menos de un año de la toma de posesión, a las elecciones de gobernadores[57].

Carlos Andrés Pérez no permaneció callado ante la descarga del CDN del 25 de enero de 1990. Esperó a que todos hablaran y al día siguiente, que era el de la clausura, respondió a las demandas que le habían hecho sus compañeros de tolda. Fue patente que no quiso escurrir la pelea.
—El programa adoptado por mi gobierno no ha contado con alternativas distintas. Aquí nadie ha presentado un plan distinto al del gobierno, ni siquiera la oposición… Ahora, yo pregunto: ¿qué hubiera pasado si nosotros no tomamos las medidas que tomamos? ¿Qué hubiera pasado, si estábamos con unas reservas internacionales de trescientos millones de dólares?… Sé lo que hubiera pasado: que estaríamos viviendo las dolorosas circunstancias que hoy envuelven a las economías de Argentina, Brasil y

---

57 Carlos Blanco.

Perú… Yo no he dejado nunca de denunciar al Fondo Monetario Internacional, y esa ha sido la posición nuestra, la posición adeca. Sin embargo, hay una realidad: estamos en el sistema financiero internacional, pertenecemos a él, y somos sumamente dependientes de esa relación económica. Ningún país del mundo occidental entrega un centavo de crédito si no se logra la respectiva negociación con el FMI.

El mandatario no se limitó a defender su programa económico, sino que acordándose de viejos tiempos de controversia, en un fogoso discurso más propio de una contienda interna, quiso devolver con contundencia los señalamientos en su contra. Entonces dijo ante el auditorio amplio del comité directivo lo que tantas veces había dicho entre amigos, en reuniones en la intimidad del despacho presidencial o de las habitaciones de La Casona o tal vez en El Marqués, en la casa de Cecilia. Regurgitó todo lo que tenía atragantado, toda la preocupación por la suerte de la organización que había visto surgir de las que consideraba las mentes más ilustres del país.

–Lo que tenemos frente a nosotros es un proceso de disolución del partido. El diablo de la disolución se ha metido en todas nuestras conciencias, y hasta por instinto de conservación personal estamos obligados a recuperar a Acción Democrática. No se trata de inculparnos unos a otros, porque la verdad es que todos tenemos en mayor o en menor proporción la culpa; aunque algunos tienen la peor culpa, que es la de la omisión, por no haber querido meterse en un momento dado a tratar de ayudar en la situación, y porque siguen el ejemplo histórico de Poncio Pilatos… ¿Hasta cuándo no se darán cuenta de que la organización está fofa por dentro?

La arenga que escogió para replicar condensaba lo que venía cavilando desde hacía mucho tiempo. Antes incluso de asumir como Presidente. Él tenía una opinión muy distinta sobre la causa del revés electoral de 1989. En vez de adosar cargos al plan de ajustes, había que escrutar con anteojos la situación interna de los partidos, la situación interna de Acción Democrática. Porque AD había rebajado en preferencias, pero –a su juicio– todos los demás partidos habían rebajado también. ¿O es que solo eran adecos los que se abstuvieron de votar? Ahí es donde debía ponerse la mira, pensaría. Ahí es donde se debía escarbar. De acuerdo con su pensamiento, sería muy simplista enjaretarle a él y a su gobierno los altos números de la abstención: el que más de la mitad de la población dejara de ir a las urnas tenía más que ver con un desencanto por los partidos en general que con un rechazo a la liberación económica que su gobierno había decretado. Los partidos necesitaban renovarse, pero AD lo necesitaba más que nadie. Y eso fue lo que dijo. AD tendría que sacudirse de encima el sambenito de partido de otra época, de partido de componendas, de partido anquilosado, de partido de viejos. No podía ser –y eso ya sería lo que manejaría para sus adentros– que la organización socialdemócrata que en 1970 registraba el mayor crecimiento dentro de la Internacional Socialista, veinte años más tarde había pasado a ofrecer un reflejo lastimoso de lo que había sido. AD, su partido, necesitaba cambiar, refrescarse, modernizarse. Necesitaba dejar de ser un cascarón vacío.

Él quería que los partidos se renovaran con esa sangre nueva formada en el plan del Mariscal de Ayacucho. Pensaba que lo que él había sembrado en su primer gobierno había que cosecharlo, y que parte de esa cosecha no fuera simplemente científica o profesional sino también política, porque decía, con toda razón, que Acción Democrática había sido un gran partido, con gente muy preparada: AD tenía no sólo los mejores políticos, sino también los mejores escritores, los mejores profesionales del país. Y eso había que retomarlo.

Pérez nos decía a todos nosotros, a toda la gente que metió en el gabinete –que éramos jóvenes profesionales independientes, que no pertenecíamos a ningún partido– que había que participar políticamente:

–Métanse en los partidos –nos insistía–. No se metan solamente en Acción Democrática, métanse en AD o en Copei, o en el partido de sus preferencias, pero métanse porque a los partidos hay que renovarlos, hay que renovar el establecimiento político[58].

Pérez proponía la refundación de Acción Democrática, pero desde la altura en la que se encontraba no alcanzaba a darse cuenta de que la savia fresca que había traído a su gobierno, y que –era evidente– hubiera querido que revitalizara a AD, además de ser repelida por la cúpula de la organización lo era también por buena parte del pueblo llano del partido. La burocracia veía en los tecnócratas –la savia fresca– a las cabezas de un movimiento que los tiraba a un lado.

58 Miguel Rodríguez.

David Ustáriz tenía veintisiete años cuando Pérez ganó la Presidencia. En ese entonces llevaba dos años de graduado de la Facultad de Derecho y tres trabajando en la administración pública. Adeco militante, contradiciendo lo que pensaban los directivos de su partido, él sí había apostado por las reformas que proponía la nueva administración. Le gustaba esa propuesta de remozamiento, y por supuesto que estaba de acuerdo en que el Estado venezolano necesitaba una transformación; pero sabía que habría dificultades. El Presidente había llegado con una visión de cambio de país, de salto hacia delante, pero esa visión la tenía él y como cuatro o cinco compañeritos más. Porque el grueso de AD no estaba preparado para dar ese salto. Es más, no estaba interesado en saltar. Sostenía David que en AD seguían con la perspectiva de siempre, y no tenían el instrumental para evaluar la estrategia economicista del gobierno. En eso coincidía él con los jerarcas: el plan era muy economicista. Desde los primeritos días supo que iban a chocar esas dos fuerzas, porque Acción Democrática, que no tenía las herramientas para entender la apertura, tampoco tenía una alternativa distinta a la del choque. El enfrentamiento sería duro, avizoraba, pero David Ustáriz siguió anotándose en la lista de la reforma. Desde su puesto como planificador dos de un ministerio trabajaría por eso. Y como él, había más, más empleados públicos adecos trabajando para un gobierno adeco. Dentro del aparato del Estado podía haber la concertación que se dificultaba por fuera.

–Ojalá hubiera sido todo tan bonito –concluye después de tantos años.

Recién aterrizaron los nuevos ministros, y como lo habían hecho otros en otras administraciones antes que ellos, se rodearon de gente en quien confiaban, pero, a diferencia de los que precedieron, los equipos de los recién llegados eran tan especialistas, tan desconocidos y tan recién llegados como sus jefes. Nunca habían ocupado una plaza en la administración pública y no sabían en qué piso quedaba la oficina en donde les tocaba trabajar o en dónde estaba la del empleado inmediato, pero llegaron pavoneando:

–El Estado es un gigante amorfo.

–Hay una cantidad de gente que no rinde.

Hablaban de «una nueva cultura de trabajo» cuando ni siquiera sabían cómo era que se hacía la requisición de personal para traerse al gurú gerencial que el ministro quería para hacer la reestructuración del ministerio; se jactaban de que Gonzalo Barrios había llamado ocho veces y no le habían devuelto la llamada, pero no sabían cómo hacer para que el secretario de un sindicato que tenía paralizado el puerto les atendiera el teléfono.

A lo mejor, los nuevos gerentes nunca supieron la molestia y el estrago que producían sus declaraciones ni el ruido que causaban a la hora de ejecutar hasta las políticas más elementales. Generalizaron como desidia y flojera el que les soltaran un automático «no se puede», cada vez que pedían montar un programa de computación para hacerle seguimiento a tres proyectos a la vez, mudar una oficina, comprar un rotafolio o «imponer una nueva cultura administrativa».

Los tecnócratas hicieron un buen trabajo. Hay que estar consciente de eso. En lo que se refiere a reorganización del aparato gubernamental, de verdad, verdad que le metieron el hombro, porque lo que ellos heredaron era terrible: los modos de administrar que se encontraron eran bien singulares. Despelotados. Sólo lo de las Cartas de Crédito fue un gran lío. Les habían dicho que eran dos mil quinientos millones de dólares lo que había que pagar a dólar preferencial, pero cuando se pusieron a ver las cuentas descubrieron que no era así, que eran seis mil y pico. Ellos se encontraron con ese desbarajuste y tuvieron que organizarlo. Yo escuché que el despelote era tanto que había concejos municipales que tenían deuda externa. ¡Insólito!

Entiendo que a lo mejor ese desorden contribuyó a que menospreciaran a los trabajadores del Estado. Quizás eso potenció en ellos la idea de que las cosas organizadas por el partido o por los partidos en general no servían para nada, que el gerente público era además de ineficiente, malo, y que, como gustaban decir, no tenían vocación de logro sino vocación de poder. Uno entiende eso. Y hasta comparto que sea verdad que había funcionarios –muchos– que andaban calentando un puesto y no estaban preparados para desempeñarse tal y como lo exigía el momento, pero… es que la actitud de los tecnócratas era tan, tan arrogante… Con eso no estoy justificando lo que hizo el partido con Pérez, pero es que ellos eran tan prepotentes…

Llegaron atropellando de manera intelectual a los que de una u otra manera estábamos allí como funcionarios, no dejaban hablar a nadie, ellos eran los que tenían la razón, y la verdad era la de ellos. Así como dicen que trataban a los del CEN, trataban a los empleados públicos. No terminaban de entender –y muchos no lo entendieron nunca– que su misión era vendernos a nosotros el programa, hacer que funcionara, no hacernos quedar como unos huevones, no era demostrarnos que éramos ignorantes. ¡Si con nosotros era que contaban para echar pa'lante! Todos los que estábamos allí trabajando como cuadros medios notábamos el menosprecio, la subestimación. Pero ¿y quiénes éramos nosotros?, ¿quién conformaba el personal de los ministerios? El personal lo aportaba el partido. Entonces, no sólo el dirigente político partidista se sentía golpeado; se sentía desplazado también el funcionario que había entrado por el partido, que era ficha del partido, y que a pesar de que trabajaba dentro de un ministerio estaba siendo tratado como si no formara parte del gobierno. A mí mismo, una vez no me dejaron entrar a una reunión. Y yo era coordinador del despacho.

Fue en un ministerio de economía. Yo había ido a una reunión con la ministra en donde, al final, se fijó una nueva cita de trabajo para la semana siguiente. La ministra dijo que para esa fecha no podía pero que yo asistiría en representación de ella.

El día estipulado llegué yo, de primerito, al despacho del ministro anfitrión de la reunión. Me pasan, el tipo me vio, me saludó y me dijo que todavía no habían llegado los ministros, que, por favor, esperase afuera. Y me quedé afuera, sentado. Pasan cinco, diez, treinta minutos, una hora y de repente veo que por una puerta salen los ministros. Yo no entiendo. Me digo: «Cómo es posible, si por enfrente mío no han entrado». En eso me vio Gerver Torres, que era el ministro del Fondo de Inversiones:

–¿Qué pasó? –me preguntó–. ¿Tú no venías a la reunión?

–Sí, yo venía –contesté arrecho, porque caí en cuenta–, pero me quedé esperando aquí afuera a que me llamaran[59].

Identidad reservada.

La burocracia adeca se sintió despreciada y desplazada por una camada de gente extraña, en su mayoría joven, muy joven, que para remate ganaba sueldos inmensos, mientras que ellos que tenían cinco, ocho o quince años en la administración pública y sabían cómo hacerla funcionar; ellos, que habían armado templetes y participado en cuanta romería y mitin del partido había sido necesario participar, ellos tenían que conformarse con la escala salarial de la Ley de Carrera Administrativa para ascender de secretaria, analista o planificador tres a secretaria, analista o planificador dos.

Frente al relego y arrinconamiento, no faltó quien hiciera comparaciones. Los que trabajaban en Miraflores recordaban los años lamentablemente idos de la administración anterior, cuando les instalaron comedor y servicio médico, y estaba «la señora Blanca» y desde la Dirección de Bienestar Social se entregaban miles, miles de canastillas, máquinas de coser, cestas de comida, ayudas por enfermedad, útiles escolares. Todos los santos días del mes había filas inmensas de hombres y mujeres –sobre todo mujeres– entrando y saliendo, y en la sede del gobierno había mucha actividad, y los empleados de la sede de gobierno estaban en el centro de esa actividad, y su trabajo era importante. O sentían que era importante, muy, muy importante.

Había un personal que se mantenía por su carrera de administración pública, pero cuando había que traer a otra gente calificada, o alguien necesitaba un equipo específico para trabajar con él, para poder traérselo a trabajar en el gobierno había que montar como una estructura paralela, sin cargos dentro de la administración central. Así fue como se trajo al gobierno a gente tan preparada como Andrés Gluski, que hoy es presidente de AES para toda América Latina; a Leo Figarella, Marco Morales, Amelia Crespo. Gente como esa era prestada de PDVSA, de la empresa privada, del sector bancario, algunos pagados por entes multilaterales con los que se firmaban convenios para unos proyectos específicos.

Y claro que los que tenían años trabajando en el sector público podían sentir una sensación de incomodidad.

–¿Estos pendejos qué se creen? –pensarían–. ¿Que van a estar aquí para siempre? No saben que nosotros hemos visto pasar a ochocientos como ellos…

Y creo que ellos, los funcionarios, tenían razón. Pero, por otro lado, no había otra manera de hacerlo, porque si el gobierno hubiera sido de diez años, se hubiera podido pensar y hacer las cosas de un modo distinto. Pero si tú tenías sólo cinco años para hacer todo, y te ponías a llevar a cabo una reforma de la estructura de la administración pública, entonces te comía el lobo. Tenías que hacer todo en paralelo. Y el que no corría para montarse en el autobús, se quedaba. Así de sencillo. Nadie iba a estar con contemplaciones de «ah, bueno, vente… ¿y qué será lo que tú puedes hacer?» o «a ver: ¿en qué eres bueno para yo ponerte?». No, ahí no había tiempo para eso. Y sí, es verdad, había como dos estructuras solapadas.

Al mismo tiempo, hubo gente de carrera, gente que ya estaba en la administración pública, a la que le parecía genial trabajar con todos estos tipos nuevos, que eran muy competentes y muy profesionales, que les parecía genial lo que ellos estaban haciendo y entendían y se montaban en la jugada. Era gente que tenía tiempo en el ministerio, pero que empezó a echarle bolas. De secretarias en adelante[60].

---

60 Gabriela Caraballo.

CAPÍTULO 14

NOS CAMBIARON

—Carlos Andrés Pérez era un hombre que vivía atrapado por dos extremos: el de la sobreestimación y el de la subestimación. Cuando él tenía que actuar con toda la fuerza y todo el peso político que tenía, tuvo omisiones gravísimas. Por ejemplo, el hecho de haber permitido que Acción Democrática fuera un aliado de su derrumbe es culpa de él, porque él ha debido combatir, y si era necesario ir hasta la división del partido. Eso era preferible a aceptar, como él aceptó resignadamente, lo que ocurrió. Y él tenía con qué enfrentarse. Tenía banderas muy importantes, de cambio, de transformación, que era lo que el país estaba esperando. Pero, desafortunadamente, él no actuó. Mucho tiempo después, estando preso en La Ahumada, me confesó que le dolía reconocer que el error más importante que había cometido en su vida como político había sido no creer en nosotros...

—*¿A quiénes se refiere cuando habla de «nosotros»?*

—Nosotros éramos un grupo grande de todo el país, pero los más destacados eran: Claudio Fermín; Antonio Ledezma; Homero Parra; Gabriel Peña Nava, que era el dirigente agrario más importante que tenía el partido; Teo Camargo, que era una persona muy cercana a Carlos Andrés; Domingo Alberto Rangel; Luis Useche. Éramos gente fundamentalmente joven.

—*Los que llamaban «los renovadores».*

—Exacto. Él no creyó que nosotros le pudiéramos ganar a Luis Alfaro Ucero en las elecciones internas de 1991, en donde yo competí por la secretaría general. Carlos Andrés, años más tarde, me hizo ese reconocimiento confesándome que después de que nosotros fuimos derrotados en la convención ese año, él mandó a hacer una encuesta con Gallup, y la encuesta le dijo que setenta por ciento de los militantes de Acción Democrática eran renovadores. Sin embargo, él no había creído que nosotros pudiéramos ser capaces de derrotar a Alfaro. Cómo será que no nos creía capaces que él se reunía con nosotros a las once de la noche en el Palacio de Miraflores. Mientras no hubiese periodistas ni nadie que nos viera. Eso era una demostración de sus dudas, y de que quería evitar un conflicto con la dirección de AD.

—¿*Qué fue lo que pasó en esa convención? Tengo entendido que hubo algo oscuro o confuso tras bastidores.*

—Lo que pasó fue que nosotros tomamos la decisión de competir y ellos, en el ínterin del proceso, a principios del año, provocaron una reforma estatutaria de AD. El cerebro de esa reforma fue Henry Ramos, hoy secretario general del partido, y la modificación que se hizo fue muy sencilla pero de una consecuencia tremenda en el cambio de correlación de fuerzas en Acción Democrática. Según esa modificación se llegó a determinar que a sesenta por ciento de los delegados los elegía la base, pero el otro cuarenta por ciento eran delegados natos. Y los delegados natos eran los organismos previamente constituidos que fundamentalmente eran designados por la autoridad vigente. Lo que significaba que ellos ya tenían asegurado el cuarenta por ciento. Entonces, para ganarle a Alfaro, nosotros teníamos que sacar cien por ciento del sesenta. Y con todo eso, sin embargo, el resultado que ellos dieron a conocer fue con una diferencia de ocho puntos.

—*Dice «el resultado que ellos dieron», quiere decir que no cree que esos fueron los resultados.*

—No. Porque ahí se agregó otro ingrediente: la comisión electoral dominada por Alfaro era la que decía cuál acta era buena y cuál era mala. O sea, que a la hora de la verdad no se tenía la justificación del resultado, sino lo que le convenía a quienes estaban en el poder. En la práctica, la reforma estatutaria se hizo para que en las elecciones quedaran los que ya estaban. Y ahí está el origen de por qué Alfaro continuó con el control.

—¿*Y ustedes, en su momento, no protestaron esa reforma?*

—La aceptamos porque la aprobó la mayoría, la aprobó el CDN. Es decir, la autoridad del partido...

—*Al conocerse los resultados de la votación, tengo entendido que usted gritó fraude...*

—Sin duda que fue un fraude. En esa convención tuve un dilema: porque si yo insurgía, dividiendo el partido, gritando el fraude, ¿cómo quedaba frente a la inhibición que estaba produciéndose en Carlos Andrés

Pérez? Si yo hablo o grito la división de AD, Carlos Andrés no nos hubiese acompañado.

—*Lo que se ha comentado es que ustedes protestaron y hablaron con Pérez, pero él negoció con Alfaro.*

—No creo que se pueda utilizar la palabra *negociación*, en su más estricto sentido. Lo que creo que hubo fue como un armisticio…

—*Como para que «no te metas más conmigo».*

—Sí. Yo no me meto contigo, y tú no te metes conmigo. Pero, lo que uno sabe que pasó después hubiera justificado totalmente que se diera —o hubiese— una ruptura.

—*¿Y usted por qué no rompió con Pérez en ese momento? ¿No sintió que él les había dado la espalda?*

—No, porque nosotros teníamos con Carlos Andrés Pérez una identificación que iba más allá de la solidaridad política. Nos sentíamos identificados con él en función de planteamientos, de ideas, de sueños, y no en funció de que él pudiera concesionarnos la posibilidad del manejo organizacional del partido. Eso no tenía por qué dejárnoslo como una herencia porque nosotros tampoco habíamos hecho un convenimiento con él. No era algo de «yo te doy, tú me das». Lo nuestro era mucho más trascendente. Ahí lo que pasó fue que él tuvo una vacilación, seguramente producto de todos los acontecimientos que estaban ocurriendo en Venezuela. Carlos Andrés estaba manejando un gobierno en circunstancias sumamente difíciles, exigentes.

—*Volviendo al tema de la reforma estatutaria y al resultado de esas elecciones internas de 1991, hay algo que es muy obvio: esa reforma se hizo previa a la convención, con suficiente anticipación. Ustedes sabían cuál era su objetivo. ¿Cómo es posible que «los renovadores» creyeran que podían competir, si se quiere, olímpicamente? O incluso, ¿cómo es posible que creyeran que podían ganar?*

—Nosotros también consideramos que era una oportunidad para abrir una brecha. Si nosotros no dábamos un paso, si no competíamos, si no nos atrevíamos, tampoco nos íbamos a justificar históricamente, y este cuento no lo estaríamos echando hoy. Sí, es verdad, nosotros fuimos execrados y mutilados y todo lo que se quiera, pero por lo menos tuvimos el atrevimiento de haberlo hecho; si no, terminábamos siendo cómplices de una situación traumática para AD… En aquel momento no hubo nadie que despertara para advertir lo que pudiera haber pasado en Acción Democrática, pero fíjate que para esa convención la consigna de la campaña nuestra fue: O cambiamos, o nos cambian. Y resultó profética porque no cambiamos, y nos cambiaron. Dejamos de ser el primer partido del país, el partido del gobierno, el partido del futuro. AD terminó siendo lo que es hoy: un partido minimizado, pequeño, insignificante[61].

---

61 Héctor Alonso López, 22 de junio de 2008. En 1989 era secretario político de Acción Democrática. En 1991 compitió por la secretaría general de la organización, y perdió. Continuó como miembro del Comité Ejecutivo Nacional del partido.

CAPÍTULO 15

Ni un músculo de la cara de Carlos Andrés Pérez se movió de su puesto cuando, en el CDN del 25 de enero de 1990, Humberto Celli veladamente lo inculpó de querer transnacionalizar la economía. Atento como aparentaba estar a las anotaciones que hacía en una libreta, mientras Celli predicaba desde su montículo no mostró contrariedad ni siquiera en el momento en que la asamblea adeca, derramándose en vítores y rechiflas, aprobó el comentario de su secretario general. A CAP, la acusación le parecería infundada. No le daría importancia y la prueba está en que al día siguiente, en su discurso de réplica, se despreocupó de mencionarla. De seguro otros asuntos merecían más su atención a la hora de la respuesta. Pero ese, ese no. Nunca había hablado de entregar las empresas básicas, a lo mejor pensaba mientras estaba Celli en su perorata. Nunca había pensado en privatizar la economía. Estaba convencido, sí –y de ello había dado muestras en diversas alocuciones–, estaba convencido de que el Estado no podía seguir siendo dueño de cuanta taguara existiera; estaba persuadido –muy persuadido, por lo que soltaba en sus arengas– y ganado a la idea de reestructurar numerosas firmas estatales para hacerlas más eficientes y menos onerosas. Estaba decidido a terminar con el desangre de los fondos públicos que se iban en mantener una red infinita de compañías cobijadas bajo el paraguas intocable de la propiedad estatal. La nación iba a dejar de ser dueña de hoteles, cementeras, instituciones financieras, aerolíneas, hipódromos. Eso ya lo había dicho y estaba fuera de debate. Como lo estaba el tema de las empresas estratégicas. Eso era casi, casi materia sacrosanta y aunque no le creyeran –como no le creían muchas cosas– él sí era remiso a vender las industrias de Guayana y los servicios públicos. En esa materia era refractario, como adeco de vieja cepa.

Era un hombre intuitivo, que sabía por dónde iban los tiros. Había entendido que íbamos por un pésimo camino, y era necesario entrar a una reorganización completa del Estado y de su estructura económica para realmente democratizar al país. Carlos Andrés no es solamente el autor de que podamos escoger gobernadores y alcaldes, sino que él también quiso democratizar las fuentes de ingresos. Entendía que teníamos que buscar la verdadera independencia, que no era otra que diversificar el sector productivo reduciendo el peso del Estado. Esa era la gran independencia. Él fue el único que intentó acabar con el capitalismo de Estado. Nadie más lo intentó. Era un hombre de mucha visión, de mucha comprensión, un hombre eminentemente político. Él tuvo esa visión... pero no bastó.

Siento que de parte de él había una labor didáctica que no se hizo, una labor que no le tocaba a Miguel Rodríguez, porque Miguel no era del partido. Al Presidente le correspondía: uno, aprenderse bien el programa de gobierno; dos, entenderlo suficientemente bien; tres, tener la capacidad de venderlo. Y él no lo hizo. Pensó que por ósmosis todo el mundo iba a entender, y resulta que la gente no entendió. Carlos Andrés, a pesar de que en su primer gobierno había vendido muy bien su programa, en la segunda presidencia no lo hizo. No lo supo comunicar políticamente. ¿Por qué no lo vendió? ¿Se sobreestimó? ¿Sintió que no tenía el conocimiento profundo para poderlo defender directamente porque era un esquema totalmente distinto, y no terminaba de entender por completo lo que significaba? ¿Cuál fue la razón de fondo para que él no saliera a venderlo y a defenderlo? Pienso que no lo podía vender porque él mismo no estaba claro. Creo que el Presidente, también, a su manera, estaba en un proceso de curva de aprendizaje, como realmente estábamos todos, porque aquel era un esquema novedoso.

Él lo había entendido intuitivamente. Se la jugó intuitivamente, pero si tú le decías: «explíquemelo, recítelo»; no podía. No se sentía seguro. Y cuando uno no está seguro, manda al experto. Y Miguel era el experto. Miguel Rodríguez, de formación académica impecable, tenía muy claro en su cabeza todo el esquema económico, pero Miguel no tenía el vocabulario político para hacerlo; él no había sido formado para eso[62].

---

62 Gabriela Febres Cordero.

El tema de la reestructuración de las empresas del Estado se le había convertido a Carlos Andrés Pérez en un quebradero de cabeza, y no sólo en sus tratos con la tolda blanca. «Reestructurar» enseguida se entendía como vender, liquidar, rematar, entregar. Entregar propiedades del Estado. Y esas eran palabras mayores. Profanaba el capullo en donde por tantos años se había encapsulado a todo lo que en Venezuela se llamara empresa pública. La mera suposición de la puesta en venta de un bien estatal hería la susceptibilidad nacional, y era motivo para rasgarse las vestiduras y tirarse de los pelos como en efecto sucedió a mitad del período –finales de 1991–, cuando ya se creían superados los principales pruritos y obstáculos, y dos diputados de la Causa R –Pablo Medina y Aristóbulo Istúriz– en una exhibición de camorra irrumpieron a punta de manotazos en una subasta pública. El asunto, lo sabía Pérez –tenía que saberlo aun antes de ver escenificado un *show* de parlamentarios de izquierda–, era delicado y hasta tabú. Mucho más en una administración como la suya marcada de neoliberal y que, como guinda de un postre, se había inaugurado colocando al mando del Fondo de Inversiones a Eduardo Quintero, un hombre que venía del sector privado, y a quien la clase política identificaba como representante del Grupo Polar –el conglomerado cervecero y de alimentos– y como miembro del llamado Grupo Roraima, un clan de opinión vinculado a la más rancia derecha del país, que llevaba una década poniendo en entredicho al sistema político y económico venezolano, y a sus dirigentes.

Nada bueno se podía esperar, pensaría el estamento político tradicional, si al mando de lo que a fin de cuentas sería el ente encargado de promover, organizar y dirigir las ventas públicas estaba un personaje tan liberal como ese, que para colmo hacía mancuerna en el gabinete con otro liberal confeso como era Gustavo Roosen –también ficha de Polar y del Roraima– y a quien en sus primeros días como ministro se le ocurrió la brillante idea de declarar que la educación superior sería privatizada. Tal anuncio fue recibido como un ultraje en el seno de los partidos pero sobre todo en el corazón de AD, en donde la educación de masas y la gratuidad de la enseñanza se consideraban conquistas irrenunciables de esa organización. Si se había pensado en entregar a manos privadas tan importante bandera, cualquier cosa podía pasar, barruntó más de un político. Por eso aquella mañana de CDN adeco, en enero de 1990, cuando Celli intervino y el auditorio aplaudió, lo que se maliciaba en el ambiente era la inmediata entrega de empresas insignia. Ya se sabía que lo de privatizar la enseñanza universitaria no había sido más que el delirio de un debutante que se sintió con cancha delante de un micrófono; también se sabía que sería poco menos que improbable la liquidación del emporio de Guayana mientras al mando de ellas estuviera atornillado el zar Leopoldo Sucre Figarella –la mayor defensa contra el remate–. Pero seguía pendiente en la agenda el traspaso a manos privadas –nacionales o extranjeras, no importaba– de bancos, centrales azucareros, puertos y –lo más delicado– servicios como luz, agua, salud y sobre todo teléfonos, que, se rumoraba, muy pronto se liquidarían a precios de gallina flaca. Y eso no se podía permitir, calcularon unos cuantos dirigentes adecos y unos cuantos de los demás partidos, que alegaban que vender los teléfonos era entregar soberanía. Eso sí que no.

Y eso tampoco, era lo que por su parte también pensaría Pérez en aquella mañana de enero de 1990. Las empresas estatales que prestaban servicios públicos, como los correos y las telecomunicaciones, tenían una función social, y el Estado estaba obligado a tutelarlas. En ese asunto podían pensar lo que quisieran, podían decirle lo que se les ocurriera, incluso a priori catalogarlo de los que les diera la gana, pero él –lo creía en su fueron interno– estaba claro de lo que quería hacer, y entre sus planes no estaba deshacerse de la compañía nacional de teléfonos. Aquella mañana de enero de 1990, no.

Nunca había tenido una reunión privada con Pérez... Había estado en algunas presentaciones en su despacho, en un Consejo de Ministros, y nos habíamos visto, pero no creo ni que él supiera mi nombre. No había estado con él en una reunión de tú a tú. Hasta julio de 1990.

En ese momento yo estaba en Cordiplan, a cargo de la negociación con el Banco Mundial para dos préstamos muy importantes que tenían que ver directamente con el sector público. Por eso había empezado a tener mucha injerencia en el gobierno. Las condiciones de la Carta que se iba a firmar tenían que ver con todos los ministerios, en todas las instancias. Tenía que hablar con todos los ministros: qué es lo que se va a hacer, hasta dónde se puede comprometer, qué no se puede comprometer, cuáles son los cambios. Uno de esos programas que requería financiamiento del banco era el de reestructuración de empresas públicas, una de las cuales era CANTV.

Aquella fue mi primera reunión con él. A solas. Era para ofrecerme que fuera presidente de la empresa. Fue una reunión muy dura. Tuvimos una fuerte discusión, porque él me decía que lo que no le gustaba era que yo hablaba mucho de privatización, y que CANTV no se iba a privatizar, porque era una empresa estratégica, una empresa que tenía un sentido social que al pasar a manos de los privados se iba a desvirtuar, pues entonces sólo se iba a ocupar de la gente de altos recursos. Yo le discutí todos esos argumentos.

–La CANTV necesita inversiones. Si no se hacen, cada vez va a estar peor; pero las inversiones no pueden venir del presupuesto público porque el Estado tiene muchas otras prioridades antes de llegar a pensar en los teléfonos. Eso tenemos que dejárselo al sector privado. Todo el proceso se puede hacer con una regulación muy clara y específica que marque las obligaciones sociales y que establezca los controles que hagan falta.

Discutimos mucho, porque él insistía en que no. Fue una discusión fuerte, fuerte. Y larga. Los dos solos en su despacho.

–Entonces usted se va a dedicar a privatizar, y la empresa se va a venir al suelo –me replicó en una de esas–.

–No. Esa no es la idea –le contesté–. Mientras la privatizamos, hay que reestructurarla, porque si no se llega a vender no podemos dejar que se nos caiga. Además, hasta para venderla, lo mejor es ir reestructurando la empresa[63].

Para la época, la telefónica que Fernando Martínez Mottola se empeñaba en vender cargaba una nómina de más de veinte mil empleados, un rezago tecnológico de veinte años, era incapaz de completar la mitad de las llamadas que se hacían, tardaba una semana en responder un llamado de avería y ocho años en atender una petición de nueva línea. Para el funcionario, era obvio que se necesitaba algo más que un *overhaul* y reingeniería de Hammer para sacar a la empresa del hueco. Y se mantuvo firme. Ya lo había pensado y requetepensado, no tenía sentido meterse de cabeza en esa empresa sólo para gerenciarla. Si lo hacía le esperaba el lastimoso destino

---

63 Fernando Martínez Mottola: entre 1989 y 1990, es director en Cordiplan. En septiembre de 1990 es presidente de CANTV. En enero de 1992 lo nombran ministro de Transporte y Comunicaciones.

de sus antecesores: el fracaso. Pero Carlos Andrés Pérez era igual de obstinado que él, y siguió porfiando. La reunión terminó y no se hizo ningún nombramiento. Aquella tarde en lo único en que coincidieron fue en que uno –el candidato a dirigir la compañía– armaría una propuesta de reestructuración y el otro –el Jefe de Estado– la evaluaría. Se verían después.

Quince días más tarde ocurrió el segundo encuentro, y entonces sí que hubo acuerdo. Convinieron en un esquema intermedio que contemplaba un programa de reestructuración y un plan que calcular´a la posibilidad de privatizar. A esas alturas, Martínez Mottola se atrevió entonces a hacer una solicitud. Pidió autorización para cambiar a dos personas. Para sacarlas de la plantilla. Eran dos tipos «pesados», y sabía que antes de hacer un movimiento de ese tipo debía contar con la aprobación del mandatario. Algo había aprendido en el último año de su tránsito por pasillos ministeriales y en su roce con funcionarios. No podía llegar cortando y capando, por muy nuevo jefe que fuera. Hizo la petición de una. Pérez escuchó los nombres y, sin asomo de inquietud abrió una libreta –una especie de cartilla–. Comenzó a pasar hojas. Era una libreta pequeña que bien podía caber en uno de los bolsillos externos del paltó, pero que en aquel momento, como por arte de magia, sacó de una gaveta que estaba escondida debajo de la mesa en la que despachaba. La libreta contenía notas hechas en una caligrafía abigarrada, típica de un zurdo que forzaron a que fuera diestro. Pérez pasó varias páginas, se detuvo en una, y ahí fue cuando saltó:

–Esas son las únicas dos personas que no me puede cambiar. Usted sabe lo que yo estoy enfrentando en el partido, tiene que estar consciente, y en lo que se refiere a la CANTV el partido me ha pedido que respete a dos personas, que son precisamente las que usted me está pidiendo que salgan.

–Presidente –resistió Martínez Mottola– uno de ellos es el gerente de Operaciones. ¿Cómo quiere usted que yo haga una reestructuración con un gerente de Operaciones que está en contra de todos? Y el otro es el gerente de Caracas, que es dónde está el mayor desastre. ¿Cómo quiere usted que yo emprenda este proceso con él…?

–No, no… Usted me está pidiendo mucho.

–No, Presidente, yo sólo le estoy pidiendo dos personas, dos personas de veinticuatro mil. Dos nada más. No vamos a botar a más nadie…

–Usted me va a arruinar las relaciones con el partido.

–No, yo creo que no, porque esto que estoy hablando con usted lo he hablado con Alfaro Ucero, y Alfaro está de acuerdo en…

–¡¿Usted ha hablado con Alfaro?! –lo interrumpió Pérez.

–Sí, Presidente. Yo he venido conversando de todo esto con muchos sectores y muchos dirigentes, y entre ellos con Alfaro Ucero. Y esto mismo se lo he planteado a él.

–¡¿Usted habla con Alfaro?! ¿Usted es amigo de Alfaro?

–Bueno… yo lo conozco; desde que usted y yo hablamos, he hecho mi trabajo, y lo conozco desde hace dos semanas, pero, la verdad, es que he hablado mucho con él sobre este tema, y él me ha dicho que está de acuerdo…

–¡Caramba! Pero esto sí es una buena noticia que usted me da –y todavía, descreído–, ¿y Alfaro le aprueba esos cambios?

Por encima del secretario general, en 1990 el secretario de Organización era quien manejaba los hilos en Acción Democrática. Desde los tiempos idos de Jaime Lusinchi, Luis Alfaro Ucero era quien controlaba el partido y era a él antes que a Celli a quien había que ganarse. Alfaro era el partido, y Pérez, aunque no lo pareciera, aunque muchas veces se resistiera, no siempre podía ignorar esa realidad. No, mientras no tuviera el control de la maquinaria. Ya bastante tenía con el reproche de que no había hombres de AD en el gobierno para, encima, ponerse a botar a gente que el partido expresamente le había pedido preservar. Era manifiesto que él no quería atizar más ese fuego, y menos si quería entromparse en la tarea de cambiar a la CANTV, para no hablar de privatizarla, que era lo que le estaban planteando. Muchísimo menos si ponía al frente de ese barco a un muchacho como Martínez Mottola, que tenía la fama de querer privatizar todo lo que cayera en sus manos. Nada de lo que se propusiera en la telefónica podría hacerse sin el apoyo de Alfaro, o mejor dicho: nada de lo que se propusiera en la telefónica podría hacerse en contra de la voluntad de Luis Alfaro Ucero. Pérez sabía quién y cómo era el personaje. Lo conocía desde hacía mucho, y hubo un tiempo en que quizá se pudo decir que intimaron o fueron cercanos. Fue en la época en que él –acompañado por Blanquita– había ido a tocarle la puerta para que abandonara el feudo monaguense y se afincara en la capital de la República, pues en Acción Democrática necesitaban de su capacidad de trabajo y de organización. Alfaro atendió al llamado. Hombre de pocas palabras, no necesitó de muchas para labrarse su puesto dentro de la estructura e irse imponiendo. El Caudillo lo llamaban por su don de mando, y el Caudillo era justamente el que podía dar la luz verde para destrabar la reorganización –Pérez seguía resistiéndose a la idea de vender– de la compañía de telefonía que cada día daba más pena. Para hacer cualquier cambio en la empresa –en donde reinaba un sindicato con ligas estrechas en AD– se requería el visto bueno de Luis Alfaro Ucero. Y Alfaro lo dio, o Martínez Mottola lo consiguió. Porque si algo tuvo que hacer el joven funcionario –tenía entonces treinta y seis años– incluso antes de ser nombrado presidente de CANTV, fue negociar. Negociar con los políticos y después negociar también –y muy intenso– con los empresarios que estaban empantanados en una guerra intestina y ponían en duda la transparencia de una posible licitación. Pero ese, ese es otro cuento.

En octubre de 1990 Fernando Martínez Mottola ya era presidente de CANTV. Cuatro meses más tarde se anunció el inicio del proceso de privatización de la compañía y el 15 de noviembre de 1991 en subasta pública se vendió cuarenta por ciento de la compañía por mil ochocientos ochenta y cinco millones de dólares. Y aquello no lo esperaba nadie.

Cuando se abrió el sobre con la oferta y el ministro del Fondo de Inversiones, Gerver Torres, leyó el monto –mientras una cámara enfocaba el papel y la imagen de la apertura del sobre se podía ver en una pantalla gigante al fondo del escenario– el asombro se regó por todo el auditorio como una ola en un estadio de béisbol. La suma rebasaba los pronósticos más favorables. Al equipo privatizador le faltó poco para saltar de alegría, lo que en cambio sí hicieron muchos en el público –brincaron de sus asientos– y tras bastidores. Reporteros de televisión recogieron el instante en que en una oficina contigua al auditorio, la inmensa humanidad de Gustavo Marturet, presidente del Banco Mercantil, se levantó risueña con inusual presteza de su silla para estrechar la mano de alguien que tenía al lado. El consorcio ganador pagaría mil millones de dólares por encima del precio mínimo que se había fijado para la venta y casi quinientos millones más de lo ofrecido por el otro grupo en competencia. Había sido un negociazo para el Estado. Y no sólo por la plata. Quien se había quedado con la empresa era el grupo que menos se esperaba: el consorcio compuesto por las norteamericanas AT&T y General Telephone Electronic y las venezolanas Electricidad de Caracas y Banco Mercantil. Con ello se echaban por tierra las acusaciones de que la venta estaba amañada.

La venta de CANTV fue uno de los momentos estelares que tuvo la administración perecista. Ante la hemorragia inusitada de divisas, pocos se atrevieron a ejercer la crítica más allá de la pataleta nacionalista de los dirigentes de la Causa R, que quisieron interrumpir la subasta, y de una que otra tímida –muy tímida– protesta por la entrega a extranjeros de la empresa. Un viento refrescante volvió a soplar a la cara del Presidente y de su equipo. Se le olvidaron las marchas y contramarchas que habían tenido, las sátiras, vituperios y los reparos que había despertado la venta en los últimos meses, y de paso los sinsabores que había traído el paro general convocado tan solo una semana antes por la CTV. Con semejante efectivo en la bolsa, a pocos les quedaba fuelle para irse en contra del gobierno y su plan económico, y la mayoría (la mayoría, no todo el mundo) escogió pasar agachado. El 4 de diciembre de 1991 ingresó en caja el cheque por la compra, y once días más tarde la administración de CANTV pasó a nuevas manos. Se iniciaba una nueva era, se dijo.

Al término de ese año, la administración de Carlos Andrés Pérez había vendido tres bancos, un astillero, dos centrales azucareros, una aerolínea, una compañía de telefonía y una banda de telefonía celular. En total, a las cuentas públicas ingresaron dos mil doscientos ochenta y siete millones de dólares, producto de privatizaciones. El ministro Gerver Torres declaró que el balance era ampliamente positivo. Habló de «disminución significativa» de carga para el Estado, de ataque frontal a «nudos de la economía» (puertos, telecomunicaciones), y de «ganancias intangibles» (la nueva visión que de Venezuela tenían los capitales extranjeros y la relación estrecha que empezaban a establecer con grupos venezolanos). La agenda de la privatización continuaría el año siguiente, no lo dudaba. No habría excusa para no proseguir.

El gobierno en pleno tenía motivos para estar feliz. Pese a lo que dijeran los periódicos, pese a lo que decían los diarios que mostraban las encuestas, pese al horizonte negro y los mundos apocalípticos que avizoraron algunos, el tren gubernamental estaba feliz: les parecía inútil ir contra la realidad que describían los números. Para el *team* ejecutivo nada era más revelador que el dato duro. Al cierre de 1991, la cifra de inflación había caído (decían «desacelerado») a treinta y uno por ciento, el servicio de la deuda después del refinanciamiento de 1990 se había rebajado a menos de veinte por ciento de las exportaciones, las reservas internacionales estaban en catorce mil millones de dólares y el crecimiento económico de nueve por ciento («un crecimiento asiático», calificaban) era el mayor de toda Latinoamérica. El país, finalmente, había despegado. Nadie podía hablar de crisis económica. El futuro lucía promisorio.

Yo me acuerdo de la guerra que nos declaró Marcel Granier –dueño del RCTV y de *El Diario de Caracas*– a raíz de la participación de Gustavo Cisneros[64] en la privatización de la CANTV. Marcel decía que Carlos Andrés le iba a regalar la CANTV a Gustavo Cisneros. No había quien lo sacara de eso. Yo lo invitaba a Cordiplan para explicarle el proceso, y me llevaba a Roberto Smith, que era el ministro de Transporte y Comunicaciones; a Fernando Martínez, que era presidente de la CANTV; a Gerver Torres, ministro de la privatización. Ellos tres y yo con el señor Marcel Granier, que además era amigo mío, porque lo conocía desde hacía mucho tiempo:
–Mira, Marcel, tú conoces a toda esta gente. Gerver es amigo tuyo, él fue director de *El Diario*, y estos dos tipos son de primera, lo debes saber. Ellos garantizan la absoluta limpieza en la privatización de la CANTV.
–A ustedes todos yo los conozco, son profesionales, pero ustedes no tienen el más mínimo poder sobre esa privatización. Ya Carlos Andrés Pérez decidió entregarle la CANTV a Gustavo Cisneros.
–¡Eso es imposible! Eso es un sobre que se va a abrir en el auditorio del Banco Central de Venezuela, y en el acto de apertura del sobre, tú mismo vas a tener las cámaras de Radio Caracas enfocando el sobre. Eso que dices ¡es imposible!
–No, no. Eso ya está decidido: le entregarán la CANTV a Gustavo Cisneros, y yo no lo puedo aceptar tan tranquilo, no lo puedo permitir.
Después que se abrió el sobre, y que por la CANTV pagaron el que hasta hoy es el precio más alto de ¡todas! las empresas de telecomunicaciones que se vendieron en América Latina; después que él vio que efectivamente Cisneros perdió la licitación como por quinientos millones de dólares, entonces, después de eso, Marcel sacó en

---

64 Gustavo Cisneros: presidente del Grupo Cisneros, dueño de la televisora Venevisión, entre otras empresas. Está casado con Patricia Phelps, nieta del fundador del Grupo 1BC.

la quinta página de *El Diario de Caracas,* una notica: reconozco la limpieza de la privatización de la CANTV. Después de que estuvo casi un año ¡jodiéndonos!

Luego, quien nos cayó a palos fue Gustavo Cisneros. Cuando perdió la CANTV, Cisneros nos cayó a palo limpio por su televisora. Ese es el drama de la irresponsabilidad que se vivió en Venezuela en todos esos años y que es lo que ha desembocado en esto que tenemos ahora. No se puede decir que el culpable de esto es Carlos Andrés Pérez. Es decir: Carlos Andrés Pérez tuvo su responsabilidad, responsabilidad política, pero aquí la irresponsabilidad fue de ¡mucha gente! De muchos, muchos sectores[65].

---

65 Miguel Rodríguez.

CRONOLOGÍA EN BUSCA DE CONTEXTO

18.01.1990   La Corte Suprema de Justicia decide que hay méritos para enjuiciar a José Ángel Ciliberto, parlamentario de AD y ex ministro de Relaciones Interiores del gobierno de Jaime Lusinchi, por la supuesta desviación de recursos de la partida secreta del ministerio para la compra de un lote de vehículos rústicos que fueron distribuidos entre dirigentes adecos y utilizados en la campaña interna del partido, y luego en la campaña presidencial.

21.01.1990   En el año 1989 –registra la periodista Elinor Gil en *El Diario de Caracas*– el valor de las exportaciones no tradicionales aumentó cincuenta y dos por ciento, y el empleo directo del sector exportador se incrementó en setenta por ciento.

27.01.1990   El Congreso de la República decide allanar la inmunidad parlamentaria de José Ángel Ciliberto.

25.02.1990   Contra todos los pronósticos, en Nicaragua eligen a Violeta Chamorro como Presidenta de la República.

21.03.1990   El Senado aprueba investigar al ex presidente Jaime Lusinchi por irregularidades cometidas en su administración, entre ellas por el otorgamiento irregular de dólares preferenciales por parte de Recadi.

25.04.1990   Violeta Chamorro toma posesión como Presidenta de Nicaragua.

18.05.1990   Por mayoría, el CDN de AD levanta la expulsión a once dirigentes adecos cuestionados internamente por casos de corrupción. La expulsión había sido decidida por el Tribunal de Ética del partido, y su reversión es entendida como un castigo a la tendencia de «los renovadores» en AD, que apoyaban la sanción.

21.05.1990   Renuncia en pleno el Tribunal de Ética de AD, en protesta por la decisión del CDN.

06.06.1990   Juan Liscano funda el Frente Patriótico para «deslastrar» al país de los partidos.

27.06.1990   La Comisión de Defensa de Diputados abre investigación por irregularidades en la modernización de tanques, según un contrato otorgado en 1984 a la empresa Van Dam. Un mes después, la comisión no encuentra anomalías y cierra la investigación.

12.07.1990	El Tribunal de Salvaguarda del Patrimonio Público ordena la detención de la ex secretaria privada del presidente Jaime Lusinchi, Blanca Ibáñez; del ex ministro José Ángel Ciliberto y diez personas más por el Caso Jeep.
01.08.1990	Venezuela logra el ingreso al GATT.
10.08.1990	Grupo de intelectuales convertido en asociación civil, en carta al Presidente urge a reformas en lo electoral y judicial. En el grupo sobresale Arturo Uslar Pietri.
25.08.1990	Arturo Uslar Pietri propone la creación de la figura del Primer Ministro.
03.12.1990	El grupo de intelectuales –que empieza a ser conocido como Los Notables– emite un segundo documento quejándose del Ejecutivo y de los partidos que no toman en cuenta sus exigencias por elecciones uninominales y reforma judicial.
05.12.1990	Se firma en Nueva York el acuerdo de reestructuración de la deuda externa.
21.01.1991	Ante la Fiscalía denuncian por peculado y tráfico de influencias al diputado por AD y presidente de la CTV, Antonio Ríos.
02.06.1991	Gardenia Martínez, propietaria de Corporación Margold, empresa que vende armas a las FAN, declara al diario *El Universal* que rompe el pacto que tenía con el comandante del Ejército, según el cual ella no hablaría en su contra a cambio de que él no obstaculizara sus negocios. Martínez, se dijo después, es amiga íntima del jefe de la escolta civil del Presidente.
03.06.1991	*El Nacional* denuncia que el jefe de la escolta civil de CAP, Orlando García, es accionista de la Corporación Margold.
04.06.1991	CAP asegura que Orlando García no le ha vendido «ni un cuchillo, ni una navaja» a las Fuerzas Armadas.
05.06.1991	El comandante del Ejército, general Carlos Julio Peñaloza, denuncia ante la Comisión de Defensa de Diputados una presunta estafa cometida por la empresa Margold en la venta de pertrechos militares al Ejército.
07.06.1991	En la columna «Conversaciones con Alfredo Peña», en *El Nacional,* se asegura que un auto BMW registrado a nombre del director del DIM, general Herminio Fuenmayor, aparece involucrado en el decomiso de media tonelada de cocaína.
08.06.1991	En rueda de prensa, el director de la DIM asegura que el BMW involucrado en una operación de narcotráfico efectivamente le

perteneció, pero que ya lo había vendido. Por otra parte, denunció la existencia de una confabulación contra el gobierno y la cúpula militar con el objeto de aislar al Presidente y socavar a las Fuerzas Armadas, el «único soporte» del gobierno. Habla de oficiales golpistas.

10.06.1991 Renuncia a su cargo Orlando García, jefe de la escolta civil presidencial.

10.06.1991 Juzgado Penal inicia investigación sobre irregularidades en compras militares a través de la Corporación Margold.

11.06.1991 El Presidente decide el pase a retiro del general de división Carlos Julio Peñaloza y del general de brigada Herminio Fuenmayor.

21.06.1991 Al entregar la Comandancia General del Ejército, el general Peñaloza denuncia que un grupo de militares conspira para dar un golpe de Estado.

30.07.1991 Los Notables lanzan un tercer documento exigiendo la satisfacción de sus demandas para sortear la crisis.

09.08.1991 Privatizan la aerolínea Viasa. La reportera Carmen Emilia Teruel registra que la española Iberia se adjudica la licitación tras la retirada de la holandesa KLM.

20.08.1991 Contraloría de las FAN abre investigación por irregularidades en órdenes de pago en el contrato de repotenciación de tanques encargada a la empresa Van Dam.

28.08.1991 En Maracay, estado Aragua, asume el nuevo comandante del 422 Batallón de Paracaidistas. Este nombramiento a destiempo se da después de la intervención del nuevo ministro de la Defensa, Fernando Ochoa Antich, quien en contra de lo dispuesto por los dos últimos comandantes del Ejército y por su antecesor en el ministerio, autoriza puestos de comando para un grupo de oficiales que, por sospechas de actividades conspirativas, habían sido relegados a puestos administrativos.

11.10.1991 Convención de AD elige autoridades. Nueve de los diez puestos principales quedan en manos de «los ortodoxos». Luis Alfaro Ucero es el nuevo secretario general.

16.10.1991 Se registra balacera en Los Anaucos en momentos en que pasa la caravana presidencial.

21.10.1991 Tribunal Penal dicta seis autos de detención por las irregularidades en la compra de pertrechos militares a través de la empresa Margold.

07.11.1991   Paro general de trabajadores convocado por la CTV.

11.11.1991   Monseñor Mario Moronta asegura: «Estamos caminando sobre un polvorín… con cualquier mecha se puede prender».

11.11.1991   El ex presidente Rafael Caldera declara a *El Universal* que Venezuela va en marcha acelerada a la anarquía, y está «en la antesala de una reacción drástica».

15.11.1991   Privatización de la telefónica CANTV.

17.11.1991   Arturo Uslar Pietri asegura a *El Nacional* que si a la crisis venezolana no se le dan respuestas, puede producirse un golpe de Estado.

21.11.1991   Informe conjunto de Disip y Guardia Nacional habla de conspiración militar.

29.11.1991   El contralor de las Fuerzas Armadas reporta al Presidente sobre irregularidades en un contrato para modernizar las comunicaciones de la Armada. La operación es con la empresa IEACA, propiedad del empresario Pedro Lovera.

01.12.1991   Arturo Uslar Pietri en el Programa *Primer Plano* de RCTV señala que «sería idiota negar la posibilidad de un golpe».

30.12.1991   Nuevo esquema de precios de gasolina: hasta diciembre de 1992 habrá incrementos mensuales.

11.01.1992   El presidente y el subsecretario general de AD se quejan de que ese partido no tiene representantes en el nuevo gabinete anunciado el día anterior.

11.01.1992   El ex presidente Rafael Caldera, en mensaje por el aniversario de Copei, asoma que volverá a ser candidato, aun sin apoyo de esa organización «porque la patria está por encima del partido».

12.01.1992   Al anunciar la construcción de un puerto de aguas profundas en el Golfo de Venezuela, el Presidente dice: vamos a demostrar con la circunstancia favorable de los hechos por qué llamamos al golfo Golfo de Venezuela, y por qué es de Venezuela este gran golfo con que limita nuestra patria en su costado occidental. En Colombia hay revuelo por la declaración. El 23 de enero CAP se desdice: jamás dije que el golfo es nuestro, porque Colombia tiene pequeños derechos. El 24 de enero, el comandante general de la Aviación señala que «el golfo es histórica y vitalmente de Venezuela», mientras que el presidente de Fedecámaras se queja porque lo dicho por el Presidente coloca a Venezuela en desventaja frente a Colombia. El 25 de enero, CAP quiere zanjar la polémica y asegura que más de las cuatro quintas partes del golfo son venezolanas.

16.01.1992 Protestas en Guarenas, Los Teques, Barquisimeto, Río Chico.

22.01.1992 Policías y estudiantes se enfrentan en Guarenas.

22.01.1992 A solicitud del director de la Disip se reúne el alto mando militar en Miraflores para analizar informaciones sobre una supuesta conjura. El Presidente exige investigación más exhaustiva; quiere respuestas para cuando vuelva de un viaje a Suiza.

23.01.1992 La Junta Superior de las Fuerzas Armadas analiza el documento de la Disip y concluye que el informe no contiene pruebas. El ministro de la Defensa cita a varios de los indiciados en el informe y les advierte que serán reemplazados de sus comandos si continúan los rumores de golpe.

23.01.1992 El Frente Patriótico promueve una manifestación de protesta.

23.01.1992 Por más de tres horas, policías y encapuchados combaten frente a la UCV.

26.01.1992 Bajo el título: «El 74 % de los venezolanos rechaza gobierno de CAP» el diario *El Nacional* publica la última encuesta Gaither. Pese a la titulación, la nota recoge que: 26% tiene opiniones positivas sobre las políticas de gobierno y 65% expresó opiniones negativas; 53% tiene una opinión desfavorable de la imagen personal de CAP en contra de 47% que tiene una opinión favorable; 56% desaprueba la actuación de CAP como Presidente en contra de 35% que la aprueba. Según la muestra, 65% tiene una opinión negativa de los partidos políticos y 28%, positiva.

01.02.1992 CAP está en Nueva York para participar en la cumbre de los países miembros del Consejo de Seguridad de la ONU.

02.02.1992 CAP en Davos, Suiza, asiste al Foro Económico Mundial.

Tercera parte

Asombra la falta de coordinación y la apatía con las que se recibió una información que
pudiera haber impedido que las cosas llegaran a donde llegaron.

Carlos Andrés Pérez en *Memorias proscritas* de Ramón Hernández y Roberto Giusti

CAPÍTULO 16

A las doce y cinco de la noche del lunes, o de la madrugada del martes, porque ya era martes, sonó el teléfono. Aún no había apagado la luz de la lámpara de la mesa de noche, pero igual fastidiaba –más que sorprendía– el repique. Y más que fastidiar, irritaba. Debía ser una noticia de último minuto, pensó. ¡¿Qué rayo podía ser tan inoportuno?! ¿Qué información podía ser tan importante para justificar la llamada que la llevaría en cuestión de minutos a recomponer unas páginas que habían tardado todo un día en ser compuestas? A esa hora no esperaba ninguna noticia para meterla en la segunda edición; además, a esas alturas, ya Gisela, la editora nocturna, debía tener cerrado el periódico, porque si no, se retrasaba la salida de los camiones con el reparto para el interior, y quién aguantaba el reclamo a la mañana siguiente. Pero tenía que ser Gisela, quién más –se dijo–. Era normal recibir su llamada dos o tres veces a la semana. Debía ser ella, se le había complicado el cierre y sólo entonces, a las doce y cinco de la noche o de la madrugada, telefoneaba para advertir que algo pasó en las bolsas asiáticas o que en un rebote de Venpres atajó un tubazo –o un caliche disfrazado de tubazo–, y que menos mal que lo había pescado en el rollo interminable del télex. En milésimas de segundo, había pensado todo eso.

Pero no, no fue la editora nocturna del periódico quien telefoneó esa noche. No fue ella quien llamó para preguntar qué nota de las que habían trabajado los reporteros de la sección se iba a sacrificar, qué página podía mover, cambiar y violentar para darle espacio a esa otra información que se habría rescatado del cuarto de los cables. No era la de Gisela Madrid la voz que se escuchó al levantar la bocina:

–Le están cayendo a tiros a La Casona.

–… ¡¿Qué?! Pero cómo es…

–Es un golpe.

–¿Un golpe?

–Son cuadros medios del Ejército.

A las doce y cinco de la madrugada del martes 4 de febrero de 1992 la editora de la sección de Economía de *El Diario de Caracas* se estaba enterando, casi al mismo tiempo que el Jefe de Estado, de que una camarilla de capitanes, mayores y comandantes de tropa, no una camarilla de generales y ni siquiera de coroneles, estaba encabezando un levantamiento militar. ¿Un golpe? repitió para sí después de colgar el auricular. En su universo de tasas de interés, tipos de cambio e índices macroeconómicos la noción de un cuartelazo era un concepto extraño, una idea lejana pese a que –no podía olvidarlo– en los últimos tiempos Enrique Rondón, el jefe de Política, se había cansado de llevar el tema a la mesa de redacción. Personeros de los partidos y de la periferia declaraban a cada tanto sobre el peligro, la probabilidad, los rumores o la inminencia de un alzamiento, y esas declaraciones se convertían en notas y hasta en titulares de primera página. Pero eran rumores. ¡¿Qué más?! La mera estampa de la soldadesca pretendiendo brincar a la Presidencia le parecía increíble. Inmersa en su mar de números, nunca le dio importancia a esas declaraciones, jamás creyó en la posibilidad cierta de una asonada. ¿Golpe? ¿Dictador? En su equivocado criterio ese asunto había quedado cancelado en un pasado remoto, condenado a los libros de historia o a la historia ajena de otros países porque, como años después afirmaría su amiga, la periodista Gloria Majella Bastidas: «Nosotros, los últimos chamos de la Cuarta República[66], siempre creímos que las conspiraciones eran de juguete. Diatribas de bares y cafetines».

El 4 de febrero él estaba llegando de Davos. ¿Tú crees que un hombre que tuviera una pizca de información de que venía un golpe se iba a ir? Eso quiere decir que él no tenía información, y si la tenía, entonces fue una gran irresponsabilidad[67].

Al inicio de 1992 Carlos Andrés Pérez seguía embriagado con los resultados económicos del año anterior. Nada le aguaba la fiesta. Nada

---

66 Cuarta República: han querido llamar así al período que va desde 1830, tras la separación de Venezuela de la Gran Colombia, hasta 1999 cuando se aprueba, vía referéndum, una nueva Constitución.
67 Humberto Celli.

podía. En la segunda quincena de enero los disturbios estudiantiles arreciaban y los transportistas volvieron también a quejarse, pero él parecía estar acostumbrado a convivir con ese telón de fondo. En los últimos tiempos, las huelgas y las protestas –que llegaron a ser más de dos mil en los doce meses anteriores– pasaron a formar parte de la vida cotidiana, de la rutina de los partidos políticos de oposición, de los ultrosos de siempre y hasta de los que en su propio equipo lo enfrentaban. No podía olvidar que tan solo en noviembre, la CTV, bastión de AD, había capitaneado un paro nacional, el segundo que había organizado en contra de su política económica. ¡¿Habrase visto?! –condenó entonces–, una huelga para protestar por el programa económico, cuando la economía estaba marchando tan bien. Él no vio gravedad en los disturbios de enero. Nada sospechoso encontraba en que justo cuando reiniciaban las clases resurgieran los encapuchados, las quemas de cauchos y los ataques con piedras a las puertas de las universidades. En ese primer mes del año, el cuadro de encrespamiento social no le parecía tal, y si alguien le hubiera dicho en ese momento que los desórdenes que se estaban viviendo eran distintos o que eran promovidos con una intención aviesa –calentar el ambiente para un próxima asonada, por ejemplo– lo hubiera despreciado. Como despreciaba, y de paso ridiculizaba, los diagnósticos de inestabilidad política, los rumores de golpe y a quienes se ocupaban de regarlos. Si es que en Venezuela –llegó a decir– los golpes de Estado existían en los tiempos en que Arturo Uslar era político.

A su entender, era insólito hablar de crisis en un país que aun con la baja del petróleo se daría el lujo de terminar el año sin déficit fiscal. Porque ese era el horizonte que él oteaba a la distancia, esa la meta que se había fijado y augurado en la primera rueda de prensa que dio en el año. Los ingresos por privatización –llegó a asegurar– iban a financiar obras fundamentales, y las inversiones y el gasto social no se verían afectados. Si el empleo se había recuperado, la gente estaba comiendo y la pobreza se había reducido, ¿qué crisis era esa?, ¿de qué se trataba todo?, se preguntaba. En qué mente cabía esa hipótesis, en qué mundo se podía vivir para quejarse y rumiar inestabilidad, desequilibrio y falta de confianza. Los votos de censura que a cada rato el Parlamento les imponía a sus ministros, los tomaba como parte del juego político, y la hemorragia de denuncias de corrupción que encharcaba los medios tenía para él una explicación rotunda y a la vez sencilla: ese sarampión de denuncias era hijo de las políticas de transparencia y apertura que había puesto en ejecución y de la libertad de expresión de la que se gozaba cuando él mandaba en Miraflores. Era lo que creía. Se había ido la Era Lusinchi, cuando por temor a que les cortaran el acceso a los dólares necesarios para el negocio, los diarios y televisoras callaban los problemas y se autocensuraban. Otra agua corría bajo el puente de su gobierno. El que necesitara divisas podía acudir a un mercado abierto, a una oferta pública, y no requería pagar peajes. Se había ido el miedo de expresar lo que se pensaba –decía a los demás y se decía a sí mismo–, el pánico de exhibir lo que creían o les parecía que estaba mal. Y en cuanto a las imputaciones de corrupción pública, nadie podía sacarlo de la creencia de que muchas de ellas eran infundadas, acusaciones tremendistas hechas con ganas de figurar y buscar puesto en las próximas elecciones. Denuncias para la galería. Los escenarios apocalípticos –para él– sólo podrían avizorarlos las mentes calenturientas, los espíritus amargados y rencorosos que contaban con seguidores –cuando no socios– en los medios de comunicación. Estaba de acuerdo en que tantas denuncias soliviantaban los ánimos y enrarecían el ambiente, pero no estaba dispuesto a caer en la trampa de seguir la corriente. Las acusaciones tenían que investigarse y ventilarse en los tribunales. Se creía muy lejos de pisar un peine o caer en provocaciones, como en las que cayó con el desaguisado de sus declaraciones sobre el Golfo de Venezuela. Durante casi dos semanas en los medios se le sacó punta al lápiz del diferendo con Colombia pero él lo desestimó, y siempre creyó que se armó una alharaca por nada.

Los rumores de golpe no los creía. Y es fácil imaginarse que estaba cansado de tanto lleva y trae. En tres años que tenía oyendo la cantaleta de la conspiración, aseguraba que la gente de Inteligencia había sido incapaz de mostrarle una sola evidencia de las supuestas conspiraciones y los supuestos conspiradores. Ni la policía política ni la policía militar. Iban, venían, develaban supuestos complots, interrogaban a los presuntos implicados y no pasaba nada. Pensaba que eran cuentos: desde 1989 estaban con el tema de la confabulación pero no suministraban pruebas, sólo chismes. Y lo peor –a su entender–, era que con el pretexto de un alzamiento, los militares vivían peleándose, acusándose entre sí. De incompetentes, complacientes, corruptos y hasta sediciosos.

El comandante del Ejército hablaba mal del director de la DIM y del inspector del Ejército; y el director de la DIM del comandante del Ejército, del inspector y del contralor de las Fuerzas Armadas; pero el contralor tampoco se quedaba atrás y desconfiaba del director de inteligencia militar y del jefe del Ejército y del inspector; y el inspector, por su parte, estaba enfrentado al director general del ministerio de la Defensa que, a su vez, parecía haberse aliado con el director de la DIM –en contra del inspector y del jefe del Ejército– en su carrera por el despacho ministerial. Unos a otros se descuartizaban. Y frente a esa carnicería, le sería muy difícil tomar en serio la historia de un grupo de mayores que confabulaban, y menos si en mitad de la historia le contaban otra en donde lanzaban puyas, flechas y artillería pesada contra oficiales de más alta gradación, que aparentemente no tenían que ver con los mayores complotados sino que por su propia cuenta estarían montando otro alzamiento o cometiendo alguna arbitrariedad. Como de las que acusaron a Herminio Fuenmayor, involucrándolo en las grabaciones de las conversaciones telefónicas de Cecilia Matos –y hasta le llevaron el *cassette* como evidencia–. O cuando señalaron que Carlos Julio Peñaloza había cometido irregularidades con la nómina de la tropa. O cuando el propio Peñaloza por libre iniciativa y voluntad, sin haber sido invitado ni citado a una interpelación, se presentó en el Congreso para denunciar un fraude a los militares cometido por una empresa cuya dueña –nada más y nada menos– era amiga, muy amiga del jefe de escolta civil presidencial. Ese era el espectáculo que día tras día se escenificaba frente a la carpa de Carlos Andrés Pérez. Y él debió de estar aburrido de ese pugilato, como para seguir la contienda, como para dignarse a prestarle atención. Pensaría que con más frecuencia de la esperada esos reportes, llamados de Inteligencia, y esas acusaciones y cargos por estafa que lanzaban a diestra y siniestra eran utilizados a conveniencia. Para pasar facturas.

A su manera de ver las cosas, las pugnas entre oficiales, que ya llevaba tres años soportando, constituían un problema viejo, para no decir heredado, y quien pensara que eran producto de un manejo erróneo de la cuestión militar, de una falta de seguimiento o de poca firmeza por parte suya estaba equivocado. En su interior, esas peleas tenían que ver –y mucho– con la política de ascensos indiscriminados de la administración anterior. La brigada de generales que Lusinchi –o su secretaria privada– había ascendido (a veces sin tomar en cuenta las hojas de vida) había provocado una lucha feroz entre las charreteras que se disputaban unas cuantas plazas y unos cuantos puestos de mando, porque al final, el vértice de la pirámide es solo uno, y hay más generales y almirantes que jefaturas a repartir. Por eso fue que en 1989, cuando llegó la hora de las

promociones militares, él rechazó aprobar ascensos a los grados máximos.
Creyó que con eso se aplacaría un poco el forcejeo. Pensó pausarlo a ver
si con la demora se apaciguaba la puja, pero no le dio resultado. Nadie lo
tomó como un aviso. Los generales siguieron con sus intrigas, y a fines
de ese año, después de los difíciles momentos vividos con el Caracazo –y la
mala imagen que salpicó a los militares– hablaron por primera vez de una
asonada en la que andaban metidos unos muchachos cabeza caliente, unos
mayores del Ejército. En el informe sobre la sedición delataron también la
actuación tolerante, incompetente e irregular de cierta oficialidad. Presentaron una lista con nombres y conjeturaron fecha –2 de diciembre de 1989–,
pero la evidencia que soportaba el reporte se componía de un panfleto, unos
chismes y unas suposiciones, y al lado de esas suposiciones, más chismes y
acusaciones veladas en contra de altos oficiales que, cuando menos, eran
tildados de complacientes. Fuera de eso, Pérez no halló más nada, no vio
más nada. Y con murmuraciones –dijo– no se levantan sumarios.

Dos años después de aquello, estaba ahíto. Era lo que demostraba.
Harto de tantos recados y recaderos que llegaban con el asunto. El año
anterior, el que fue su comandante del Ejército habló de sedición con
todo el mundo –con el ministro de Relaciones Exteriores, el ministro de
la Copre, el secretario general de AD, el senador Ramón J. Velásquez, y
con un sinfín más– y a todos, o a casi todos, les pidió llevar el mensaje a
Miraflores.

–El Presidente tiene que saberlo porque es muy grave –dicen que
decía–.

Pero todos los recaderos recibieron de él, el Jefe de Estado, más o
menos la misma respuesta: ocúpese de su trabajo. Porque de la política
militar se encargaba él, que era el Comandante en Jefe de las Fuerzas Armadas; él, que ya había sido Presidente una vez y sabía cómo lidiar con esos
asuntos; él, que tenía amplia experiencia en la materia. Ese era el mensaje
con que despachaba al mensajero:

–Acuérdese de que yo también fui policía.

Y con esa frase terminante le recordaba al emisario que, en materia
de conspiraciones e insurgencias, él les llevaba una morena. Era lo que
pensaba: que él sí sabía de lucha contra golpistas. Porque había sido el
ministro de Relaciones Interiores de Betancourt en la época brava de la
guerrilla y en los años duros, cuando mayor número de intentonas hubo
que desbaratar. El gobierno de aquel entonces enfrentó veintidós golpes,

y de todos Betancourt salió sólo con las manos chamuscadas. Por lo tanto
–consideraba–, quién le iba a enseñar qué a él. Además, como policía que
había sido, y que creía seguir siendo, habrá pensado que a los policías no se les
puede creer todo lo que dicen, porque acostumbrados como están a moverse
en un mundo sinuoso, oscuro, de medias verdades o verdades inventadas,
terminan viendo sombras detrás de casi cualquier cosa y salteadores a la
vuelta de cada esquina. De tanto disfrazarse y fingir para conseguir una
verdad, a veces confunden lo real con lo inventado. Sobre todo a la hora
de cobrar cuentas. Sobre todo en un cuadro de pugnas soterradas en las
que llovían acusaciones sin fundamento.

Por eso fue que en junio de 1991 había precipitado el retiro de dos
de los hombres más importantes dentro de las Fuerzas Armadas. Uno
había sido comandante general del Ejército y el otro jefe de la DIM –que,
de paso, era su compadre–. Dos individuos valiosos que, sin embargo, no
habían querido ceder en su guerra de acusaciones mutuas. Dos tipos indispensables dentro de la estructura militar y del Estado que, no obstante,
se habían enfrascado en ser agentes perturbadores, cajas de resonancia de
los rumores. Y él no pudo tolerar tanta indisciplina. Por más valiosos que
fueran a la institución o por más amigos suyos que fueran, no aceptaría
más murmuraciones.

Pero el 22 de enero de 1992, en la reunión con el alto mando militar, resulta que el director de la Disip presentó un nuevo informe sobre
rumores de alzamiento militar, y Pérez volvió a pedir pruebas, detalles,
fundamentos, confirmaciones. Quería hechos. De una vez por todas. El
documento que se discutió esa noche –parecido a uno que le llegó en el
mes de noviembre– insistía sobre el mismo grupo de oficiales que supuestamente se quería levantar desde 1989, y que en julio pasado él había
ascendido a tenientes coroneles, encargándolos de manejo de tropa, en
vez de relegarlos a atender farmacias y economatos. ¿Cómo era posible?
preguntó esa noche. Si como sostenía el actual ministro de la Defensa –y
unos cuantos padrinos que salieron a meter la mano en su momento–, no
había elementos que demostraran una actividad sediciosa, no tenía sentido
confinarlos a puestos administrativos; sobre todo, por la reacción que podría
desencadenar en sus compañeros de armas. Frente a esa argumentación, o
mejor dicho: ante la ausencia de argumentos, él mismo había autorizado
la entrega de batallones a los eventuales conspiradores. Entonces, cómo
era posible, volvió a interrogar en medio de la reunión, que al cabo de seis

meses regresaran a su despacho con otro rumor. ¿Todavía no habían sido capaces de acopiar evidencia?, habría preguntado. O no había tal conspiración o había una falla evidente de los servicios de Inteligencia. Y fue entonces cuando exigió –otra vez– una investigación exhaustiva, precisa, y doce días tenían para entregársela. Al regreso del foro de Davos debía tener el documento en su escritorio.

La segunda presidencia de Pérez era la tentación de convertirse en un líder mundial, y Pérez se dedicó a cultivar su liderazgo mundial. Ya Venezuela le quedaba chiquita… Él debió ocuparse muchísimo más del tema de las Ferzas Armadas, pero como se sentía tan seguro decía: no, a mí la Fuerza Armada me va a respetar porque ¡sí!

Betancourt, por ejemplo, no recibía cuentas sino de tres ministros: el ministro del Interior, el ministro de Hacienda y el ministro de la Defensa. Eran las tres materias a las cuales se dedicó; se concentró mucho en visitar todas las instalaciones militares y en tomar contacto con todos los jefes militares, en darles confianza y lealtad para poder cobrar confianza y lealtad. Pero Pérez pensaba que esa tarea ya la había hecho durante su primer gobierno y que: «Esos muchachos –como los llamaba– no me van a dar un golpe a mí, que soy una vaca sagrada en la política ¡latinoamericana!»[68].

Carolina Pérez Rodríguez oyó la primera descarga segundos después de terminar de hablar con su hermana Sonia. La había llamado a Washington para ponerla al corriente de los últimos acontecimientos. Diez minutos antes, su papá había salido para el Palacio de Miraflores alertado por el ministro de la Defensa de que la guarnición del Zulia se había alzado. Ella había atendido la llamada del ministro, y en cuanto oyó al general Ochoa Antich recordó el extraño fin de semana que había vivido. Sus temores se estaban confirmando.

---

68 Eduardo Fernández: secretario general del partido socialcristiano Copei hasta diciembre de 1992. En 1988 fue candidato a la Presidencia.

El sábado 1º de febrero había ido con un grupo de amigos a la base naval a orillas de la bahía de Turiamo, a pasar el fin de semana en la playa. Ese día se bañaron en el mar, pasearon en lancha y en la noche, con ayuda de unos militares, hicieron una fogata. Eran doce personas alrededor del fuego: ella, sus seis amigos y dos sargentos y tres soldados. Pasaron dos o tres horas conversando a la orilla de la playa y, en medio de esa conversación, quizá animados por la camaradería con que habían compartido desde la tarde, los uniformados se sintieron con cancha y se abrieron. Comenzaron a echar cuentos de las fiestas y de las parrandas apoteósicas que montaban Jaime Lusinchi y Blanca Ibáñez cuando iban a la base naval; sin guardarse detalles, hicieron reláfica de lo que habían sido testigos. Hablaron muy, muy mal de ellos y de ese gobierno, y en una de esas, en medio de la cháchara y el chismorreo, uno de ellos soltó: «Por eso es que nosotros estamos hartos de la gente como Jaime Lusinchi y el presidente Pérez».

El comentario la desconcertó, pero no atinó a saber quién lo había hecho. Lo escuchó de refilón mientras prestaba atención a una historia que le contaba el cabo que estaba a su mano derecha. Por el mismo desconcierto no atinó a decir nada. Al día siguiente en la tarde, cuando regresaba a Caracas, el capitán de la base –que no estuvo en la fogata– la despidió muy efusivo:

–De verdad, verdad –le dijo– encantado de conocerla. Fue un placer, pero lamento mucho que usted no vuelva más para Turiamo.

–¿Cómo es eso? –preguntó sorprendida– ¿y por qué no voy a regresar?

–Porque no va a volver, yo sé lo que le digo, no va a volver; las cosas van a cambiar –y remató–: quiero decirle que yo admiro mucho a su mamá, a doña Blanca, pero yo no admiro ¡para nada! al presidente Pérez.

Carolina se quedó con la boca abierta. No porque estuvieran criticando a su papá, que al fin y al cabo era un persona pública y ella estaba acostumbrada a oír quejas en su contra. En La Dolorita, 23 de Enero, La Vega y Nueva Tacagua –las parroquias en donde ella trabajaba haciendo seguimiento a los programas del gobierno– era usual que se le quejaran, y jamás había resentido esas quejas. Habiendo crecido en un ambiente en el que se fomentaba la discusión abierta y se estimulaban las opiniones propias, no solía engavetar las objeciones ni contrariarse por las críticas ajenas. Al contrario, le gustaba confrontarlas, ventilarlas. Las personas que la conocían sabían que en su cara podían hablar con confianza del Presidente y su gestión, y en los barrios en donde trabajaba la gente no se amilanaba en su presencia. Además de confiarle los problemas que atravesaban, le hacían cuestionamientos, muchas veces muy duros; de hecho más de una vez había sentido antipatía hacia la figura del mandatario, y un enjuiciamiento más no podía sorprenderla. Gajes del oficio; la crítica venía con la descripción del cargo de un personaje político, más si ese personaje era Jefe de Estado.

Sin embargo, el comentario que hizo el marino en la base naval logró descuadrarla. Por el desparpajo. Y por el remoquete final: las cosas van a cambiar. En la institución castrense, que se distingue por su verticalidad, no cabía un comentario semejante hacia su Comandante en Jefe, hacia la figura del Presidente, hacia la majestad de la Presidencia de la República. No era común ese atrevimiento, y esa petulancia. Eso era lo que la impresionaba, sobre todo cuando en el viaje de vuelta se entera que el día anterior el mismo capitán había dicho a dos de sus amigos que disfrutaran el paseíto, porque ellos no repetirían la estancia en Turiamo.

El *feeling* de que algo no andaba bien se le pegó al cuerpo. En la primera oportunidad que tuviera debía comentárselo a su papá. Era anormal lo que había visto. La mala vibra se acrecentó el lunes, cuando a las ocho de la noche telefonea desde Maiquetía Malula Izquierdo, la directora de Protocolo del aeropuerto:

–Aquí está pasando algo, no sé qué, pero hay un movimiento raro. El avión presidencial debe llegar como a las diez de la noche, pero ya está aquí esperándolo el ministro de la Defensa y hay muchos soldados en la pista. Esto no es normal, la cosa es muy extraña.

Pasadas las diez, Malula Izquierdo la llamó de nuevo para avisarle que el Presidente iba subiendo a Caracas. Carolina se dispuso a esperarlo, pero en cuanto lo vio se dio cuenta de que tendría que dejar para otro momento la conversación sobre lo ocurrido en Turiamo. El rostro de su padre mostraba la fatiga acumulada después de un intenso y largo fin de semana. En cuatro días había participado en dos foros mundiales, en dos continentes diferentes: el viernes y sábado estuvo en Nueva York para una cumbre de las Naciones Unidas, y el domingo en Davos, para el Foro Económico. Casi cien horas anduvo en ese tejemaneje.

–Papá, tienes una cara de cansancio...

–La verdad es que estoy muerto, hija.

En ese instante, Virgilio Ávila Vivas, el ministro del Interior, que había entrado acompañándolo, dice que se retira, y Pérez enfila a su habitación con Carolina a un lado, deseosa de averiguar.

–¿Y qué es lo que está pasando?

–Nada, que parece que hay unos problemas… Me comunicó el ministro de la Defensa que hay rumores de problemas militares, pero como que no es nada serio… Rumores… Yo me voy a acostar porque estoy molido.

Eso fue a las diez y media de la noche del lunes 3 de febrero. Una hora más tarde, el centralista telefónico de guardia le informa que el ministro Ochoa quiere hablar con el Presidente, pero que el Presidente no atiende el teléfono. Ella toma el interministerial, y enseguida escucha al ministro de la Defensa.

–¡Presidente!

–No, ministro, es Carolina.

–¿Y tu papá, dónde está?

–Está dormido.

–¡Despiértalo!… Hay un alzamiento en Maracaibo. La cosa está muy complicada; lo tienes que levantar.

–¿Pero qué… es un golpe?

–Sí, vamos a decir que es un golpe.

Diez minutos más tarde, Carlos Andrés Pérez con la cara sin rasurar y el mismo traje arrugado que había traído de Davos puesto encima de la piyama, se despidió de Carolina y de la primera dama. Prometió que llamaría en cuanto tuviera mayor información. En compañía de un chofer, un edecán y el jefe de su escolta civil salió rumbo a Miraflores montado en un Ford LTD marrón, el único carro que estaba a mano en ese momento. Los vehículos blindados se encontraban en el estacionamiento y él no quiso esperar a que los sacaran.

La caravana presidencial salió cinco minutos después, y otros cinco minutos más tarde comenzó el ataque contra la residencia oficial. Al principio, Carolina pensó que quienes atacaban creían que en la casa se encontraba el Jefe de Estado. Luego se enteró de que desde el inicio de la descarga los atacantes sabían que adentro no estaba Carlos Andrés Pérez.

Cuando los golpistas se acercaban a La Casona vieron que les pasó por enfrente la caravana, y uno de ellos exclamó:

–¡Qué vaina! Se nos escapó este degenerado.

De todos modos el tiroteo –cerrado– tardó más de cinco horas en apagarse. Dicen que esa fue la batalla más dura que emprendieron los rebeldes, y no precisamente contra un objetivo militar. Para el momento en que se ordenó el asalto a La Casona, además del personal de servicio que se hallaba de guardia esa noche, estaban la primera dama, su hija menor,

dos de sus nietos –que tenían cuatro y tres años–, una tía del Presidente
–de ochenta años–, un médico, la secretaria de Turismo y la administra-
dora de la residencia. Y la directora de Protocolo del aeropuerto, que había
llegado poco minutos antes de que cayera la lluvia de balas.

Yo lo que nunca entendí fue la violencia con que esa gente atacó.
De verdad, verdad. No entiendo por qué siguen después de que mi
papá se va. No sé si es que creían que con esa violencia la gente iba a
rendirse más rápido, no sé… Y gracias a Dios y a la corrupción que
había en las Fuerzas Armadas, que de los morteros que lanzaron no
estalló casi ninguno. Porque si no, aquello hubiera sido un desastre.
Con el mortero que cayó en la capilla se hubiera volado la mitad
del cuarto de mi mamá; el mortero que cayó en el techo de la sala
hubiera acabado con media sala; el mortero que cayó en el despacho
de mi papá, menos mal que ahí no había nadie; si no, hubiera sido
la torta. Cayeron como tres más en la fuente. Fue una violencia
impresionante. Solamente la antena parabólica, que era grandísima,
recibió más de sesenta impactos de bala, y esa antena fue la que evitó
que las balas entraran a mi cuarto. Realmente, no entendí, todavía
no entiendo por qué atacaron así.

Según lo que dijeron después, se habían planteado tomar bajo control los puntos donde había guarniciones, y por eso para ellos era
muy importante tomar La Casona, porque había un gran contingente militar; porque tenía un batallón muy grande. ¡Y eso es mentira! Ellos sabían de antemano, algo que nosotros supimos después,
que a más de la mitad de los soldados les habían dado vacaciones.
Por ahí ya se les tumba un poco el argumento. Lo que sí creo es
que en su desesperación tal vez pensaron que si nos agarraban a
nosotros podían negociar con Pérez, pero no sabían que Carlos Andrés Pérez ¡jamás! –y eso lo dijo toda la vida–, jamás iba a negociar
un secuestro. Por nadie. Siempre, siempre nos lo dijo a nosotros.
Siempre fue claro. Ahí está el caso de mi tío Norberto: casi un año
estuvo secuestrado, y él no se metió en eso[69].

---

69 Carolina Pérez Rodríguez.

Cuando CAP sale de La Casona no está seguro de lo que sucede; desconoce las dimensiones de lo que ocurre. Sale intempestivamente, alertado por el levantamiento de una compañía del Fuerte Mara, a las afueras de Maracaibo. Es la información que tiene en ese momento, y la que necesariamente debe relacionar con lo que hora y media antes le había dicho el ministro: durante todo el día había circulado el rumor de que cuando aterrizara el avión presidencial, a él lo iban a poner preso. En Maiquetía, al final, no sucedió nada; por lo que supo, el general Ochoa había acordonado el aeropuerto y reforzado los alrededores, pero aparte del carro que se había incendiado en un túnel de la autopista y que los obligó a subir a contravía, no hubo novedad. Confirmaría que la acción en su contra era en efecto un rumor, el runrún producto de la conspiración que ya estaba andando en el Zulia.

En el trayecto al Palacio de Miraflores –quince minutos como máximo, a esa hora–, a lo mejor piensa que le gustaría calzarse los zapatos que tenía treinta años antes, cuando se dio El Porteñazo. Esa había sido la insurrección más grave que le tocó vivir, y algo semejante debía ser el escenario de esa noche: el levantamiento de uno o dos batallones militares que contaban con la venia de algunos civiles –y cuidado si no en contubernio con ellos–. Sí; algo así tenía que ser, debió pensar: una intentona golpista localizada en el estado Zulia.

Llegó a la avenida Urdaneta con facilidad; ningún tropiezo en el camino. Igual de fácil fue su arribo a la sede de gobierno. Todavía ignoraba que por un tris había logrado escapárseles a los golpistas –como se les volvería a escapar más tarde–. A su arribo, el Palacio luce tranquilo y sin señales de alarma, la tropa duerme y fuera de los escasos hombres de guardia –¿diez, doce?– el personal está franco. Al frente, en el Palacio Blanco, tampoco hay rastro de prevención. Manda a localizar al comandante del batallón de la guardia de honor, ordena el estado de alerta para la guarnición y a continuación, antes de llamar al general Ochoa, él mismo marca el número de La Casona para avisar que en Miraflores hay calma.

–Pero aquí no, ¡escucha! –le contesta Carolina, y a continuación oye del otro lado de la línea el ruido tupido de un tiroteo.

–¡¿Quién los está atacando?!

–No sé, pero desde hace como un cuarto de hora estamos así. Bajo fuego.

–Ya les mando un batallón para que las cubra, no se preocupen.

Casi de inmediato entiende que es imposible mandar refuerzos. La sublevación comienza a tomar otras proporciones y es imposible seguirse ocultando su magnitud. El Ministerio de la Defensa está rodeado por los insurrectos y la base aérea de La Carlota, en las inmediaciones de la residencia oficial, se encuentra tomada. Llama de nuevo a la familia y da la noticia, pero pide a su hija que no comente la información, que sólo diga que no se puede mandar ayuda. De los reportes del general Ochoa, el golpe pareciera orquestado por un grupo del Ejército. ¿Será el que desde hace tres años viene echando lavativa? ¿El mismo que el general Peñaloza había denunciando tantas veces y del que hace unos días, en enero recién, habló el general Manuel Heinz Azpúrua en un informe? ¿O será el grupo de generales que Herminio Fuenmayor acusaba y grababa cada tanto? Herminio, cuando era director de la DIM, decía que los oficiales que a cada rato inculpaba el comandante del Ejército no eran peligrosos porque no tenían comando de tropa; que peligrosos eran los militares que tenían poder, la cuerda de generales –eran sus palabras– que aspiraba a más y quería saltar la talanquera. A los oficiales medios –decía Herminio– lo que había que hacer era tenerlos controlados, estar encima de ellos y ganárselos, porque de todos modos, ni aunque quisieran iban a alzarse solos, o no los iban a dejar que se alzaran solos.

Cinco minutos después de cortar la conversación con Carolina, Pérez carece de información exacta, sólo tiene lo que le comenta Hernán Fernández, jefe de su guardia civil, de que hay fuerte presencia de paracaidistas. Por lo pronto la mayoría de los comandos de fuerza se ha puesto a derecho, pero aún falta el informe de las guarniciones. De una primera relación se saca que en el Zulia se ha alzado el Fuerte Mara; y en Caracas se rebeló una unidad del Ejército cercana al Ministerio de la Defensa en Fuerte Tiuna, y sendas compañías de paracaidistas se hacían cargo de La Casona y la base de La Carlota. Sí, los cuarteleros debían ser oficiales del Ejército. Y sí, la situación es delicada, debió pensar al rayar la medianoche.

Es quizá entonces cuando piensa en aparecer en televisión. Qué importa si la idea es suya o del general Ochoa o de Blanca, en una de las veces que habla a La Casona, o acaso de Luis Alfaro Ucero, que ya está en Miraflores junto con el ministro Ávila Vivas. Mientras arma mentalmente un mapa de la sedición y de los probables sediciosos, mientras el teléfono suena sin cesar (el ataque a La Casona ha trascendido y todo el mundo quiere saber), mientras intercambia opiniones con el coronel Hung, Ávila Vivas y Alfaro, mientras recibe reportes y gira órdenes, mientras hace todo eso se convence de que debe dirigirse a la nación. Aunque en ese momento no haya mayores detalles sobre el asalto y los asaltantes, debe hablar por televisión. Ante los sucesos, tiene que haber un pronunciamiento oficial del gobierno, y el gobierno es él. Una transmisión conjunta en la que con suerte se encadenarían las radios de todo el país sería una forma expedita de llamar al orden. Contactó al director de Información y le encomendó que coordinara una cadena con el ministro de Comunicaciones, haciéndole la salvedad de que por ningún concepto le revelara al ministro el verdadero motivo de la alocución. Que inventara cualquier cosa para convocarla, unos anuncios importantísimos sobre los logros de su viaje a Davos, por decir algo. Hasta que no estuviera claro el panorama debía actuar con la mayor reserva, sin dejar a un lado la premura. Esas fueron sus instrucciones. Quiso moverse rápido y adelantarse a cualquier pretensión de los insurrectos de tomar algún medio de comunicación. Moverse rápido y actuar, porque no podía ponerse a esperar a que llegaran hasta su puerta.

Pero los insurrectos llegaron, y no preguntaron si podían pasar.

En la noche del 3, yo estaba en una recepción que le hacía Acción Democrática a los nuevos ministros. A mí me acababan de nombrar ministro de Transporte y Comunicaciones. Al terminar la reunión cada uno se va para su casa, y cuando yo llego a la mía, serían como las doce o doce y cuarto de la noche, me llama Andrés Eloy Blanco, que era el director de la Oficina Central de Información:

–El Presidente necesita una cadena de televisión.

–¡¿Cómo?! Una cadena de televisión… ¿A esta hora? ¿Y esa vaina?

–Sí, sí, a esta hora…

–Andrés Eloy, eso no es tan fácil… Es más de medianoche; probablemente las televisoras están fuera del aire. Hay que empezar por prender los trasmisores y…

–Es que el Presidente necesita hacer unos anuncios importantes ahorita.

–… ¿Y quién va a ver eso a esta hora?

– Bueno, vale, es que él está muy ocupado en la mañana y no va a poder hacerla.

–Y por qué no hacemos algo que es mucho más fácil: yo lo grabo ahorita y lo saco en la mañana, en cadena.

–¡Coño, chico!, yo no sé, yo te estoy transmitiendo la orden que me dio.

–¿Dónde está él?, que lo voy a llamar.

Cuando llamo a Miraflores me atiende Rommel Fuenmayor, un teniente coronel que era su edecán:

–¡Ah, ministro!... El Presidente quiere hablar con usted, es importante. Espérese un momentico que se lo paso. Está en su despacho. Yo escucho el sonido de cuando se pone el teléfono a un lado. Me imagino que Rommel Fuenmayor está hablando desde la sala del edecán, que está al lado, cerca de la oficina del Presidente. No noto nada anormal, pero me dejan esperando, y al rato oigo:
–¡Coño!... ¿Qué vaina es esta? ¿En dónde es? –era la voz de Rommel, pero no oía más nada, y después, al fondo, el ruido como de un cañonazo y tiros, y tiros...[70].

La primera tentativa de dirigirse al país se vio truncada casi enseguida por el ataque de seis tanques, dos o tres de ellos con armas de alto calibre. A partir de las doce y media de la madrugada del martes 4 de febrero y durante los treinta o treinta y cinco minutos que siguieron, el primer mandatario nacional no tuvo tiempo para pensar o hacer otra cosa que no fuera defenderse. El acoso que se había iniciado no era con disparos al aire.

Dos de los tanques se estrellaron contra las rejas del Palacio Blanco. Uno de ellos logró traspasarlas y trepar una fila de escalones de losas, otro fue al patio de la Guardia de Honor, otro más se fue contra la verja del Palacio de Miraflores, y no la derribó, pero la verja cedió al empuje del blindado y se abrió. De esta tanqueta se baja un capitán, que con un FAL al hombro corre por la calle interior dirigiéndose al despacho presidencial, y en la antesala carga el fusil y apunta a Rommel Fuenmayor –edecán presidencial– y a Hernán Fernández –el jefe la escolta civil–, que han salido alertados por el ruido del tanque contra los hierros:
–Ríndanse, y entréguenme al Presidente –ordena el capitán sin quitar la vista de la mira de su rifle de asalto.

Fuenmayor lo encara, toma el cañón del fusil con una mano y con la otra lo empuja por el pecho. El militar alzado trastabilla mas no cede y dispara, pero por el empuje del arma cuando sale la bala, o por el traspiés que tuvo o por la impericia en el manejo del armamento, el disparo va a

---

70 Fernando Martínez Mottola.

dar en el techo. De inmediato, la respuesta de Miraflores, a la conminación y al tiro del FAL fue otro tiro, pero de pistola. Esas fueron las primeras detonaciones que se escucharon esa noche, disparos de un rifle de asalto y de una pistola. Después, casi enseguida, vino la andanada fuerte. Se oyó el ruido de las bazucas, se abren las descargas de fusil y en un pestañear de ojos, una de las tanquetas —una de las dos o tres que iban armadas, porque las otras parecían de utilería— dirige su torreta hacia la oficina del mandatario y, cual guerra abierta, desgrana su metralla. Nunca antes una compra millonaria había sido tan justificada o tan bendecida. Los vidrios blindados que Reinaldo Figueredo había mandado instalar en los primeros días del gobierno cuando era ministro de la Secretaría, son los que cubren al Presidente y a los que se encuentran a su lado. Los cristales soportan la balacera, pero los golpistas no cejan, e insisten. Muy pronto libran un enfrentamiento directo con unas cuantas de las veintisiete personas que defendían al gobierno y que, a diferencia de los fusiles, las AC-4 (una especie de bazuca) y las ametralladoras punto cincuenta de los golpistas, sólo tienen las armas de reglamento. El armamento y el regimiento del Palacio Blanco no aparecen por ningún lado. Y la escolta civil —formada por funcionarios de PTJ, Disip y Policía Metropolitana— con lo único que cuenta es con lo que llevaban en sus cargadores, y con las subametralladoras que consiguieron arrebatarles a los asaltantes en los enfrentamientos cuerpo a cuerpo. No tienen más nada. Desde noviembre de 1991, fecha en que la Disip y la Guardia Nacional entregan al Presidente el primero de los informes de Inteligencia que sugería una conspiración, la Casa Militar decidió recoger las armas largas de los civiles de la escolta. Por eso el golpe los encuentra tan fallos de armamento.

Esa noche, a la casa de gobierno la defendieron dieciséis funcionarios de la escolta civil que estaban de guardia —entre ellos cinco mujeres— más el jefe de esa unidad; cinco soldados, un sargento de la Guardia Nacional, un oficial de la Fuerza Aérea, los edecanes Rommel Fuenmayor y Gerardo Dudamel, el coronel Rafael Hung Díaz, subjefe de la Casa Militar y el almirante Mario Iván Carratú, jefe de la Casa Militar, que llegó a Miraflores —no se sabe cómo— después de que el Palacio estaba rodeado. Los golpistas son superiores en número y en armamento.

Con la escena que tiene enfrente, aderezada con los partes que el ministro Ochoa le ha venido dando desde Fuerte Tiuna vía celular —las comunicaciones de telefonía básica son cada vez más difíciles— para el Presidente debe ser fácil imaginar una fuerte presencia militar al otro lado de la verja del Palacio. Además de las unidades blindadas, tiene que haber un contingente importante de infantería. Eso es lo que cree, eso es lo que dicen los manuales. Si los rebeldes ya controlan las oficinas del ministro de la Secretaría y han llegado a la antesala del despacho presidencial, cabe suponer que la situación es complicada, para no calificarla de angustiante. El mandatario no está al tanto de saber que del otro lado de la verja, del lado de los atacantes, nada más hay cuarenta uniformados de un batallón de blindados que está siendo dirigido por cuatro capitanes y un sargento segundo. De los dos mayores encargados del asalto, uno desertó y el otro sufre un momentáneo estado de *shock*. Ignora que el 422 Batallón de Paracaidistas, la infantería que debía reforzar el ataque con doscientos cincuenta hombres, no ha llegado —ni llegará— a Miraflores, sino que a esa hora apremiante, en vez de estar en el frente, combatiendo, se halla a mil quinientos metros, en la explanada del Museo Militar de La Planicie, quizá contemplando la batalla desde un palco preferencial.

Tampoco puede saber que dentro de poco dos de los capitanes que comandan la ofensiva serán heridos de gravedad y que, en cuestión de minutos, y también por unos minutos, la tropa atacante, desmoralizada por la caída de sus jefes, bajará la intensidad del combate. Y será entonces, en esa pausa que brinda el oponente, cuando él decida y consiga salirse del cerco, y retome la idea de una alocución por televisión. Por segunda vez Carlos Andrés Pérez logrará evadirse. Lo hará a bordo de un Conquistador gris blindado que irá precedido por un Century azul, también blindado, con cinco funcionarios civiles que se ofrecerán como carne de cañón. Los dos vehículos, uno detrás del otro, saldrán a toda carrera por una puerta que los asaltantes desconocían o que habían olvidado cubrir. Porque el comandante de la operación golpista, el teniente coronel flacuchento y dicharachero que una vez (cuando era mayor) estuvo asignado al Palacio Blanco —al frente de Miraflores— y que en esos momentos desde su atalaya en el museo podría estar viendo con binóculos el escape, ese mismo personaje había sido incapaz de hacerse con un plano completo de la sede de gobierno. Y Carlos Andrés Pérez volverá a escapárseles a los golpistas. En sus narices.

A la una, una y pico, él llama, y le avisa a Carolina que está saliendo de Miraflores, pero yo no lo estoy oyendo y cuando tomo el teléfono le digo:

–Carlos Andrés, tiene que irse de ahí, tiene que irse. Acuérdese de Rómulo, acuérdese de que usted tiene que salir por televisión, para que lo vean, para que sepan que está vivo, que está firme hablándole al país.

Yo me acordaba de que cuando hubo el atentado contra Rómulo Betancourt, en donde se le quemaron las manos, él lo primero que hizo fue salir en televisión y decir: miren como estoy, miren lo que me hicieron, pero estoy vivo y hay que luchar contra esto. Y yo se lo recuerdo a Carlos Andrés.

–Tiene que irse, tiene que hablar.

–Sí, Blanca, no se preocupe, voy en camino, voy en camino. Cuando esté en el sitio le hablo, pero si llegan a llamar y preguntan por mí, no vayan a decir dónde estoy[71].

Un grupo de militares traidores a la democracia, liderando un movimiento antipatriota, pretendieron tomar por sorpresa al gobierno. Me dirijo a todos los venezolanos para repudiar este acto. En Venezuela el pueblo es quien manda. Su Presidente cuenta con el respaldo de las Fuerzas Armadas y de todos los venezolanos. Esperamos a que en las próximas horas quede controlado este movimiento. Cuando sea necesario volveré a hablar.

(Carlos Andrés Pérez. Primera alocución por Venevisión, canal cuatro. 4 de febrero de 1992, 1:30 a.m).

La noche del 3, Ángel Reinaldo Ortega, que era secretario del CEN de Acción Democrática, ofreció una cena en su casa, a la que fueron varios ministros y varios miembros del CEN. Recuerdo que estaba el ministro de Relaciones Interiores, Virgilio Ávila Vivas, que se despidió como a las nueve y media de la noche:

–Me voy, porque tengo que ir a recibir al presidente Pérez a Maiquetía. Después de eso, probablemente una hora o a lo mejor hora y media después, la cena se terminó y nos fuimos todos. Yo salgo, vengo por la autopista del Este, paso por La Casona, no veo nada, llego a mi

---

71 Blanca Rodríguez de Pérez.

casa, converso con Silvia, mi mujer, y en el momento en que me estoy acostando a dormir me llama Reinaldo Figueredo Planchart, que había sido canciller de Pérez, que había sido secretario de la Presidencia de Pérez, y que lo acompañó durante la campaña como su secretario en la Torre Las Delicias, pero que ya no estaba en el gobierno, y me suelta:

—Están asaltando La Casona. Me llamó el general Heinz Azpúrua, el director de la Disip.

Yo abro la ventana de mi cuarto, que estaba cerrada por el aire acondicionado, y oigo el tiroteo.

—Yo me voy para tu casa, para ver qué podemos hacer —me dice Reinaldo.

Inmediatamente llamo a La Casona. Me atiende Carolina, la hija del Presidente, y me dice que sí, que es verdad y que su papá está en Miraflores. Por el teléfono oigo los plomos. Enseguida tranco, llamo a Miraflores:

—Presidente, es Carmelo, acabo de hablar con Carolina y me dijo que están asaltando La Casona...

—Bueno, y están asaltando el Palacio también.

—¿Voy para allá?

—No —contestó—, no tiene sentido. Más bien consígame qué televisora no está custodiada.

Llamo a Marcel Granier, y él me dice que en el canal dos hay tropas. Llamo a Ricardo Cisneros[72] —porque creo que Gustavo no estaba en el país— y él me asegura que en Venevisión no hay nadie. Llamo a Pérez, y le informo:

—El canal cuatro, Presidente, no está tomado.

Después de eso, bajo a mi estudio, y desde ahí me comunico con el ministro de la Defensa por el interministerial, pues aunque yo ya no era ministro, Pérez me había dejado el teléfono.

—Fernando, ¿qué está pasando? —le pregunto.

—El gobierno está caído —me contesta literalmente, y mi mujer, que estaba al lado mío es testigo—. Llámate a los organismos internacionales.

---

72 Ricardo Cisneros: empresario. Directivo del Grupo Cisneros. Hermano de Gustavo Cisneros.

Me pongo a llamar a Simón Alberto Consalvi, que era embajador en Washington, y a Diego Arria, el embajador en Naciones Unidas, que en ese momento estaba en Caracas. A todas estas, ya ha llegado a mi casa Reinaldo, con el comisario Rafael Rivas Vásquez, que había sido director de la Disip, y Luis Alberto Machado, que fue secretario de la Presidencia de Rafael Caldera, y ministro de la Inteligencia de Luis Herrera Campins. Figueredo hace contacto con la Disip, y se pone a verificar que no hubiesen tomado Venevisión y a buscar, con gente de la Policía Metropolitana, custodia para la televisora. Yo llamo al general Rangel, el comandante del Ejército.

–General, el ministro me dice que estamos caídos…

–Sí, evidentemente hay unos oficiales que tienen preso al Almirante Daniels –el inspector general– y al general Jiménez Sánchez –jefe del Estado Mayor Conjunto–, y está tomada la prevención de Fuerte Tiuna, pero no es que está tomado el fuerte.

Tranco el teléfono y se me ocurre llamar al general Freddy Maya Cardona, comandante de la Guardia Nacional, que, después me cuentan, fue quien el 3 de febrero en la noche, puso sobre aviso a Ochoa de la intentona, y por eso fue que a Ochoa se le ocurre esperar a Pérez en Maiquetía.

–¿Cómo está la Guardia? –le pregunto al general Maya Cardona–. ¿Cómo están los comandos regionales?

–La Guardia está leal –responde–. Los regionales están leales todos, todos… No hay nadie alzado de la Guardia Nacional.

Lo que me dice el comandante de la Guardia para mí es muy importante, porque yo, que conozco cómo funciona la Fuerza Armada Nacional, digo que la garantía de la estabilidad democrática, desde el punto de vista de acciones militares contra el Presidente, es la Guardia Nacional. Si la Guardia no se alza no es posible que triunfe ningún golpe de Estado. Por una razón muy sencilla: este es un país –por lo menos en la época de nosotros– en donde la estructura de la custodia militar de las instituciones democráticas está en la Guardia Nacional. La Guardia cuida la represa del Guri, cuida los pozos de petróleo, cuida el Congreso, cuida el Consejo Supremo Electoral, cuida el Cuartelito de Miraflores… Es la piedra angular. Entonces, con la Guardia Nacional completa a favor de la institucionalidad no puede haber un golpe que funcione. Viendo todo eso, yo llamo al general Leixa Madrid, comandante del Regional 5, y un oficial muy competente que yo conocía muy bien, y le pregunto cómo se encontraba su comando.

–En el 5 no hay ni un alfiler que se mueva en contra del gobierno.

–General, yo acabo del hablar con el comandante de la Guardia –le digo– así que no se mueva de ahí hasta tanto reciba órdenes directas del Presidente de la República.

Yo termino de hablar con él, y me voy a Venevisión junto con Luis Alberto Machado y Reinaldo Figueredo. Cuando llegamos, ya ha hablado Pérez por televisión, y creo que también había hablado Eduardo Fernández, secretario general de Copei, y ya había hablado o iba a hablar Humberto Celli, como presidente de AD. Al entrar, Pérez se encuentra reunido en la oficina del vicepresidente del canal con el contralmirante Carratú, el jefe de la Casa Militar.

–Llame al general Ochoa –oigo que ordena el Presidente– y dígale que mande de una vez por todas los tanques a Miraflores.

Yo espero que se aparte Carratú, y le comento a Pérez que es mucho más rápido rescatar el Palacio con la Guardia Nacional, con las tanquetas del regional que cuida Caracas, que es mucho más operativo. Porque movilizar elementos de tropa es una cosa logísticamente muy complicada; para hacerlo se tiene que movilizar también ingeniería militar, sanidad militar, abastecimiento militar…

En cambio, la Guardia Nacional se desplaza mucho más fácil. La Guardia, que es un componente de las Fuerzas Armadas pero con funciones de policía, es autosuficiente en la vida civil. Es decir: tú sacas diez guardias nacionales a la calle, y donde los pongas, ellos viven. No necesitas darles comida, no necesitas darles nada, ellos viven porque son autosuficientes. Por eso es mucho más fácil su desplazamiento. La Guardia Nacional es la única fuerza de tropas profesionales; su cuerpo está integrado por tropa que tiene instrucción, que no son reclutas.

Cuando yo le digo a Pérez que están listas cinco tanquetas antimotines del Regional 5 de la Guardia, enseguida él autoriza el movimiento. Y así es como se ordena que avancen sobre Miraflores y es cuando se produce poco después la llamada diciendo que el Palacio ya está tomado por las fuerzas leales. Fueron las tanquetas del 5 las que rescataron Miraflores. ¿Por qué? Porque los tanques mandados por el general Tagliaferro se quedaron parados en el camino. Se ha hablado mucho de la participación en el rescate del Batallón Bolívar, y de los tanques que no se habían alzado del Batallón Ayala, pues dígase lo que se diga, pero los tanques del Ayala, los tanques mandados por Tagliaferro no llegaban, y no llegaban... Salieron a las dos y pico de Fuerte Tiuna y no llegaban. No llegaban porque estaban parados en Los Caobos. Se habían quedado parados, y a última hora fue que arrancaron. ¿Por qué? Yo no sé por qué, en aquel zaperoco nadie preguntaba por qué[73].

A las cuatro de la mañana, Carlos Andrés Pérez regresa a Miraflores. Tres horas han transcurrido desde que salió picando cauchos y comiéndose la flecha por la puerta del lindero Este, en compañía del contralmirante Carratú, el ministro Ávila Vivas, el teniente coronel Gerardo Dudamel, el comisario Fernández, un sargento de la Guardia Nacional, que hizo las veces de chofer, y cinco funcionarios de la escolta civil que iban en el otro carro. Al momento del escape desconoce la envergadura de la rebelión, pero desde entonces y a lo largo de la madrugada ha ido armando un cuadro. Al cuadro le faltan piezas, detalles, pormenores; en verdad le faltan muchos, muchos pormenores, nombres y detalles, y pasarán días y a lo mejor meses para tenerlos, pero para el instante en que traspasa el vestíbulo encharcado de sangre que lo lleva a su despacho, tiene una panorámica del movimiento. Al menos se le han alzado diez batallones en cinco ciudades diferentes. Caracas, Maracaibo, Maracay, Valencia y San Juan de los Morros son los escenarios desde donde se han movido los golpistas. Todas las unidades insurrectas están comandadas por oficiales del Ejército, y es lógico que se incline a pensar que ningún otro componente de la Fuerza Armada distinto al Ejército se sumó a la rebelión. Sin embargo, eso es lo que él cree, lo que él desea, porque en verdad no está seguro de nada. Imposible estarlo. Es muy pronto para tener certezas, y ya no puede seguir haciéndose el loco con una rebelión que acabó de reventarle en la cara.

A las cuatro y media de la mañana del martes 4, no tiene clara la lealtad de nadie. Por eso, en cuanto se sienta en su escritorio ya está decidido que su seguridad personal quedará en manos de civiles. De lo que

73 Carmelo Lauría.

se llama la escolta civil y que no es otra cosa que la recién creada Dirección de Seguridad y Protección Presidencial, conformada por funcionarios de PTJ, Disip y Policía Metropolitana, al mando del disip Hernán Fernández. Casualmente, algo similar habían decidido, casi tres horas antes, Blanca y Carolina Pérez en La Casona. Esposa e hija del Presidente habían resuelto que todo lo que integraba el área familiar de la residencia fuera rodeada por custodios civiles, y a falta de ellos por personal de la cocina que gozaba de su entera confianza. Demasiados incidentes extraños habían pasado, demasiadas incongruencias y contradicciones de parte del teniente coronel encargado del Batallón de Custodia como para ponerse ciegamente en sus manos. Y es lo mismo que se había hecho en la casa de Cecilia Matos en El Marqués; allí, los comandos de la Disip, sin esperar órdenes superiores o ataque militar, dispusieron guarecer en los baños a todos las personas que se encontraban bajo ese techo. Pérez, tal vez por recomendación del comisario Fernández o por iniciativa propia, dispuso que sólo los funcionarios de la Dirección de Seguridad podían estar dentro de la oficina presidencial, y cualquier militar que quisiera entrar debía pedir autorización expresa.

En el retorno a Palacio se encuentra con los rostros exhaustos de tres de los diecinueve que se quedaron asumiendo la defensa: el teniente coronel Fuenmayor, el coronel Hung Díaz y Luis Alfaro Ucero, secretario general de AD, que si bien no formaba parte del comando de resistencia, había tenido que aguantarse como uno más en la trinchera porque no alcanzó a montarse en ninguno de los dos carros que a la una de la mañana salieron huyendo rumbo a Venevisión. También está, entre los que esperan, el general Ochoa, ministro de la Defensa, que acaba de hacer su entrada.

Con Ochoa acordó los pasos que de nueva cuenta debían seguirse para rendir a los sediciosos. A esa hora, nada más se ha doblegado a los alzados en la sede de gobierno, el Ministerio de la Defensa, la Comandancia de la Marina y el comando de la Disip; ya se sabe que una columna de tanques rebeldes sube por la autopista regional del centro hacia la capital, y que los combates persisten en otros puntos de la ciudad y del país. Después de decidir lo de su custodia personal, las primeras órdenes de Pérez son para recuperar, como sea, el cuartel de la Aviación en La Carlota –no más contemplaciones– y para disponer una transmisión de radio y televisión. La retoma de Miraflores era una conquista muy importante que debía darse a conocer de inmediato para seguir ganándoles terreno a los facciosos. La nueva alocución –la tercera de esa larga noche– se transmitiría desde la sede de gobierno y sería en cadena nacional. Para esta ocasión se ha rasurado –en realidad se había afeitado en Venevisión, antes de su segunda alocución–, se ha puesto ropa limpia, y luce más sereno y seguro cuando habla de la lealtad de las Fuerzas Armadas, y mucho más aplomado cuando dice que él ya está en Miraflores ejerciendo el poder.

Pero la confianza y la desenvoltura que lo envuelven son mera fachada, impostura para la audiencia. Pérez sigue ignorando muchas cuestiones de la asonada. Hasta entonces es poco lo que sabe de los líderes. Más es lo que debe sospechar o sobreentender. Algo habría logrado entresacar de las conversaciones telefónicas con Ochoa a lo largo de la madrugada –las varias, muchas, muchas veces que lo espoleó para que dejara de buscar arreglos y atacara a los rebeldes– y de lo que Carratú y Hernán Fernández habrían podido decirle en medio de aquella escaramuza. Pero todo era suposición. Datos que se sueltan mientras las balas se sienten alrededor o se rueda a más de cien kilómetros por hora por la Cota Mil. En medio de un combate no hay tiempo para análisis, todo es instinto. Por las informaciones que recibiría, los cabecillas serían los señalados en el informe que dos semanas antes había presentado el general Heinz en la reunión del alto mando, informe que por cierto él había desestimado creyendo que era un capítulo más de la sorda guerra entre generales. La conspiración venía rodando desde 1989, es lo que debe haber sabido minutos después de los primeros tiros, quizá por boca del comisario Fernández, como por boca de otro disip lo supo Reinaldo Figueredo. Se estaba fraguando desde hacía tiempo y los conspiradores –le habrán comentado– al parecer estarían ligados a los que, en 1988, sacaron veintiséis tanquetas a la calle sin motivo aparente. Eso es lo que le habrían dicho en esas horas de apuro y correteos. Cuando le mencionaron «La noche de los tanques», como terminó conociéndose aquel incidente ocurrido a finales del gobierno de Lusinchi, Pérez tendría que haberse recriminado por no haber investigado a fondo. Por aquellos lejanos días se manejó que la salida de los tanques pudo haber sido un «golpe de ensayo» que un grupo de oficiales había orquestado para medir fuerzas o mostrar músculo; pero, en honor a la verdad, esos hechos nunca se investigaron con seriedad, y fuera de remover a algunas piezas en el Ejército –por las preguntas sin respuesta– nadie se interesó en hurgar más y juntar pistas. Lusinchi andaba en los últimos días de su gobierno y él, él estaba en la recta final de su campaña. Luego, cuando ganó y asumió la

Presidencia, siguió sin prestar atención. Le cayó encima el 27 de febrero y terminó olvidándose de aquella movilización que ocurrió un día en que Lusinchi estaba en el exterior y Simón Alberto Consalvi era el encargado de la Presidencia.

La hipótesis que una vez le había oído al general Herminio Fuenmayor, que fue su primer designado en la DIM, era que «La noche de los tanques» había sido el fallido intento de unos oficiales para asegurarse ascensos por la vía rápida. Los complotados de entonces, según Fuenmayor, supuestamente habrían utilizado a un mayor del Ejército –el que movilizó las tanquetas– para luego, alegando violaciones a los protocolos de seguridad, jugar a la eliminación de dos promociones militares enteras. Buscaban provocar una destitución masiva como la que ocurrió en la Rusia soviética luego de que al joven Mattias Ruff se le ocurrió aterrizar su avioneta en la Plaza Roja de Moscú. Y así, al barrer con dos promociones de generales, los siguientes en la línea, los complotados, ocuparían los puestos de mando. Esa era la teoría del general Fuenmayor, pero, claro, él nunca pudo oírla sin dejar de pensar que en la historia se colaban las rencillas que Fuenmayor mantenía por su cuenta con otros generales.

No le compró la tesis a Fuenmayor pero tampoco se procuró otras. A lo mejor, si hubiera hurgado –si hubiera hecho su trabajo– habría encontrado la punta de un inmenso rollo de alambre de púas. Pero no lo hizo.

El problema no es que si era bueno, malo o si el tipo pasó el examen. El problema fue que al tipo lo rasparon en el curso de Estado Mayor porque les dio la gana. Ellos querían perjudicarlo porque y que estaba metido en una conspiración, y yo no me iba a prestar para eso. Yo consideraba que ésa no es la manera como tiene que actuar un oficial profesional, ética y moralmente. Las Fuerzas Armadas no pueden actuar de esta manera. Nosotros teníamos que dar el ejemplo. Si nosotros carecemos de principios éticos y morales, y nos vamos a valer de una vaina sucia como la de reprobar a alguien en un examen, me parece que no estamos contribuyendo con mucho[74].

---

74 Herminio Fuenmayor.

El ministro de la Defensa reveló la identidad del líder de la asonada, y las paredes del edificio presidencial, si es que acaso tenían oídos, no debieron extrañarse. Sabían de quién se trataba. En los últimos tres años, varias veces habían escuchado ese nombre. La más reciente con motivo de la última reunión del alto mando militar, y la más antigua en noviembre de 1989, en vísperas de las elecciones regionales cuando salió a relucir la componenda que estallaría el 3 de diciembre, aprovechando el despliegue militar por el día de los comicios. Fue por esas fechas cuando las paredes y el propio Presidente oyeron por primera vez los dos nombres y los dos apellidos —como acostumbran a llamarse los militares entre sí— del hombre que trabajaba en la acera de enfrente, en el Palacio Blanco, haciendo de ayudante personal del general Arnoldo Rodríguez Ochoa, el secretario del Consejo de Seguridad y Defensa. En la lista de los implicados en la conjura, todos amparados bajo seudónimos, el aludido aparecía como el jefe del movimiento, y por esos días lo detuvieron e interrogaron pero no pudieron comprobar su relación con el Zeus que firmaba la orden de operaciones que detallaba un motín. De todos modos, y por si acaso, fue separado de su puesto en Seconasede, pero se libró del consejo de investigación gracias a las mediaciones de Rodríguez Ochoa y, en especial, de Jesús Carmona, el ministro de la Secretaría de esa época, que fue quien abogó muy resuelto a favor del militar que una vez lo había auxiliado cuando se le accidentó el carro en una carretera de Apure. Carmona lo creía amigo y lo recomendó a Pérez como un tipo trabajador. Y el Presidente desautorizó la apertura del procedimiento.

El ministro Ochoa Antich pronunció el nombre del cabecilla, y Pérez lo repitió como quien repite una plana en voz alta. Lo volvió a mencionar cuando mandó a llamar a Rodríguez Ochoa: «Este hombre nos engañó, dicen que le dijo al general», y otra vez cuando, ahí mismito, habló con Carmona, que acababa de llegar a Miraflores; y cuando ordenó atacar La Planicie; y cuando repitió la orden y exigió un bombardeo; y otra más, cuando le comunicaron la rendición; y otra cuando prohibió expresamente que al golpista lo sacaran por televisión...

En ese momento aciago nadie le sugirió que no lo nombrara. Nadie le dijo que era suficiente con las veces que en el pasado en ese mismo espacio se había pronunciado ese nombre, y que en adelante sería preferible señalarlo de otra manera, buscarle un alias, un apodo, un calificativo que lo retratara: el golpista, el insurrecto, el rebelde, el delincuente, el traidor, el *pitcher* doble A, el aspirante a locutor de radio, el guachamarón. Nadie le dijo nada. Nadie le habló del mal agüero. Pérez no sabía que al oír ese nombre enseguida debía exclamar ¡guillo! y estirar con fuerza los dedos índice y meñique al tiempo que encogía los otros tres. ¡Guillo! para espantar la energía maluca que se esparcía en el ambiente al apenas mencionar esos dos nombres seguidos de esos dos apellidos, o ese nombre y ese apellido o ese apellido solito referido a esa persona en específico. ¡Guillo!, para trasmutar las malas pasiones. ¡Guillo!, para evitar lo que después terminó viviendo. Guillo y mil veces guillo para disipar la mala vibra, la energía maligna, la mala suerte, la pava: esa conjunción de mal gusto y mala suerte que emanan algunos entes (¿qué peor gusto que irradiar mala suerte?). Sí, ¡guillo! Porque nombrarlo era invocar resentimiento, venganza, tragedia, dolor. Años después podría comprobar –pero sería muy tarde entonces– que asociarse a ese nombre, o ese nombre dicho y repetido mil veces era capaz de desatar lluvias torrenciales, deslaves, enfrentamientos, rupturas familiares, divorcios, persecuciones, quiebra de empresas, cierre de radios y televisoras, pugnas secesionistas, enfermedades terminales a líderes otrora eternos, descrédito, quebranto y estampida de guerrillas y bandas antiquísimas que antes controlaban vastos territorios, trasiego de maletines que empantanarían gobiernos, desalojo de un Presidente en ropa de dormir, escasez, desabastecimiento, desempleo, atracos, robos, desmoronamiento de un país. Del país.

Guillo debió decir, una y mil veces, pero no lo dijo.

Carlos Andrés primero le dio la daga cuando se graduó como Subteniente y después lo ascendió a Teniente Coronel. ¿Cómo le parece?[75].

Envalentonado tras la última alocución presidencial, un grupo importante de personas comenzó a llegar a Miraflores. Si no fuera porque en libros y videos ha quedado registro de aquella congregación, sería difícil

---

75 Cecilia Matos.

aceptar que en medio de una insurrección militar tanta gente pudiera entrar tan facilmente a la casa de gobierno. Luce disparatado hasta figurarse la escena. Ministros, militares, políticos, periodistas, empresarios, amigos y conocidos del Presidente, con el mínimo estado de alerta o seguridad, cruzando la reja de prevención y circulando por pasillos y galerías a un lado de los estragos que ha dejado el combate y con disparos aislados todavía resonando a lo lejos.

Entre los políticos que se acercan, los adecos son los primeros en aparecer. Eludiendo los destrozos, conversan Luis Alfaro Ucero, Carmelo Lauría, Reinaldo Figueredo, Humberto Celli, Luis Piñerúa, David Morales Bello, César Gil, Henry Ramos Allup, Lewis Pérez. A ellos se les unen los copeyanos Eduardo Fernández, Gustavo Tarre y Luis Alberto Machado. Los de AD se ponen a redactar ahí mismo, en los pasillos, un manifiesto del partido condenando la asonada, y los socialcristianos, por su lado, se preparan para la reunión de Comité Nacional que ha sido convocada para primeras horas de la mañana. Todos van y vienen por los corredores, opinan, discuten, hacen proyecciones de lo sucedido. Los más afortunados están cerca de la antesala presidencial, el centro de los acontecimientos. El tema principal gira en torno a los focos todavía vivos de rebeldía, y por supuesto a la identificación recién descubierta del jefe del golpe que con doscientos cincuenta soldados espera –no se sabe qué– en el Museo Militar. Alguien preguntó –¿a Carmona?– que si ese hombre era el mismo que el año pasado o el antepasado había reprobado el examen final del Curso de Estado Mayor. Una periodista se adelanta a contestar que no podía ser, porque si del que hablaban era de quien estaba pensando, ese era un tipo que sin ser una lumbrera era bastante aplicado y tenía inquietudes de aprender. Ella misma lo había visto en el postgrado de la Simón Bolívar que daba Luis Raúl Matos Azócar. Dos reporteros más, al unísono, proponen llamar a Matos para confirmar, pero un adeco que busca acomodo en el borde de una jardinera dice que ni se preocupen, que no hay forma de contactarlo porque ya él lo ha intentado varias veces. Entonces corre el chisme de que, más temprano, el ya retirado general Rodríguez Ochoa llamó a La Planicie para pedirle al que había sido su ayudante que depusiera las armas, y un ministro de lengua ácida ironiza al preguntar que qué armas iba a deponer si por lo que se sabía no había levantado ninguna. Un empresario, amigo del Presidente, indaga si al fin se sabe algo del comandante de la Aviación, y un uniformado con tres barras al hombro que en ese instante se dirige al baño responde que sigue preso en La Carlota. Una vez que el militar se pierde de vista y cuidándose de que otros no anduvieran cerca, una voz femenina sondea sobre la lealtad de las distintas fuerzas, y no faltó quien opinara sobre el asunto: que la Guardia y la Armada se mantienen firmes, que nadie apuesta por la Aviación porque hay desconfianza en el reporte de la Base de Palo Negro, que el general Visconti, desde Maracay, no ha dado señales claras, que aún se ignora el bando para el cual tiran algunos en el Ejército, que la situación es delicada, que si se ponen a sacar cuentas el panorama es harto confuso, que es mucho lo que faltaba por desembuchar porque cómo es posible que se hayan levantando tantos comandos y ningún general se hubiera enterado. Tres o cuatro coinciden en asegurar que una de las primeras medidas del presidente Pérez iba a ser la destitución íntegra del alto mando militar. No le quedaba otra.

—Es que los golpes no se los dan a los jefes de Estado, los golpes se los dan a los altos mandos. En este caso muchísimo más. Y que no vengan con el cuento de que los generales se mantuvieron leales… Sí, serán leales, pero ¡coño!, no es que se alzaron dos *boy scouts*.

Se comienza a hablar de la suspensión de garantías, de la sesión del Congreso que en la tarde deberá refrendarla, y en eso, uno que se marcha hacia el corredor defiende con vehemencia el control férreo sobre los medios de comunicación, que andan desbocados. Los hechos lo justifican, sentenció recio mientras se perdía entre las plantas rumbo al patio central donde está la fuente, sin saber o sin importarle que a unos cuantos pasos se encontrara un ejecutivo de televisión. Entretanto, los ministros se preparan para una reunión de gabinete que no acaba de empezar. Los que están cerca del despacho ven cómo el ministro Ochoa entra a hablar con el Presidente. La tensión se siente.

Los alzados se mantienen más o menos firmes en Maracay, rodeando la base aérea; en Valencia, con participación de estudiantes supuestamente armados; en Maracaibo, donde está retenido el gobernador del estado. En Caracas persisten los focos de La Carlota y La Casona, además de la inquietud por la columna de tanques que avanza desde Valencia, y la interrogante sin despejar de La Planicie, en donde el cabecilla del motín sigue guardado. Se balbucea entre pasillos que el primer mandatario ordenó el ataque a las instalaciones del Museo Militar, y solamente esperan a que amanezca.

El ministro Ochoa sale del despacho, y en la oficina contigua toma el teléfono y habla no se sabe con quién. Por los trozos que se logran escuchar, se presume que dialoga con el vicealmirante Daniels, el inspector general de las Fuerzas Armadas que se encuentra en Fuerte Tiuna.

–El Presidente ordenó el bombardeo de La Planicie –musita Ochoa–, pero eso sería una barbaridad... ¿Cuál es la situación de la Base Francisco de Miranda?

–...

–¿Y la Base Libertador?

–...

–¿Qué ha pasado con la compañía de tanques? ¿Llegó a la Coche–Tejerías?

–...

–Moviliza la Infantería de la Marina hacia La Planicie... desplaza la Brigada de Infantería... de Barquisimeto...

El ministro de la Defensa cuelga el teléfono y afuera, en la sala del edecán, conversa con otro militar que también anda en traje de camuflaje. Es el general Ramón Santeliz, jefe de planificación del Ministerio de la Defensa y compadre del ministro, asegura un reportero. En eso un disip se acerca al ministro y se entiende que el Presidente lo manda a llamar. Ochoa retorna a la oficina presidencial y al cabo de varios minutos, sale, se dirige a Santeliz y los dos juntos regresan al despacho presidencial. Un edecán comenta que se está negociando la rendición del líder insurrecto y que para eso es que está el general Santeliz, porque él conoce muy bien al comandante del golpe.

–¡Uff!... eso no me gusta nada... –se sintió en un murmullo.

Las conversaciones que buscaban la capitulación habían empezado cerca de las cinco de la mañana. Al parecer hubo varias. Con el golpista hablaron el general Rodríguez Ochoa, el ministro Ochoa Antich, el general Iván Jiménez Sánchez –jefe del Estado Mayor Conjunto– y sobre todo, y muy especialmente, el general Santeliz.

Clareando el 4 de febrero, cerca de las seis de la mañana, el ministro de la Defensa realizó otra llamada telefónica desde la sala del edecán. Lo que habló –mas no lo que le respondieron– tuvo varios testigos.

Ochoa platica desde un escritorio. Un par de metros más allá, desde otra mesa y con un auxiliar pegado a la oreja, está Santeliz haciendo señas –asintiendo, negando o indicando con una mano que aguante o desestime lo que oye–.

–Mire –se escucha a Ochoa– yo quiero a sus soldaditos tanto como los quiere usted, así que vamos a evitar una masacre, porque aquí el control está tomado...

–...

–Está mal informado. El gobierno tiene control total, estoy hablando desde el Palacio de Miraflores. Está rodeado. Lo que le queda es rendirse.

–...

–No, es que a las ocho de la mañana no va a llegar, porque vamos a bombardear...

–...

–No, eso no es así, la Aviación ya tiene la orden de...

–...

–Vamos a hacer una cosa, vamos a salir de esta vaina de una buena vez: déme quince minutos, y dentro de quince minutos le pasará un F-16 rasante por encima, para que vea que la Fuerza Aérea está con nosotros... La segunda vez que lo pase, bombardeo...

Ochoa cuelga el teléfono y lo levanta casi enseguida. Lo que habla a continuación no se escucha. En parte porque los dos o tres mirones que quedan cerca se ponen a cuchichear entre sí. Cinco minutos después, el presidente Pérez instala el Consejo de Ministros e informa lo que ya todos sabían: dos aviones de combate sobrevolarían el cielo de Caracas. Y no hay de qué preocuparse, aclara, estamos seguros, esos aviones están con el gobierno. Pero en Miraflores nadie está seguro de nada. Se sentían en la cuerda floja. A los quince minutos todos aguardan el sonido del F-16, y se cruzan dedos por debajo de la mesa. Por el ruido –si se sentía más lejos o más cerca– pudiera ser que descifraran el objetivo. Aunque, la verdad, a la velocidad que se deslizan esos aparatos, imposible adivinar. Cuando se escucha el ruido por un lado ya el avión anda por otro, y total: con lo cerca que se encuentra el Palacio del Museo Militar, un avión podría volar por arriba de cualquier parte y se sentiría idéntico. Después del bombazo es que se saldría de dudas, así que en esos momentos cualquier elucubración resulta inútil.

Pero de todos modos, a los quince minutos todos estaban pendientes de si un F-16 pasaba rasante por encima de La Planicie o si rasaba ¡por encima de Miraflores!

Luego se supo que ese día la Aviación no estuvo con los insurrectos. La cuestión era que tampoco estaba con el gobierno. Nueve meses después lo demostraron.

A las cinco y media o seis de la mañana, por fin logran que se rinda el capitán que nos estaba atacando. Lo traen para La Casona, para la entrada en donde estaban las habitaciones de los edecanes. Lo meten en el cuarto, y yo entro a verlo. Tenía que verlo. Quería saber quién era, cómo era el tipo que durante toda la noche había dirigido el ataque contra nosotros. Me acuerdo muy bien que entré, y el capitán estaba sentado en una cama de los edecanes totalmente armado. Todavía tenía su FAL guindando, su granada, su pistola. Y me molesté mucho.

—¿Cómo le permiten entrar aquí armado? —le digo al mayor Rangel.

—Es que mi teniente Bacalao no quiere que…

Busqué a Bacalao, que era el comandante del Batallón de Custodia de La Casona. Yo estaba brava.

—Comandante: tiene que quitarle las armas a ese señor. ¿Cómo es posible que lo dejen entrar así, si ya se ha rendido? ¿Cómo es que usted lo deja pasar así?… ¿está loco?

—No… bueno… es que hay un respeto…

—No, no, no… no puede ser. Inmediatamente hay que desarmarlo.

Otro mayor cuyo nombre no recuerdo es quien lo desarma. Termina de hacerlo, y yo voy a salir del cuarto, pero en cuanto estoy dando la espalda, oigo que el capitán, al que acaban de desarmar, me llama:

—¡Señorita!

Yo me volteo, y él me ve y me dice:

—Por ahora, ganaron ustedes…

A mí me corrió un hilo frío desde la nuca hasta abajo, por toda la espalda[76].

El «por ahora» que un capitán restregara a la hija del Presidente en La Casona se anticipó trescientos minutos al «por ahora» que después pronunciaría el comandante general del golpe en Fuerte Tiuna. La arenga que ese capitán lanzó por un megáfono antes de rendirse fue un boceto, una sinopsis,

---

76 Carolina Pérez Rodríguez.

casi un libreto de lo que al final de la mañana se oiría en la voz del teniente coronel luego de capitular en La Planicie.

–Lamentablemente no logramos nuestros objetivos –predicó el capitán a su tropa desde el comando del batallón de custodia de la residencia presidencial–; estoy orgulloso de haberlos comandado en esta histórica operación, son ustedes los más valientes de los valientes. La muerte de nuestros compañeros no será en vano, ya que sólo ha comenzado la gran lucha contra tanto tirano ladrón; no se preocupen, los oficiales asumimos toda la responsabilidad[77].

Sólo que el teniente coronel que se rindió en La Planicie, a diferencia del capitán, contó con televisoras y radios nacionales como amplificadores de su discurso. Contó además con el país entero como auditorio, y con la torpeza y hasta la colaboración de un corro de militares con dos soles brillándoles en los galones.

Los golpistas llevaban mucho tiempo tramando el cuartelazo, y –sin contar los intentos abortados o develados– la fecha de ese alzamiento había sido pospuesta varias veces, tantas que a lo mejor ni ellos mismos se lo creían, por eso quizá lo del guión aprendido. El último intento fallido había sido en diciembre, y desde entonces al 4 de febrero unos cuantos aliados se quedaron en la vía. Habían arrugado. Por lo tanto –debían temer– el destino de la asonada era incierto. De ahí, lo del libreto preparado; no iban a rendirse con el rabo entre las piernas.

En realidad el levantamiento se venía maquinando desde principios de la década de los ochenta. En 1983, cuatro capitanes, dándose aires de personajes decimonónicos, se comprometieron ante el mítico Samán de Güere, el árbol donde Simón Bolívar alguna vez había echado una siesta. Los juramentados, en su fantasía, mezclaron la atávica vocación de poder de los militares venezolanos con el ideario radical que grupos de izquierda habían logrado gotear hasta los cuarteles en un enjundioso trabajo de penetración que llevaba años haciéndose. Y es que unos sobrevivientes de la guerrilla vencida en los años sesenta, incapaces de aceptar la derrota, no habían querido colgar sus hábitos y nunca renunciaron a la práctica de penetración de las Fuerzas Armadas. Siguieron insistiendo en el asalto, en la conspiración, y el empeño les generó sus réditos en una camada de jóvenes militares que lograron infiltrar con sus opiniones y creencias. De

---

77 Lo recuerdan testigos, y se lo confió el capitán insurgente a la docente universitaria Ángela Zago.

ahí surgió el cuarteto de mosqueteros de 1983. De ahí se nutre la logia militar que poco a poco va creciendo con cuadros de cadetes que a su vez han sido captados por los líderes fundadores en su paso por la Academia Militar. El objetivo de la logia es tomar el poder para realizar cambios profundos, y el plazo para alcanzarlo es 1992. El año tope para el alzamiento. Para esa fecha, los líderes del movimiento deberán haber ascendido en el escalafón hasta el grado de tenientes coroneles y tendrán a su cargo tropas que podrán movilizar para su causa. Para esa fecha también, el gobierno que estuviera despachando desde Miraflores –el que fuera, no importa: adeco o copeyano ¿quién podía adivinar con tanta antelación?– se encontraría en el penúltimo año de su período, y lo más probable, con bajos puntos de aceptación popular. Entonces, finalmente, las condiciones estarían dadas. La excusa para amotinarse podría ser cualquiera: pérdida de soberanía, pobreza, corrupción, crisis económica, endeudamiento externo, amantes presidenciales. Cualquier argumento vale.

El 4 de febrero de 1992 la logia del Samán de Güere da el golpe. En la nómina golpista figuran cinco tenientes coroneles, catorce mayores, cincuenta y nueve tenientes, sesenta y siete subtenientes, sesenta y cinco suboficiales, ciento un sargentos de tropa, dos mil cincuenta y seis soldados, y un número aún incierto de oficiales que a última hora no quisieron sumarse al movimiento pero que aplaudieron y apoyaron desde las gradas. Los motivos para insurreccionarse llenan una larga lista: represión del 27 de febrero, política económica neoliberal, deterioro socioeconómico, corrupción dentro de los cuarteles, entrega del golfo a Colombia, liderazgo político corrupto, falta de botas y bastimento para la tropa, empleo de militares en reparaciones de escuelas, reparto de becas, útiles escolares y vasos de leche. Las razones que alegan no traslucen la ideología que hay por detrás, y al presidente Carlos Andrés Pérez, ese día, ese preciso día, no le cabe pensar que los alzados padecieran de una enfermedad que él creía erradicada desde hacía mucho tiempo: era el izquierdismo extremo que había sabido sobrevivir hasta convertirse en crónico.

Nueve años después de la promesa hecha ante un árbol raquítico, de los cuatro hombres que juraron levantar su espada, uno había muerto (estaba entre los nueve mil efectivos que reprimieron el Caracazo y cayó en un barrio de El Valle), otro no quiso participar de frente en la asonada, el tercero fue quien comandó la insurrección en Maracay y el cuarto fue el único de los alzados que no combatió, pero fue el que soltó el «por ahora» en vivo y en directo, por televisión.

Estando en la Copre como ministro, yo mantuve mi relación con José Vicente Rangel. Todo el tiempo... Yo creo que él estaba informado del golpe, yo creo que él no estaba metido en el golpe. Incluso, fue quien me llamó –yo siendo ministro todavía– y me dijo:
–Mira, Carlos, no te equivoques; este no es ningún militar idealista... Este es un militante de la juventud comunista, él se metió en Barinas en la juventud comunista, y después se infiltró en las Fuerzas Armadas. No te equivoques con él[78].

Aún no había salido el sol del día 4 cuando la dirigencia adeca había recomendado a Pérez la remoción del alto mando militar, empezando por el ministro de la Defensa. Pérez mismo lo había pensado. Tuvo que haberlo pensado una vez que se rindió el golpista mayor y creyó superado el peligro, o incluso un par de horas antes cuando, al regresar a Palacio, subió a cambiarse a las habitaciones y contempló el desastre en que había quedado convertida la Suite japonesa, que no estaba protegida por vidrios de seguridad. Las paredes estaban perforadas de balas, y los ventanales rotos, astillados y regados por doquier. En esa recámara, en donde no había rastro de sangre, tuvo unos minutos a solas en los que debió reparar en los entretelones del ataque, la extensión de la asonada. ¿Cómo es posible que se alzaran cinco, seis, diez batallones y nadie se diera por enterado? ¿Cómo es posible que se movilizaran tanques y tropas de una manera tan olímpica? ¡¿Cómo es posible que aquello no lo supieran los altos mandos?!
Luis Alfaro Ucero y Carmelo Lauría eran los principales partidarios de descabezar la plana mayor de las Fuerzas Armadas, empezando por el ministro. Era lo lógico. Pero, si lo hacía, con quién se quedaba. Y si destituía al ministro de la Defensa, a quién ponía en su lugar. En medio del bochinche en que andaban los generales desde hacia más de tres años, ¿con quién, realmente, contaba? No, no debió parecerle oportuno desplazar al ministro. Además, él no podía creer que Fernando Ochoa Antich estuviera comprometido. No podía ser que estuviera confabulando. Eso era

---

78 Carlos Blanco: ministro de la Copre hasta marzo de 1992.

imposible. Por encima de la natural confianza que podía tenerle, pues lo había designado su ministro de Defensa, estaba la relación que mantenía con él. A Ochoa lo unía una amistad de muchos años, un vínculo casi familiar que se remontaba hasta su papá, el mayor Santiago Ochoa Briceño, una persona por quien sentía –y estaba seguro de que el sentimiento era mutuo– gran aprecio y respeto. Por eso no podía creer que el ministro Ochoa estuviera involucrado, no podía aceptar que el general fuese a tirar por la borda esa relación. Ni su papá se lo hubiera permitido, ni se lo hubiera perdonado. No, Carlos Andrés Pérez no creía que el ministro estuviera comprometido en el golpe.

–Los Ochoa podrán ser locos –se le oyó decir–, pero no traidores.

Siete meses atrás, la designación para el Ministerio de la Defensa había estado envuelta en una controversia mayor a la acostumbrada. Se tenían dos claros aspirantes para el cargo: el general Carlos Santiago Ramírez y el general Ochoa Antich; los dos, amigos desde el tiempo que estudiaban en la academia; los dos, compadres; los dos, con más o menos las mismas credenciales pero cada uno avalado y promocionado por un bando distinto, y desde entonces, enfrentados. A uno, supuestamente lo promovía el grupo cercano a Cecilia Matos y al otro, el de la primera dama o, como también lo llamaban, el grupo de La Casona. A finales del mes de julio de 1991, cuando todo el mundo daba por sentado que el ministerio sería para Santiago Ramírez (porque los periódicos lo encumbraron, porque decían que era mejor oficial, porque daban por descontada la preeminencia de Cecilia y porque la mayoría de las designaciones hechas en la cúpula en los días previos apuntaban a oficiales afines a él) se destapó el elegido: el general Ochoa Antich, allegado a la familia Pérez Rodríguez desde los años cuarenta, era el nuevo titular castrense. La decisión provocó escozor, Carlos Santiago Ramírez pidió la baja y vaya a saber quién más quedó resentido con el nombramiento. No se puede saber –el hubiera no existe– qué habría pasado de ser otro el designado en Defensa; lo que sí luce obvio es que el general Ochoa Antich no gozaba de ascendencia sobre una buena parte de sus subordinados inmediatos. Si no, no podría entenderse que al parecer fuese el último en enterarse de la insurrección.

A menos que, como le aseguraron algunos mal hablados a Pérez desde bien temprano el martes 4 –cuando aún no se había controlado a los insurrectos–, Ochoa Antich estuviera conspirando, porque ¿cuántas veces lo había desobedecido el general Ochoa en las últimas horas?

Ochoa dice que no sabía del golpe, pero hubo un grupo de colaboradores suyos en el ministerio que sí estaban muy vinculados. Como Ramón Santeliz Ruiz, que es compadre de Ochoa y es el que fue a negociar la rendición; él sí estaba en la conspiración. Y Fernán Altuve, un civil asesor de armamento en el ministerio que acompañó a Santeliz ese día, y hoy opera como asesor de este gobierno. Y el que actualmente es embajador de Venezuela en los Estados Unidos, un hombre vinculado al partido PPT y a la cosa militar, que trabajó conmigo en la comisión de Defensa del Congreso. Él era también asesor de Ochoa. Toda esa gente tenía vínculos con el golpe… Ahora, a lo mejor, en verdad Ochoa no sabía y usaron esa amistad[79].

El germen del militarismo siempre había estado rondando en las Fuerzas Armadas. Sin necesidad de irse muy lejos en la historia, entre los años setenta y ochenta se habían detectado movimientos de oficiales con vocación política. Algunos eran grupos más o menos identificados que actuaban en conciliábulos sin lograr ocultar sus ganas de traspasar los muros de los cuarteles, como fue la agrupación formada a la vera del general José Antonio Olavarría en el Instituto de Altos Estudios de la Defensa Nacional, integrada por un número bien pequeño de oficiales de altísima calificación que comenzaron a ser llamados –o ellos mismos se llamaban entre sí– Los notables. Eran los más sobresalientes, los más distinguidos, los más intelectuales, y conformaron, a los ojos de terceros, una suerte de aristocracia militar. De patriciado.

En Venezuela, a diferencia de otros países, es muy raro encontrar jóvenes de clase alta en las escuelas de formación de oficiales; al contrario, cualquier bachiller de clase popular que se gradúa en un liceo público y vive en un barrio, si se aplica, puede llegar a ser oficial de carrera. Era –y es– un método seguro y confiable de ascenso. Por eso es que hay tanto pueblo llano en los cuarteles y tanta gente común y

---

79 Luis Manuel Esculpi: dirigente del MAS. Era diputado e integrante de la comisión de Defensa del Congreso.

corriente aprovechando las ofertas de zapatos, ropa y harina de maíz de los almacenes militares. Pero si bien los uniformados venezolanos no provienen de la aristocracia, sí aspiran a serlo. Sí querrían pertenecer a una casta superior, a una estirpe distinguida, y a falta de una, se inventaron la de Los notables del general Olavarría. De ese grupito distinguido salieron Ochoa Antich y Santiago Ramírez, y también Carlos Julio Peñaloza, Juan Torres Serrano, José Albornoz Tineo, Ramón Santeliz Ruiz y Germán Rodríguez Citraro. Todos ellos estudiando, organizándose, preparándose y con aspiraciones para dirigir algo más que batallones y compañías. Lo que sucedió después con ellos fue que en su camino llegaron al generalato, y con los galones en los hombros a algunos se les quitaron las ganas de dar el salto. A algunos.

Antes de ellos, existieron otros que, sin esa connotación elitista, también se organizaron con la idea clara –aunque más subterránea– de tomar el poder por la vía violenta. Ese fue el caso de la alianza que con influencia cubana había fundado un mayor de la aviación a principios del gobierno del copeyano Luis Herrera Campins, y que entre sus miembros o allegados contó con Francisco Visconti, en los tiempos en que era teniente coronel de la aviación, y con Santeliz Ruiz, aparentemente antes de pertenecer a Los notables o quizá al mismo tiempo. Esa alianza se esfumó a mediados de los ochenta cuando el oficial que la había fundado dejó las Fuerzas Armadas, al darse cuenta de que debido a su prontuario –constantemente lo sometían a investigación– sería muy difícil ascender a coronel. Esta agrupación, después se sabría, supuestamente habría tenido algún contacto con la logia del Samán de Güere.

Después del 4 de febrero yo le dije:
–Carlos Andrés, tú tienes que sacarlos a todos, a todos los que son el alto mando militar. Bótalos a todos.
Porque él ha debido descabezar a toda las Fuerzas Armadas, pues todos estaban metidos en el golpe. ¡Todos! Carlos Andrés me contestó:
–¿Quién es usted para darme instrucciones? Yo soy el Presidente de Venezuela[80].

---

80 Cecilia Matos.

En febrero de 1992, la vocación de poder de los militares venezolanos estaba más viva que nunca, colocando a Pérez contra la pared. Si él destituía a la cúpula militar, quién le garantizaba que los que vinieran detrás no tendrían su propio proyecto en puertas. Si, como estaba visto –y esto era difícil que él mismo lo aceptara–, a juzgar por el número de oficiales que no se dio cuenta o prefirió no darse cuenta del movimiento de tropas, él estaba perdiendo o había perdido la ascendencia natural como comandante en jefe de las Fuerzas Armadas, quién aseguraba que los siguientes generales o almirantes que nombrase le serían fieles y acatarían su autoridad. Si como parecía ser, los alzados esa madrugada eran todos oficiales medios, quién podía jurarle que ninguno de los cuadros altos estaba jugando a que estallara el motín para luego capitalizarlo a su favor.

En la selección de Fernando Ochoa Antich para ministro de la Defensa que se hizo a mitad de junio de 1991, debió privar la variable lealtad por encima de otros atributos. Aun cuando Carlos Andrés Pérez nunca creyese los reportes de Inteligencia que le avisaban de una conspiración, la guerra a cuchillo que hasta ese momento mantenían los generales entre sí, al punto de querer enredarlo a él, debió llevarlo a tomar previsiones: bajo su mando querría a alguien que le fuera leal. Ante dos candidatos con aparente igualdad de méritos, escogió al que le había demostrado fidelidad a través de los años. Eligió al que conocía, al que había tratado, al que era como de su casa, con quien alternaba como si fuera un pariente.

Es muy difícil que se traicione a la familia, reza una máxima antigua que los viejos comunistas invocaban al momento de reclutar jóvenes para deslizarlos en las Fuerzas Armadas, o cuando buscaban dentro de las propias filas militares a los candidatos sensibles a su causa. Si el prospecto tenía parientes con visión de izquierda –decían– entonces llenaba el perfil requerido porque, de acuerdo con la fórmula, es muy raro desertar o darle la espalda a la parentela. Pues bien, la máxima que tan buen resultado le dio a los comunistas venezolanos para infiltrarse en los cuarteles, podría haber sido la misma que en junio de 1991 se manejó en Miraflores al momento de decidir al titular del Ministerio de la Defensa.

En momentos en que no creía en la insubordinación castrense, Carlos Andrés Pérez se decidió por el hombre que –estaba seguro– le era leal. Cuando el escenario cambió y estalló la insurrección, tenía que seguir anteponiendo al hombre –tal vez el único hombre– que creía le iba a seguir siendo leal.

–Yo, de verdad, le doy las gracias a Dios que mi papá le hizo caso a mucha gente, entre otra a mi mamá, y nombró a Ochoa Antich ministro. De verdad. Porque mi papá, mi mamá y todos nosotros defendemos a capa y espada al general. Le tenemos tanta confianza porque es una cuestión de familia. Así será el grado de confianza que si él nos dice esa noche: a La Casona va a entrar un pequeño comando para protegerlas, nosotras lo dejamos entrar, sin pensarlo dos veces. Lo dejamos entrar, y ahí nos toman. Así es. Y él lo sabía. Él sabe del cariño que mi papá y mi mamá le tienen a él.

–Él respetaba y quería mucho a Carlos Andrés porque el papá de Carlos Andrés y el papá de Ochoa eran amiguísimos. Y él fue siempre muy leal. De verdad, él es amigo de nosotros, de mucha confianza.

–Además de que hay una deuda que le tiene Ochoa Antich a mi papá, a la familia de mi papá, y es que en 1945 cuando cae el gobierno de Isaías Medina Angarita y meten preso al mayor Ochoa, es con una carta de mi papá que lo sueltan. Hay una cantidad de vínculos que los unen, aparte de la amistad entre las dos familias.

–Si Ochoa hubiera querido, pudo haber tomado el poder. Porque hay un vacío entre las doce y media de la noche y las dos de la mañana… ¿Por qué Ochoa Antich no tomó el poder aprovechándose de ese vacío?… Él, tranquilamente, pudo haberse quedado con el gobierno, en compañía del grupo de derecha que existía. Y no lo hizo.

–Él lo tenía todo en sus manos para hacerlo.

–Yo, en serio, repito: doy las gracias a Dios que mi papá le hizo caso entre otros a mi mamá, y nombró a Ochoa Antich. Si mi papá nombra a Santiago Ramírez, creo que no la estaría contando…

–Porque Santiago era golpista. Él estaba complicado en todo.

–¿Que cómo era posible si Santiago era del grupo de Cecilia Matos? Esa es la cuestión: él era un infiltrado. Y ahora uno entiende por qué se sabían tantas cosas de la vida privada de Carlos Andrés Pérez con Cecilia Matos. Ahora uno entiende esa columna que tenía el diario El Nacional, que era terrible, en donde todos los días sacaban cosas de Pérez: qué comía, dónde estuvo, con quién… Mucha gente dice que Santiago se le volteó a mi papá y conspiró porque no lo nombraron ministro de la Defensa. No… Desde antes él ya estaba conspirando[81].

---

81 Carolina Pérez Rodríguez, Blanca Rodríguez de Pérez y Marta Pérez Rodríguez.

Una cosa es que no cambiara al alto mando militar, y otra hacerse el desentendido con la actuación que había tenido gran parte del generalato. De ministro para abajo. Si en las primeras horas después del golpe no pudo detenerse a pensar y atar cabos, a medida que pasaban los días, y se conocían detalles y destapaban historias, una inquietud tuvo que envolverlo. Le habría sido difícil pasar por alto la pasividad, casi abulia, con que la mayoría de los generales encaró la asonada. Y si no se detuvo o no quiso pensar en todo eso, no debió faltarle quien se lo dijera en su cara o se lo susurrara al oído: nada más con lo sucedido el día del golpe había argumentos para llenar un *block* en contra de los oficiales. Y si se iba más atrás, además del desgano, hallaría negligencia o incompetencia. Porque si él había fallado –y varias veces– en no hacer caso al mar de fondo que había tras los muchos, muchos indicios que hablaban de complots; si había errado al no saber leer entre líneas y haber desestimado –por terquedad y arrogancia– los innumerables alertas, las autoridades militares por su lado habían pifiado, y bastante. Descuidaron su labor de análisis y seguimiento al extremo de que después de años de informes y supuestos seguimientos a los conspiradores fueron incapaces de probar la conspiración; dieron por descontada la invulnerabilidad de los servicios de Inteligencia y no detectaron la infiltración de la que era objeto –lo que a la postre terminó demostrándose–; se atuvieron a la opinión del Presidente –que no creía en complots– y abordaron con alegría e indolencia el significado de una insurrección. A pesar de las alarmas, los generales estaban tan ocupados en meterse la zancadilla unos a otros que bajaron la guardia, y la insurrección, a ellos también, los encontró durmiendo.

Tal vez tenían razón los que afirmaban que los militares venezolanos que se acercaban al siglo veintiuno no comprendían lo que era un peligro real, desestimaban lo que había sido la lucha armada o desconocían lo que era defender a la democracia de los embates de ideas trasnochadas, tanto de derecha como de izquierda. Y por más teatros de operaciones o intercambio en la Escuela de las Américas, ignoraban lo que era la subversión y no sabían cómo enfrentarla. ¿Estaban acomodados? ¿Apoltronados? ¿O estuvieron en el golpe?

Después de que los golpistas se rindieron, y los días pasaron y las aguas aparentaron calmarse, muchas preguntas debieron hacerle al Presidente, muchas dudas debieron plantearle y sembrarle. Muchas debió hacerse él mismo.

Por ejemplo, ¿por qué si el comandante general del Ejército se enteró del alzamiento doce horas antes de que ocurriera –porque se lo reportó el director de la Academia Militar– no informó a su superior inmediato, el ministro de la Defensa? ¿Es verdad que tampoco alertó al inspector general de las Fuerzas Armadas? ¿Ni a los comandantes de las otras fuerzas? Si se enteró del complot entre las once y doce del día lunes, ¿por qué esperó hasta las tres de la tarde para ordenar el acuartelamiento en Fuerte Tiuna y alertar a las unidades de Caracas? ¿Por qué sólo puso en guardia a la guarnición de la capital? ¿Por qué no a las guarniciones del resto del país, como supuestamente le había sugerido el director de Inteligencia del Ejército? Sabiendo el tiempo que tarda un batallón en estar listo para un combate, ¿por qué no fue sino hasta pasadas las once de la noche –con el golpe en marcha– que se ordena el alerta para las unidades de combate? ¿Por qué el comandante del Ejército no le atendió el teléfono al ministro de la Defensa en toda esa noche? ¿O fue que el ministro nunca lo llamó?

¿Y cómo fue que el almirante Carratú entró a Miraflores, si llegó después de que el Palacio estaba rodeado? ¿Y qué fue lo que pasó de verdad en el regimiento de la guardia de honor? Si a primera hora de la tarde a su comandante le habían avisado de la sedición, ¿por qué no reforzó la seguridad en el Palacio? ¿Por qué fue el último en aparecer? ¿Y por qué el contralor de las Fuerzas Armadas, cuando se enteró al mediodía de un perentorio pronunciamiento –por dos antiguos subalternos de la DIM– no insistió en hablar con el ministro o con los comandantes de fuerza? ¿Y por qué después, a las tres de la tarde, al saber que habían girado una orden de acuartelamiento, se marchó a su casa a esperar que le llegara la comunicación oficial? ¿Cómo se justifica que la base aérea de La Carlota cayera tan fácil? ¿Acaso el comandante general de la Aviación no fue notificado por su colega del Ejército? Y si lo hizo, ¿qué pasó con la seguridad? ¿Cómo es posible que a la medianoche tres autobuses alquilados en una terminal de pasajeros pudieran entrar a ese comando? ¿Y qué eran esas marcas blancas que llevaban los tanques que participaron en el alzamiento? ¿Eran alguna señal para unos aviones? ¿Y por qué los aviones en vez de atacar lo que hicieron fue dar y dar vueltas? ¿Fue culpa de Ochoa, que no les dio la orden o era que en la Aviación estaban en la conjura?; ¿Y si estaban, ¿por qué no se alzaron? Y en La Casona, ¿por qué le habían dado vacaciones a la mitad del batallón de custodia? ¿Por qué las tanquetas que había en la residencia no tenían baterías? ¿Por qué no se consiguieron las

llaves del cuartelito en donde estaban las armas ni al personal que debía
tenerlas? ¿Es verdad que a las nueve y media de la noche ya había soldados
con boinas rojas en la clínica frente a la residencia presidencial?

Y si el general Ochoa, en una época tan temprana como 1982
–cuando estuvo asignado a la Academia Militar–, tuvo conocimiento
de que a un grupo de instructores los habían denunciado por adoc-
trinamiento ideológico y actitudes conspirativas, y después supo que
ese mismo grupo era el que en 1989 estuvo involucrado en la llamada
«Noche de los mayores», ¿cómo es posible que, más tarde, desestimara
los rumores que los señalaban de confabular contra el gobierno? ¿Cómo
se entiende que no hiciera un seguimiento estricto cuando fue inspector
del Ejército? ¿Cómo es posible que conociendo esos antecedentes, cuando asumió el Ministerio de Defensa recomendara revertir una decisión
que prohibía darles comandos de tropa a esos oficiales sospechosos? ¿Por
qué autorizó que les dieran batallones a oficiales que tantas veces habían
sido cuestionados? ¿Por qué permitió o promovió colocar a conspiradores
en plazas como las de Maracay, en donde hay tanto poder de fuego? ¿Es
que quiso desempeñar el rol del general bueno y comprensivo, que gustaba de codearse con subalternos y contra el cual esos subalternos no iban
a levantarse? ¿Confiaba en que una actitud paternalista lo salvaguardaba
de una insurrección? ¿Creyó que los revoltosos lo iban a perdonar? ¿O es
que aceptó darles batallones para llevarles la contraria a los comandantes
en el Ejercito, al anterior y al que tenía bajo su mando? ¿Para demostrar
quién era el que mandaba? ¿O tendrán razón los que aseguran que había
un golpe paralelo y que el ministro se estaba preparando para tomar el
poder cuando los oficiales medios hicieran el trabajo sucio? Y viendo con
detenimiento lo sucedido el día del golpe, si el ministro Ochoa había
estado desde la mañana del lunes 3 en el Zulia, ¿cómo es posible que no
percibiera una movilización extraña si, como se asegura, el operativo de la
insurrección en ese estado había comenzado a las nueve de la mañana? Y
aun suponiendo que no se dio cuenta de alguna anormalidad en Maracaibo ¿cómo se puede entender que ya en la noche, enterado de los rumores
de alzamiento, e independientemente de lo que el Presidente opinara, en
vez de dirigirse a su despacho para investigar más a fondo, se fuera a su
casa a dormir? ¿Es que tampoco le dio importancia al rumor? ¿O lo dejó
correr? ¿Y por qué, horas después, llevó al general Santeliz a mediar con
el jefe del golpe, sabiendo, como sabía, que diez años antes Santeliz había

conspirado? ¿Por qué dispuso que fuera precisamente Santeliz –sin más custodia que un civil que trabajaba para el ministerio– quien llevara al golpista hasta el Fuerte Tiuna? ¿Y por qué demoraron tanto los tanques del Batallón Ayala en llegar a rescatar a Miraflores? ¿Y por qué desobedeció las órdenes de atacar las instalaciones de La Planicie? ¿Por qué, contradiciendo otra orden, permitió que el líder del alzamiento hablara y dijera lo que quisiera por televisión?

Tanto que Pérez había corrido para adelantárseles a los golpistas y ganarles la batalla de los medios, para que, a última hora y después de treinta y siete muertos todavía sin recoger en las calles, el ministro de la Defensa y cuatro o cinco generales más, saltándose a la torera disposiciones expresas, fueran a ofrecer la pantalla de televisión para que el cabecilla del motín –tiesito, recién bañado y con el uniforme salido de la tintorería– escupiera en la cara de todos su «por ahora».

Y cuando el Presidente, todavía con las orejas rojas al saberse otra vez desobedecido, creía que las implicaciones de ese *speech* televisivo serían lo más delicado que le tocaría lidiar en lo inmediato, llegó la intervención de Rafael Caldera en el Congreso. También –¿por desidia?– transmitida en cadena nacional de radio y televisión.

No es la repetición de los mismos discursos que hace treinta años se pronunciaban cada vez que ocurría algún levantamiento lo que responde a la preocupación popular… Es difícil pedirle al pueblo que se inmole por la libertad y la democracia cuando piensa que la libertad y la democracia no son capaces de darle de comer… cuando no [se] ha sido capaz de poner un coto definitivo al morbo terrible de la corrupción…

Esta situación no se puede ocultar. El golpe militar es censurable y condenable en toda forma, pero sería ingenuo pensar que se trata solamente de una aventura de unos cuantos ambiciosos que por su cuenta se lanzaron precipitadamente y sin darse cuenta de aquello en que se estaban metiendo. Hay un entorno… hay una situación grave en el país…

Quiero decir que esto que estamos enfrentando responde a una grave situación que está atravesando Venezuela. Yo quisiera que los señores jefes de Estado de los países ricos que llamaron al presidente Carlos Andrés Pérez para expresarle su solidaridad en defensa de la democracia entendieran que la democracia no puede existir si los pueblos no comen...

No podemos afirmar en conciencia que la corrupción se ha detenido... vemos con alarma que el costo de la vida se hace cada vez más difícil de satisfacer para grandes sectores de nuestra población, que los servicios públicos no funcionan y que se busca como una solución el de privatizarlos entregándolos sobre todo a manos extranjeras, porque nos consideramos incapaces de atenderlos. Que el orden público y la seguridad personal tampoco encuentran un remedio efectivo.

Esto lo está viviendo el país. Y no es que yo diga que los militares que se alzaron hoy o que intentaron la sublevación, ya felizmente aplastada (por lo menos en sus aspectos fundamentales) se hayan levantado por eso, pero eso les ha servido de base, de motivo, de fundamento, o por lo menos de pretexto.

(Rafael Caldera. Discurso ante el Congreso con motivo del decreto de la suspensión de garantías. 4 de febrero de 1992).

Sin el discurso de Caldera del 4 de febrero, la historia hubiera sido distinta. Caldera fue el que cambió la historia, no porque después indultó a los golpistas. No. Eso es secundario. Es por su discurso de ese día. Ese fue un discurso que cambió la historia del país. Para mí, fue la piedra de toque[82].

---

82 Paulina Gamus.

CAPÍTULO 17

COMEDIA DE EQUIVOCACIONES

–Yo soy un gran admirador de la Constitución venezolana de 1961, pero esa Constitución tenía una gran equivocación que era la reelección presidencial... La reelección fue una institución muy negativa para el país. Traté de convencer a todos los venezolanos de que no reeligieran a Carlos Andrés Pérez, comenzando por el propio Pérez. Los cambios que había que hacer en Venezuela en 1989 reclamaban un nuevo liderazgo, una nueva generación, y 1989 era un año crucial, un año de cambios. Carlos Andrés Pérez logró ser reelecto. Personalmente, y con todo respeto, creo que fue un error. Ahora, una vez electo Pérez por la mayoría popular, me pareció un error, más grave todavía, cómo se le sacó. La primera fórmula que se buscó para sacarlo fue un acto salvaje, bárbaro y primitivo. Fue un hecho bochornoso, que además de haberle costado la vida a un número significativo de venezolanos inocentes, representaba el propósito de quebrantar el Estado de Derecho. El atentado del 4 de febrero de 1992 representaba un retroceso al siglo XIX. Por eso, junto con otros muy distinguidos venezolanos, yo me opuse radicalmente a aquello, y a pesar de que había sido el adversario político más significado de Carlos Andrés Pérez, no vacilé en jugarme la vida yendo a la televisión a decir: esto no es la solución a los problemas que tiene el país. Desgraciadamente, el país, o buena parte de la opinión pública, aplaudió ese acto tan salvaje, y la Presidencia de Carlos Andrés Pérez se debilitó.

–¿Fue «todo el país» o parte importante o...?

–Un porcentaje importante de la opinión pública manifestó un descontento muy grande, y yo entiendo el porqué de tanto descontento. Yo tengo la teoría de los cinco déficits. Había un déficit político democrático: el sistema partidista había ido concentrando el poder en cúpulas y apenas en el año 1989 se tomaron medidas que debieron tomarse mucho antes, como la elección de los gobernadores, la creación de la figura de los alcaldes; entonces, había una especie de democracia secuestrada. Había un déficit económico: desde mucho antes de la elección de 1988, disminuían progresivamente las inversiones en Venezuela; teníamos una economía con una bonanza muy ficticia, que fluctuaba junto con los precios del petróleo, pero en la economía real no había inversiones. Eso había provocado un empobrecimiento del país y al empobrecerse el país, la gente se empieza a sentir mal; por ejemplo, el tema de la corrupción: durante el segundo gobierno de Carlos Andrés Pérez hubo tanta o menos corrupción que en el primer gobierno, pero en el primer gobierno la gente toleraba más la corrupción porque había una sobreabundancia de recursos económicos fiscales, y en cambio en el segundo período había estrechez económica, e indignaban más las noticias, reales o supuestas, de la corrupción. Había asimismo un déficit social: el 27 de febrero de 1989 a Pérez le estalla en las manos una crisis acumulada; no fue que esos acontecimientos los provocó el paquete de Miguel Rodríguez; el paquete pudo haber sido el detonante, y algunos errores que se cometieron, pero el 27 de febrero es producto de una indignación que había frente a un escándalo real y objetivo: la pobreza; un país que había administrado tantísimo dinero y que más de la mitad estuviera viviendo en situación de pobreza, pues la gente tenía todo el derecho de estar brava. Había además, un déficit cultural: este país ha crecido en la cultura del populismo, en la cultura del estatismo; se piensa que somos ciudadanos de un país rico y por tanto con esa riqueza, que me arreglen todos mis problemas, que el Estado se ocupe de mí, en lugar de estimular una cultura de la producción, de la competencia, del ahorro, de la disciplina. El último déficit, es un déficit ético: el tema de la corrupción, que no era un problema que afectaba solamente al alto gobierno, sino que afectaba a los medios de comunicación social, al sector empresarial, al sector sindical; el país entero estaba viviendo en un problema de déficit ético muy importante, y todo este conjunto de factores debilitaron las bases de sustentación de la democracia en general, y particularmente de quien le tocó estar al frente del gobierno en ese momento, que era Carlos Andrés Pérez. Es decir, que había un complejo de factores que estallaron: el 27 de febrero, el 4 de febrero del 92 y muchas facturas políticas pendientes. Por ejemplo, uno de los más eminentes intelectuales venezolanos, el doctor Arturo Uslar, sin duda alguna tenía una factura pendiente con los adecos desde el 18 de octubre del 45; el golpe del 18 de octubre impidió, entre otras cosas, que Arturo Uslar fuera Presidente de la República. O por lo menos, eso pensaba él.

—*Y fue perseguido en el trienio.*

—Y fue perseguido, y muy injusta e inicuamente perseguido porque le quitaron su casa y sus propiedades. Después, el propio Rómulo Betancourt se encargó de reivindicar la figura de Uslar, y terminó siendo incluso hasta embajador de Carlos Andrés Pérez en la UNESCO. Pero allí estaba esa factura pendiente. Y Uslar liderizó a un grupo llamado Los Notables, dentro del cual había mucha gente con ganas de provocar un cambio político sin reparar mucho en los medios ni en las consecuencias. Otro ejemplo: el doctor Ramón Escovar Salom, también un distinguidísimo servidor público, fue objeto de una humillación muy grande en el primer gobierno de Carlos Andrés Pérez, cuando lo removieron del cargo de ministro de Relaciones Exteriores. No sé por qué razón Pérez lo hizo como lo hizo, pero lo cierto es que ahí había una cuenta pendiente. A esto había que agregarle el afán del presidente Caldera de volver la Presidencia, que fue también un factor que influyó en todo este proceso y que se agravó con un hecho que, todavía, no logro explicarme: ¿por qué Pérez convino en que se modificara la integración de la Corte Suprema de Justicia? Esa modificación iba a conducir inexorablemente a la salida de Pérez del poder...

—*A menos que pensara que podía manejar ese cambio.*

—Pérez tenía un problema: tenía una sobrevaluación de sí mismo y pensaba que podía manejar la crisis, y de repente llegó el momento en que la crisis se lo llevó por delante. Cuando empezó a aplicarse el paquete, había muchas medidas que se parecían a las que yo había propuesto como candidato presidencial, sólo que había que llevarlas con un esquema un poco más gradual. Yo le advertí al presidente Pérez, y él me contestó, con una frase que no se me olvida: «Fernández, estas medidas no las pueden aplicar en América Latina sino dos gobernantes, el general Pinochet por la fuerza de sus bayonetas, y yo, por mi liderazgo personal». Él consideraba que su liderazgo era tan grande que el país le iba a comprar su paquete sin discusión. Y después, cuando la crisis militar, consideraba que él manejaba a esos muchachos. De la misma manera, pensó que podía modificar la Corte Suprema de Justicia y prevalecer por encima de cualquier operación que se hiciera para sacarlo del poder. Pero llegó el momento en que la muñeca no le dio para manejar la crisis, y salió del poder. Y yo creo que fue un error elegirlo, y creo que fue un error sacarlo.

—*Al margen de toda esta serie de errores en la conducción del país, paralelamente había un plan deliberado que venía de mucho tiempo atrás, un grupo militar que pensaba insurgir.*

—También es verdad. Esta conspiración había empezado en tiempos del presidente Herrera. Evidentemente que había planes para, lamentablemente, regresar a lo que siempre fuimos. Nosotros tuvimos una ilusión de democracia desde 1958 hasta 1998, pero en el fondo, la tradición histórica venezolana ha sido militarista, caudillista, mesiánica. Eso es lo que tenemos ahora. En el fondo lo que hemos hecho es regresar, como cuando un río se sale de madre y al cabo de un tiempo vuelve otra vez a su cauce. Lamentablemente, regresamos a eso.

—*Pero si es lo que siempre hemos sido, ¿eso ha podido modificarse, revertirse?*

—Hemos debido haberlo modificado a lo largo de cuarenta años de democracia, haciendo cambios generacionales que permitieran el refrescamiento, la renovación del liderazgo político en el país.

—*Afirma que los cambios había que hacerlos y que usted los hubiera hecho de otra manera, pero tomando en cuenta lo del plan deliberado de la logia militar, ¿si usted hubiese estado en el poder hubiera podido llevarlos a cabo, teniendo encima, además, el factor Rafael Caldera en contra suya?*

—A la edad que tenía en ese momento, que eran cuarenta y seis o cuarenta y siete años, yo sentía que me podía comer el mundo, que hubiese podido hacer los cambios. Creo, sí, que hubiese sido un poco más prudente y mucho más concentrado en mi trabajo nacional, porque Pérez se dedicó a cultivar su liderazgo mundial; en cambio, yo me hubiera concentrado enormemente en hacerlo bien dentro del país. No tenía inquietudes de liderazgo tercermundista ni de liderazgo mundial, y precisamente por el temor que me daba mi inexperiencia me hubiera ocupado de estar muy atento al tema de la Fuerza Armada. Claro, todas estas son cosas hipotéticas, pero creo que se hubiera refrescado el país, no por la llegada de Eduardo Fernández sino por el acceso de una nueva generación al poder, y se hubiera abierto como una nueva ilusión, una nueva expectativa y una nueva oportunidad.

—*El 4 de febrero, cuando se entera del golpe de Estado, se le ocurre ir a Venevisión a condenar públicamente el golpe. ¿Esa decisión la conversó con otros dirigentes del partido?*

—Yo salí con Marisabel, mi mujer, y con mi hijo Pedro Pablo, y recuerdo bien que la única persona del partido con quien fui a Venevisión fue Gustavo Tarre Briceño, e incluso cuando salimos en pantalla salimos los dos. Él me hizo el honor de acompañarme mientras yo me dirigía al país. A los demás dirigentes del partido los vi al día siguiente, y tengo la satisfacción y el orgullo y la alegría de que me respaldaron unánimemente. En el partido no hubo ¡nadie! que dijera algo en contra.

—¿Eso fue en la reunión de la mañana del Comité Directivo?

—Ni en la reunión de la mañana ni en ninguna reunión posterior. La única conducta disonante fue la del presidente Caldera, que no participó en este debate, pero el partido de una manera ¡unánime! decidió condenar el golpe, y fuimos al Congreso a eso, a condenar en los términos más enfáticos y más categóricos el golpe.

—A esa reunión del Comité Nacional en Copei, Caldera no asiste.

—Él estaba muy retirado del partido para ese momento. Al día siguiente del golpe, en el Congreso, Caldera hace un discurso que, si se analiza cada palabra, es una construcción muy jesuítica para en el fondo darle un aval moral al golpe. Y ese discurso fue el que pusieron en cadena nacional, y después lo reprodujeron y lo volvieron a reproducir… Y se sembró en el país la idea de que quienes tenían razón eran los golpistas. De modo que hubo un ¡pésimo! manejo de la política informativa del gobierno en ese momento. Fue curiosísimo, porque los discursos que más repitieron no fueron los de Pérez y el mío, sino el del señor que dio el golpe y el de Caldera.

—Cuando viene la sesión del Congreso y usted escucha a Caldera, ¿cuál fue su reacción?

—Es tal vez uno de los momentos más tristes de mi vida. Sentí una decepción profunda. Porque yo siempre tuve una inmensa admiración por Caldera, y ese día vi un testimonio de oportunismo muy lamentable. Se me derrumbó… un ídolo. Yo creo que eso fue una operación de política subalterna que no se correspondía con la imagen que yo siempre tuve del doctor Caldera. Yo fui uno de los copeyanos más cercanos al doctor Caldera.

—Uno de «los delfines».

—Me llamaban delfín, y en un momento me tocó competir con él, y después de eso Caldera se fue a la reserva. Pero a pesar de eso, y de que Caldera favoreció la reelección de Pérez porque sentía que si ganaba Pérez él podía ser candidato otra vez, a pesar de eso, repito, yo seguía sintiendo una gran admiración y un gran respeto por él, y el discurso del 4 de febrero me produjo una enorme decepción. Sentí que había un acto de politiquería que no se correspondía con las enseñanzas y las doctrinas que Caldera siempre había mantenido. Caldera sostuvo la democracia en tiempos de Rómulo Betancourt; él fue un testimonio inequívoco de respaldo a las instituciones, y ahí aprendimos a admirarlo y respetarlo, respaldando a un hombre que había sido su adversario político. Entonces, cuando oigo aquel discurso en el Congreso, digo: esto no se parece a lo que yo aprendí de los labios de este mismo señor. Los golpistas podían haber tomado ese discurso para decir: si uno de los padres de la democracia dice esto, está plenamente justificado que nosotros hayamos intentado ese golpe.

–*Dice que así como le pareció un error reelegir a Pérez, más grave fue la decisión que lo sacó del poder antes de terminar el período constitucional.*

–A mí me parece que la acusación era un poco traída por los cabellos; en definitiva, el gran crimen que se le imputa a Pérez es haber dispuesto recursos de la partida secreta para favorecer la promoción de la democracia en Nicaragua. Personalmente creo que, siempre y cuando se hubieran respetado las normas legales y las normas administrativas, eso estaba plenamente justificado. El problema es que ya para ese momento se están trayendo cualquier tipo de argumento para sacar a Pérez de la Presidencia y para estimular la crisis, y son demasiados los factores que están interesados en que ese sea el desenlace. Horrendo hubiera sido que lo hubiera sacado un golpe de Estado, pero tampoco me parecen satisfactorios los términos en que se produjo el desenlace final. La crisis era mucho más profunda que Pérez sí o Pérez no. Lo que pasó en Venezuela fue una comedia de equivocaciones, que cuidado si había comenzado el «Viernes negro», cuando colapsó el sistema rentista petrolero y el liderazgo político venezolano pretendió seguir actuando como que no había pasado nada, y el señor Lusinchi resolvió gobernar como si no hubiera habido «Viernes negro». Después viene la reelección de Pérez, le sigue el 27 de febrero, el golpe del 4 de febrero, el golpe del 27 de noviembre, y antes el discurso de Caldera en el Congreso. Luego viene la división de Copei, porque cuando Rafael Caldera monta tienda aparte, sin duda, se le hace un daño a una institución fundamental para la defensa de la democracia como son los partidos políticos. Los únicos que en Venezuela podían impedir una dictadura eran los partidos, y entonces hay una campaña mediática contra los partidos, y los creadores de los partidos contribuyendo a debilitarlos. La comedia de equivocaciones sigue con la crisis del año 1998: Acción Democrática postula a Luis Alfaro Ucero, un hombre meritorio pero que el país no lo veía como presidenciable, y Copei pone la torta con velitas al estar tratando de aprovecharse del prestigio de la señora Irene Sáez[83]. En una operación de pragmatismo político y de irresponsabilidad política como esa, los partidos se liquidan. Quedó el camino franco y expedito. Después, muchos demócratas apoyaron la Asamblea Constituyente, y ahora nos quejamos del poder absoluto... pero todos contribuyeron a darle el palo al loco.

–*Piensa que el discurso de Caldera fue un error. Sin embargo, ¿no le parece que, en todo momento, Caldera estuvo muy claro en lo que quería? El único que lo estuvo, y actuó en función de eso. Es decir, Pérez no vio claro, Acción Democrática no vio claro, ni Copei, ni los demás partidos. El único que trabajó decididamente para conseguir lo que quería, y lo consiguió, fue Rafael Caldera.*

–Yo vi claros los objetivos del país. Yo pensé más en el país que en mí. Puede ser que Caldera haya pensado más en él que en el país, pero lo que tocaba en ese momento era pensar en el país. En el interés nacional. Yo no me metí en la política para decir lo que el pueblo quiere oír. Uno de los alegatos que ha dicho el doctor Caldera para defender su discurso es: dije lo que el pueblo quería oír. Pues lo que yo aprendí en Copei no fue eso. Uno tiene que decir lo que debe ser, es nuestra obligación. Si eso coincide con la mayoría o no coincide con la mayoría es harina de otro costal.

–*Pero él se trazó un objetivo y lo cumplió, Pérez no supo...*

–Lo que correspondía en ese momento era la defensa de las instituciones democráticas. Por encima de los intereses personales. Porque si el afán era volver a ser Presidente, ¿Presidente para qué? Para terminar entregándole la banda a un conspirador y abrirle al país esta situación que estamos viviendo ahora. ¿Para eso era que quería ser Presidente otra vez? ¿Es que el afán de ser Presidente puede estar por encima de los principios?

–*Se asegura que la máxima obra de Caldera no fue haber sido Presidente, sino crear uno de los partidos más importantes de América Latina, aunque paradójicamente fue el responsable, si no de su desaparición, sí de la crisis de Copei.*

–La obra más importante que hizo el doctor Caldera no fue la biografía de Andrés Bello, ni haber sido Presidente dos veces. La obra más importante fue haber liderizado, de una manera admirable, la construc-

---

83 Irene Sáez: politóloga. En 1993 fue la primera alcaldesa del municipio de Chacao. Reelegida en 1996. Candidata a la Presidencia de la República en 1998. En 1981 había sido Miss Venezuela y Miss Universo.

ción de un gran partido político democrático popular como Copei. Y sin embargo, su actuación contribuyó a la liquidación de Copei. Su actuación a partir del pase al retiro, del pase a la reserva. Él ha tenido que asumir el liderazgo de esa renovación. No resignarse a ella o exponerse a ser derrotado, sino demostrar que el partido que él había creado era una institución que no dependía de un hombre. El partido era una gran institución política, era uno de los dos valladares, junto con Acción Democrática, que podían haber impedido esta dictadura. Acción Democrática tuvo sus problemas internos, pero en el caso de Copei es muy doloroso que quien más contribuyó a la construcción del partido, haya sido el factor más importante en el decaimiento…Y no creo que fue acertado su discurso del 4 de febrero de 1992. Esa fue una de las actuaciones menos afortunadas del doctor Caldera, independientemente de que ella haya contribuido a que fuera elegido. Pero, además, recordemos: fue elegido por una votación de un millón setecientos mil votos, en unas elecciones en donde cuarenta por ciento o más no fue a votar. De modo que Caldera saca treinta por ciento de ese cuarenta por ciento, lo que significa diecisiete por ciento del electorado nacional. ¿Y para qué? Para hacer un gobierno absolutamente intrascendente que al final termina salvando Teodoro Petkoff. ¿Para qué? Para terminar su carrera política entregándole la Presidencia de la República a un teniente coronel golpista, que además le falta el respeto diciendo que jura por esta moribunda Constitución, que resulta que es hija de él, porque esa es otra cosa: otra de las grandes obras de Rafael Caldera fue la Constitución de 1961, y entonces ahí, en su cara, este señor le falta el respeto a la Constitución, que es una de sus obras fundamentales. De modo que, creo, para Caldera tuvo que haber sido muy amargo el día que entregó la Presidencia. Ese acto, esa fotografía, era el fracaso del proyecto político al cual le dedicó su vida[84].

---

84 Eduardo Fernández, 16 de agosto de 2006. Dirigente socialcristiano. En 1989 fue el candidato del partido Copei para las elecciones presidenciales. Fue, además, secretario general de esa organización, cargo en el que estuvo hasta diciembre de 1992.

CAPÍTULO 18

En un primer momento, después del 4-F, Carlos Andrés Pérez creyó que podía seguir gobernando como hasta entonces. La condena abierta y categórica que en el Congreso le habían dado al golpe lo insufló de bríos para proseguir en su empeño. Con las excepciones del discurso calderista y el acto de apostasía del causaerrista Aristóbulo Istúriz (que al principio fustigó el alzamiento pero que tras oír a Caldera, a quien fustigó fue al gobierno), en lo inmediato los partidos políticos y sus dirigentes se mostraron en franco desacuerdo con una ruptura del hilo institucional, y esa unanimidad de criterios CAP no podía interpretarla sino a su favor. Se sintió respaldado, y con ese apoyo le fue fácil no tomar en cuenta las primeras demandas, como el llamado que hizo Arturo Uslar al día siguiente del golpe, cuando aún no terminaban de contar los muertos en la morgue, para que la Corte Suprema de Justicia renunciara en pleno en contribución a la lucha contra la corrupción. CAP no le hizo caso a ese exhorto. No lo tomó en cuenta. La cosa, sencillamente, no era con él.

En las primeras de cambio, intentando dejar atrás el trago amargo de los treinta y nueve muertos y los dos *shows* televisivos de aquel día, actuó como si lo sucedido no hubiera sido más que un paréntesis. Dramático y desventurado, pero paréntesis al fin. Que se podía saltar. Debía atender a la inestable situación militar, era obvio, y lidiar –o torear– la polémica y las fogosas críticas que se levantaron por las restricciones impuestas a los medios y a la libertad de expresión –allanamientos a medios, amenazas de allanamiento, censores en las redacciones periodísticas–, pero esos asuntos los podía enfrentar sin necesidad de desviarse del rumbo que hasta entonces había defendido empeñosamente y a contracorriente.

En la primera reunión de gabinete que se hizo dos días después del golpe, parecía como si en verdad hubiera podido saltarse el paréntesis. Los ministros que el día anterior habían tenido punto de cuenta con el Presidente notaron que ya no estaban las manchas de sangre en la alfombra –¿era nueva o la habían lavado?– de la salita presidencial, que había muescas de metralla en las paredes y trabajadores recogiendo vidrios rotos y colocando ventanales nuevos, pero observaron también que el Jefe de Estado estaba despachando como siempre, como si no se hubieran levantado en su contra dos mil seiscientos hombres de cinco guarniciones militares. Y con esa impresión llegaron al Consejo. El gabinete se desarrolló como de costumbre, todos se sentaron en los lugares de siempre y se discutió la agenda como había quedado pendiente porque, el mandatario había dicho, todo el mundo tenía que seguir con su trabajo. Y mientras uno u otro ministro que daba la espalda a la avenida Urdaneta sudaba mortificado con la imagen de un súbito bombazo que lo haría volar por los aires, el Presidente, concentrado, muy concentrado, discutía con el jefe del Instituto Postal Telegráfico los detalles de una complicadísima –al menos así lo parecía– y urgente reforma postal.

–¿Pero por qué esta tarifa a esa estampilla en especial? –pedía explicaciones Pérez.

El funcionario del Ipostel hilvanaba un largo argumento, que pocos seguían, sobre la conveniencia de éste y no otro precio, y el mandatario sin dar muestras de percibir la tensión que había en el ambiente contraargumentaba con niveles de detalle que no dejaban de sorprender a los funcionarios temerosos que se debatían mentalmente entre los diversos niveles tarifarios de unas estampillas y la potencia de un hipotético cañonazo disparado por una también hipotética tanqueta.

–Pero es que no se entiende –insistía el Presidente–, no veo el sustento de imponer un precio a este sello, mientras que este otro continuará con…

Pérez en verdad creyó que podía resistir, que podía continuar con su esquema de gobierno, y algunos de sus funcionarios, aunque pudieran estar atemorizados por las posibles secuelas del alzamiento, le compraron la idea a su jefe: se podía seguir adelante como si nada. Apenas dos días después del golpe, el ministro del Fondo de Inversiones de Venezuela le declaraba a la periodista Gloria Majella Bastidas que la agenda privatizadora se mantenía porque el interés de los inversionistas extranjeros, que eran los potenciales compradores, también se mantenía.

–La asonada militar no afecta la confianza que los inversionistas tienen en el país –aseguró Gerver Torres– porque la frustración del alzamiento puede interpretarse como una reafirmación del sistema democrático. Además, los inversionistas no piensan en un día, sino en lo que significa una inversión en el mediano y en el largo plazo. Ayer mismo recibí tres llamadas de empresarios de Europa, Japón y Estados Unidos para confirmar citas que fueron acordadas en Davos, y que tienen que ver con el proceso de privatización, concretamente en lo que se refiere al sector eléctrico, el acueducto metropolitano y el sector turismo.

En la misma tónica anduvo el jefe de Cordiplan, Miguel Rodríguez, quien días después, una vez más, fue enfático al defender su programa de ajustes económicos y rechazó del mismo modo cualquier pretensión exótica de buscar en el plan del gobierno la causa de lo acontecido el 4 de febrero.

–Ni los sucesos del 27 de febrero de 1989 –le especificó a la reportera Ross Mary Gonzatti– ni los ocurridos hace escasamente una semana tienen que ver con la ejecución del VIII Plan de la Nación. Nosotros lo que tenemos que hacer es mantener el rumbo y mantener el programa; ya lo ha dicho el Presidente: se mantendrá «El gran viraje». Esa es la mejor política social que se puede hacer.

Un mes después de esas declaraciones ninguno de los dos ministros permanecía en su despacho. Torres había tenido que ceder su escritorio a un dirigente copeyano en un breve y fallido intento por establecer un gobierno de unidad nacional, y Rodríguez se había mudado a la jefatura del BCV, también en un corto y malogrado ejercicio por mantenerlo en el gobierno y seguir con el paquete económico.

Y es que así como el Caracazo le reanimó el gusto por sublevarse a la logia del Samán de Güere, el 4-F reavivó a los opositores del gobierno, pero sobre todo alebrestó a quienes en los últimos tres años habían estado apostando por el descalabro de la segunda administración perecista. Porque como el mismo Pérez confesaría años después a los periodistas Ramón Hernández y Roberto Giusti, el levantamiento militar fue la mecha que encendió un polvorín. Y de ahí en adelante, comenzó a desmoronarse su proyecto.

Después del golpe sí hubo en el partido como una corriente interna que pensaba que había que pedirle la renuncia a Carlos Andrés. Recuerdo que una semana después, el lunes o martes de carnaval, tuvimos una reunión en el CEN. Fue una reunión muy pequeña, no estaba todo el CEN porque mucha gente se había ido de Caracas. Se fueron de vacaciones. Pero yo sí fui a esa reunión, y ahí Humberto Celli propuso pedirle la renuncia al Presidente, y recuerdo que a mí, que nunca en la vida había sido simpatizante de Carlos Andrés, que no era su amiga ni nada de esas cosas, aquello me indignó. Dije:

–El que crea que esto es una cuestión contra Carlos Andrés Pérez está muy equivocado; esto es contra el partido y contra el sistema. Carlos Andrés es simplemente el pretexto. Esto ni siquiera es contra Acción Democrática, es contra el sistema democrático, y yo, así como toda la vida tuve mis reservas con Carlos Andrés, desde hoy soy su mayor defensora.

En esa petición de renuncia la imagen emblemática era Celli. Imagino que había otros, es decir: hubo otros que intervinieron en el sentido de que él debía renunciar. Pero, en eso, Alfaro fue muy firme, y Piñerúa también. Ellos dos fueron los más firmes en contra de la idea de Celli, y los dos habían sido enemigos de Carlos Andrés[85].

Al día siguiente del golpe, Uslar Pietri, como la cabeza más prestigiosa de un grupo de personajes reconocidos por la opinión pública, no desaprovechó la oportunidad que le brindaron los golpistas y en la misma onda que tantos dividendos le estaba dando a Caldera (y que a él mismo, en el pasado, le había reportado suficiente centimetraje en los periódicos) se atrevió a decir que sería muy, muy grave pensar que los militares alzados fueran solo «unos locos que tiraron una parada», puesto que esos hombres –esos locos– que se habían aventurado a dar el golpe y habían roto sus carreras en el intento, sufrían del mismo ahogo que muchos venezolanos: un soberano disgusto por la manera en que funcionaba el gobierno. Pero ahí no dejaba el asunto. Su asunto. Uslar y el comité de personalidades que lo acompañaban, apelando a sus trayectorias, quisieron profundizar la campaña para –sostenían– adecentar el sistema. Llevaban tiempo con ese objetivo trazado.

En 1990 se habían organizado como asociación civil y desde entonces, en diversas cartas dirigidas a Pérez –con copia a la opinión pública–.

---

85 Paulina Gamus.

lo reconvenían y exhortaban a adelantar las reformas que ellos mismos proponían para salir de la crisis. Todos los de la agrupación se reconocían –y eran reconocidos– como hombres de estudio, de pensamiento, como referencias en sus campos de trabajo. Eran, en suma, gente destacada, notable, y como notables llevaban año y medio pontificando. Pero en febrero de 1992 ya no eran más la asociación civil, ni el comité de personalidades notables. Desde hacía unos cuantos meses habían trocado en algo más que un comité de personalidades destacadas a quienes se podía consultar ante una eventual coyuntura nacional o a quienes se les podía ubicar para una declaración dominguera. Ya eran y se sentían algo más. Conformaban un cuerpo con más peso y prestancia. Eran Los Notables –con dos mayúsculas iniciales–, los líderes morales de la Nación que, apadrinados por su propia aureola de prestigio, comenzaron a exigir. Y a partir del 4 de febrero de 1992, presionaron más: hicieron campaña contra la Corte Suprema de Justicia, para luchar contra las tribus judiciales, la parcialidad y la corrupción del sistema judicial; contra el Consejo Nacional Electoral, para demandar su reforma y la reforma electoral que incluyera el voto uninominal; contra los partidos políticos, que se habían corrompido y habían dejado de ser legítimos intermediarios de la manifestación popular; contra el Parlamento, que al igual que los políticos y sus partidos habían perdido su verdadera esencia; y contra el gobierno de Carlos Andrés Pérez, que a su entender constituía el meollo de la crisis por negarse a afrontar reformas –las que ellos proponían– sociales y económicas.

Pero Los Notables no fueron los únicos. Otros más se sumaron a la causa. Sin ir muy lejos, los partidos de los que tanto se quejaban Uslar y compañía, también hicieron su aporte. Adecos, copeyanos y masistas no se quedaron rezagados. Luego del arrebato institucional que habían protagonizado en el Congreso la mañana-tarde del 4, los políticos de la oposición –es decir, todos aquellos políticos que no estaban en el gobierno– renovaron sus demandas por un cambio drástico de los programas y pidieron las cabezas de los tecnócratas. Inclusive Luis Alfaro Ucero –ordinariamente más comedido en sus manifestaciones públicas de censura–, llegó a vaticinar que nada más con la salida de Miguel Rodríguez del gabinete, los opositores se darían por satisfechos. Sin embargo, no todos parecían estar de acuerdo con la exclusiva sugerencia del secretario general de Acción Democrática, y aunque aún era muy temprano para que trascendiera lo que se estaba cocinando al interior de la organización socialdemócrata, comenzaron a rodar otros nombres, otros candidatos a salir. Pedro Tinoco, presidente del BCV; Pedro Rosas, recién designado ministro de Hacienda; Gustavo Roosen, ministro de Educación. Y así como los adecos pedían reemplazos, por fuera también los pedían. Cada sector político, empresarial, intelectual, tenía su candidato o la lista que debía salir. Jonathan Coles, de Agricultura; Imelda Cisneros, de Fomento; Armando Durán, de Relaciones Exteriores…

Y el gobierno comenzó a flaquear. Porque la campaña era fuerte y porque a medida que pasaban los días, lo que salía a relucir tras el alzamiento era un intrincado tejido de complicidades y confabulación. Si bien el golpe había sido cien por ciento militar, porque los militares –eso estaba clarísimo– no creían en los civiles y no habían querido la participación civil, sí habían contado con su celestinaje para crear el marco ideal de la asonada. Lo que día tras día descubrían los reportes de los servicios de Inteligencia (a los que entonces CAP sí parecía hacer caso) era que se había montado una apretada red de alcahuetes en donde había estudiantes, profesores universitarios, empresarios, periodistas, pensadores ilustres, editores de periódicos y políticos, fundamentalmente de izquierda pero también del *establishment*. Porque fueron varios los civiles que facilitaron celulares (una novedad en aquellos días) y carros, y prestaron sus casas para jornadas de análisis, sitios de reunión o escondrijo de panfletos o armas.

A la luz de los informes, lo que resultaba más revelador era que una parte de la izquierda, si bien aparentaba lo contrario, no se había pacificado a finales de la década de los sesenta, ni siquiera a principios de los ochenta, cuando bajaron los últimos renegados de las montañas. Un grupo importante no se había asimilado a la vida ciudadana, aunque se mostrara adaptado a la cultura democrática y diera la sensación de estar completamente consustanciado con lo que era el gobierno de las mayorías. Sólo fingían, y hacían creer a los de este lado del sistema, a los que nunca en su vida se vieron con un fusil al hombro, que aquellos que alguna vez los empuñaron –y dispararon– eran seres conciliadores que habían admitido sus equivocaciones, y que podrían seguir teniendo sus objeciones al gobierno, pero habían decidido hacerlas de manera civilizada. Que esos hombres y mujeres que otrora montaban emboscadas y asaltaban puestos de policías o soldados, después aceptaron cambiar de escenario y condescendieron a enfrentarse en el Congreso, por ejemplo, por unos contratos petroleros, y eran por tanto, personas confiables. Cómo imaginar que tipos gentiles cuidadosamente trajeados, a los que se alababa por su carácter cordial, por su trato respetuoso, cual *gentlemen* que cambiaron el fusil por un bolígrafo o un bastón, no creían en las bondades ni en las virtudes del sistema democrático, sino que escondían una íntima e inmensa vocación de poder. Cómo saber que dentro de aquella figura de *lord* tropicalizado que alguno mostraba, la guerrilla permanecía tan acendrada al extremo de lamentar, entre sus íntimos, que las dolencias que sufría no eran secuelas de combate –¡ah, malhaya! ojalá– sino que un sifrino de El Cafetal se los había llevado por delante con un carro.

Cuando los servicios del Estado revelaron el complot y aportaron nombres de los civiles, fue cuando se entendió o se hizo la relación de la seguidilla de eventos que se habían producido en todo el país en enero de 1992. Los reclamos de todo tipo por agua, tierras, pasaje, precios –entendieron– formaban parte de un plan, y conformaban pasos importantes dentro de una componenda a la que se habían prestado gente y grupos que, aprovechándose de las necesidades y demandas populares, soliviantaron los ánimos y calentaron el ambiente en vísperas de un eventual levantamiento en armas, sin saber que, al final, ellos mismos (los civiles alcahuetes) serían dejados a un lado porque nunca les avisaron –nunca quisieron avisarles– cuándo iba a ser el día D.

Luego del intento de golpe el 4 de febrero él me había dicho: yo quiero que me ayude a formar el nuevo gabinete. Entonces, yo le presento mi renuncia.

–¿Y la suya, por qué? –me dice.

–Bueno, Presidente, el gabinete hay que reestructurarlo, usted lo sabe.

–Mire, ministro –porque entonces no me decía sino ministro–, el gabinete hay que reestructurarlo pero el Ministerio de la Secretaría de la Presidencia es de la confianza del Presidente, y la única persona que tiene mi absoluta confianza es usted.

–Presidente –le volví a decir–, acéptele la renuncia al gabinete en pleno, por favor; usted no sabe lo que va a tener que negociar porque de lo que se trata es de salvar al gobierno y a su mandato. Acépteme la renuncia.

Pero él: no, no, no. Eso fue un viernes, y de repente, el lunes por la tarde...[86]

---

86 Beatrice Rangel.

A mediados del mes de febrero comenzaron los rumores de cambios en el gobierno, y ya para el 20 se daba como un hecho la salida de Pedro Tinoco del BCV. Era una carta que se jugaría el Ejecutivo: al entregarlo, se eliminaba un punto de fricción porque sacaban a un personaje que no sólo era mal visto por los adecos sino también por copeyanos, masistas, la izquierda en general y por una gran parte de la sociedad, que no sólo lo percibía como quien movía tras bastidores los hilos de la estrategia económica, sino porque –y era lo que más molestaba– lo seguían relacionando con los llamados *doce apóstoles*, el grupo de empresarios que durante la primera presidencia de Pérez vio crecer sus empresas al amparo de las relaciones con el Estado. Tinoco, además, antes de ser presidente del BCV, era la principal figura de uno de los escritorios jurídicos más importantes del país, representaba intereses de grandes empresas nacionales y tenía clientes y relacionados internacionales tan poderosos como los Rockefeller, Nestlé y The Chase Manhattan Bank; era asimismo dueño del Banco Latino, uno de los dos más importantes bancos del sistema financiero venezolano, y estaba relacionado de modo directo con el emporio de la familia Cisneros –la Organización Cisneros, el grupo empresarial venezolano con más negocios fuera del país y propietario de más de una treintena de empresas en Venezuela entre las que se encontraban Venevisión, Automercados CADA, DirecTV, circuitos radiales, industrias metalúrgicas, representación de Pepsi Cola, Burger King, telefonía celular, etcétera, etcétera, etcétera–. De acuerdo con el gobierno, al entregar la barajita de Pedro Tinoco, la oposición podía sentirse triunfadora o al menos podría darle una tregua, un respirito. Eso era lo que se manejaría. Sin embargo, la simple salida de esa figura no funcionaría en la partida que se estaba jugando en Miraflores. En aquel lance, los contrincantes retaban cada vez con más fuerza y estridencia.

En menos de una semana, las fuerzas opositoras, además de pedir la salida de los tecnócratas, propusieron un proyecto económico alternativo, la convocatoria para una Asamblea Constituyente, el recorte del mandato presidencial, el adelanto de las elecciones presidenciales, la instalación de un gobierno de unidad, la creación de un consejo consultivo nacional, y de nuevo, la remoción por parcialidad política de los miembros de la Corte Suprema de Justicia. Y como guinda del postre: la renuncia del Presidente de la República.

Para meterle más presión a la olla que estaba puesta sobre la hornilla, en el ambiente se ventilaba la inminencia de una decisión –se decía favorable– de la Corte para Jaime Lusinchi por el caso Jeeps; salían al aire las declaraciones del fiscal general Ramón Escovar Salom, que catalogaba de desestabilizadora a la Corte Suprema; se conocía de la liquidación millonaria que le darían a Eleazar Pinto, ex presidente del Banco de los Trabajadores de Venezuela, condenado por estafa agravada; y se hablaba de un supuesto atentado al Presidente en un acto en Guatire.

El lunes 24 de febrero aún no se había producido la salida de Tinoco del Banco Central, pero ese día –y todos los que siguieron– la atención estuvo puesta alrededor de la CSJ. A media mañana ya se sabía que, al mediodía, Los Notables entregarían (como siempre lo hacían, en la Fiscalía) un documento con cinco mil firmas de «personalidades» pidiendo la renuncia colectiva de los más altos jueces. La petición iría firmada entre otros por Arturo Uslar, José Vicente Rangel, José Antonio Cova, Manuel Quijada, Miguel Ángel Burelli Rivas, Ángela Zago, Pablo Medina, Domingo Maza Zavala, Ernesto Mayz Vallenilla. Por otro lado, los diarios hablaban de una propuesta copeyana para que los nuevos magistrados fuesen escogidos por una comisión integrada por Rafael Caldera, Arturo Uslar Pietri y Ramón Escovar Salom, y comentaban además –casi como de pasada– un encuentro que el día anterior había tenido lugar en el Palacio de Miraflores. De acuerdo con la prensa, los magistrados del máximo tribunal habían respondido a una invitación que el Jefe de Estado había hecho para charlar en una mañana de domingo sobre la actividad de la Corte. En la reunión, se habría conversado franca y cordialmente de lo que en breve acordarían los magistrados «en aras de la institucionalidad, la buena marcha del país y el respeto que se merecen los órganos del Poder Público», entre ellos –no faltaba más– el Poder Judicial. A la reunión, llamó la atención, no asistió el magistrado Gonzalo Rodríguez Corro.

Creo que Carlos Andrés Pérez no avizoró la potencia de lo que se le venía. Yo por ejemplo critiqué, y critico, aquella convocatoria que hizo a los magistrados para que renunciaran. Yo no sé quién le aconsejó eso, siendo él un hombre ¡tan! excesivamente sensible al tema político.

Yo recuerdo que nos convocó para un domingo en Miraflores, y uno no es ningún tonto, uno percibe… Nos convocó para pedirnos la renuncia, y en la renuncia de nosotros estaba de por medio la solicitud del Fiscal de que sacrificara a la Corte…

Y él, que es tan hábil, en medio de la reunión se dio cuenta de que había sido un error haber hecho esa invitación. Él no llegó a pronunciar las palabras «quiero que renuncien», pero insinuó que esa era la idea… Aquello era tan raro, que yo recuerdo que llegué a preguntarle al presidente Pérez:

–¿Usted está convocándonos por qué?, porque no entiendo.

Porque yo sentí o creí que aquello estaba más o menos vinculado a la votación de la sentencia por el caso de Jaime Lusinchi, del que yo era ponente y que estaba por votarse por esos días. Entonces le pregunté directamente, porque transcurría y transcurría la reunión, y no se entendía para qué era:

–¿Presidente, para qué nos invitó para acá?

–No, no… –dijo él–; lo que quería era que conversáramos sobre la situación política del país.

Y entonces, entró como en un retroceso… Porque, entre otras cosas, yo también creo que a ningún Presidente le gusta que lo precisen.

Pues yo salí de esa reunión, y visité magistrado por magistrado ¡a su casa! Y les dije:

–Nosotros no podemos aceptar esto.

Yo fui a precisar a cada uno. Porque lo que se estaba buscando era la defenestración de la Corte Suprema de Justicia, y cuando le pidieron la jubilación a los magistrados, yo creé un movimiento de apoyo:

–¡No, señor!, nosotros no podemos salir bajo presión; que ellos designen sus magistrados nuevos si es que hay períodos vencidos, pero ustedes no tienen por qué jubilarse…

Se jubilaron creo que cinco. Los presionaron para que se fueran… Fue una barbaridad. Y esa presión la ejerció el gobierno. Él preparó su caída. Él aceptó presiones que lo colocaron en una situación de debilidad extrema. Y yo insisto, creo que no tuvo el pulso de dimensionar lo que venía; o lo tuvo tanto que se dejó presionar. No sé cuál de las dos cosas fue… Porque esto ya era gente ¡voraz! Que pedía y pedía. Y tú me sacas cinco, pero voy a seguir, porque no es que te saco cinco magistrados, y ya.

Además, también fue ingenuidad política, porque estabas sacando cinco magistrados que en la historia de la propia Corte, que había estado muy politizada, eran, digamos, más afines a él, a Carlos

Andrés Pérez. Y esa decisión suya, de presionar para la jubilación, cualquiera en la Sala Política de la Corte la pudo tomar como una actitud altiva, como: «Es que yo estoy tan por encima de todo…». Y se jubilaron cinco magistrados, y es importante ver los que entraron por los cinco jubilados. Hay que poner un asterisco a todos los nuevos y ver quiénes votaron en el Congreso por su designación, qué partidos los apoyaron. Sacar esa cuenta es importante.

Por eso es que para mí fue tan importante aquella reunión de los magistrados en Miraflores. Y la critiqué. ¿Cómo es posible que él le entregara la Corte a Los Notables? ¿Al fiscal?… Porque algo así dijo él, o un asesor de él:

–Es que el fiscal lo pidió…

Yo hubiera entendido si él va a la Corte y nos dice: «Estoy siendo presionado por Los Notables fulano, fulano y fulano para que les pida la renuncia…». Pero no, no hizo eso…

Y esa reunión de Miraflores fue clave. Acuérdate además del fiscal saliendo públicamente a decir:

–Yo tengo más pruebas contra Lusinchi…

Porque a veces es bueno entender lo que ellos dos nunca entendieron, ni Carlos Andrés Pérez ni Jaime Lusinchi: que ellos dos formaban parte de la misma estrategia. La estrategia era ponerlos a pelear a los dos, pero la estrategia era: los dos. Y ese martes inmediatamente siguiente a la cita con el Presidente, yo retiré la ponencia del caso Lusinchi, a propósito. Lo hice porque el fiscal salió diciendo que tenía más pruebas contra Jaime Lusinchi. «¿Ah, tú tienes más pruebas?», dije; «Entonces, tráemelas, pues». Y diferí, retiré la ponencia ese día. Y eso causó un malestar ¡terrible! Yo lo recuerdo bien, pues aquello era lo mismo, un elemento más de la estrategia.

Yo digo que una de las debilidades de Carlos Andrés es que él no supo jugar al mártir… Y fíjate, habiendo sufrido tanto ¿no?, en el exilio y todo eso. Pero nunca supo jugar al mártir, que era a lo único que le tenían miedo todos estos: a hacerlo mártir. Si hubiera jugado a eso, a lo mejor las cosas hubieran cambiado…[87]

---

87 Cecilia Sosa: magistrada de la Corte Suprema de Justicia entre 1989 y 2000.

El miércoles 26 –veintidós días después del alzamiento militar– se producen las primeras señales de que Pérez comienza a ceder ante el empuje opositor. Ese día ocurren los cambios con los que se quiere tranquilizar a las gradas. Pedro Tinoco sale del Banco Central, y en su lugar colocan a Miguel Rodríguez, que deja Cordiplan a cargo de otro tecnócrata, el PhD de la Universidad de Cornell –y por cierto, también becario del Mariscal de Ayacucho– Ricardo Hausmann. Pero estos movimientos no fueron bien recibidos por los que pedían un cambio rotundo del programa económico y de sus artífices, más cuando se enteran de que los demás integrantes del gabinete económico se quedan en sus puestos. En aquella primera modificación del tren ejecutivo también sale el ministro de Relaciones Interiores, Virgilio Ávila Vivas, para ceder su lugar a un adeco respaldado por el CEN que pudiera contar con el favor del resto del espectro político; Luis Piñerúa era el personaje para el cargo, pero como se negó a aceptar, CAP nombró a otro miembro del Comité Ejecutivo que era de su entera confianza: Carmelo Lauría, quien sin embargo, no gozaba del afecto de los partidos opositores porque lo asociaban a la administración Lusinchi–Ibáñez, de la que fue superministro. También tuvo que irse Beatrice Rangel de la Secretaría de la Presidencia, quien después de diez años trabajando directamente con Pérez fue sacrificada, porque si bien era adeca y sobrina de un fundador de Acción Democrática –Manuel Mantilla–, era una ficha que algunos adecos pidieron a cambio de prestar su respaldo; aseguraban que Rangel era una alcabala que impedía el acceso al Presidente.

De lo que se trataba era de debilitar al presidente Pérez hasta la muerte, y ellos sabían que yo era la persona que les paraba todos los misiles que ellos le tiraban. Porque le tiraron varios. No sé si recuerdas un escándalo que hubo con un señor al que llamaron el *triple cedulado*. Pues eso lo inventaron los adecos para fregar al Presidente, para que hubiera una investigación parlamentaria de Miraflores por violación de la Ley de Seguridad y Defensa. Era todo un rollo muy bien montado, y yo lo paré.
El cuento era que había un señor que aparentemente había hecho trabajos de seguridad a Orlando García, y parece que el hombre tenía tres nacionalidades: española, cubana y una, la venezolana, que al parecer era «chimba». Y se reventó en la prensa que este hombre

con esas características estaba prestando servicios en Miraflores. Yo creo que lo que querían decir era que el jefe de seguridad y el llamado *triple cedulado* tenían montado en el Palacio de Miraflores un aparato de seguimiento, para grabar y oír las conversaciones de la gente, cosa que, por supuesto, no pudieron probar porque no existía.

Yo, sencillamente, fui al Congreso y entregué todos los papeles de Miraflores como nunca nadie se los había entregado, y me llevé al jefe de la Oficina Central de Presupuesto y al jefe de la Oficina Central de Personal, y ellos dos, incluso antes de que yo hablara, ya le habían hecho llegar a los congresantes toditos los movimientos de personal y todas las transferencia de dinero que habíamos hecho, y ni en una sola aparecía el nombre de ese señor.

–Díganme aquí –les pregunté– ¿dónde está ese hombre en la nómina de Miraflores?

Por supuesto –ya yo lo sabía– los adecos se quedaron callados. ¡Mudos! No me ayudaron en nada. Los que pidieron el desistimiento fueron los copeyanos, porque no pudieron probar nada. Pero todo eso fue inventado por los adecos. Lo del *triple cedulado* lo inventaron ellos y la Causa R. Empezó en *El Nuevo País*, pero fueron ellos. Y después, recuerdo que *El Diario de Caracas* sacó conversaciones mías con el administrador de Miraflores hablando de unos viáticos. ¿Para qué hacían eso? Para que nosotros cayéramos en la soberana trampa de agarrar y decir: «Esto es ilegal, esto es inconstitucional, y ellos después van y sacan que el gobierno está en contra de la libertad de expresión. Pero tampoco caímos en esa trampa. Y todas las semanas en *El Nacional* salían los debates del Consejo de Ministros completamente distorsionados: que si el proyecto no sé cuánto seguramente era para beneficiar a no sé quién que era familia del Presidente en el estado Táchira, que si se discutió la construcción de un puente o una escuela porque un cuñado de la prima de la tía del presidente Pérez tiene una escuelita allá en Delta Amacuro y ese proyecto iba a beneficiarla a ella. Y así todas las semanas.

Al Presidente le hicieron lo que los gringos llaman *character assasination campaign*: campaña de asesinato de carácter. Porque ¿qué es lo que tiene un líder? Lo que tiene un líder es la credibilidad del pueblo, y para contrarrestarlo, lo que se tiene que hacer es horadar esa credibilidad. Y en Venezuela lo hicieron así. Al Presidente le lanzaron misiles como esos, y a los adecos les constaba que yo era quien los paraba[88].

El sucesor de Beatrice Rangel en Secretaría fue Celestino Armas quien, a su vez, dejó su escritorio en Energía y Minas para cedérselo a Alirio Parra, petrolero que en 1975 había participado en todo el proceso de nacionalización petrolera, y quien en 1992 estaba al frente de la oficina de PDVSA en Londres. En la reformulación del gabinete también quedaron por fuera el titular de Justicia, Alfredo Ducharne (que pasó a ser candidato a procurador)[89], quien cedió puesto a Armida Quintana Matos, y Andrés Eloy Blanco, ministro de la OCI, que fue sustituido por Pedro Mogna, antes viceministro de Secretaría. Y con esos cambios, CAP pensó que sería suficiente.

El Jefe de Estado todavía guapeaba e intentaba salvar lo más que podía de su proyecto. Escogió seguir resistiendo los embates, y aspiró a que las eventuales molestias por el enroque en el gabinete se paliarían con el anuncio de la congelación de las tarifas eléctricas, el mecanismo de concertación para mantener los precios de algunos productos, la suspensión del cronograma de aumentos mensuales del precio de la gasolina, el aumento del salario mínimo y sobre todo la creación y juramentación –con bombos y platillos– de un Consejo Consultivo de la Presidencia de la República que tendría como principalísimo primer objetivo formular observaciones y recomendaciones sobre los programas adelantados por el Ejecutivo. El Consejo –según rezaba el decreto que lo creó– se reuniría cada quince días con el Jefe de Gobierno –o antes si así se requería–, y contaría con recursos y con la colaboración de todos los funcionarios públicos, en vista de que para proponer soluciones se debían conocer a fondo los programas de gobierno. Quedó integrado por personalidades de alto nivel, todos destacados en las áreas política, económica, financiera, jurídica y académica; todos, además, de una u otra manera se habían manifestado en desacuerdo con políticas

---

88 Beatrice Rangel.
89 Alfredo Ducharne: a fines de febrero estaba a punto de ser ratificado procurador por el Congreso, cuando fue llamado a la CSJ para sustituir la falta absoluta del magistrado Román Duque Corredor.

oficiales, y a todos se les reconocía como personeros de «destacada estatura moral». Eran: Pedro Pablo Aguilar, Domingo Maza Zavala, Ramón J. Velásquez, Pedro Rincón Gutiérrez, Ruth de Krivoy, Pedro Palma, José Melich Orsini, Julio Sosa Rodríguez.
Carlos Andrés Pérez, no cabía duda, pretendía seguir aguantando.

Cuando se produce el 4 de febrero, él nombra un Consejo Consultivo conformado por una serie de personalidades muy respetadas, y el único, el único militante de un partido político que formó parte de ese consejo fui yo.
A mí me llamó él, pero naturalmente él conocía cuál era mi posición, porque después de aquel discurso de Caldera el 4 de febrero yo estaba indignado. Para mí, aquello era una monstruosidad, porque al golpe no cabía más que condenarlo. Y eso era lo que habíamos acordado en el Comité Nacional de Copei. En el partido se nombró una comisión para entrevistarse con Pérez; de modo que es muy probable que Carlos Andrés conociera mi opinión. Y cuando él me llamó para integrar ese Consejo, le dije que sí. Tenemos que ayudar, dije. Porque a mí me aterró el golpe. Y entré al Consejo Consultivo con la mejor voluntad de ayudar. Y él, al comienzo, se dejó ayudar; es decir, se dejó ayudar en el sentido de que repitió las cosas que nosotros le recomendábamos que dijera. Al principio.
Todos éramos opositores, es verdad. Eso fue lo que nos llevó a aceptar ser miembros del Consejo y nos llevó a trabajar, pero enemigos de Carlos Andrés no éramos. Y trabajamos mucho. Nos reunimos con mucha, mucha gente. Recuerdo especialmente un día en que llegó un señor, presidente de una asociación de vecinos de un barrio de Petare, y dijo:
—Yo quiero dar mis ideas sobre la nueva Constitución. Yo soy padre de familia, soy analfabeto, pero yo sí sé cómo debería ser la Constitución…
Y el señor tenía razón. ¿Por qué tenía que haberse esperado a que hubiera un golpe de Estado para reunir a un grupo de gente más o menos importante, más o menos representativa, y a tener un buen auditorio para hablar? Este señor de la asociación de vecinos no había tenido otra oportunidad para hablarle a nadie, para expresarle sus ideas, y eso lo pongo como el ejemplo más relevante de lo que

en definitiva ocurrió: que la gente no tenía participación, la gente no era tomada en cuenta. Ni por los partidos políticos, ni por los líderes… El modelo del sistema presidencialista de Venezuela estaba en crisis[90].

A menos de un mes de la asonada, CAP creyó dar las pruebas de la amplitud que tanto le habían reclamado, pero a la vez quiso enviar el mensaje de que él continuaba al mando, de que seguía siendo quien decidía la ruta. Con el nombramiento de los ocho altos consejeros, que no podían ser declarados como de su círculo de allegados, el mantenimiento de Miguel Rodríguez dentro del gobierno y la convalidación de su *team* económico, su intención fue procurar –o aparentar– mantenerse al frente del barco. Y por si a alguien le quedaban dudas de sus intenciones, anunció públicamente que propiciaría que el Congreso renovara un tercio de la CSJ con la designación de jueces independientes. A todas luces, se afanaba en dar muestras de desprendimiento, pero también de jefatura. Él seguía al timón capeando el temporal, porque aquello no era más que una borrasca, una tormenta. Ese era el recado. Su recado.

¿Y cómo es eso de no incluir a ningún representante de AD en la mesa de notables?[91].

Sin embargo, las aguas no amainaron. El 1º de marzo se conoció que un teniente del Ejército robó de Fuerte Tiuna treinta y seis fusiles, treinta y seis subametralladoras, ochenta y ocho cargadores de fusiles, tres cargadores de subametralladoras y veintisiete mil cartuchos. Semejante arsenal substraído con tanta facilidad del principal cuartel del país, de la propia sede del Ministerio de la Defensa, implicaba que, por más que se dijera lo contrario, el gobierno no tenía garantizada su estabilidad ni la lealtad militar. Mientras, y para hacérsela más difícil, desde el ruedo polí-

---

90 Pedro Pablo Aguilar: dirigente socialcristiano. Senador al Congreso en el período 1989-1994.
91 Humberto Celli.

tico redoblaban los ataques. Caldera, Uslar, Abdón Vivas Terán, Paciano Padrón[92] y Pedro Pablo Aguilar insistían en la renuncia presidencial, aunque Caldera dio un paso más allá y propuso reducirle el período mediante una enmienda que aprobaría el Parlamento. Eduardo Fernández reiteró su llamado a una Asamblea Constituyente y abogó por la reducción del precio de la gasolina. Humberto Celli demandó regresar al control de precios. El MAS exigió la salida inmediata de Carmelo Lauría del gabinete –un error garrafal, decían los masistas–, y La Causa R, para no quedarse atrás, buscó capitalizar todos los descontentos y convocó a una noche de cacerolas a manera de condena pública. Todos ponían más y más presión a la olla, porque para colmar las angustias de Miraflores, los partidos habían decidido iniciar la campaña electoral, unos con la vista puesta en las elecciones regionales de diciembre de ese año, otros avizorando más lejos: los comicios presidenciales de 1993. Y en campaña todo está permitido: se intensificaron las críticas por lo hecho o no hecho por el gobierno, las denuncias de corrupción colmaron espacios en radio, prensa y televisión, y algo inesperado después de los golpes de pecho que el 4 de febrero se dieron los políticos en el Congreso: cada vez más dirigentes de diversas toldas –o de todas las toldas– buscaron agarrarse a la cola del discurso de Rafael Caldera y se lanzaron a exculpar a los que apenas un mes antes habían condenado. De repente, como por acto de magia, los golpistas dejaron de ser tales para pasar a ser «muchachos que creían que estaban cumpliendo un sueño en una búsqueda de cambio», efectivos con «nobles motivaciones», oficiales con «rectitud de propósitos», jóvenes que habían «arriesgado sus vidas» para rebelarse contra la corrupción y la politiquería.

Ya no sólo eran Rafael Caldera o Arturo Uslar los que veladamente justificaban a los que insurgieron. A principios del mes de marzo de 1992 muchos querían aparecer retratados al lado de los otrora golpistas; muchos querían o creían «comprenderlos».

A todas estas, y antes de los quince días previstos para una reunión con el Presidente –a los trece días exactos–, el Consejo Consultivo nombrado por Pérez emitió su dictamen: la crisis es global. El producto de su esfuerzo –tal vez por la urgencia con que lo imprimieron– no se diferenció mucho de lo que a grandes trazos venía ventilando la oposición y de lo que

---

92 Abdón Vivas Terán y Paciano Padrón: dirigentes del partido Copei.

desde sus inicios había propugnado el grupo de Los Notables: la elaboración inmediata de un proyecto de reforma constitucional que contemplaría el mecanismo de una Asamblea Constituyente y que además tomara en cuenta la total reestructuración del Poder Judicial, el establecimiento de la figura del referéndum como vía de consulta popular expedita, el establecimiento de las bases para una nueva ley de partidos, el análisis de la conveniencia o no del recorte del período en curso para congresistas, jueces de la Corte Suprema y Presidente de la República. Esas eran las metas planteadas para ser realizadas a mediano plazo, porque mientras tanto, mientras se llegaba a la confección de ese mundo perfecto de reformas y leyes, en lo inmediato urgía: que se sustituyera a los magistrados de la CSJ cuyos períodos estaban próximos a vencerse, que temporalmente se estabilizaran los precios de bienes y servicios, se suspendieran los aumentos programados en el precio de la gasolina y se estabilizaran las tarifas de los servicios públicos, así como que se detuviera la aplicación de la apertura comercial para el sector agropecuario y se implantara una política que priorizara la producción nacional y la protegiera de la competencia desleal de los productos foráneos.

> Por esos días había rumores permanentes, pero no solo por la conspiración sino por la presión de todos los sectores políticos contra el gobierno, incluso de sectores del estatus que –estoy seguro– no estaban conspirando… Pero ya la debilidad del gobierno era grande. Estaba la presión de Acción Democrática, la presión de la calle… Pérez cambió el gabinete y se formó el famoso Consejo Consultivo. Un Consejo Consultivo donde llegó a estar hasta Maza Zavala; pero Maza Zavala no aceptaba reunirse con los ministros, porque los consideraba indignos… Y el Consejo comenzó a exigir cambios dentro de las líneas fundamentales del gobierno[93].

El 10 de marzo, el mismo día en que el Consejo Consultivo había pensado entregar su manifiesto al Presidente –al final lo hizo el 11–, se

---

93 Fernando Martínez Mottola.

produce un cacerolazo contra la administración de Pérez convocado por La Causa R, y se produce además una nueva modificación en el gabinete que pasó casi desapercibida en los periódicos que, al día siguiente, centraron sus líneas editoriales en reseñar el sonido de las ollas de protesta. Pérez llamó, a aquel movimiento que hizo, «gobierno de coalición» porque dos dirigentes copeyanos se sumaron a la fila de ministros. Fueron Humberto Calderón Berti por Armando Durán en el despacho de Relaciones Exteriores, y José Ignacio Moreno León por Gerver Torres, como ministro de Estado en el Fondo de Inversiones de Venezuela. Junto a ellos, se inauguraron Luis Piñerúa Ordaz, quien por fin aceptó Relaciones Interiores, dando así término al interinato de Lauría; Pedro Vallenilla, que sustituyó a Imelda Cisneros en Fomento; José Mendoza Angulo, que tomó el testigo de Jesús Carmona, encargado de Justicia luego de la salida de Armida Quintana, que sólo duró dos semanas en el puesto; Teresa Albánez por Marisela Padrón, en Familia, y José Andrés Octavio por Carlos Blanco en la Copre. El nuevo equipo parecía que podía funcionar, o por lo menos eso debía querer Pérez. Sin embargo, su conformación le costó mucho, porque a esas alturas nadie quería aceptarle un cargo. Para muestra, la misma renuncia de Luis Piñerúa y el paso fugaz de Armida Quintana. Por esos días parecía que ninguna persona quería atenderle el teléfono al mandatario.

La incorporación de Copei al gobierno tampoco fue tarea fácil. Casi inmediatamente después del golpe se había planteado el tema, e inclusive a finales de febrero el ex presidente Luis Herrera Campins llegó a sugerirlo, pero en los copeyanos había demasiado rechazo a participar, y cuando por fin decidieron incorporarse al gobierno lo hicieron a regañadientes. Aunque Eduardo Fernández, como secretario general del partido, afirmó ese día que el país estaba por encima de las diferencias, en la votación que hizo el Comité Nacional de Copei para decidir el asunto, casi todos los organismos funcionales votaron en contra, y muchos dirigentes hablaron muy mal del futuro de un gobierno «de unidad nacional», como preferían llamarlo los socialcristianos en sus comunicados oficiales.

–Eso es abrazarse al cadáver de Carlos Andrés Pérez –enjaretó Douglas Dáger– y yo no me abrazo a ese cadáver.

–Para mí –se distanció José Miguel Uzcátegui– no es ninguna garantía la presencia de Calderón Berti y Moreno León en el gabinete porque los dos son propaquete.

La decisión copeyana no había sido unánime, y lo único que en realidad acordó la organización fue darles permiso a dos o tres de sus dirigentes a participar. Pese a que se habló de que había retornado la guanábana a Miraflores –en alusión a los tiempos en que AD y Copei gobernaron juntos en la administración de Raúl Leoni– no hubo tal mancuerna, sólo dos copeyanos que como prestados en comisión de servicio aceptaron la oferta para trabajar en unas oficinas del gobierno.

Al mes siguiente, después de veintitrés días de forcejeos, el 2 de abril de 1992, Miguel Rodríguez salió en definitiva de la administración pública. Su puesto en el Banco Central de Venezuela pasó a ser ocupado por la economista experta en política monetaria e integrante del Consejo Consultivo, Ruth de Krivoy. Justo en esa fecha también los miembros del cuerpo consultivo le dirigieron una nueva y última comunicación al Presidente de la República, diciéndole, en dos platos, que hasta ahí llegaban ellos, porque sus funciones habían cesado con la entrega que habían hecho de sus recomendaciones. Aprovecharon la oportunidad para recordarle que la tarea de rectificación era inaplazable. Ocho días después de esa misiva, se eligió la nueva directiva de la Corte Suprema de Justicia. Al final, tal como lo sugirieron Los Notables, lo recomendó el mismo Consultivo y como el mismo Pérez lo propiciara, cinco magistrados que tenían sus períodos vencidos rechazaron postularse de nuevo y se jubilaron, permitiendo la renovación de una tercera parte de la CSJ. Pero ya antes habían pedido su retiro otros tres: Ramón Duque Corredor, Pedro Alid Zoppi y Cipriano Heredia Angulo. La presión del fiscal y Los Notables había hecho efecto.

Dos meses más tarde, el 12 de junio, después de muchos vaivenes y declaraciones encontradas, Copei decidió abandonar el barco en el que se había subido casi amarrado, y Pérez se quedó aguantando lo que venía.

Un buen día de febrero a las once de la noche me llegaron a la casa Miguel Rodríguez, Fernando Martínez, Pedro Rosas y creo que Gerver Torres, para pedirme que aceptara Cordiplan... Y me dieron hasta la mañana siguiente para decidir, pues ellos iban a reunirse a las siete en Miraflores, y yo era el candidato de ellos.

El asunto era que Pérez tenía que cambiar el gabinete y no tenía mucho tiempo. Y ellos temían que si no ponían un candidato creíble, Pérez, que tenía demasiados compromisos, demasiadas dificultades políticas, podía darle esa posición a cualquiera, como de hecho fue lo que hizo cuando sacaron a Gerver, a Imelda, a Carlos Blanco, a Armando Durán... En fin, Pérez debía cambiar el gabinete y, probablemente, ellos sentían que no estaban en control de la situación. Seguramente habrían negociado con Pérez que si yo aceptaba, él me nombraba pero si no, igual iba a nombrar a otra persona y, probablemente, eso no era lo que ellos querían.

Miguelito me había dicho que había hablado con Pérez, y que si yo aceptaba, me nombraban, pero Pérez realmente no me conocía. Yo no tenía relación con él, y no exagero si digo que lo habría visto un par de veces. Ana Julia [Jatar][94] y yo nos habíamos ido a Inglaterra en diciembre de 1988, ella quería hacer su doctorado y yo me fui como profesor visitante en Oxford. Regresamos en el año 1991, y era profesor del IESA cuando esa noche de febrero me plantean que sea ministro de Cordiplan.

Yo tenía una muy buena relación con todos ellos: Miguel era mi gran amigo del IESA, a Pedro Rosas lo había conocido trabajando en Cordiplan en el año 84-85, y con Gerver habíamos trabajado en la Copre. Eran unos amigos que me estaban pidiendo que, por favor, aceptara.

Así que esa noche me dije: «La democracia en Venezuela está en peligro, y si se pierde, para mí sería muy importante. Yo no me imagino vivir sin democracia; porque a los trabajadores intelectuales –por llamarnos de cierta forma– sin democracia nos asfixian». Entonces me planteé en cuál de dos escenarios prefería estar: ¿se perdió la democracia a pesar de lo que hice o lo que pude hacer? ¿O se perdió la democracia y no ayudé a evitarlo? Llegué a la conclusión de que me iba a sentir más cómodo conmigo mismo aceptando la oferta, incluso en un escenario de fracaso. Y acepté.

Acepté como una pesada responsabilidad, y yo diría que el día que me juramentaron, para mí, fue un día lúgubre. Allí no había el menor motivo de celebración. Recuerdo que estaba Miraflores lleno de huecos de disparos, y cristales todavía rotos por lo del 4 de febrero...

---

94 Ana Julia Jatar: economista. Superintendente para la Promoción de la Competencia entre 1992-1994.

En esos días uno podía cortar el aire con tijera... Es decir, a mí
me pegó muchísimo la reacción de la sociedad venezolana el 4 de
febrero. A mí me pareciera que el golpe era algo tan obviamente
despreciable, una violación tan básica de lo que son las normas de
convivencia democrática que el que haya habido una parte de la
sociedad venezolana a la que aquello le pareciera una maravilla era,
para mí, muy difícil de aceptar. Me costaba creer que hubiese tanto
venezolano que en el momento de un ataque asesino en contra
de las instituciones democráticas, no haya tenido una reacción de
rechazo, de desprecio moral... Es que yo no podía creer cuando
Caldera se puso a hablar en el Congreso, y luego ver a Aristóbulo
dándose media vuelta. Y después, cuando fui al día siguiente al
IESA y me encontré a una cantidad de estudiantes a los que no les
parecía tan cuestionable, moralmente, el golpe... Ahí les dije:
—Un momento, yo presumía que nosotros no íbamos a tener ¡ninguna! discusión al respecto. ¿De qué estamos hablando?
Es que ese relativismo moral que hay en la sociedad venezolana me
agarró muy por sorpresa. Yo no comprendo cómo Caldera hizo lo
que hizo el 4 de febrero, pero tampoco comprendo cómo Venezuela reaccionó así.
Ahí es donde yo tengo una disonancia cognoscitiva con Venezuela,
porque a mí el discurso de los golpistas me habla de una Venezuela que nunca existió, y el hecho de que haya gente que crea que
existió, me parece incomprensible. Por ejemplo, esa idea de que en
Venezuela había una élite establecida, un élite de poderosos que tenían el juego trancado, y el pueblo sufría y no le prestaban ninguna
atención. ¿Cómo es eso? Explíquenme. Cómo es eso de que aquí no
había oportunidades para nadie sino para un grupito, y sin embargo tenemos un millón de colombianos, setecientos mil españoles,
italianos y portugueses que cuando llegaron no sabían ni hablar
español y tenían un bajísimo nivel educativo, pero todos llegaban
a Venezuela porque pensaban que aquí sí tenían chance. ¿Cómo es
esa vaina de que no hay oportunidades en un país con una cifra de
inmigración tan grande? ¿Quién me va a decir eso a mí, que tengo
un PhD, y mis padres no terminaron secundaria? Entonces, ¿de
qué país me están hablando? ¿Y mis amigos? ¿Quién es el papá de
Gerver Torres? ¿Quién es el papá de Carlos Blanco? ¿Quién es el

papá de Moisés Naím?¿Cómo es eso de que el juego estaba cerrado? ¡¿De qué me están hablando?! ¿De qué juego cerrado me están hablando?

Es decir, ¿se entiende esa desconexión? Por ejemplo, esa representación que se hizo de lo que es Venezuela en la telenovela *Por estas calles*, no la entiendo…

Yo, a mis alumnos, en mis últimas clases, les digo que para un economista hay tres formas de ver el mundo, tres paradigmas: uno, Dios es grande, y Dios está en control y si tú te portas bien, te va a ir bien, y si te portas mal, Dios te va a castigar; así que si un país se mete en problemas es porque se portó mal. Si tú estás en esa visión, el rol del economista es sermonear, decirle a la gente cuál es el camino correcto, porque si no van a pecar, y si pecan los van a castigar, y como Dios tiene un instrumento de castigo que son los mercados de capitales, entonces se dispara la tasa de interés, se deprecia la moneda. Ese es un paradigma: Dios es grande. El segundo paradigma es: Dios te necesita, es decir, que no es todopoderoso, sino que está en una pelea contra el mal porque el diablo está por otro lado, y entonces tu rol es luchar contra los malos, y los malos son las transnacionales, el imperialismo, los gobiernos corruptos, lo que tú quieras, y tú luchas porque son los buenos contra los malos; porque los problemas del mundo y la pobreza se deben a que hay algunos malos. El tercer paradigma es que Dios estaba ocupado, o muerto o está en otra cosa, y como Dios está en otra cosa, pasan cosas que no son castigo divino sino que son problemas que necesitan resolverse, y no hay algún malo detrás de ellos. El rol del economista aquí es buscar la solución a los problemas; no es un rol ni moralista ni de luchar contra el mal.

Pues, bien, el paradigma de Venezuela es el de los buenos y los malos; y si hay problemas, no surgen por casualidad, sino porque hay una intención… Eso es lo que se piensa.

Yo creo que la sociedad venezolana no había entendido en dónde estaba metida. No es que el programa económico era caprichoso, era que Venezuela tenía una economía con serios problemas. En 1989 el país había hecho *default* sobre la deuda, había suspendido los pagos. ¿Cómo arrancar un país así? No era que había muchas opciones de dónde escoger, no es que estábamos sentados sobre un chorro de petróleo y podíamos negociar y pedir plata. No. Es que no teníamos otra. Esta fue la lógica del año 1989. Ahora, en el año 1989 se desconoció el derecho a comprar dólares en Recadi, no sé si fueron seis mil o siete mil millones de dólares de gente a la que se le había dicho que tenía acceso a esos dólares a tasa oficial, y después se devaluó. Esa gente no perdonó. La recesión que vino en 1989, que fue dramática, también generó otro grupo muy descontento, y después vino la ideologización de la cuestión como que si ese era el asunto. Hay que separar lo que era el problema ideológico de lo que eran las opciones ideológicas alternativas. El problema del país era muy serio. El país no pudo entender el problema en que estaba. El país estaba quebrado[95].

---

95 Ricardo Hausmann: ministro de Cordiplan desde febrero de 1992 hasta junio de 1993.

CAPÍTULO 19

POR ESTAS CALLES

—*En el año 2005 escribiste en la revista mexicana* Letras Libres *que nunca fue tan fácil ser un intelectual público en Venezuela como en los años noventa.*

—Creo recordar que eso era parte de una entrevista que le hice a Moisés Naím para la revista, y donde yo, escribiéndola, me sentí en el deber de echar mi parte del cuento. No me parecía que tenía propiedad intelectual hablar del asunto como si yo no hubiera tenido participación en ello. Me refiero a la antipolítica... Pero, déjame empezar a contártelo a mi aire: por ahí en 1996, 1997, estamos en Venezuela, con la democracia esa que tuvimos ya en fase terminal y con Pérez, abominado personaje, preso en su casa de Oripoto, y César Miguel Rondón[96] me dice que Pérez quiere conocerme. Esto no es para singularizarme sino que Pérez estaba muy aburrido, como le pasaba a Napoleón en Santa Elena: lo había tenido todo y ahora estaba preso en Oripoto. Yo no tuve inconvenientes, porque al fin y al cabo el tipo estaba preso, y fui... El caso es que Pérez no era una personalidad atenta a lo que uno pudiera decir, no estaba interesado en lo que uno quisiera decir, sino en departir y, por supuesto, en ser escuchado. Yo me acuerdo que cuando nos sentamos en el recibidor, y él ofreció un trago como aperitivo, yo me apresuré a decirle: «Mire, yo no me puedo tomar una copa en su casa sin antes decirle que yo fui, algo que usted sabe, un acervo enemigo suyo y que el motivo por el que estoy aquí es porque me ha invitado usted, una persona que está presa, y

---

96 César Miguel Rondón: periodista, escritor.

a mí no me gusta que la gente esté presa. Pero no quisiera que piense que yo vengo aquí como un caradura a tomarme su whisky y a comerme su comida». Él me dijo: «Para eso estamos los políticos, para que nos den». Aquello me llamó la atención, pero no demasiado: formaba parte de una escuela política a la que se adscriben todas esas tres generaciones que van desde Betancourt hasta Pérez... Pero, bueno, no hablamos de nada de lo que yo pensé que él iba a abordar.

–*¿Qué pensabas que él podía abordar?*

–Yo pensaba, ingenuamente, que podía llegar a escuchar algún tipo de remordimiento intelectual, remordimiento político: no he debido hacer tal cosa, he debido pensar las vainas de este modo, el 27 de febrero he debido aplazar... Pero, no. Su discurso era que había habido una vasta conspiración de venezolanos mediocres que quisieron ponerle fin a un intento de reforma económica que era lo que cabía hacer en los noventa. Yo, en algún momento, le pregunté que si la suerte corrida por Víctor Paz Estenssoro en Bolivia, que había sido el gran fundador de un partido populista y que tuvo el tino y la dicha de apoderarse de un programa neoliberal en el último minuto, que si eso era lo que le había movido, que si él pensaba que eso modelaba sus intenciones. Él desechó esa idea. Me dijo: «No, yo simplemente me persuadí de que eran necesarias esas reformas y pa'lante». Cuando le pregunté si había sobrevalorado su carisma, me dijo que no, que en modo alguno, que había sido, todo, obra de los políticos, de politicastros pequeños. Fiel a una vieja tradición de político avezado, no llegó tan lejos como a decir: la culpa es de Escovar Salom. Nunca personalizó. Pero, donde quiero llegar es a que él nunca admitió errores de ejecución en el plan de reformas económicas. Liquidado el tema, empezamos a conversar de otras cosas, y así se disipó todo. Después que él cumplió su condena, coincidimos en otro ámbito y, ahí sí, creo que ni siquiera quiso estrechar mi mano. Yo tampoco me precipité a estrechársela, pero estábamos en un ambiente donde era inevitable. Lo que me lleva a pensar que guardaba todavía molestia por lo que se me atribuía...

–*¿Y lo que se te atribuía era...?*

–Aquí entro en materia: ¿qué se me atribuía? Yo era un muchacho de treinta y ocho, treinta y nueve años, y se me atribuía un plan macabro en combinación con Marcel Granier y los dueños de los medios para desacreditar la política partidista que hasta 1992 había dominado Venezuela. Esa conseja era muy sustentable. Si tú la ves desde lejos era muy sustentable.

Estoy hablando estrictamente del tema *Por estas calles*. No del articulismo de prensa. El articulismo de prensa es absolutamente irrelevante en esto. Nadie ha tumbado a nadie, salvo Clemenceau. Por esos días -1996, 1997- vino a Venezuela Jaime Bermúdez, el actual canciller de Colombia, que entonces era un estudiante haciendo un postgrado de Estudios Políticos en Oxford, y estando aquí nos encontramos y, recuerdo, su pregunta directa fue: «¿Esto fue un plan de las élites para facilitar, por ejemplo, el ascenso al poder de un Marcel Granier o una Irene Sáez?». Le dije: «La respuesta corta es no. La respuesta larga es que la antipolítica estaba en nosotros, en nuestros medios, desde hacía muchísimo tiempo, mucho antes de *Por estas calles*, mucho antes». Creo que, en ese momento, fue como notorio para mucha gente, la telenovela que salió un mes después de la intentona y terminó –por lo menos en la parte que a mí me atañe– inmediatamente después del segundo golpe en noviembre de 1992.

—*¿Estuviste nueve, diez meses escribiéndola?*

—No. Yo pasé un año escribiéndola antes de salir al aire.

—*¿Un año antes?*

—Te explico: el caso es que mi contrato con Radio Caracas se iba a vencer en noviembre de 1991, y por alguna razón, inmadurez, lo que tú quieras, yo pensaba que si se vencía un contrato por el cual me pagaban mensualmente aunque no estuviese escribiendo, me iba a quedar en la inopia. Porque el diarismo, el articulismo de prensa, no te produce dinero. Entonces, me dije: tengo que hablar con Marcel Granier. Conseguí que me montaran una reunión con él, y le dije: «Yo estoy preparando una telenovela que está atenta a lo que llaman 'la agenda social'; una telenovela donde haya negros, y haya maestros de escuela, y no funcione el sistema judicial y haya un tipo que quiera reformarlo. Y yo creo –le dije– que el año que viene es el año ideal para hacer eso». Él no estuvo ni de acuerdo ni en desacuerdo; sencillamente, me pasó por bola. Me dijo que estaríamos atentos, y yo me fui a mi casa seguro de que mi contrato se iba a renovar. Te lo digo con toda honestidad. Pensé: mientras deciden, renuevan mi contrato y no me muero de hambre en el año 92. Pero los sucesos se precipitaron, y muy rápidamente se dieron cuenta, o se dio cuenta Granier de que había llegado, seguramente desde su perspectiva, el momento de cobrar toda la prédica antipolítica; prédica que en su programa dominical *Primer Plano* era muy esquizofrénica. Yo mismo –trabajando en Radio Caracas– escribí varias veces sobre eso, y sé que lo que hacía tenía muy molesto a Granier, porque yo en mis artículos satirizaba a *Primer Plano*. Yo decía: sí, tú tienes una programación absolutamente complaciente, con Radio Rochela, las telenovelas... pero los domingos eres Octavio Paz y entrevistas, y todas las entrevistas que haces son para demostrar que el sector público es una mierda y que los políticos y los partidos son populistas... Pero, bueno... vino la ocasión de *Por estas calles*... Yo rara vez he tenido ocasión de echar el cuento de cuál era el programa político de *Por estas calles* cuando arrancó, un programa que fue modificado por la realidad de la relación televidente-programa, pero se dio esta circunstancia: un golpe, y una persona, en este caso el líder del golpe, monopoliza definitivamente la oposición al régimen porque hace la acción más contundentemente antisistema, y ya no hay nada qué hacer. Ahí no vale la figura de Irene Sáez, ahí no vale nada. Él es un tipo que efectivamente ha demostrado estar de acuerdo con el orden de cosas y ha intentado un golpe. Ha fracasado, y eso es perfecto. Ante eso no hay nada que hacer. Y en ese momento, en Radio Caracas encontraron que tenían el producto asesino, la bomba solo mata gente, que era la telenovela que yo tenía entre manos.

—*¿Pero la idea fue tuya?*

—Absoluta. Lo que yo me había propuesto era un plan de reformas del Estado, pero en telenovela.

—*Tú estabas contratado en RCTV, te estaban pagando aunque no estuvieras al aire con una telenovela porque estabas en una nómina fija, pero ya estabas trabajando....*

—Estaba elaborando una telenovela que se iba llamar Eva Marina. Le pusieron después *Por estas calles* porque Radio Caracas tenía una filial que se llamaba Sonográfica que tenía a su vez contratado a Yordano, con su canción. Yo estaba escribiendo esta telenovela, y me inventé a un juez, personificado por Aroldo Betancourt, que está al frente de un circuito experimental consuetudinario, y ese personaje además daba clases en una universidad, en donde explicaba lo que se proponía hacer en ese circuito. Él y Maríalejandra Martín eran los protagonistas. Ella hacía de maestra de escuela en un barrio marginal, y ahí lo que yo invocaba era la experiencia que había leído en *El Nacional,* de una muchacha que le decomisó un revólver a un alumno de siete años. En la telenovela, mi apuesta secreta era una pareja de color, pero para poder vendérsela al canal tenía que venderla como una subtrama, con la intención maliciosa de que una vez con la trama andando, esa pareja iba a tomar más visibilidad, como efectivamente pasó. Él –el tipo de color– era un venezolano que no guardaba, que no pagaba impuesto, que no tenía trabajo seguro, y ella, una enfermera que trabajaba en un hospital público donde había un médico que tenía un empleo en una clínica privada pero que estaba en conchupancia con el sindicato de salud para robarse los insumos médicos del hospital, y llevárselos a la clínica privada. Y por último –y es el elemento que a mí más me sobrecogió– había un vigilante como dicen los gringos, que era un policía esencialmente honesto, cuyo hijo muere a manos del narco en una balacera. El policía se jubila y se dedica a hacer justicia por su mano porque el sistema judicial era una mierda, y lo que él hacía era algo que se estaba haciendo en Venezuela: había una banda de funcionarios, pagada por un grupo de empresarios, que se prestaban para hacer eso. Un escuadrón de exterminio que a las víctimas les ponía una etiqueta en el dedo pulgar que decía: soy irrecuperable. Eso es histórico y documentable.

–¿*Es un hecho real?*

–Eso es un hecho real que me contó un petejota[97], me lo confirmó una pariente de una víctima y me lo ratificó un integrante del mundo empresarial. Todo esto lo hacían como respuesta a la impunidad que había en el país. Entonces, mi idea era que el personaje que se conoció como *El hombre de la etiqueta* verbalizara y encarnara la frustración ante un sistema judicial corrupto e inepto; pero mis intenciones eran las de problematizarlo a él, al personaje. Yo tenía intenciones de problematizarlo en el momento en que se le ocurriera matar a una juez que él consideraba corrupta. Porque cuando mata a la juez resulta que hay un testigo, que es un policía uniformado, y entonces él tiene que matar al testigo, y eso tiene consecuencias. Eso es lo que yo quería ilustrar: que la vía del vigilante, de *El hombre de la etiqueta*, no es, no sirve; que lo que sirve es lo que proponía el personaje del juez, el protagonista. A la vez, había subtrama, que yo había sacado de una novela de Valle Inclán, que es que *El hombre de la etiqueta* se enternece a distancia con la viuda que ha dejado el policía, y empieza a cortejarla y termina liándose con ella. Esos eran los tres elementos primordiales. Mi primera sorpresa fue una reacción paradójica en el auditorio. Porque el auditorio aprobaba los procederes de *El hombre de la etiqueta*, que agarraba a los delincuentes, los metía boca abajo en un bidón de agua y le

---

97 Funcionario de la ya desaparecida Policía Técnica Judicial.

daba con un bate al bidón. Un bate que decía «Quinto precepto constitucional», que es el precepto al que se acogían los delincuentes cuando no
quería declarar en su contra. Y resulta que *El hombre de la etiqueta* empezó a hacerse extremadamente popular y eso, después del golpe, empezó a
preocuparme. Aquella no era una consecuencia prevista. Y era muy grave.
¡Toda la población! que veía la telenovela aprobaba a *El hombre de la etiqueta*. Aprobaba la vía de hecho.
    –*Pero eso es expresión de una sociedad salvaje.*
    –Exacto. Aprobaba la vía de hecho. Y el personaje decía cosas que
sonaban muy bien. Cosas como: «El hampa no tiene burocracia, entonces no podemos ser burocráticos». «Este es un tipo irrecuperable; hay que
matarlo». Eso le gustaba a la gente. Y yo empecé a preocuparme o, en todo
caso, a sentirme afectado. Empezaron a llegarme cartas de gente que ponía
su dirección –bloque 19 de La Cañada en el 23 de enero, por ejemplo–
y me mandaban listas de irrecuperables que debía matar *El hombre de la
etiqueta*. Eran listas con los delitos y con las culpas. Al principio pensé:
me están dando insumos, pero yo estaba atento a que en el pasado habíamos tenido pruebas de que el televidente se puede mover en dos niveles
de percepción al mismo tiempo: en un nivel cognitivo que entiende que
lo que está viendo es una ficción y lo aprueba, y en un nivel no cognitivo
–o yo no sé cómo llamarlo–, en el cual no solamente aprueba lo que ve
sino que quiere que ocurra. Como yo estaba pendiente de esto, me inquieté. Otra cosa que me inquietó fue que cuando este *hombre de la etiqueta*
le puso la bomba a la juez y, de paso, mató al testigo –que era un policía
uniformado–, Granier me llamó. Dije: ¡coño!, seguramente él desaprueba
la crudeza de esta historia. Pero resulta que no, que me dijo: no te vayas
a poner cómico, *El hombre de la etiqueta* no puede ir preso. Cuando él
me dijo eso, me sonó una alarma: esta gente, los que pagan esta historia,
no solamente la aprueban porque tiene ochenta y cinco por ciento de
rating, sino porque lo que discurre políticamente en la trama les gusta.
Y lo aprueban tanto como los de abajo. Pero además ocurrió otra cosa,
muy grave: en la telenovela había un personaje que hacía una actriz que
era evangélica. Ella tenía el papel de la cuñada del juez, que era viudo, y
era una mujer muy rígida, muy religiosa, que se encargaba de la crianza
de sus sobrinos porque vivía en la misma mansión del juez. Pero resulta
que esta mujer tenía unos sueños eróticos con el juez, con su cuñado, y
esos sueños debían ser convencionalmente inequívocos. Ella soñaba, lite

ralmente, con cosas como la escena del *striptease* de Jamie Lee Curtis en *True lies*. Después de que yo escribí lo que tenía que ocurrir, la actriz me pidió una cita. Yo dije: esta mujer es evangélica, y me va a decir que no se va a calar salir con ligueros. Pero ¡no!, no fue así. Ella vino a contarme algo distinto: que en el edificio en Chuao, en donde ella y su marido vivían, vivía también un pinche dirigente adeco, que no me puedo acordar del nombre, un tipo muy mediocre que un día la agarró en el ascensor, la golpeó y le dijo: «Ustedes quieren acabar con la democracia, y el tipo que escribe esa vaina es un comunista» y no sé qué más. Por supuesto, ella y el marido llamaron a la policía, pero cuando ella me contó eso, vi que había un conflicto muy gordo, y llamé a Marcel que, para mis fines, era el responsable político. Le conté lo que acababa de oír y le dije que no lo podíamos dejar pasar... No me pararon mucha bola. Ni siquiera lo llevaron al noticiario, cosa que me llamó la atención porque pensé que a ellos hasta les convendría el espectáculo. Después de eso, ocurrió un episodio de *copycat*. En ese tiempo, año 1992, *El Nacional* tenía una campaña muy dura contra Antonio Ríos[98], el secretario de la CTV, con la acusación de que él, dando unas tarjetas de presentación, se dedicaba a recomendar facilidades de adquisición de apartamentos de Coracrevi. Fíjate qué inocente era ese país de entonces. En ese momento, era el gran escándalo, y Antonio Ríos estaba todos los días en primera plana como el jefe de la mafia sindical adeca. En esa época yo vivía solo y me levantaba muy de madrugada a escribir, y yo tengo una cosa: no puedo escribir oyendo radio. O sea, puedo escribir con música, pero una voz me desconcentra. El caso es que yo, todos los días por la mañana oía un programa en Radio Nacional que se llamaba *Allegro*, y cuando terminaba ese programa, y venían las noticias, yo apagaba la radio y ponía mi musiquita, pero esa mañana dejé la radio encendida sin darme cuenta. Como a las nueve y cuarto pasan un *flash* con la noticia de que un tipo le ha metido tres tiros a Antonio Ríos. Inmediatamente dije: un *copycat*, un tipo desquiciado que copia a *El hombre de la etiqueta*; estoy metido en tremendo peo con Acción Democrática, ahora se termina la novela porque Marcel va a pactar con AD, y sacará la novela del aire. Eso fue lo que pensé. Y empecé a llamar para el canal, porque

---

98 Antonio Ríos: dirigente sindical de AD. En 1992 era presidente de la Confederación de Trabajadores de Venezuela.

en la novela había un personaje llamado Don Lengua, que lo único que hacía era decir a cámara un texto pequeño que era como un editorial en la calle, un editorial que a la gente le gustaba mucho. Entonces, yo llamé a la producción y le dije: me agarran a Don Lengua para que repudie el atentado. Después de eso, pasé dos días, ¡dos días! tratando de hablar con Marcel Granier, con Peter Bottome[99], con la gerencia de los noticiarios para repudiar el hecho.

–¿Y el personaje de Don Lengua pudo decir algo?

–Solamente yo tomé la iniciativa práctica de llamar a la producción y ordenar: «Don Lengua va a condenar el atentado, y me importa un pito si se sale de la trama. Y lo va a decir empezando la telenovela». Pero cuando pasa esto, ya era mi segunda evidencia de que el canal no estaba interesado en mitigar el repudio a los políticos, que llegaba al extremo de que un tipo le diera unos tiros a Antonio Ríos –quien por cierto, fue absuelto de esos cargos, y yo no estoy salvando al tipo, a mí él me caía muy mal, pero fue absuelto, y los cargos eran muy chiquitos en comparación con lo que hemos visto después–. Y por último, lo más gordo para mí es que vino la intentona del 27 de noviembre, que rápidamente se nos vendió como el ala derecha de los golpistas. Y en esa ocasión, tampoco pude hablar con ningún responsable político del canal, como pueden ser sus propietarios.

–Pero llega el golpe ¿y?

–Llega el 27 de noviembre, y yo fui al canal y dije: no salimos al aire, y Don Lengua repudia esta vaina. Entonces, no salimos al aire, pero Don Lengua no repudió nada. No salió. Ese fue uno de los motivos por los cuales dije: no voy a seguir en esta ridiculez porque, obviamente, aquí se ha desatado una crisis política, y yo estoy haciendo el ridículo. Renuncié en público, hice una pataleta pública... Y este era el cuento que me parecía pertinente contarte: cómo es que a partir de ahí empecé a elucubrar sobre los efectos paradojales que –en un contexto como este– tenía el hacer una telenovela en donde tú proponías unas cosas y resultan otras. Yo quería penalizar al hombre que toma la justicia en sus manos...

–Pero de repente suena hasta muy ingenuo.

–Es posible. Es posible, incluso, que yo hubiese respondido a la teoría del reflejo marxista de que la gente me va a parar bolas. Yo lo que

---

99 Peter Bottome: directivo del Grupo 1BC, dueño de Radio Caracas Televisión y *El Diario de Caracas*, entre otras empresas.

quería era que en algún momento a *El hombre de la etiqueta* lo agarrara el juez de mi historia, que era su yerno, y lo llevara a juicio y fuese penalizado, pero no llegué ahí... Y la acusación de ingenuidad la resiento, porque yo pensaba que estaba haciendo de verdad un espectáculo, y pensaba que penalizando al hombre que toma la justicia por su mano cumplía con lo mínimo de la Comisión Hayes, y resulta que ¡no!, que la gente simpatizaba con el hombre que tomaba la justicia por su mano. Por eso es que yo nunca he cesado de decir lo que dije en la entrevista con Naím: sí, me considero responsable de haber dado un granito de arena a la antipolítica; ese fue mi aporte a la antipolítica. Aunque yo, en ese momento, hubiera dicho: «No, yo creo en los partidos, yo creo en la alternabilidad...»

—*Una precisión, para confirmar: llevabas escribiendo la novela más o menos un año antes de salir al aire, estabas recreando un mundo...*

—Sí, yo estaba en cola con los demás escritores, y por eso fue que tuve la reunión con Marcel en el año 1991. Le dije lo de la novela con agenda social y él no me paró demasiado. Vino el golpe el 4 de febrero, y yo salí al aire el 1º de marzo.

—*Después del 4 de febrero te llamaron enseguida.*

—Claro, porque los sucesos le hicieron pensar.

—*El* timing *fue perfecto.*

—Claro. Todas esas cosas son consecuencias no buscadas, pero ellos vieron que, efectivamente, había un clima de rechazo a la vieja política y dijeron: bueno, tenemos un tipo que ha escrito una novela que está en la vaina social.

—*Yo sabía de ese acto de arrepentimiento público tuyo; había leído de ese acto de contrición. Lo que no sabía, y que me enteré leyendo la revista* Letras Libres, *es que tú eras amigo de alguna gente que estaba en el gabinete de Pérez.*

—Sí.

—*Pero, me has dicho que tú tenías esta novela, esta fantasía que venías trabajando desde hacía tiempo... y tú conocías a esta gente que estaba en el gobierno.*

—Sí por supuesto, pero fíjate: mi idea, junto con José Ignacio Cabrujas[100], era que había que concederle un cierto beneficio de la duda, por lo

---

100 José Ignacio Cabrujas: dramaturgo venezolano. Fue además director, guionista de televisión y articulista de prensa.

menos hasta que empezaran los tiros, a un gabinete que estaba conformado por gente que provenía del MAS; es decir, independientemente de que
estén aplicando las fórmulas del Consenso de Washington, cabía esperar
una cierta sensibilidad que se expresase como prudencia en la aplicación
de la fórmula. Pero no fue así. Era la fórmula Paz Estenssoro, y la aplica-
ban porque sí, ¡porque funcionó con Jeffrey Sachs en Bolivia!... Ahora, el
único de todos ellos con el cual yo mantenía una relación era con Moisés, que es un tipo excepcional; éramos amigos... Pero te voy echar este
cuento: el 30 de marzo de 1989, Moisés hizo una comida en su casa. No
para festejar nada, sino para soltar el vapor que se dispararon entre el 27
de febrero y finales de marzo. Estaban invitados *El Policía* Izaguirre, Ítalo
del Valle Alliegro, Miguel Rodríguez, Gerver Torres, Leonardo Vivas. Yo
fui con una novia que tenía en esos días, y esa noche los dos salimos de
allí muy desconsolados... Porque era ver que Gerver Torres hacía chistes y Leonardo Vivas, que no era ministro pero que era un director de
ministerio, también hacía chistes. Era una vaina como muy cínica. Y eso
significó mucho para mí. Porque los únicos consternados, genuinamente
consternados, eran *El Policía* Izaguirre, Alliegro y, por supuesto, Moisés.
Los únicos. Pero de los tecnócratas, que provenían de la izquierda, y de
quien uno podía razonablemente pensar que iban a moderar su acción, y
de quienes yo esperaba que dijeran: ¡Coño!, qué cagada... no sé... Todos
estaban enceguecidos con Pérez... pero ¡ah! ya estaban molestos con él
porque había reculado, y recuerdo que Miguel, en esa cena, todavía hablaba de la cifra: «Si hubiéramos subido en esto y lo otro». En fin, una vaina
muy latinoamericana, y muy loca.

—*Me estás diciendo que a ti te afectó la insensibilidad social de esta gente
al aplicar un programa económico como lo aplicaron. Pero cuando tú haces
Por estas calles, en la televisión lo que se veía es que tú cuestionabas a un
gabinete de un gobierno equis, que era corrupto. Y toda esta gente que estaba
en el gobierno sentía que tú le estabas diciendo corrupta.*

—Claro, eso pasaba, eso pasaba.

—*¿Y cómo te sentías? Porque por más que sea, los conocías, eran o habían
sido amigos...*

—No, no, a mí, joder a los adecos me hacía sentir muy feliz. Enten-
dámonos: yo, el 4 de febrero sentí un fresquito. No lo puedo vindicar hoy,
pero en ese momento dije: coño, qué bueno que Carmelo Lauría no se va
a seguir riendo de mí. Dije: aquí van a venir unos cambios, que no se los

atribuía a los golpistas, sino que pensaba que lo ocurrido era un aldabonazo, que tendrán que hacer algo. Cuando te cuento esto, te lo estoy contando en retrospectiva; en el momento, yo podía estar escindido entre ser un articulista acervo los domingos y hacer una telenovela de intención social, satírica, donde ocurrían esas cosas, donde la gente simpatizaba con quien yo no quería que simpatizara. Así es la vida, la vida está llena de consecuencias no buscadas.

–*Para ti, la gente...*

–La gente no aplaudió al juez, la gente aplaudió al tipo que mataba.

–*No había una crítica al sistema político sino...*

–El anhelo de un hombre duro que se cargara todas las normas. Por eso es que yo, siempre que puedo, me atribuyo parte de la culpa[101].

---

101 Ibsen Martínez, 16 de julio de 2009. Escritor, articulista de prensa, creador de la telenovela *Por estas calles*.

CAPÍTULO 20

En los tres últimos años se había visto bastante de la guerra corporativa entre Venevisión y RCTV. Las dos compañías de televisión no se limitaban a rivalizar por la audiencia con escandalosos anuncios que promovían que cada una tenía los mejores programas, los mejores actores y las mejores instalaciones; no se restringían a competir en los mismos horarios por la telenovela con el mayor *survey*, el más novedoso programa de concursos o el principal *show* cómico de la televisión nacional. La competencia entre ellas iba mucho más allá de una simple pugna por ganar una mayor porción del mercado. En los tres últimos años –los tres primeros de la segunda administración de Pérez– era usual ver a las dos principales empresas de televisión del país enfrentarse a través de sus noticieros, utilizando al gobierno como eje de sus ataques. Buscando que en cualquiera de esas embestidas cediera ante uno de los dos. Por eso era frecuente ver que en el menú de los telediarios de la época, poco después de una noticia sobre el índice inflacionario o la última decisión de aumento de la gasolina, se difundiera una información sobre el presunto derrumbe del grupo Cisneros –propietario de Venevisión y supuestamente, por mampuesto, también de Televen–, o una nota que remitiera a la polémica en torno al bono a las exportaciones, o alguna acusación de favoritismo gubernamental a favor y por supuesto en perjuicio de una u otra empresa.

La pugna entre los dos grupos era vieja, pero nunca había alcanzado los niveles que comenzaron a registrarse cuando arranca la segunda presidencia de CAP. El germen de la discordia en apariencias era Televen, o mejor dicho: la composición accionaria del canal que, de la mano del empresario Omar Camero, había surgido en Caracas a principios del año 1988. Algunos sospechaban –y entre ellos los dueños de RCTV y *El Diario de Caracas*– que no eran de Camero sino del Grupo Cisneros los capitales que sostenían a la nueva televisora, y con esa sospecha a cuestas se pasó a hablar de monopolio, y de favoritismo, porque para todos era conocida la antigua amistad que unía a Carlos Andrés Pérez con los hermanos Cisneros –que habían heredado la relación de su padre, Diego– y muchos maliciaban tratos preferenciales en cualquier negociación o trato que ellos tuvieran con el Ejecutivo. En el común de la sociedad se manejaba la estrecha relación que desde tiempo atrás los Cisneros habían tenido no sólo con el gobierno de CAP sino con los gobiernos adecos, y se llegaba a asegurar que el despegue económico del grupo coincidía con el gobierno de Rómulo Betancourt a principios de la década de los sesenta, y que, a finales de los setenta, con el primer gobierno de Pérez, los vínculos se consolidan.

Con esos antecedentes, la guerra –porque ya no se podía hablar de pelea– comenzó bien temprano. El 19 de febrero de 1989, aún estrenándose el gobierno, *El Diario de Caracas* dedicó siete páginas de su edición a reseñar lo que Ramón Darío Castillo, el cronista social del periódico, llamó «La boda del siglo», que no era otra que la celebrada dos días antes entre dos hijos de dos prominentes familias venezolanas. Una de ellas –qué coincidencia– era Cisneros.

La nota periodística, entre otros detalles, hablaba de tiara de brillantes, vestidos Dior, lluvia de fuegos artificiales, tres mil quinientos invitados, fila de vehículos de más de diez cuadras. Hubiera podido pasar como la reseña de una recepción muy, muy suntuosa, pero la conocida rivalidad entre los dos grupos económicos hacía imposible aceptar el despliegue noticioso que se le había dedicado al evento, sobre todo por el título y la foto que a la nota le otorgaron en primera página, y que en contra de lo usual desplazó a cualquier otra información de relevancia –que en aquel tiempo abundaban–, en materia política, económica o social. Sin necesidad de ser acucioso era manifiesto que más que el simple registro de un hecho, había en el periódico una crítica abierta a unos faustos realizados en el Alto Hatillo, en momentos en que Venezuela acababa de recibir el baño de agua fría de un programa económico de choque. Bastaba con apreciar el tratamiento que en primera página recibió la información: «La boda del siglo» era el título principal, y dicho y escrito así pareciera suave y descriptivo, acorde con el sentido que el reportero le había dado a su reseña; reportero que, por cierto, rara vez –para no decir nunca– se daba el lujo de «abrir» periódico, y que a lo mejor aquel día estuvo muy a gusto cuando supo que se respetaría su idea de titulación a la hora de destacar la información en la primera plana. En ese instante, el cronista a lo mejor desconocía que el titular de primera iría acompañado de una coletilla: «La crisis tiene excepciones». Y es probable que también ignorase que a la hora de redactar aquella primera plana, entre las opciones de títulos que se manejaron para abrir la edición hubo otra –quién sabe si en son de broma– que estuvo barajándose durante largo rato. Era una que apelaba a un juego de palabras, y que venía con piquete: «¡Qué boda!» era la propuesta, con signos de admiración incluidos.

Esa portada fue un hito en la tirria pública entre las dos corporaciones. Luego vinieron los pleitos por los montos de los subsidios que se daban a las telenovelas que se exportaban, las acusaciones de parcialidad a favor de Cisneros en el proceso de licitación de CANTV, las acusaciones –y las defensas respectivas– de monopolio televisivo que tenían que ver con la propiedad de Televen y, algo muy singular: el seguimiento que se le dio a todo lo que tuviera que ver con las licitaciones para unos megaproyectos de aluminio que había anunciado el gabinete económico. Aunque este tema en particular podía pasar desapercibido en medio del enjambre noticioso de la época, su cobertura no se apartó de la pugna abierta entre los dos grupos. Los distintos noticieros de televisión, cada uno desde su perspectiva y desde su específico punto de vista, dedicaron amplios segmentos a detallarlo.

El seguimiento informativo tuvo su inicio cuando el gobierno anunció que se licitarían tres megaproyectos de aluminio bajo la modalidad de conversión de deuda en inversión. Desde un principio las autoridades aclararon que no podían otorgarse más de tres proyectos, porque la capacidad de generación eléctrica del país no garantizaba más –de acuerdo con lo averiguado por el periodista Luis Guerra Fortique, era lo que avalaba la Corporación Venezolana de Guayana–. Un megaproyecto sería para la ampliación de una línea de Alcasa, y los otros dos para plantas reductoras de aluminio. Hasta ahí, todo marchaba bien. El primer megaproyecto, la V Línea de Alcasa, fue otorgado en diciembre de 1990 luego de la valoración de varias ofertas. El segundo, para una planta reductora de aluminio, se concedió en marzo de 1991; en esa ocasión además del grupo ganador que obtuvo 99,78 puntos de evaluación, participaron tres grupos más a quienes, pese a no haber quedado bien calificados, se les dio chance de que mejoraran sus propuestas y participaran en el próximo concurso por el que se esperaba fuera el último megaproyecto a licitar. Tres meses más tarde, sin embargo, resultó que no fue uno sino dos los megaproyectos otorgados. El 22 de junio de 1991, en contra de lo que se había declarado, de repente se conoció que sí habría capacidad de generación eléctrica. La CVG lo había certificado. Ese día se anunciaron dos plantas de reducción de aluminio, en vez de una: la primera fue para el grupo Orinoco Holding, que obtuvo una calificación de 87,21 puntos, y la segunda, para el equipo que alcanzó 84,32 puntos y en cuyo consorcio participaba, entre otras empresas, la Organización Cisneros.

Este suceso, apenas un mes después de que los Cisneros –también como parte de una sociedad– ganaran la subasta por la primera banda de telefonía celular, y a pocos meses de que se concretara la privatización de la CANTV, en donde los dueños de Venevisión también concursarían, sembró más dudas en el grupo rival, agudizó las tensiones y el enfrentamiento entre las dos corporaciones de televisión, y enrareció el ambiente en torno a la transparencia de la acción de gobierno.

Para mí, una pieza fundamental, sin la cual esta historia no se puede contar, es el enfrentamiento entre Marcel Granier y Gustavo Cisneros, entre Radio Caracas y Venevisión[102].

Para principios de 1992, ya se había visto mucho de ese enfrentamiento. En aquellos treinta y seis meses, el gobierno había tratado de pasar agachado. En apariencias se había hecho el loco o había mirado para otra parte mientras de lado y lado le lanzaban baldes atestados de acusaciones; pero después del golpe del 4 de febrero, se suspendieron las garantías y ya no cabía la posibilidad de hacerse el desentendido. En Miraflores optaron por convocar a los medios de televisión. Decidieron llamarlos al botón.

La reunión fue un domingo, se dice que el primer domingo después del golpe. Asistieron directivos de las televisoras nacionales: los canales privados dos, cuatro y diez, además de la televisora oficial, que tenía dos canales: el ocho y el cinco.

La ministra de la Secretaría, encargada de llevar la batuta del encuentro, empezó exponiendo la gravedad de la situación nacional y el impacto que sobre la población tenía la combinación de un programa de ajustes macroeconómicos con la acentuada rivalidad entre los medios. Solicitó que en la medida de lo posible se redujeran las polémicas mientras el país

---

102 Fernando Martínez Mottola.

retornaba a la normalidad. Insistió en que todo sería más rápido y más fácil si los medios accedían a reducir los mensajes de violencia. Ante esos alegatos, los representantes de los canales protestaron porque la suspensión de garantías había impuesto controles a sus programaciones, y se quejaron muy fuertemente de la imposición de los censores, que eran figuras –eso dijeron– propias de las dictaduras: que si el censor que nos tocó a nosotros no dejó sacar una simple información; que cómo creen que no se reclame este tipo de atropellos; que esto es una agresión a la libertad de expresión y ¿en qué país estamos?; que a nosotros en realidad no nos trataron mal pero sí fastidió el tipo metido en las oficinas, supervisándolo todo.

Después de la descarga, la ministra les recordó que el país estaba bajo un régimen de suspensión de garantías constitucionales y que era el interés del gobierno levantarlo cuanto antes, pero que eso no podía hacerse mientras hubiese brotes de violencia. Sin embargo, les anunció que el Ejecutivo suspendería la presencia de los censores y que pronto el Ministerio de Relaciones Interiores se los informaría de manera oficial.

–Pero el gobierno –insistió– espera que no transmitan mensajes que insten a la violencia y que colaboren con Relaciones Interiores en la diseminación a la población de los mensajes de ese despacho.

Los ánimos erizados de los visitantes fueron cediendo, y fue entonces cuando se aprovechó para revelar el verdadero motivo de la reunión. El gobierno quería, necesitaba la colaboración de las televisoras para fortalecer los valores democráticos.

–Nosotros no queremos que ustedes modifiquen o cambien su línea editorial –especificó Beatrice Rangel–, sino que dentro de esa línea editorial también hablen de las cosas que está haciendo el gobierno, que introduzcan noticias positivas y, algo muy importante para nosotros: que en la programación de sus canales incluyan programas, películas, que resalten lo que significa un golpe de Estado, que enaltezcan al sistema democrático, que hablen de los peligros de los regímenes totalitarios. Ustedes deben tener dentro de sus archivos una cantidad de películas sobre sucesos ocurridos en otros países del mundo cuando se pierde la libertad, películas como la de Costa Gavras sobre el golpe de Estado en Chile o documentales sobre Hitler y el nazismo. Es necesario que la sociedad sepa de esas cosas; porque después del golpe alguna gente salió apoyándolo, o no apoyó al gobierno o no apoyó a la democracia. Es decir, muchos no estuvieron a favor del golpe pero tampoco estuvieron en contra, y es sumamente peligroso cuando algo así ocurre en una sociedad. De allí que se imponga facilitar información a la gente sobre el impacto que tiene en un país la pérdida de la libertad. El gobierno les quiere pedir su colaboración en este terreno; necesitamos que ustedes pongan programaciones que hagan ver a la gente esta situación.

La respuesta de los asistentes fue más o menos solidaria. El representante del canal cuatro prometió revisar el archivo fílmico y sugirió hacer un documental sobre la democracia venezolana. Otros no dijeron mayor cosa, pero tampoco se mostraron contrarios. Sin embargo, hubo uno, Eladio Lárez, quien iba por el canal dos, que resumió su posición con una frase de antología:

–Eso no es nuestro problema –señaló–, nuestro negocio es el entretenimiento.

La relación con los medios era mucho más difícil que con la misma Acción Democrática. Los medios tenían muchísimo más poder que Acción Democrática, eran mucho menos controlables, y hablaban un lenguaje totalmente distinto. Con AD era una discusión política, con los medios... con los medios era otra cosa[103].

En su trato con las empresas de comunicación, la administración de Pérez había vivido varios desplantes como el de la reunión de Miraflores el domingo después del golpe. Por lo general, y en comparación con la Era Lusinchi cuando radios, diarios y televisoras parecían moverse en las puntillas de los pies, a CAP II el tratamiento que se le daba era mucho más relajado, más crítico y atrevido. Además de las conocidas sátiras en programas humorísticos, además de *Por estas calles* y de las polémicas posiciones que una que otra vez se arrogaban las dos primeras cadenas de televisión y los editoriales de *El Diario de Caracas*, estaban las posturas que asumían José Vicente Rangel con sus columnas en *El Universal* y *El Diario de Caracas* y en su programa de Televen; Alfredo Peña con su columna y su línea informativa como director de *El Nacional*; Rafael Poleo a través de *El Nuevo País* y la revista *Zeta*; y Radio Rumbos que sobre todo después del 4-F

---

103 Fernando Martínez Mottola.

adoptó una actitud muy contestataria, tanto que a los ojos del gobierno la radioemisora tendía a justificar el golpe, o más aún: a favorecer la prédica de los golpistas y divulgar con mucha más insistencia de la deseada hechos que condenaban el ejercicio gubernamental. Por eso fue que Luis Piñerúa Ordaz, a principios del mes de marzo de 1992, el mismo día que tomó posesión de su despacho como ministro del Interior, se quiso dar un paseo por la sede de la estación.

Se acercó a los estudios de la radio en horas de la noche, precisamente cuando estaba a punto de iniciarse el cacerolazo de protesta convocado por La Causa R. Su idea, lo dijo de entrada, era hacer un llamado muy especial: una invitación a preservar la vía democrática, en vista de que decía contar con informaciones que apuntaban a que provocadores de oficio querrían poner en jaque la tranquilidad pública y promover el pillaje.

—Los medios de comunicación social deben ser los primeros en actuar en contra de los agitadores, y yo vengo a hacer una exhortación cordial y democrática a Radio Rumbos para que tome una actitud consecuente con esta línea de pensamiento. Eso es lo responsable, lo serio. Es necesario entender que campañas que tienden a magnificar estas manifestaciones dan pie a que se generalicen y tengan éxito las exhortaciones que están haciendo los agitadores.

El ministro quiso respaldarse en su trayectoria como político de acendrada rectitud y honestidad, que de modo especial en los últimos tiempos —tiempos adecos, cabe destacar— se había distinguido por su intolerancia con los corruptos. Entonces quiso meter la mano por la administración a la que acababa de entrar, habló de la voluntad de rectificar y de la formación de un frente anticorrupción.

—Y yo, en el Ministerio de Relaciones Interiores, doy la garantía de que van a adoptarse medidas para corregir vicios y desviaciones. Vamos en efecto a librar una lucha contra la corrupción.

En ese instante, cabía pensar que no había más qué decir y que todo quedaría como una visita oficial, como un llamado público que el nuevo ministro daba a los medios de comunicación en general, y a Radio Rumbos en particular, porque se encontraba en sus estudios. Se creía que una vez finiquitado el trámite, el funcionario estrecharía manos, se despediría y nadie se daría por aludido. Justo en ese momento, una muchacha joven, menuda y de pelo corto, que resultó ser la jefa de Información del noticiero, se hizo notar. No aceptó bajar la cabeza ante la figura del ministro, no consintió quedarse sin revirar:

–La labor de Radio Rumbos es la de informar a la colectividad, sin ningún tipo de arenga –cantó recio y altanero la periodista–.

–Y yo espero que sea así –la interrumpió Piñerúa–. Los exhorto a que así sea, porque de lo contrario la actitud de ustedes va a entenderse como que, por lo menos psicológicamente, contribuye a crear la alarma e incentivar ese espíritu de resistencia.

Después de ese atasco, el ministro sí dijo adiós, y se perdió por los pasillos. Cuando se iba, no sabía lo que a su espalda podía estar pensando o diciendo la periodista jefa de NotiRumbos. Tampoco sabía, en ese minuto en que salió a la calle en medio de un estruendo de ollas y cucharas que chocaban, que nueve meses más tarde Radio Rumbos sería blanco de nuevas críticas oficiales porque tras el levantamiento militar del 27 de noviembre se dedicaría a perifonear la agenda de la asonada. Asimismo ignoraba –y ni que fuera brujo para saberlo– que diecisiete años más tarde, cuando él mismo ya no anduviera por este mundo, aquella periodista que no había querido quedarse callada en su presencia estaría en Miraflores al frente de una dirección de comunicaciones desde donde ella también se quejaría de medios convertidos en agitadores que magnifican los hechos. Sólo que –cruel paradoja– ella, desde su puesto de funcionaria, no defendería el mantenimiento y la estabilidad del sistema democrático, sino el mantenimiento y la estabilidad de su jefe, un teniente coronel que había conseguido llegar y quedarse en el poder.

Después del golpe la situación era muy difícil. Pérez tomó una medida positiva, que fue nombrar el Consejo Asesor de la Presidencia de la República… Pero se cometieron muchos errores en el trato con los medios de comunicación social. Todo aquello que parecía una imposición de censura con los emisarios que mandó a los periódicos, cuando yo creo que lo recomendable era hacer mucho *lobby*. Ahora, los medios de comunicación social también cometieron errores que contribuyeron de una manera determinante a esta crisis que hoy está sufriendo el país. Toda nuestra generación recuerda el programa *Por estas calles*, que estaba constantemente diciéndoles a los venezolanos: los políticos son una pila de sinvergüenzas; toda persona que lleve corbata se presume corrupto; el que coma con cubiertos es porque está explotando al pueblo. Y es que, en general, los canales contribuyeron a darle substancia a la idea, a la justificación de que cualquier medio podía ser válido para superar la crisis nacional: un golpe de Estado, un golpe militar, una insurrección popular o lo que fuera; en lugar de procurar las condiciones para una solución institucional de la crisis. En lugar de hacer que en el país las instituciones funcionaran y que se permitiera, entre otras cosas, que llegáramos a las elecciones de diciembre de 1993, se estaba en otra cosa... Era crear un clima de antipolítica: era el descrédito de los partidos, el descrédito de las instituciones del sistema... Pues bien, el país terminó comprando esa propaganda. Una propaganda sistemática para decir que todo lo explicaba la corrupción, que todo es que «se están cogiendo el dinero». Y es muy fácil, y muy superficial decir eso. ¡Corrupción tenemos ahora!... En aquella época también había corrupción, y en cualquier época es abominable la corrupción, pero no para exacerbarla al punto de estar justificando un golpe de Estado para salir de esa situación[104].

Cuando Ibsen Martínez dejó de escribir *Por estas calles* había rebasado con creces su límite de aguante. Tenía fama de ser un escritor que no soportaba más de ciento cincuenta horas de televisión, pero cuando tiró la toalla –un día entre noviembre y diciembre de 1992–, harto de que no lo tomaran en cuenta, o afectado por lo que había desencadenado su obra o aburrido de hacer lo mismo todos los días o ya sin fuelle para seguir inventando historias de vicios y descomposición, habían pasado doscientos dieciocho capítulos, que a una hora de trasmisión, de lunes a sábado, significaron nueve meses continuos de alta sintonía. Y en todo ese tiempo, más allá de los enredos amorosos de las dos parejas protagonistas, el tema central del melodrama fue la corrupción y, más que nada, el desprecio hacia una clase política que se había envilecido y se había dedicado a envilecer al país. Ese era el meollo del asunto, y esa la percepción de la audiencia, y también de los funcionarios del gobierno, que aun cuando no seguían la telenovela porque estaban muy ocupados, cuando apenas

---

104 Eduardo Fernández.

comenzó a transmitirse se sintieron en el centro de una diana. Pero *Por estas calles* no terminó con la partida de Ibsen como el escribidor titular; la novela con otros libretistas se mantuvo en el estelarísimo horario de nueve a diez de la noche por trescientos noventa episodios más, lo que significó que durante dos años, dos meses y veintisiete días se mantuvo en primer lugar de sintonía nacional la idea de que Venezuela era un país de políticos corruptos.

Y con esa representación transformada en algo tangible (en algo que se podía percibir de forma precisa), los novatos ministros del gabinete de Pérez —*los Iesa boys*— también tuvieron que vérsela alguna vez. Gerver Torres, por ejemplo, como ministro del Fondo de Inversiones de Venezuela y encargado de vender empresas del Estado, se topó unas cuantas veces con personajes que, como en la telenovela de Ibsen Martínez, casi que le preguntaban: ¿cómo quedo yo ahí?

Un día se presentó a su oficina, en la torre del Banco Central, un viejo empresario del sector industrial que todos conocían también como antiguo amigo de Pérez. Y el señor, muy amable, muy cordial, muy inteligente llegó a plantearle su afán: en dos platos, quería que sin mediar concursos, el Fondo de Inversiones le vendiera a él directamente un lote de acciones que el Fondo tenía de su empresa. Por supuesto, Torres —la diplomacia en pasta—, le dio las vueltas a la reunión explicándole con detenimiento al señor empresario las políticas transparentes y públicas según las cuales el gobierno estaba desprendiéndose de bienes y activos, y con una sonrisa en la cara lo despidió. El ministro creyó que hasta ahí había llegado el asunto, pero el empresario no se dio por vencido, e insistió e insistió. La última vez con un tono conminatorio:

—Yo cené con el Presidente antenoche, y me dijo que no había ningún problema, que ya todo estaba arreglado, que sí me van a vender.

Torres, acoquinado, no pudo seguir eludiendo. Esa misma tarde logró que le encontraran un hueco en la agenda del Jefe de Estado, y una vez reunido con él le planteó el tema. Le habló del primer encuentro, de lo que quería el empresario, de lo que el FIV tenía pensado hacer, del proceso que se había establecido, del cronograma que había que cumplir, de la porfía de hombre que todos sabían era amigo personal del mandatario.

—Y él me dijo —remató el ministro en su encuentro con Pérez— que antenoche había cenado con usted, y que usted le dijo que sí, que se le iba a vender.

–Llámelo mañana –le respondió el Presidente–, dígale que usted desayunó conmigo y que yo le dije que no, que no vamos a hacer eso.

El ministro del FIV siguió al pie de la letra la recomendación, y más nunca tuvo que preocuparse del problema. De ahí en adelante, cada vez que se le presentaba una situación parecida, no dudaba en exponerle el asunto al mandatario. Eso fue lo que hizo la vez que un abogado, hermano de un adeco «pesado», le quiso cobrar una comisión, y en dólares, por la venta de una empresa que el gobierno ya había liquidado. Aún faltaba un trámite, y daba la casualidad de que el abogado estaba en medio de ese trámite. Por más que se quisiera no se finiquitaba la transacción. Harto del chantaje, Torres llegó de nuevo al escritorio presidencial, como el maestro que va de nuevo con una queja al director del colegio. La respuesta fue reunir en ese mismo despacho, un par de días después, al abogado, a su hermano y al ministro del FIV en frente del primer mandatario. Así se zanjó la dificultad. Más nunca el abogado lo volvió a llamar, y el Fondo no pagó la coima que pretendieron cobrar.

Y es que era como muy difícil que de la noche a la mañana el viejo empresariado, el que había estado acostumbrado a moverse, hacer las cosas y relacionarse de una cierta manera con el Estado, entendiera que las decisiones políticas y económicas se habían convertido en un juego mucho menos centralizado. Para muchos no era sencillo aceptar de improviso que se estaba jugando otro juego, si los jugadores seguían siendo ellos, los mismos de siempre.

Un contratista del Instituto Nacional de Nutrición desde hace varias décadas se quejó ante la Secretaría de Organización de AD porque por primera vez en años pierde una licitación, en virtud de los nuevos procedimientos impuestos en el INN. La empresa es tradicional financista de AD.

(Jesús Eduardo Brando en *El Nacional*, 1 de noviembre de 1992).

Ricardo Hausmann fue otro de los tecnócratas que tuvo que luchar con esa antigua manera de hacer las cosas. Una vez, entre abril y diciembre de 1992 –no recuerda la fecha– se da cuenta de que todos los días de la última semana las primeras planas de todos los periódicos del bloque editorial De Armas le dedicaban, cuando menos, un titular en contra.

Por lo que fuera, lo que dijera o no quisiera decir a la salida o la entrada del Consejo de Ministros o de su despacho en Parque Central. Llevaba unos días percibiendo esa situación cuando, una mañana, su secretaria le avisa que tiene una visita: el editor del grupo que le dedicaba sus portadas. No lo esperaba, pero lo hizo pasar. El hombre entró a la oficina, saludó, se sentó y al reposar una pierna sobre la rodilla de la otra, dejó ver el arma que llevaba en el tobillo. Hausmann sabía que no era que el tipo le iba a caer a tiros al menor inconveniente, pero era obvio que el gesto era de desafío. Una vez que intercambiaron cortesías y luego de algunos rodeos, el editor fue a lo que lo llevaba hasta la oficina del ministro de Cordiplan:

–Es que ustedes lo que quieren hacer es traspasarle la industria de la producción de libros educativos a los colombianos, y yo no voy a permitir que eso ocurra porque…

–¡Perdón! –interrumpe el ministro– ¿De qué me está hablando?

–Es que yo sé que ustedes van a abrir una licitación y se la van a dar a los colombianos.

–Mire, nosotros tenemos un préstamo al sector educativo que nos concedió el Banco Mundial. Ese préstamo tiene equis millones de dólares para comprar libros y material educativo para el Ministerio de Educación, y las normas del banco para todos los proyectos son estándar, tienen que hacerse con licitación abierta en donde participen empresas de todos los países miembros de la institución. Así se hacen las adquisiciones que el BM financia en todos los proyectos que dan. Entonces: o nosotros compramos los libros con la plata del Banco Mundial o no compramos los libros. Pero yo no tengo ¡ninguna! discreción sobre cuáles son las políticas del Banco Mundial sobre cómo hace una licitación.

–Es que ustedes van a tener que decidir –protesta el empresario–.

–Yo voy a hacer una licitación porque el país necesita los libros, y voy a comprar los libros con esa plata porque es la plata que tengo, y lo voy a hacer con esas normas porque esas son las normas de quien nos presta el dinero. Yo garantizo que será un proceso transparente. Una licitación abierta. Ahora, si ganan los colombianos o no ganan los colombianos eso no está en mis manos.

Yo creo que había como dos dimensiones: había gente que podía vivir en las dos dimensiones, y otra que vivía en una sola dimensión. La dimensión profesional nuestra, de los que estábamos en esa mesa del gabinete todas las semanas, está a la vista. Simplemente hay que buscar el récord de investigaciones de cada uno de nosotros y a quién acusaron por corrupto. Hay que mirar si Gerver, Miguel, Moisés, José Antonio Abreu, Marisela Padrón… En fin, si alguno de nosotros tenemos o no tenemos historial. Figueredo lo tuvo por el tema de la partida secreta, pero eso es un capítulo aparte, una cosa insólita, que en realidad fue una *vendetta*. Pero de resto, ¿dónde están las investigaciones de todos los que estaban en ese gabinete, de quién se robó qué? ¿Y dónde están ellos hoy en día? ¿Tienen dinero? ¿Son magnates: tienen yates, carros? O sea, ¿dónde están? Yo creo que ahí hay unos hechos claros. Y yo, estando allí formalmente en el gobierno, nunca vi ninguna irregularidad. A mí nunca se me pidió que hiciera algo irregular, nunca se me recomendó a nadie. Yo tenía doscientas cincuenta personas a mi cargo en el Instituto de Comercio Exterior, y a mí el presidente Pérez nunca me pidió que metiera a nadie. Nunca me pidió que tuviera un trato preferencial con nadie. Nunca. Quizá la única cosa que hubo en el sentido de trato especial, fue cuando cae el muro del Berlín en 1989, y llega a Cuba una crisis económica tremenda.

Me explico: el jefe del Instituto de Comercio Exterior también era presidente del Fondo de Financiamiento de Exportaciones, que era un ente para financiar las exportaciones venezolanas y un instrumento importante para promover nuestras exportaciones e invadir, entre comillas, con nuestros productos. Como hace el Eximbank americano, nosotros dábamos crédito a las empresas compradoras para que adquirieran productos venezolanos. Con eso se aumentaba la producción nacional y se exportaba. Pues bien, Cuba tenía una línea de crédito con Finexpo, como de veinte millones de dólares, que no estaba totalmente utilizada. Cuando se dio todo este tema de la caída del muro, que tenía una dimensión geopolítica muy importante —hay que recordar que ya Rusia les había cortado toda ayuda a los cubanos y que se sentía casi como que los gringos iban a llegar y se iban a instalar en Cuba—, en ese momento, vino el embajador de Cuba a pedirme que fuera a La Habana, que era urgente. Obviamente, yo le pedí permiso al Presidente.

—Vaya a ver qué quieren —me autorizó—. No se comprometa, pero regrese y me cuenta.

Yo fui, y efectivamente lo que necesitaban era real, y así lo vine a informar al Presidente. Él se interesó por saber los detalles de la línea de crédito que tenía Cuba, y yo le comenté que los cubanos tenían un monto asignado pero que no lo habían utilizado todo. Si mal no recuerdo, creo que tenían usados como seis millones de los veinte.

–¿Desde cuándo no pagan? –me preguntó, porque según el acuerdo tenían que pagar intereses.

–Tienen como tres meses atrasados.

–Dígales que «refresquen», que paguen los intereses, para poderles aumentar el crédito a los veinte millones de la línea. ¿Y qué es lo que quieren?

–Comida: arroz, pollo, carne, leche.

–Bueno, que «refresquen» y se les aumenta el crédito hasta el tope establecido por Finexpo.

Y eso fue lo que se hizo, y eso es lo que quiero decir: si vamos a hablar de algún tráfico de influencias, de algo que él me pediría que yo debía hacer, él ha podido decir que no, esta gente no me va a pagar nunca, esta gente se va a caer. Pero no lo dijo, e hizo todo dentro de los esquemas legales, mantuvo una forma, y un proceso. Porque el Presidente era muy respetuoso de los procesos y de las formas. Yo no dudo de que por aquí o por allá puede haberse hecho algo irregular, pero en lo que a mí respecta, él nunca me pidió que metiera a nadie, nunca me pidió que tuviera un trato preferencial con nadie, y lo único que hubo fue este tema de Cuba, que me dijo, recuerdo bien:

–Trate, dentro de lo posible, de ayudarles, porque los americanos le tienen ganas a Fidel, quieren acabarlo, y a nosotros, como latinoamericanos, no nos conviene[105].

Con independencia de la percepción o la experiencia que tuvieran los ministros que se sentaban en el consejo de CAP II, lo que se manejaba era que Pérez era un corrupto y que todo en el país estaba podrido. Esa era la

---

105 Gabriela Febres Cordero.

atmósfera que envolvía a la nación de aquellos días, ese el ánimo general, esa la explicación del desastre. La corrupción era el mal mayor, la causa única. El sistema es corrupto, latigueaba Uslar Pietri, y todo el mundo asentía, y a cualquiera le hubiera parecido una locura digna de manicomio ponerse a debatir el punto, o siquiera pensar que antes que causa –o «la» causa– la corrupción podía ser un síntoma, uno entre los varios que hacían ver que el país no estaba funcionando bien. En aquel momento un pensamiento distinto al que manejaba la mayoría –y al frente de ella los llamados líderes morales– no tenía cabida en ningún lado. Periódicos, revistas, noticieros, radios, televisoras, intelectuales, opinadores, dirigentes vecinales, amas de casa, buhoneros, panaderos, taxistas, barrenderos, policías, *boy scouts* y hasta líderes políticos tradicionales coincidían en señalar que el país estaba al borde del barranco por culpa de los partidos y de los políticos que se habían prostituido y se habían olvidado de los valores y los grandes ideales que guiaron a la instauración de la democracia en 1958. Y como el gran problema eran la política y los políticos corruptos, nada mejor que un frente aséptico y ascético: una vanguardia antipolítica.

> Venezuela es un país muy de modas, muy novelero, y lo ha sido tal vez desde la Independencia. Por algo Caracas fue la cuna de la Independencia. ¿Por qué? Porque los caraqueños de entonces vivían pendientes de lo que pasaba en Europa, y de la Revolución Francesa, y recibían libros de Europa y estaban muy, muy influenciados por esas ideas. Y algo así ocurrió durante el segundo gobierno de Carlos Andrés Pérez; privó mucho un fenómeno que había aparecido en las décadas de los setenta y ochenta, que era la antipolítica. Y la antipolítica terminó por convertirse en la bandera política que más daba dividendos: hablar de que todos los males se debían al sistema... Eso cogió mucha fuerza entonces, y esa bandera de la antipolítica la tomaron los medios de comunicación. Aquí, en Venezuela, daba *rating*[106].

---

106 Pedro Pablo Aguilar.

No fue por casualidad que el escritor Juan Liscano –otro allegado a AD– cuando funda su Frente Patriótico a mediados del año 1990 dijera que el objetivo que se perseguía con esa avanzada de patriotas era «deslastrar» al país de los partidos políticos. Para él, y para todos los que lo acompañaron en su frente, había que arrancar los vicios de raíz, porque lucía obvio que eran los partidos tradicionales y sus prácticas corruptas los que habían llevado la nación al colapso. Sin embargo, para cuando nace el Frente Patriótico, y Liscano hace su exhortación pública, los ataques fundamentales que en ese momento se le estaban haciendo al gobierno tenían que ver más con su política económica que con vicios, corruptelas, o prácticas políticas irregulares. En aquel entonces, de los cuatro casos de malos manejos que estaban en la palestra pública, tres tenían que ver con el desempeño del gobierno anterior: la compra de un lote de jeeps con recursos del Estado para ser utilizados por dirigentes adecos en tiempos de la precampaña; las irregularidades encontradas en el otorgamiento de divisas preferenciales en la ya extinta oficina de Recadi, y las anomalías recién descubiertas –todavía no llegaba a la categoría de escándalo– en el pago de un sistema de comunicaciones de la Armada. El cuarto asunto –que consiguió mucha atención en los medios y generó bulla en la calle– tuvo que ver con un lío interno de Acción Democrática, en donde da la casualidad que quienes llevaban la bandera anticorrupción eran del grupo de «los renovadores», precisamente los que dentro de AD estaban signados como los más cercanos al presidente Pérez. El caso tenía que ver con una acción del CEN, que había levantado la expulsión a once dirigentes adecos tachados por el comité de ética del partido de actuaciones públicas irregulares. «Los renovadores» apoyaron la expulsión, en contra del máximo comité del partido.

Pero en junio de 1990 poco importaba que el gobierno estuviera o no involucrado en asuntos turbios, o que sus principales funcionarios y los políticos que lo apoyaban no fueran los protagonistas de los alborotos que por fraudes o estafas estaban en el escenario o que fuera el Ejecutivo quien denunció, ordenó investigaciones e instrumentó correctivos –como la eliminación de Recadi–. Para los nuevos patriotas, el gobierno y sus funcionarios –tecnócratas o no– habían llegado al poder como representantes de una clase política, gracias a un partido político tradicional, y eso en la Venezuela de 1990 era casi una abominación. La tesis de la antipolítica ya llevaba muchos años rodando en círculos de intelectuales, grupos de reflexión, cafés al aire libre y barras de botiquines, y para ser justos, el fenómeno no era sólo local. Latinoamérica toda debatía el mismo asunto. Era casi un axioma pensar que la solución a los problemas que atravesaban los países democráticos (pobreza, ineficiencia de las empresas públicas, inoperante prestación de servicios de salud pública, deterioro del sistema educativo, inequidad en la distribución de la riqueza) estaba en encontrar un equipo de superhéroes que no estuviera contaminado por el germen de lo político, que no proviniera de las filas de los partidos o que no actuara en su nombre, porque estaba visto que las organizaciones políticas tradicionales se hallaban carcomidas por la venalidad y nada bueno podía salir de ellas. Y en Venezuela, en específico, ya para entonces los partidos habían dado suficientes muestras de que no se habían oxigenado, y para agravar el panorama, se habían dedicado de manera enjundiosa a la tarea del autodesprestigio.

En el país había un clima como de descomposición, pero uno no veía al elenco político actuando en emergencia frente a esos indicios. Y era tan poco lo que se daban cuenta, que si se revisa lo que fue la campaña electoral de Pérez y se analiza la campaña de *El tigre*, Eduardo Fernández, se concluye que ellos no habían detectado cuán hondo era lo que estaba ocurriendo en el país frente al debate político, que había llegado a unos niveles de degradación muy grande.

Los adecos no se dieron cuenta de la profundidad del asunto, pero la oposición, encabezada por Eduardo Fernández, tampoco. La mejor demostración fue la campaña de Eduardo: una campaña bastante *light*, donde no se metió con Jaime Lusinchi, donde no se metió con lo que había sido un gobierno en el que hubo grandes niveles de corrupción, y una corrupción vinculada al carácter ultrapartidista de lo que fue ese gobierno. Eduardo fue muy respetuoso con Lusinchi, y no se metió con él porque tenía la convicción de que el de Lusinchi había sido un gobierno tan popular que más bien le podía resultar dañino golpear y denunciar –lo que después se mostró como uno de sus grandes errores–. Y si Eduardo Fernández tampoco se metió con Jaime Lusinchi, quiere decir que ellos tampoco atajaron lo que estaba ocurriendo, y el país lo que estaba era impactado...

Uno no puede comparar los niveles de violencia que hoy existen en Venezuela con lo que sucedía entonces, pero en esa época el hecho de que un partido político dirimiera la escogencia de su candidato presidencial en los términos grotescos en que los que dirimió Acción Democrática hablaba de que esto no podía estar marchando bien. Hay que imaginarse lo que significaba que los adecos se dijeran entre ellos cosas tan horrendas, que ni siquiera se las decían a los copeyanos. Porque no era que la oposición denunciaba tales o cuales cosas de Acción Democrática y de su gobierno; eran los propios adecos que se decían entre sí tantas cosas, que a la postre eso se quedó en el subconsciente colectivo de la gente.

Y ahí se fue creando la idea: «Si entre ellos mismos se tratan de esta manera; si entre ellos mismos se sacan las denuncias, cómo no estará podrido todo esto». Porque en aquella época, cuando yo era reportera, un lusinchista te buscaba a ti, con pruebas en la mano, para denunciar al perecismo, para denunciar a Claudio Fermín, por ejemplo. Lo mismo sucedía en el bando perecista, te buscaban como periodista para que denunciaras un hecho que vinculaba al lusinchismo.

Fue así como comenzaron a salir todos los escándalos: el de los jeeps de Ciliberto; el uso que se hizo de los recursos públicos para beneficiar la candidatura de Lepage; el protagonismo de Blanca Ibáñez en el apuntalamiento de esa candidatura. ¿Y el caso del Florida Cristal? ¿Quién revienta el caso del Florida Cristal por el que inculpan a Antonio Ríos? El lusinchismo. Fueron los del bando de Lusinchi para reventar al perecismo, que en ese momento estaba representado y encarnado en la figura de Antonio Ríos. Para asustar a Antonio Ríos. Y el caso de los jeeps sale del mundo del perecismo. Todo eso marcó lo que fueron los primeros tiempos del gobierno de Pérez. Ya para entonces el sistema estaba dando muestras de hastío; porque hay que detenerse a pensar en lo que implica que miembros de una misma familia ideológica se acusaran del modo como ellos se acusaron. Y con el empleo de los medios de comunicación. Porque ellos dejaron de dirimir sus asuntos dentro de las paredes del partido. Y todo comenzó a salir hacia fuera, y el país tenía la impresión de que todo estaba absolutamente podrido[107].

---

107 Argelia Ríos.

La prédica de la antipolítica encontró fácil cabida en la plática diaria del venezolano de cualquier estrato, pero de manera especial encontró cobijo en el ciudadano del medio. Después del 27-F, la clase media había quedado impactada. Aunque muchos de sus integrantes habían participado y hasta festejaron los saqueos, la violencia y los enfrentamientos que se dieron después, el estado de sitio que se vivió por aquellos días los terminó por aterrorizar. Entendieron o descubrieron que había una proporción importante de la población que se encontraba desposeída, y que había una gran cantidad de gente con mucha rabia, y que esa rabia y esa gente –era lo que temían– podía levantarse otra vez. Tal vez en su contra. Y ese descubrimiento mezclado con el miedo fue terreno abonado para que prosperara la semilla de la antipolítica, un terreno que ya había sido regado con profusión en los últimos diez años; primero, por los escándalos de corrupción que habían comenzado a sonar a partir de la primera Presidencia de Carlos Andrés Pérez, y que conocieron su esplendor con los destapes de las administraciones de Luis Herrera Campins y Jaime Lusinchi, y segundo, por el rol propagandístico que jugaron los propulsores del movimiento vecinal.

Para finales de la década de los ochenta y principios de los noventa, la homilía preferida era que los políticos, salvo enriquecerse, no habían hecho nada en treinta años de democracia para superar las diferencias y mejorar la calidad de vida de un número grande de venezolanos. Desconociendo los logros conseguidos en tres décadas de sistema democrático, el sermón olvidaba que a lo largo de treinta años, además de corrupción y políticos corruptos, había emergido una importante clase media en el país, que justamente era la que en ese momento apoyaba y participaba de forma activa en el movimiento vecinal, porque –era el lema– había llegado la hora de que el vecino, el ciudadano común, se hiciera sentir, alzara su voz y demandara cambios y reformas. Y proliferaron con brío y fanfarria las asociaciones de vecinos y las organizaciones comunales que peleaban por el voto uninominal y el adecentamiento político porque, señores, ¿hasta cuándo?

Nada más que el «hasta cuándo» del movimiento de vecinos parecía que no iba a llegar nunca, porque justo cuando a un dirigente vecinal se le ocurría participar directamente en la política para tratar de revertir lo que criticaban, y se lanzaba como candidato a alcalde, concejal o prefecto, desde ese mismo instante ese modesto individuo –que podía ser geógrafo, sociólogo, maestro, escultor, administrador o ama de casa– veía cómo el movimiento de vecinos que abogaba desde su púlpito por un adecentamiento de la política, era también el primero que lo cuestionaba y cercaba por haber

osado aspirar a un cargo público. Porque en esa época meterse en la política
y en los partidos era mal visto. Era fuchi. Y si te metes, a mí no me mires ni
me toques ni me hables porque me contaminas. Y así fue como se lanzaron
declaraciones y surgieron organizaciones que en vez de partidos quisieron
llamarse movimientos, grupos de estudio o grupos de reflexión porque no
era *fashion* inscribirse en un partido ni aunque se bautizara ecológico.

El movimiento vecinal encontró en élites intelectuales y económicas no solo aplicados repetidores de sus monsergas sino incondicionales
aliados, pues mucho antes de que la federación de comunidades urbanas
tuviera sus minutos de esplendor, grupos como el Roraima o el Santa Lucía
habían empezado a tejer propuestas ambiciosas para manejar al país, propuestas que por donde se le mirara contenían como propósito de fondo
mantener a raya a los políticos de oficio.

Las características del sistema político venezolano son: estatismo,
centralismo, presidencialismo y partidismo. Existe una concentración de poder en una institución que es el Estado, en una persona
que es el Presidente y en unos organismos que son los partidos.
Imperan los conciliábulos o cogollos, y priva el cortoplacismo y la
discrecionalidad en la toma de decisiones, lo que crea una macro-
burocracia como la existente actualmente en Venezuela, una de
las más grandes pero también más ineficientes del mundo... La
mayoría de las decisiones que se toman son personalistas, no por
análisis de los problemas sino por impulsos individuales, ya sean
del Presidente o de su asesor más cercano. Y así como se toman
por impulsos, el proceso implica también la mínima consulta y
debate posible, y posteriormente la no evaluación de resultados
producidos. La programación e implementación son simultáneas
y posteriormente no hay evaluación de las políticas. La puesta
en práctica de las actuales medidas económicas es un ejemplo,
porque si bien estoy de acuerdo con muchas de ellas, también es
cierto que no se abrió un debate amplio para adoptarlas... Las
causas de este proceso de toma de decisiones son entre otras la
desconfianza, el centralismo, el populismo y, sobre todo, el sub-
desarrollo institucional.

(Marcel Granier en una *Mesa sobre gerencia pública*, noviembre de
1989).

Desde la temprana crisis económica de 1983 –y un poco antes–, pero sobre todo desde 1988, esas agrupaciones que se vendían como apolíticas y de las que formaban parte principalmente destacados empresarios e intelectuales, acrecentaron sus cuestionamientos al sistema y sus dirigentes, y comenzaron a dar rienda suelta a sus deseos de administrar la cosa pública. Sus exitosas experiencias al frente de bancos, televisoras y complejos agroindustriales eran los avales que esgrimían y que consideraban suficientes al momento de evaluar su capacidad para gerenciar a Venezuela. ¿Quién más que el gerente de una empresa privada que había ganado millones y millones de dólares podía manejar una nación? Eran empresarios que sin el estigma de un partido político tatuado en el lomo pensaban tener el derecho y el conocimiento suficientes para gobernar a Venezuela. Eran hombres probados –proclamaban– en el arte de rendir y multiplicar los dineros, eran individuos probos –lo cantaban a los cuatro vientos– que aseguraban no deber sus éxitos o fortunas personales a alguna relación con el Estado. Estaban pues, muy lejos de corruptelas y manejos burocráticos e ineficientes. Estaban muy por encima de todo. Se veían con conocimiento y derecho propio de gobernar el país.

> La democracia no puede funcionar sin la burguesía. Históricamente no hay un solo caso de una democracia que no esté vinculada con la existencia de una burguesía. Pero una burguesía moderna, progresista, que entienda justamente cuál es su papel social, y en Venezuela no lo entendieron[108].

Luego de la asonada del 4 de febrero de 1992, la tesis de la corrupción como la gran causa desestabilizadora tuvo su mayor auge, y los propagadores de los postulados antipartidos políticos, su mayor esplendor. Partido político es igual a corrupción; registraban la frase como idea novedosa, y los partidos políticos enredados en la maraña que les dejó el levantamiento militar y con unas elecciones en puertas, no supieron enfrentarse a esa conseja ni pudieron encontrar la puerta de salida. Se enfrascaron en imputaciones y denuncias, que llovieron a partir de ese día, y pasó mucho, mucho tiempo y siguieron enredados, enmarañados y sin ver la luz. Como los antipolíticos, como todo el país.

---

108 Germán Carrera Damas: historiador.

Lamentablemente no puedo recordar las fechas exactas. Los hechos sucedieron en distintos tiempos, mientras fui viceministra y ministra de la Secretaría, pero todavía en mi mente retengo muy vívidas las imágenes. Son tres actos que, para mí, definieron la caída del gobierno. Porque le dieron sustento dentro de la élite dirigencial del país a la conspiración que adelantaba el grupo militar.

El primero ocurre después de que se consigue el ingreso de Venezuela al GATT, el General Agreement on Tariffs and Trade, que es el sistema multilateral de comercio. Miguel Rodríguez Mendoza era el comisionado por el Presidente para gestionar el ingreso; él había estado trabajando meses y meses con los sectores público y privado, negociando la mejor manera de abrir el mercado, buscando y encontrando las salvaguardas necesarias para proteger a la industria nacional, pero dentro de una política comercial moderna. El objetivo era empezar gradualmente la apertura. Cuando se acordaron las condiciones de política comercial que exigía la carta constitutiva del GATT, en Miraflores se hizo un acto en donde se invitó al sector privado. Habló el Presidente, habló Miguel, habló el presidente de Fedecámaras, el de Fedeindustria, el de no sé qué otra asociación y todos se veían muy satisfechos.

Terminó el acto, hago algunas otras cosas y cuando llego a mi oficina me dicen que me han estado llamando, y que me siguen llamando: el presidente de la federación de industriales tal, el presidente de la asociación cual, el director ejecutivo de la federación equis... Y yo me pregunto: «¿Pero toda esta gente no estaba hace un momento aquí?» Lo que se me ocurre pensar es que a lo mejor el Presidente, en medio del evento, mientras conversaba informalmente con ellos, les había dicho que se iban a reunir para tratar alguna problemática y que buscaría fechas o algo así. Entonces, para estar preparada, hablo con el Presidente y le pregunto que si en la reunión había prometido algún encuentro con los empresarios. Me contesta que no, pero que qué raro. Bueno, empiezo yo a devolver las llamadas. Llamo al primero, y me dice:

—¿El comisionado Rodríguez Mendoza cuándo es que se va para Ginebra?

—Mañana... ¿por qué?

—Ah, es que yo necesito hablar hoy mismo con el Presidente, aunque sean cinco minutos.

–Pero ¿en relación a qué?

Llamo al segundo, y es el mismo cuento; llamo al tercero, igual. Llamo al cuarto… ¡Todos! pedían lo mismo: cinco minutos con el presidente Pérez porque querían que excluyeran a su sector del acuerdo que se iba a firmar dos días después en Ginebra. Después de que llevaban meses trabajando en eso. Conclusión política: la supuesta bandera del sector privado venezolano de la liberación de la economía era de boca para afuera, la usaban simplemente como postura pública, pero de verdad-verdad ellos lo que querían era seguir siendo subsidiados por el Estado. Porque no sabían competir y preferían que el mercado venezolano continuara cerrado, lo cual desde luego le ponía tope al crecimiento y a la posibilidad de que se diera una competencia vibrante de precios, que es lo que permite hacer los productos asequibles a los consumidores. Fue cuando me dije: aquí el sector privado no va a acompañar más a este gobierno –como efectivamente pasó–. Y ahí, yo creo, fue cuando se unieron a la conspiración.

El segundo acto se da a partir de un día en que el ministro de Cordiplan, Miguel Rodríguez, en reunión de gabinete dice que tenemos que reducir los presupuestos de todos los ministerios veinticinco por ciento, y que cada ministro decidiera cómo lo iba a hacer. Pues, bien, llega el siguiente consejo y todos los ministros presentan sus reducciones, menos el de Defensa, que conserva su mismo monto, porque resulta que para el Ministerio de la Defensa todas las compras que hacían estaban protegidas por el secreto militar. En consecuencia –de eso fue de lo que nos enteramos– ellos no licitaban nada, no daban precios de nada porque todo: lápices, papel *toilette*, verduras, carne, botas, uniformes… ¡todo! estaba resguardado. Por supuesto, a partir de ese gabinete se decidió que había que modificar esos parámetros, y dejar el secreto militar sólo para lo que tenía que ver propiamente con la función de defensa: armas, sistemas de comunicaciones, sistemas de defensa. Pero el resto: uniformes, rancho de los soldados, todo lo demás tenía que licitarse y someterse a control público. ¿Qué significó esa decisión? Que se vino a fortalecer a los oficiales golpistas que ya estaban conspirando, aunque nosotros no lo sabíamos. ¿Por qué digo esto? Porque en Defensa, como no licitaban absolutamente nada, las compras las tenían arregladas jerárquicamente: los que cobraban las comisiones por las armas eran los generales; los que cobraban comisiones por los sistemas de comunicaciones eran los coroneles; los que cobraban comisiones por la comida eran los tenientes coroneles; los que cobraban por los uniformes eran los mayores. Algo más o menos así. Cada rango, según el rubro del presupuesto, tenía su comisión. Cuando se pone algún coto porque se les obliga a abrir las cuentas y a licitar determinados rubros, resulta que no quedaron vigentes sino las comisiones para generales y coroneles, con lo cual de tenientes coroneles para abajo se distancian del gobierno. En una sociedad corporativista a cada cual le toca participar en la renta que genera el control del Estado según su rango, y esto, en la mente del corporativista, es considerado un derecho adquirido. El tercer acto ocurre precisamente a raíz de una de las quejas del Presidente, que señalaba que en Consejo de Ministros se aprobaban presupuestos para obras públicas pero de ahí en adelante las obras tardaban mucho en concretarse. Fue entonces cuando llegó el ministro de Transporte y Comunicaciones, Roberto Smith, con la buenísima noticia de que, luego de una revisión exhaustiva del registro de contratistas, se había encontrado que de los aproximadamente treinta y cinco mil inscritos –no recuerdo exactamente la cifra– solamente unos quince mil aproximadamente cumplían con los requisitos. Es decir, un poco menos de la mitad cumplía con las exigencias técnicas, financieras y legales. El resto estaba registrado pero no se sabía por qué. La decisión de gabinete fue depurar el registro. Ponerlo a derecho, pues. Ahora, ¿por qué estaban inscritos esos veinte mil? ¿Quiénes eran esos veinte mil que no cumplían? ¿De dónde salían esas compañías? Eran la típica compañiíta de un señor que era amigo de un político y el político le conseguía que lo metieran en el registro de contratistas y le asignaran una obra. Por supuesto, el señor de la empresita pico y pala no tenía ninguna capacidad de hacer la obra que le mandaban, pero la subcontrataba a una de las grandes. Pero cuando se subcontrata, veinte por ciento del dinero se pierde, otro veinte por ciento se le da al político que había conseguido el contrato, y al final había que ejecutar una obra con sesenta por ciento de lo presupuestado. Por supuesto que por eso en Venezuela nunca se terminaba una obra: ni escuelita, ni carretera, ni puente. Pero, claro, cuando se limpió el registro de contratistas, se le quitó a los políticos su *bread and butter* –como dirían los americanos– porque de eso vivían.

Esos tres actos fueron los que llevaron a la conspiración masiva: los empresarios, porque no querían competir; los militares porque les quitaron las coimas, y nada más se las dejaste a los generales y a los coroneles; y los políticos porque vivían del presupuesto de obras públicas del país. Por eso es que a mí me da risa cuando dicen que sacaron a Carlos Andrés Pérez por corrupto. Ahí es cuando yo digo: «No, no, no… a Carlos Andrés Pérez lo sacó la corrupción»[109].

109 Beatrice Rangel.

CAPÍTULO 21

ASUNTO DE PSIQUIATRA

—*Durante el segundo mandato de Carlos Andrés Pérez usted fue un fuerte opositor, ¿pero por qué cree que cayó Pérez?*

—Lo más importante fue que su propio partido, Acción Democrática, bajo el liderazgo de Luis Alfaro Ucero, le sacó la alfombra y lo dejó colgado. Ese es el principal factor. Quiero decir, en circunstancias en las cuales ese poderoso partido hubiese respaldado su presidencia, Pérez no hubiera caído.

—*¿Y por qué le habrán sacado la alfombra?*

—Por la rivalidad conocidísima que existía entre distintas tendencias internas. Acción Democrática era un partido que si bien no legitimaba las disidencias, las aceptaba como un hecho de la vida… Tenía tendencias internas, algunas de ellas muy encontradas entre sí, y en aquel momento Alfaro Ucero estaba muy enfrentado a Carlos Andrés Pérez. Se puede decir que la controversia tenía un cierto fondo, vamos a llamarlo «noble»; es decir, no era una mera confrontación personal. Como se sabe, Carlos Andrés Pérez había puesto en práctica un programa de ajustes fondomonetarista, y el partido, que es un viejo partido populista educado en la idea del estatismo distributivo, estaba en franco desacuerdo con la política de Pérez. De manera que la controversia se nutría de elementos, vamos a llamarlos, de carácter serio. Había un debate ideológico en relación con las políticas económicas del país. Y a eso habría que añadirles las rivalidades tradicionales de las tendencias internas. Ahora, por supuesto, repito, ese fue un factor importante porque, en mi opinión, si Acción Democrática hubiera actuado frente a Pérez de acuerdo con las pautas tradicionales del partido venezolano: con la lealtad al partido respecto a su presidente, muy probablemente Pérez no hubiera sido defenestrado. Pero hubo también otros factores, porque Pérez llegó a alcanzar unos niveles elevadísimos de impopularidad, no tanto por su política económica, porque en honor a la verdad, ya hacia el año 92, 93 la política estaba mostrando beneficios –la economía había crecido, la inflación estaba siendo dominada–, sino porque aquel programa de ajustes estaba acompañado de una conducta en los altos círculos gubernamentales extremadamente corrompida. Entonces, por supuesto, había una contradicción muy grande entre un discurso que predicaba austeridad, ajustarse el cinturón etcétera, etcétera y unos episodios que involucraban a personas muy cercanas al Presidente, en particular a su esposa actual, Cecilia Matos, la cual aparecía señalada muy directamente en negociados turbios.

–*¿Y eso fue lo que contribuyó a su impopularidad?*

–Eso contribuyó muchísimo a una impopularidad que iba más allá de su propio partido. Ahora, su propio partido era sensible al ambiente general que había. Pérez estaba para aquel momento en niveles bajísimos de aceptación popular.

–*Habla de que a Pérez le sacaron la alfombra los adecos; ¿y el MAS? cómo se puede entender la actitud del MAS, a quien Pérez le permite cogobernar al abrir el proceso de descentralización por el cual se realizan en Venezuela, por primera vez, elecciones directas de gobernadores y alcaldes.*

–Pero es que el MAS era un partido de oposición. Estaba ejerciendo su rol natural, era una fuerza de oposición y, perdóname que te corrija la premisa, Pérez no le permitió cogobernar al MAS; en el proceso de descentralización, uno de los factores más importantes fue el MAS, porque el tema de la descentralización fue una bandera que nosotros levantamos prácticamente desde que nacimos como organización, y el MAS contribuyó muchísimo a crear el ambiente que condujo a una reforma constitucional. No es que Pérez dijo: «Bueno, ahora que se elijan los gobernadores». No. Fue una reforma constitucional lo que llevó a la elección directa de gobernadores y a la creación de la figura del alcalde y su elección directa también; y en ese sentido, el MAS, que había realizado un rol muy importante en la lucha por la descentralización y que, además, había desarrollado unos cuantos liderazgos locales y regionales de mucho peso, logró ganar varias de las gobernaciones del país, algunas de ellas muy importantes; pero el MAS no tenía ninguna obligación con Pérez.

–*No era una obligación, es cierto. Y tiene razón, la descentralización fue un proceso largo que venía desde los tiempos de Jaime Lusinchi, que fue* quien creó la Copre, que a su vez promovió todo ese movimiento de reformas; pero Lusinchi, que creó la Copre, no la tomó en cuenta y más bien se opuso a las reformas políticas, y a lo que yo me refería es que cómo el MAS fue gran opositor de Carlos Andrés Pérez y sus políticas. Por otra parte, me acaba de decir que efectivamente la política económica ya había empezado a dar frutos en 1992, y sin embargo, el MAS siguió siendo opositor.

–Era opositor.

–¿Aunque ustedes pensaran que la política económica podía dar frutos?

–Nosotros ejercíamos el rol natural dentro de toda democracia. En democracia hay partidos de gobierno y partidos de oposición. Nosotros éramos un partido de oposición. Había cosas como, por ejemplo, la descentralización, que la respaldamos, y fuimos un factor muy importante en ella. En otros aspectos de la política de Pérez, y en particular, lo que más afectó a ese gobierno que era la corrupción, nosotros fuimos un factor muy importante en la denuncia de los escándalos que en esa época se levantaron.

–Se ha referido a dos factores: la falta de solidaridad del partido de gobierno y la corrupción del momento. ¿Y el factor militar?

–No hay que olvidar que Pérez fue objeto de dos tentativas de levantamiento militar en 1992. Las Fuerzas Armadas estaban bastante agitadas, y era obvio que había indicios de conspiraciones andando... Es más, dos años después, cuando el presidente Caldera todavía no había asumido su cargo, sino que era Presidente electo, él se vio obligado a destituir a todo el alto mando... ¿Por qué? Había una conspiración andando. De manera, pues, que el ambiente militar estaba muy agitado... Son los factores que componen el ambiente político de una época en donde hubo, en materia de administración pública, casos de corrupción extremos, extraordinarios, que tocaban muy de cerca al propio presidente Pérez. En su propio partido había contradicciones internas muy agudas y, desde luego, la propia popularidad del Presidente era muy baja; entonces, él salió. Salió por vía constitucional. Es decir, Pérez no fue tumbado por un golpe de Estado. Se aplicaron todos los procedimientos constitucionales: antejuicio de mérito, fue acusado por el fiscal, el Tribunal Supremo determinó que había mérito para enjuiciamiento, el Parlamento tomó su decisión en relación con eso y Pérez se vio obligado a dejar el mando. Hubo todo un proceso constitucional, no fue un golpe de Estado ni un madrugonazo a un Presidente que estaba extremadamente debilitado.

—Independiente de como asegura se cumplieron todos los pasos que están en el librito para separar a un Presidente del cargo, hay una tesis que señala que todo ese procedimiento por el cual Pérez sale del poder fue parte de una conspiración.

—Si le vamos a dar a la conspiración un sentido muy amplio, es obvio que ahí se conjugaron una serie de elementos… Obviamente, Acción Democrática era un partido muy resentido con su propio líder, con su propio Presidente. Naturalmente en ese momento confluyen todos aquellos que lo adversan. Había una conspiración militar andando, estaban los famosos Notables, que eran la tapadera pública de la conspiración.

—¿Los notables militares o Los Notables civiles?

—Los Notables civiles, que lo que hacían era ponerle música a la conspiración militar. Por supuesto que había fuerzas de oposición leales, vamos a llamarlas así. Por ejemplo, en el MAS no podíamos callarnos ante la corrupción, teníamos que denunciarla, pero yo recuerdo un incidente muy específico en esa época que fue una campaña muy malsana en contra de Pérez a propósito de una discusión con Colombia, y el único que salió a defenderlo fui yo, para decir: un momentico, ni tan calvo ni con dos pelucas; en este problema con Colombia, Pérez no está entregando un carajo, no está entregando el golfo… En el MAS éramos un partido de oposición, pero tampoco un partido irracional, y no íbamos a participar de la cayapa contra Pérez creyendo que cualquier argumento era válido. Nosotros nos oponíamos desde la perspectiva de un partido contra la corrupción.

—Usted fue uno de los primeros que condenó el golpe del 4 de febrero de 1992, inclusive esa madrugada estuvo en Venevisión…

—Sí.

—Sin embargo, me han dicho que usted sabía de antemano del golpe que venía andando, sabía de los rumores…

—Aquí todo el mundo sabía que había rumores de golpe; ahora, del golpe específicamente, de la fecha, no sabía nada. Pero rumores de golpe había… ¡Es más!, yo escribí un artículo en 1984 diciendo: «En Venezuela se está creando una condición que, si los que manejan este país no se dan cuenta, está abriendo el camino a una solución golpista».

—¿Cuáles eran las condiciones a las que se refería en esa época?

—El autismo de Acción Democrática y Copei, la falta de asumir lo que supuestamente eran —partidos reformistas—, y adelantar con fuerza las reformas constitucionales para las cuales ya estaba maduro el país, enfrentar a fondo los problemas económicos. Tan temprano como en el año 1984 yo pensaba que había que fijarse bien en lo que estaba pasando en Venezuela. Ahora, 1991 y 1992 fueron meses llenos de rumores. Y yo, como todo el mundo, y como Fidel Castro, por cierto, no podía pensar en otra cosa en Venezuela que no fuera en un golpe de derecha. El primer mensaje de solidaridad con Venezuela y de rechazo al golpe fue el de Fidel Castro, porque él, como todos nosotros, pensó que el golpe era de derecha. Y la primera noción que yo tuve de que no era un golpe clásico –tipo gorila latinoamericano– fue a las seis de la mañana, cuando, casualmente, estaba en Radio Caracas porque iba a intervenir en un programa. Me encontraba ahí viendo en televisión las declaraciones que daba el militar que se había levantado en Maracaibo, y Peter Bottome, que estaba al lado mío, me dio un codazo y me dijo: ese hombre es de izquierda.

–¿Peter Bottome?

–Sí. Yo estaba oyendo el discurso y me decía: «¡Coño! qué discurso tan raro, este no es el discurso que uno está esperando». A Peter le había llamado la atención tanto como a mí, pero él sí me dijo: Este hombre es de izquierda». Y fue a mediodía, cuando apareció en televisión el jefe del golpe, que el barinés Luis Velásquez Alvaray –un compañero del MAS, que hoy anda prófugo de la Justicia después de ser hasta magistrado del Tribunal Supremo– me llama por teléfono, y me dice: «¡Teodoro!, este es el loco que pegaba afiches con nosotros, ese es un viejo amigo de nosotros allá en Barinas». Ahí me di cuenta de que «el loco», como él lo llamaba y que seguramente así lo llamaban todos los compañeros, era un hombre que no era miembro ni del MAS ni del MIR, pero que andaba con la juventud del MAS y con la juventud del MIR, pegando afiches.

–A mí me aseguraron que la directiva del MAS sí sabía que se preparaba un golpe, incluso que sabía que iba a ser en diciembre de 1991, pero que después se pospuso.

–No. El primer golpe, el del 4 de febrero, nos tomó por sorpresa a todos. A todo el mundo. Bueno, no puedo hablar por todo el mundo: a mí me tomó por sorpresa. Y yo era una persona que tenía que estar bastante enterada ¿no? Sin embargo, ese golpe me tomó completamente por sorpresa. Me refiero al día del golpe, porque había un ambiente golpista en Venezuela.

–¿Y por qué tenía que estar enterado? ¿Por las filiaciones políticas de los golpistas...?

–Se supone que un dirigente político debe saber las cosas, debe estar enterado. Ahora, en un país de rumores y de bolas, ellos supieron conservar la fecha del golpe suficientemente secreta como para que al menos nosotros en el MAS no supiéramos cuál era el día del golpe.

–*Y si un político debería estar enterado, ¿por qué cree que el golpe sorprendió a Pérez?*

–Ahí creo que es más bien un psicólogo o un psiquiatra quien tiene que hablar. Pérez tenía mucha confianza en sí mismo. Pérez no podía creer que a él le podían dar un golpe. Supongo que hay la sobreestimación de sí mismo, pero no sé. Esos son terrenos en donde no quiero ejercer una profesión ilegalmente…

–*Aparte de esa sobreestimación, y aparte también de esa relación con Cecilia Matos, de la que me habló, ¿qué fallas le encontró a Pérez? ¿Qué fue lo que –a su juicio– él pudo hacer para provocar la crisis?*

–La primera cosa mala que hizo –mala no, equivocada– fue pensar que su carisma era suficiente para llevar adelante un programa de ajustes tan duro como el que obviamente se proponía. Un programa de ajuste económico es un programa político, se tiene que manejar políticamente, y es un problema de podérselo explicar al país. Claro, Pérez gana las elecciones con un país que pensaba que volvía la Gran Venezuela, ¿y qué era la Gran Venezuela? El derroche del primer gran *boom* petrolero. Gana las elecciones pero ya él era otro Pérez, uno que dice: tenemos una situación muy difícil, no hay más plata que botar porque Lusinchi la despalilló; tenemos una sobrevaluación brutal de la moneda, control de cambio, inflación… y aquí lo que hay que hacer es un programa de ajustes. El país, por supuesto, que está esperando otra cosa, recibe la noticia en medio de una toma de posesión fastuosa, ¡faraónica!, que costó una bola de millones de bolívares, y ahí Pérez comenzó a derretirse. Luego, la instrumentación del programa fue ¡tan torpe! que incluso algunas de sus medidas comenzaron sin explicación alguna, sin anestesia, antes de que el propio programa comenzara a ser implementado. Por ejemplo, la subida del precio de la gasolina que desató el 27 de febrero. Y el 27 de febrero fue letal para Pérez… ¡¿Que se haya levantado Caracas?! Letal… Pero él, de todas maneras, sigue con el programa, y el programa es adelantado por unos jóvenes tecnócratas, no por políticos, y estos jóvenes tecnócratas simplemente pensaban que bastaba con tener razón desde el punto de vista de las fórmulas económicas para que la gente aceptara las políticas, pero resulta que así no es la vida. Digo esto, contrastando con el programa de ajustes que yo adelanté con el presidente Caldera, y que me tocó dirigir a mí en cierta forma, junto con Luis Raúl Matos Azócar.

—¿Y cuál fue la diferencia en la instrumentación?

—La diferencia fue que nosotros nos dedicamos a explicarle al país, y yo recuerdo, y mucha gente recuerda mi frase: «Estamos mal, pero vamos bien». Yo me la pasaba en televisión diciendo la verdad, porque lo primero que yo dije fue: «Vamos a aplicar un programa de ajustes y la inflación este año va a llegar a cien por ciento», y llegó a cien por ciento. Yo me dediqué a explicar de la manera más sencilla posible, recorrí el país en foros interminables con gremios, sindicatos, grupos estudiantiles, con los medios, lo que fuera...

—Pero los tecnócratas dicen que ellos también hicieron eso.

—No, no lo hicieron. Es más, nosotros nos cuidamos mucho de tener listas las medidas sociales de compensación. En cambio Pérez, dieciocho meses después del programa de ajustes fue cuando puso en práctica el primer programa social. Aquello fue manejado de una manera muy torpe por alguien que pensaba que su propio carisma era suficiente. Eso fue un error gravísimo que lo desgració; y luego, el modo como toleró las andanzas de su esposa, y al final la corrupción de su entorno terminó de desgraciarlo.

—Me ha hablado mucho de la corrupción. ¿Qué caso específico recuerda?

—Recuerdo el caso de Gardenia Martínez y de Orlando García... En fin, había demasiados elementos. Lo que pasa es que en este país uno sabe lo que pasa con las denuncias de corrupción. Yo protagonicé dos denuncias gigantescas sobre las fragatas y eso terminó en nada, y todo el mundo sabía que las fragatas habían sido un guiso. Una de las desgracias que como país tenemos es que aquí la corrupción se castiga en los porteros de los ministerios, no en los ministros.

—Y en el caso de las fragatas, ¿también estaba metida Cecilia Matos?

—No. Lo de las fragatas fue anterior, fue en el primer gobierno entre 1974 y 1979. Ese fue un negocio muy grande, muy grande, y que yo recuerde Cecilia no tuvo nada que ver.

—Asegura que las denuncias no llegan a nada, pero hubo una denuncia en contra de Pérez que sí llegó a término.

—¿Pero se le juzgó por qué? Se le juzgó por un caso como el de los impuestos de Al Capone. Fue por una tontería, en la cual él tenía razón políticamente porque era para ayudar a Violeta Chamorro y a la estabilización de la democracia en Nicaragua. Fue por una tontería en el manejo de los cheques y del dinero de la partida secreta.

–¿Creyó que Pérez iba a caer como cayó? ¿Que iba a salir por el cheque de la partida secreta, después de haber pasado tantas cosas en el gobierno?
–Cuando se planteó su enjuiciamiento, para mí estaba claro que iba a salir. Porque estaba clara cuál era la actitud de Acción Democrática. Una vez que uno sabía cuál era la actitud de Acción Democrática era obvio que Pérez ya estaba condenado.

–¿Y usted esperaba que él aceptara la decisión de la Corte?
–Sí, como no. Porque Pérez, debo decir, es un personaje complejo. Es un hombre con grandeza de alma, es un hombre demócrata. Y yo se lo dije, cuando me pidió una opinión para unas memorias que supuestamente está escribiendo, le dije: «La historia va a ser severa en unas cosas e indulgente en otras». Lo que pasa es que él salió de manera muy infortunada; entonces, no pasará a la historia como uno de los grandes presidentes del país, pero Pérez, primero, es un hombre, verdaderamente, con sentido democrático. Es un hombre capaz de aceptar lo que tuvo que aceptar: su salida del gobierno, de la manera como salió. Es además un hombre que no guarda odios. Te lo digo yo, personalmente.

–Que fue un gran opositor de Pérez durante toda su vida...
–Sí. Él no guarda odios. Es cordial, muy amplio, creo que es muy inteligente... Desgraciadamente: las debilidades humanas. Yo recuerdo mucho que comenzando su gobierno, tres o cuatro miembros de la dirección del MAS fuimos a hablar con él para decirle que teníamos un expediente sobre Blanca Ibáñez. Entonces, Pérez nos dijo: «¡Pero, caramba! qué cosa con Jaime, ¿cómo le da tanto poder a esa mujer? ¿Pensaría que no iba a salir nunca del gobierno?» Él nos dijo eso, y después repitió la historia... ¡Es que las debilidades humanas son una cosa muy seria!... Podrías explicar eso, pero ahí tendrás más bien que hablar con un psiquiatra...[110]

---

110 Teodoro Petkoff, 21 de mayo de 2008. Político, economista, periodista. Se inició en la política en la década de los cincuenta como militante del PCV. En los sesenta, participó en la lucha armada contra el gobierno de Rómulo Betancourt. A finales de esa década se deslinda del PCV, y en 1971 funda el MAS. Con el MAS llegó a ser candidato a la Presidencia, y, en 1993, apoyó al segundo gobierno de Rafael Caldera, del cual fue –en 1996– ministro de Cordiplan. En 1998 se separa del MAS.

CAPÍTULO 22

En 1987, cuando vine de Uruguay para la precampaña, una vez aquí, se lo dije a Pérez:

—Presidente, es algo muy delicado, pero hay un problema: ¿cómo va a tratar usted este asunto suyo después de lo de Blanca Ibáñez, que es un escándalo?

—Es perfectamente distinto —me contestó—, porque Jaime es un esclavo de Blanca, yo no. Todo el mundo sabe que yo no permito que Cecilia se meta en cuestiones de Estado.

—¿Y usted va a ir a la televisión a explicarle eso al pueblo? —le comenté[111].

En una relación sentimental, ser «la otra» es un rol complicado. A menos que se caiga en una de esas jugadas entre intelectuales que creen que es de lo más *avant-garde* formar parte de un triángulo amoroso, o a menos que se vivan esas historias patológicas donde lo que está en juego no es el amor sino el control, ser «la otra» en una ecuación amorosa es una incógnita difícil de despejar o de aprehender. Por más que se disimule o se esfuerce en aparentar desenvoltura dentro del encargo que le tocó, sin documentos de por medio, o mejor dicho: con documentos en contra, se necesita mucha cancha y concha para salir a la calle y hasta mirarse al espejo y dejar de pensar que por ahí afuera se mueve, respira, come, ríe, llora, camina y retoza una mujer que llegó antes, a la que se quiso antes (y a la que tal vez aún se quiera), con la que antes se formó una familia, con la que siguen durmiendo bajo un mismo techo aunque se cree que

---

111 Armando Durán.

no en la misma cama, y que esa mujer es «la legal». La esposa. La que tiene todos los derechos para firmar como la señora de. Una vez asumido ese hecho, y calzados los zapatos de «la otra», se requiere además una gran habilidad para hacer como que si esos zapatos no apretaran, como que no molestan ni sacan callos cuando se empieza a andar por el canal periférico, por la ruta alterna. Que es la que toca. La que queda. De ahí en adelante hay mucho que aparentar, mucho que fingir, para demostrar y demostrarse que aun sin papeles que lo convaliden, en vez de ser lo que todo el mundo cree y dice, en vez de ser «la otra», se es la que quieren de verdad, verdad, aunque todavía no hayan querido firmar un papel que lo certifique. Pero mientras eso pasa y eso llega, a falta de acta, juez y pastel de boda, la vida se va llenando con cartas –hoy en día *e-mails*, mensajitos de texto–, llamadas telefónicas a medianoche, encuentros furtivos, regalos, muchos regalos, serenatas, viajes, fotos –que den testimonio–, fiestas, muchas fiestas y amigos –muchos amigos nuevos– que testifiquen y reconozcan lo que los canales oficiales se niegan a testificar y reconocer. Y en ese intento por llenarse la vida, el esfuerzo es grande y la incertidumbre en vez de disminuir crece de manera proporcional al empeño que se pone en contrarrestarla, y cuando cede el encandilamiento de los primeros tiempos, en su lugar deja un hueco grande, hondo; un vacío inmenso que necesita llenarse. Con lo que sea.

Cuando yo lo conocí, él era el ministro del Interior del gobierno de Rómulo Betancourt. Yo tenía en ese momento como quince años, y estaba en un agasajo que el partido le estaba dando a él porque había estado encargado de la Presidencia. Ya Rómulo estaba en el país, y el partido le quiso dar a Carlos Andrés un presente. Como yo era la más jovencita del grupo, el secretario general del partido, vino y me llamó:

–Mira, muchachita –así mismo me dijo–, entrégale esto al ministro en nombre de AD.

«Esto» era un llavero de regalo; yo no sabía lo que era, pero fui y se lo entregué. En ese momento lo conocí, y no lo volví a ver más.

Lo vi de nuevo un 31 de diciembre en Miraflores. Fue el último 31 de diciembre que estuvo Rómulo en la Presidencia, en una fiesta de despedida de año que dieron en los pasillos de Palacio, y un familiar mío que trabajaba ahí, mi tío Carlos, nos llevó a mi hermana y a mí. Nosotras queríamos ir por ver a Betancourt, porque a mí particularmente me encantaba Betancourt: cómo era, cómo hablaba... Un líder, pues. En la fiesta estábamos sentadas en una mesa con unas sobrinas de Valmore Rodríguez y otras dos compañeras más, y él llegó, nos dio la mano a todas, y me reconoció:

—¿Tú no fuiste la que me entregaste este llavero? —me dice Carlos Andrés, y se saca el llavero del bolsillo.

Yo me quedé impresionada, porque hay que imaginarse a un tipo tan importante como él, que se acordara de mí. Si yo más bien el día del agasajo ni había hablado con él. Le entregué el regalo porque me dijeron que lo hiciera, pero más nada. Y entonces ese 31 de diciembre él me pregunta que si yo era la misma, y enseguida:

—¿En dónde te puedo ver?

Pero en eso entró alguien, y yo no le dije dónde me podía ver. Pasó el tiempo, y resulta que unos meses después, cuando entró el gobierno de Leoni y él se fue a incorporar al Congreso, yo estaba haciendo una pasantía allá. Yo estudiaba bachillerato comercial y el doctor Lepage me había llevado a la hemeroteca para que trabajara y aprendiera. Un día Carlos Andrés llegó, me ve sentada ahí, y me dice:

—¿Y qué haces tú aquí?

—¿?...

—Yo sí que he preguntado por ti.

Desde ahí no me soltó, no me soltó nunca más.

Después él me puso de secretaria del jefe de la fracción parlamentaria, que era él mismo, y cuando en 1968 se fue de secretario general de Acción Democrática, yo me quedé con Jaime Lusinchi, pero más tarde renuncié porque ya Jaime tenía esa cosa con esta muchacha y yo dije: «No, me voy de aquí, no me gusta este ambiente», y me fui. Me fui del Congreso[112].

---

112 Cecilia Matos.

Durante el primer gobierno de Pérez, el paso y el peso de Cecilia Matos fue vago y borroso. Por más que se asegure que ella escogió hasta la corbata amarilla que CAP usó en la toma de posesión de 1974, lo cierto era que su presencia en aquellos tiempos era menos patente o poderosa de lo que se pudiera pensar. Eran poquísimas y raras las veces que se presentaba en la casa de gobierno, y según testigos de la época, cuando iba a Miraflores era como que si entrara por la puerta de atrás. No había permiso para que fuera de otra forma. Blanca de Pérez –Blanquita– era a los ojos de todos la primera dama y la que ejercía como tal. Era ella quien dirigía la Fundación del Niño, ella la que se encargaba de la labor social que por norma le tocaba a la esposa del Presidente y ella, además, quien había creado el popular programa de Hogares de Cuidado Diario que se ocupaba de atender en los barrios a niños menores de seis años mientras sus madres salían a trabajar. Cecilia, en contraste con Blanquita, en aquellos años en que Pérez fue Presidente por primera vez, no mantenía en su currículum ninguna obra –social o no– que la catapultara al favoritismo o le garantizara, a la luz de la opinión pública, ascendencia o capacidad de influir en las decisiones importantes. Ella para todo el mundo sólo era la amante del Presidente.

En el año 1974, Cecilia Matos ya no trabajaba en el edificio La Perla. Hacía tiempo que había dejado de desempeñar su cargo como secretaria de la fracción parlamentaria de AD para comenzar a ejercer un puesto importante en la vida privada de Pérez; sin embargo, ese nuevo cargo no le garantizó uno de igual presencia en la vida pública del Presidente de la República.

–Pérez se enamoró de Cecilia, y Cecilia se enamoró de Pérez –cuenta un allegado de la época–, pero Pérez luchó muchísimo en contra de eso por su posición conservadora. Él era muy, muy conservador.

Como andino típico más que como figura pública que busca aparentar, Carlos Andrés Pérez era cuidador de la tradición, de la forma. Para él no era sencillo abandonar y dejar a un lado a la familia que había formado veintisiete años atrás. Se había casado con Blanca, su prima, y al casarse había asumido un compromiso, y de acuerdo a su manera de ser y a la forma de ver la vida que había aprendido en su terruño y con su tribu, debía ser leal a ese compromiso, tenía que asumir la responsabilidad del acto que lo había llevado a decir «sí» frente a un cura. A Blanca la conocía desde niña, y la había enamorado a hurtadillas cuando ya él era un hombre hecho y derecho entregado a la política –tenía entre veintiuno y veintidós años– y ella una muchacha de catorce o quince que iba a misa todos los días a las siete de la mañana. Se casó con Blanca en 1947 en la capilla del hospital de Rubio, y con ella había tenido seis hijos –la más pequeña nacida en 1964–. Por lo tanto, un divorcio –a la luz de aquellos días: en los sesenta o setenta– era impensable. Casi imposible. Él continuó guardando las apariencias, y manteniendo en muy bajo perfil su relación extramatrimonial. Vivía en La Casona, como correspondía al mandatario de turno, y ahí hacía la vida familiar oficial que incluía la vieja costumbre de los almuerzos dominicales en donde le gustaba juntar a toda la parentela Pérez Rodríguez. Hermanos, primos, cuñados, concuñados, hijos, sobrinos. Todos juntos, reuniéndose como lo venían haciendo desde que había regresado del exilio. A Cecilia la veía entre semana. Casi con exclusividad, cada miércoles en la noche cuando partía de Miraflores con disimulo en «la caravana chiquita» –menos autos, menos escolta– para no llamar la atención. En la época final de ese gobierno, sin embargo, pese a su celo y sus previsiones, el nombre de Cecilia Matos comenzó a ser pronunciado en voz alta y más de una crónica social la tenía como protagonista. Pero eso sí, era a ella solita.

Al salir de la Presidencia el amorío evolucionó de una manera distinta, amparado por la distancia geográfica que CAP quiso interponer entre su relación oficial y la otra. Blanca siguió siendo la esposa, pero Blanca vivía en Caracas y él, con el pretexto de las giras políticas internacionales, cada vez más vivía en Nueva York, con Cecilia y con las dos hijas que nacieron una tras otra a principios de la década de los ochenta.

Decir que ella no tenía influencia sería una ingenuidad. Por supuesto que la tenía. Yo no sé hasta qué niveles ni en qué hechos concretos, pero conociendo la relación personal, afectiva, que había entre ellos, es de suponer que Cecilia no era un cero a la izquierda…
Yo lo que creo es que aquí en Venezuela, las cortes que se forman en torno a los hombres del poder no tratan de agredir al líder sino congraciarse con él, y lo hacen a través de, o con la mujer.
¡Por supuesto que han de haber llegado a ella!, y a las otras y a todas las mujeres de los hombres de poder. Deben haberla llenado de ¡todas! las cosas y, por supuesto, como seres humanos al fin, deben tener sus debilidades. Yo, en ese sentido, creo que uno no puede mentirse. Eso es así y es verdad[113].

---

113 Héctor Alonso López.

En el segundo mandato, después del cuasi reinado de diez años en Nueva York, la figura de Cecilia Matos ya no podía ser tan difusa ni estaba tan diluida en el inconsciente colectivo venezolano como lo había estado durante la era de CAP I –más con el precedente de Blanca Ibáñez–. Poco a poco su nombre salía relucir, y a cada tanto con mayor frecuencia, no sólo como presidenta de la fundación que había creado para la protección de campesinos e indígenas –Fundafaci eran sus siglas–, y con la cual reclamaba la atención de los medios, sino porque entre corrillos políticos se le achacaba una supuesta injerencia en algunos designios de la Presidencia: como ascender a ministro de Sanidad al pediatra de sus menores hijas y a comandante de la Fuerza Aérea a uno de sus compinches, o como que dos cercanos amigos suyos fueran los dos primeros ministros de Defensa que nombró la administración. Tampoco podía pasar desapercibida su presencia ni la de sus hijas, porque si bien Cecilia, al contrario de su predecesora, no tenía oficina ni despachaba en Miraflores, sí acostumbraba hacer alto en la Suite japonesa, muchas veces acompañada. Una que otra noche alternaba, junto con Pérez, en una cena con algún invitado especial –que aceptaba y se acomodaba a su presencia–, y una que otra tarde podía vérsele irrumpir en el despacho presidencial o a las niñas manejar bicicletas por los pasillos o jugar con los pollitos y los morrocoyes en un patio. Así que ya no podía –y era obvio: ella no quería– pasar tan desapercibida como antes. Sin embargo, su presencia no era tan activa como se pudiera pensar. Unos cuantos de los ministros no la conocían en persona –sobre todo los tecnócratas– y muchos de los funcionarios de Miraflores jamás la vieron, ni siquiera de espalda. A veces sólo se sabía de su presencia en Palacio porque alguien había advertido el ruido que hizo al abrirse la puerta automática del galpón levantado en el área de la escolta civil, al lado del árbol de mango, y que «todos sabían» era el garaje para el automóvil de Cecilia. Cuando ella llegaba –decían los chismes–, la santamaría eléctrica subía, y una vez que el auto estaba dentro, la puerta se cerraba sin dejar ver lo que escondía en su interior. Al galpón, muy rápido los empleados de Miraflores lo bautizaron «la baticueva» porque a no ser que fuera en carro, nunca se veía salir o entrar a nadie. Y aunque todos suponían quién entraba y salía, nadie podía aseverarlo. De manera que, en la segunda presidencia de Pérez, el personaje de Cecilia Matos a primera vista seguía íntimamente ligado a la imagen de «la querida», y en apariencias no tenía ni más ni menos gravitación que lo que eso pudiera significar. Pérez continuaba teniendo como residencia oficial La Casona: allí descansaba la mayoría de las noches de la semana, a excepción de dos o tres que dormía supuestamente en Miraflores. Fuera de ese detalle, no había mayores cambios en la historia oficial. Porque a pesar de la aparente influencia que le endosaban los runrunes, a pesar de sus pernoctas en Miraflores y de su figuración en la prensa (en actos de su fundación o en meros eventos sociales), Cecilia aún no había logrado desplazar a doña Blanca –Blanquita– del palco oficial. Blanca de Pérez seguía siendo la primera dama a los ojos de los venezolanos. Ella era la que se reunía con las esposas de los embajadores extranjeros, a ella era a la que le rendían las cuentas de las obras de la Fundación del Niño, era además la que estaba reimpulsando el programa de los Hogares de Cuidado Diario, la que se había encargado del Banco de Sillas de Ruedas, y la que seguía teniendo el poder suficiente como para desalojar a Cecilia –y a sus amigos– de unos asientos que pretendió ocupar en un foro de las Naciones Unidas donde CAP estaba anotado como orador. En la segunda presidencia de Pérez, la que seguía figurando en los actos, las actas y las fotos oficiales al lado del Presidente era Blanca, y no la otra.

Cecilia aparecía en las páginas sociales, y cada vez más en otro tipo de páginas en algunas de la cuales, ya no para halagarla, se ocupaban en destacar el brillo y el lujo de las joyas que usaba. Sin embargo, en las notas y en las fotografías de los periódicos continuaba apareciendo ella sola –sin Carlos Andrés Pérez al lado–, y durante los tres primeros años de administración CAP II, todavía era difícil que la vincularan de manera expresa con él y más difícil aún que la acusaran de alguna anomalía. Fue después del 4 de febrero, cuando desde todos los flancos arreciaron las críticas y los ataques contra el gobierno, que el nombre de Cecilia Matos comenzó a ser encontrado en la prensa entre las denuncias por corrupción. Desde entonces, aunque todavía no saliera retratada al lado del Presidente, el vínculo sentimental entre ambos pasó a ventilarse de manera abierta y, tal vez recordando la experiencia Ibáñez, comenzaron a discutirse los privilegios de que gozaba, el poder que detentaba y la gran ascendencia que supuestamente tenía sobre Carlos Andrés Pérez, al extremo de llegar a asegurar que la pugna entre Lusinchi y él, lejos de una lucha por el control del partido, había sido por un lío de faldas: se había originado en la rivalidad entre Ibáñez y Matos, que nunca se soportaron una a la otra.

Mentira, Carlos Andrés no tenía diferencias con Jaime. Ninguna. Para nada. Lo único era que Blanca [Ibáñez] no quería que Jaime se juntara con Carlos Andrés, y mientras él fue Presidente jamás lo invitó al Palacio por eso, porque ella no quería. Porque Carlos Andrés siempre le criticó a él las relaciones con ella. Pero entre ellos dos no había pleito... Lo que Carlos Andrés dijo en el discurso de su toma de posesión fue por esa misma cosa de todas las mamarrachadas que hizo Blanca, y el daño que le hizo Blanca a Jaime, y a Venezuela ¡y a todos! Porque, todo el mundo, entonces, la comparaba también conmigo... Y yo soy la antítesis.

Yo no me montaba en los aviones de la Presidencia, con eso digo todo. No necesitaba aviones de la Presidencia. Yo tenía el avión de Armando De Armas, y cada vez que quería ir al exterior llamaba a De Armas y De Armas hacía venir su avión, me recogía y me llevaban a Rusia, donde tenía una reunión, o a Suiza donde tenía otra reunión. Adonde fuera. Yo no tenía necesidad del avión presidencial. Y jamás me monté en un avión de PDVSA, como también dijeron. ¡Jamás![114]

En marzo de 1992 comenzaron los rumores sobre la amistad de Cecilia Matos con Pedro Lovera, empresario implicado en esa época en una investigación por irregularidades en un contrato para modernizar equipos de telecomunicación de la Armada. El contrato en cuestión se había pagado en su totalidad, pero la empresa de Lovera sólo había entregado ochenta por ciento de los equipos contratados. El caso, que se conoció bajo el nombre de Turpial, había llegado al escritorio del Presidente en noviembre de 1991 y él mismo ordenó iniciar un juicio en la Corte Marcial. La operación había sido firmada durante la administración de Lusinchi por un total de veintisiete millones de dólares, y debía haberse culminado para noviembre de 1991.

A fines de abril de 1992, los medios destacaron que Piñerúa, el ministro de Relaciones Interiores, ordenó la destitución del jefe de la división aérea de la Disip porque, sin consentimiento, había comandado vuelos particulares en los que se movilizaron Lovera y Cecilia Matos. Veinte días más tarde, Enrique Ochoa Antich, dirigente del MAS y hermano del ministro

---

114 Cecilia Matos.

de la Defensa, denunció que escoltas pagados por el gobierno estaban al servicio de Cecilia Matos y de su familia, incluso en Nueva York. En septiembre, el periodista Rafael Poleo se refirió en su periódico a un depósito en dólares que Matos habría hecho en una cuenta suya en un banco norteamericano; el depósito –según Poleo– había sido con un cheque del internacional BCCI que en la década de los ochenta en Tampa, Florida, había sido señalado por lavar dinero para el Cartel de Medellín. Da la casualidad que dos meses atrás el banco había sido el centro de una polémica en el país porque Cristóbal Fernández Daló, senador por el MAS, aseguró en rueda de prensa que fue la institución que costeó los gastos de una cena en la campaña presidencial de Carlos Andrés Pérez. Y así, poco a poco comenzaron a emerger informaciones referidas a Matos que atacaban por retruque al Jefe del Estado. Ya para finales de 1992 habían salido a relucir el apartamento en Sutton Place, Nueva York, valorado en poco más de ciento cincuenta mil dólares y habían comenzado los rumores sobre supuestas cuentas conjuntas que en el exterior ella mantenía con Pérez, y en las que se decía contribuían regularmente conocidos empresarios. Pedro Lovera, según los cuentos, habría hecho varias transferencias por miles de dólares a nombre de Cecilia Matos.

Las acusaciones y denuncias eran cada vez más frecuentes, y comenzaron a erosionar la ya vapuleada imagen del Presidente. No sólo había severas críticas al manejo económico y social de su gobierno, sino que ahora se le adosaban cuestionamientos morales –al confirmarse públicamente la relación paralela– y éticos –por el supuesto enriquecimiento ilícito que implicaban las imputaciones–.

Yo no tengo ¡la menor! duda de la honradez de Pérez. Por supuesto, eso no lo cree nadie en Venezuela.
Yo sí creo que en su primer período en la Presidencia trató de imponer grupos económicos. Yo no digo que él se haya enriquecido, pero sí trató artificialmente de crear lo que nosotros entonces llamamos la burguesía emergente o *Los doce apóstoles*. Pero, hoy en día, de su honradez personal, no tengo duda.
Lo que pienso es que los dirigentes políticos, en Venezuela y en muchos países de América Latina, tienen unas relaciones incestuosas con el mundo empresarial. Y es claro, porque ¿de dónde se financian los políticos? De la clase empresarial. Entonces eso crea vasos comunicantes que no necesariamente conducen a corrupción

o a ilegalidad, pero sí a zonas oscuras en las cuales uno no sabe, al final, quién le debe qué a quién. Yo soy partidario de que eso hay que transformarlo, pero ese es un fenómeno universal de la política. Y desde el punto de vista de la actuación de Pérez como Presidente, yo tengo la convicción de que las cosas que yo le llevé a él como cuestiones irregulares, o que parecían irregulares o que me habían dicho que eran irregulares, él las mandó a investigar. Todas. Él jamás trató de presionar de algún modo o de imponerme o recomendarme a alguien. Jamás, jamás.

Lo que sí creo que es un error de los políticos, incluido Pérez, es que la mayoría de ellos reciben ayudas o regalos de empresarios, en un país en el que esa práctica no está regulada. Yo conozco, por ejemplo, algunos empresarios amigos de Pérez que jamás han tenido vinculación con el Estado, entre otras cosas porque sus negocios no se refieren al Estado. Y esos amigos de Pérez le pueden regalar viajes o invitaciones a República Dominicana, o qué sé yo. Ahí se puede decir que no hay nada, pero de un empresario que tiene relación con el Estado, no se está al cabo de decir si el regalo que le hace al jefe político y su éxito en su actividad comercial no forman parte de lo mismo. Yo estoy en desacuerdo con esa práctica financiera de los políticos que desdibuja la función política y crea condicionamientos y fricciones indebidas[115].

Después del 4 de febrero de 1992, Cecilia Matos prácticamente no vive en Venezuela. El golpe la había sorprendido en París, donde había llegado el día anterior desde Davos, Suiza. Había acompañado a CAP al Foro Económico Mundial pero, contrario a lo que la mayoría aseguraba, no había regresado con él, sino que había esperado por la aeronave del empresario Armando De Armas en Francia. En París, un amigo francés fue quien la llamó para avisarle que en Venezuela se acababan de alzar unos militares contra el gobierno. En cuanto lo supo, en lo primero que pensó fue en

---

115 Carlos Blanco.

sus hijas, que se habían quedado en Caracas, y fue precisamente por ellas que al poco tiempo decidió salir de Venezuela. Pocas semanas después de la intentona se había enterado de que entre los planes que supuestamente manejaron los golpistas el día del asalto estuvo el rapto de las niñas para obligar a la renuncia del Presidente. Fue cuando decidió sacarlas, y desde entonces ella misma permaneció la mayor parte del tiempo afincada en Nueva York, viviendo en el apartamento de Sutton Place que tanto mencionaban las noticias. Ese alejamiento parcial, sin embargo, no la apartó ni la libró de la tormenta política que se había desatado en el país ni de las acusaciones que a cada tanto se hacían en su contra. Se sacó a relucir una vieja investigación que en la década de los setenta le habría adelantado el Congreso para que justificara su nivel de vida, como empleada del Parlamento que era. Se insistió en hablar del valor de sus joyas; de la frecuencia de sus viajes al exterior; del objetivo de su fundación indígena; del empresario que le habría regalado el apartamento newyorkino y, por supuesto, de las sospechas sobre la existencia de varias cuentas bancarias en el exterior abiertas en conjunto con Carlos Andrés Pérez, y en las cuales, presuntamente, varios benefactores depositaban «miles» de dólares con cierta regularidad. A mediados de año se pidió una investigación de sus bienes de fortuna, señalándola de estar vinculada con contratistas militares; en octubre, Juan José Delpino –ex presidente de la CTV– la llamó «la barragana del presidente Pérez» y para noviembre de 1992 el Tribunal de Salvaguarda se ocupó de abrirle un proceso por denuncias de enriquecimiento ilícito.

Yo, sinceramente, lo que siento que hubo allí es que ella quería ser la esposa del Presidente, y el Presidente no terminaba de tomar la decisión de divorciarse de Blanquita. Mientras tanto ella quiso fungir de primera dama, y a su alrededor había toda una cantidad de gente –que eran todos unos sinvergüenzas– que sabía y quería sacar tajada a esa situación irregular, y la usaron. Eso es una cosa... Pero ¿ella, despachando en Miraflores? ¡Jamás! Es más, el Presidente no lo hubiera tolerado[116].

---

116 Identidad reservada.

CAPÍTULO 23

ACABAR CON EL PAÍS

–Pérez fue el mejor político de su generación. Él fue el único que entendió lo que estaba pasando. Entendió que había fallecido el modelo de desarrollo que había fundado Acción Democrática, y eso no lo entendió nadie. Absolutamente nadie. La necesidad de globalizar la economía venezolana, de iniciar un nuevo estilo de desarrollo, de vincularse a los centros mundiales de capital, de crear una sociedad productiva no rentista. Todo eso, el único que lo entendió efectivamente fue Pérez. Fue un tipo visionario. De ser estatista –el más estatista– supo girar para hacer el cambio. Y por ejemplo, Caldera, no.

–*Pero al final, Pérez, aunque visionario no supo ganar, y en política todo se cuenta por quién ganó y quién perdió, y Pérez perdió.*

–Si Carlos Andrés hubiera tenido la economía política de Caldera, no lo hubiera tumbado nadie…

–*¿Economía política, en qué sentido? ¿Qué fue lo que hizo mal? ¿O qué fue lo que hizo bien Caldera?*

–El diseño económico de Carlos Andrés Pérez fue para convertir a Venezuela en un país productivo, y en un país internacionalmente competitivo desde el punto de vista económico. Eso significaba que los privilegios de los grupos económicos, acostumbrados a vivir en medio de la protección del Estado, a no tener que hacer ningún esfuerzo, a no tener que competir ni vender sus cosas en el exterior sino venderlas aquí en el mercado interno, esos intereses económicos proteccionistas –podríamos llamarlos– se sintieron sumamente afectados porque, de repente, el programa de Pérez los puso en la dura circunstancia de competir, y competir significaba al mismo tiempo redimensionar y reestructurar sus empresas. Tenían que empezar a trabajar, como no estaban acostumbrados a hacerlo, y eso hizo que gran parte del empresariado venezolano se colocara en la acera de enfrente. Y al gobierno, que era el que los obligaba a competir, a ser más eficientes, a meterse en el mercado internacional, lo veían como a un enemigo. Si examinas las declaraciones de los empresarios, en todo ese período, la mayoría son llantos pidiendo protección, pidiendo ayuda, pidiendo que se parara el programa económico y, eso por supuesto, los hizo entrar en una actitud hostil contra el gobierno. Pero lo mismo ocurrió en el caso del sistema político, porque Pérez, así como estaba haciendo las reformas económicas, estaba también con el proceso de descentralización, lo que era un extraordinario reto para los partidos y sobre todo para los dirigentes, porque los partidos políticos venezolanos tenían un liderazgo que se había formado, también, en un esquema proteccionista. ¿En qué consistía eso? En que si querías ser una figura política del Estado venezolano: gobernador, alcalde, cualquiera de las figuras institucionales, te tenía que nombrar el Presidente de la República en combinación con lo que se llamaban los cogollos, que eran los dirigentes del partido. Pero a partir de Pérez, los liderazgos tenían que medirse con los electores, en los estados. Y eso significaba un reto que ponía en entredicho el poder que estaba establecido, porque como lo pudimos ver después, de repente empezaron a aparecer candidatos a gobernadores y alcaldes que, a su vez, ganaron los procesos electorales y que no tenían absolutamente nada que ver con los cogollos partidistas. Vimos el caso de Claudio Fermín[117], que de ser un *outsider* en Acción Democrática se convirtió, de un día a otro, porque fue electo alcalde de Caracas, en la primera figura, por encima de todos los que tenían una tradición dentro del aparato.

–*Saltó generaciones…*

–Saltó generaciones y saltó liderazgos establecidos, y se convirtió, además, en jefe de AD y en candidato presidencial. Eso ocurrió también en Copei. En Copei, la emergencia de Oswaldo Álvarez Paz[118] como gobernador del Zulia lo convierte naturalmente en el siguiente candidato presidencial, y Andrés Velásquez[119], de la Causa R, salta también porque gana la Gobernación. Es decir, el programa de descentralización en materia institucional es el equivalente de lo que fue la apertura económica en el plano

---

117 Claudio Fermín: dirigente de AD, aliado de CAP. En 1989 fue electo alcalde de Caracas.

118 Oswaldo Álvarez Paz: dirigente de Copei. Primer gobernador electo en el estado Zulia.

119 Andrés Velásquez: líder sindical en el sector siderúrgico, se afilia al partido de izquierda La Causa R. Fue electo gobernador del estado Bolívar en 1989, reelecto en 1992.

de la producción. Rompió el esquema proteccionista, rompió el esquema de dirigentes que protegían a dirigentes para hacerlos ingresar en los organismos de dirección, e hizo que los liderazgos tuvieran que construirse a partir de la gente, a partir de la calle, a partir de la competencia y del trabajo. Y lo mismo en el plano de la reforma del Estado, porque el planteamiento de Pérez era la descentralización, la apertura económica y la reforma del Estado. La reforma del Estado implicaba la reforma electoral, cambiar el sistema de listas cerradas, porque la gente votaba por un color y los candidatos iban en un gran portaaviones que era el partido. La gente no sabía por quién votaba sino que votaba por el color, y el color iba en relación con el candidato presidencial porque las elecciones iban juntas. Es decir, la gente votaba por candidatos que no conocía y que nunca conocería porque votaba por el Presidente y por una tarjeta pequeña. Pero con la reforma electoral se separaron las elecciones presidenciales de las elecciones parlamentarias, y estas de las municipales, para que los electores tuvieran conciencia de que estaban votando, no por el Presidente, sino por un diputado, y supieran quién era ese diputado, cómo se llamaba y cuáles eran sus méritos. Por supuesto, todo eso vulneraba a las cúpulas de poder económico y político. Lo que estaba haciendo Pérez era sin duda alguna la revolución más profunda que ha tenido Venezuela desde el 23 de enero de 1958. Y tan así fue, y tan es así en la historia, que hoy día, de la elección de gobernadores y alcaldes ha surgido el dique para frenar el proceso de entronización totalitaria que vive en el país. Ha sido de la elección de Antonio Ledezma en Caracas, de César Pérez Vivas en el Táchira, de Henrique Capriles Radonsky en Miranda, de Henrique Salas en Carabobo… es decir, de la elección de los gobernadores y alcaldes es de donde ha salido el liderazgo que está frenando el avance de la estrategia totalitria del gobierno actual. Además, en el plano de la reforma económica, el haber creado la libre convertibilidad de la divisa trajo como consecuencia que ya los periódicos y los medios no dependieran del gobierno para obtener los dólares para hacer las importaciones de equipos, de papel. Y eso fue una verdadera *glásnost*, un empuje a la libertad de expresión que por inmadurez, por incompetencia del liderazgo del país se usó para destruir a la democracia. No para consolidarla.

—*Todo esto, es evidente, lo posibilitó Pérez, y, por supuesto, eso generó odios, y con ese país es con el que se encuentra Caldera al ganar. Pero insisto: me dijiste que si Carlos Andrés hubiera tenido la economía política de Caldera no lo hubieran tumbado…*

–Es que Pérez, con esa concepción de la economía abierta, competitiva, de libre convertibilidad –donde la gente tenía que competirse minó una base de poder, que fue el empresariado, y se minó, por otro lado, la otra base de poder que era el partido, y además los grupos de pensamiento proteccionista que lo querían liquidar, acusándolo de neoliberal. ¿Qué es lo que hace Caldera? Caldera recupera el favor de todos esos grupos de interés porque derrumba el programa económico de apertura y establece nuevamente el privilegio de los grupos empresariales proteccionistas, y luego al final, cuando ejecuta ese plan que llamó la Agenda Venezuela, lo primero que hace es que lo mete con ese nombre, y le da un envoltorio político: «Antes que nada están los intereses del país y no los del Fondo Monetario», dice. Le da una retórica política que revela que Caldera sabe hacer las vainas. Y todo el país aprobó aquello. ¡Todo el mundo! Todos los que se habían opuesto al plan de Miguel Rodríguez salieron a aplaudir a Caldera con la Agenda Venezuela, que era un plan muy estrecho. Y por otro lado, con el sector político, jugó a su destrucción y a crear su propio partido, pero basado en el antipartido. Un partido antipartidista. Esa era la onda del momento, el antipartidismo.

–*La antipolítica.*

–Él creó un partido antipolítico, jugándole a lo que estaba de moda. Él se hizo el representante de la antipolítica, y se dedicó de una manera absolutamente inescrupulosa a destruir la presidencia de Pérez, por la vía que fuera, porque yo no tengo ninguna duda, ni nadie creo que la tenga, de que él quería destituir a Carlos Andrés Pérez, que no quería que terminara su período. Quería destituirlo para destruirlo políticamente porque era un objetivo que él tenía desde hacía mucho tiempo. Hay que recordar que Caldera anunció la prisión de Pérez cuando el caso Sierra Nevada; y él estaba viendo su segunda oportunidad. Lo que le falló con el Sierra Nevada lo logró después, en 1993.

–*¿Y por qué ese odio tan grande de Caldera por Pérez, amén de que era un importante adversario político?*

–Porque Caldera siempre quiso ser el sucesor de Rómulo Betancourt, y resulta que él no era ningún sucesor de Rómulo Betancourt. El sucesor de Betancourt iba a ser, posiblemente, Carlos Andrés, porque estaba haciendo una verdadera revolución en el país, y de ahí –creo– la envidia y el odio. Pero es que, además, las comparecencias de Caldera en la política venezolana siempre fueron muy cargadas de una energía destructiva. Él fue uno de los responsables de la caída de la democracia en el año 1948; él y Jóvito Villalba fueron los factores de desestabilización fundamental del gobierno de Rómulo Gallegos, y jugaron al golpismo de una manera muy clara. Lo que pasa es que Betancourt, que era un hombre que estaba muy por encima de todo eso, que no tenía memoria para el odio, a pesar de lo que él dijera, en 1958, diez años después, los perdonó y los incorporó al Pacto de Punto Fijo, porque él era un político. Él sabía que sin Caldera y sin Jóvito el proceso democrático no tenía futuro.

–*Sin la derecha que...*

–Sin la derecha de Caldera y sin el izquierdismo de Jóvito, que además eran dos líderes básicos del sistema. Betancourt sabía que si no tenía el apoyo de esos dos factores el proceso democrático se dificultaría mucho; entonces olvidó la subversión y la responsabilidad que habían tenido en la caída de Gallegos y los metió en el Pacto de Punto Fijo, simplemente por una gran capacidad política que iba muy por encima de sus sentimientos, de su pasión, de lo que fuera. Porque Rómulo Betancourt tuvo siempre sus objetivos muy claros, y siempre supo subordinarlos a los intereses del país.

–*Mencionas el antipartido. En todo ese concierto que culmina con la salida de Pérez, ¿qué papel pudo jugar el movimiento de lo antipolítico?*

–Uno muy grande, muy importante. Cuando gana Carlos Andrés las elecciones y anuncia su programa económico y de reforma de Estado, se forman dos estrategias contra él: una, la estrategia de la izquierda, y en ese sentido fue prácticamente toda la izquierda que se dedica a desestabilizar el gobierno con la acusación de que era neoliberal, que era un gobierno de la derecha, de los tecnócratas sin corazón a los que no les importaba nada el pueblo, etcétera. Por otro lado, la estrategia de la derecha que no criticaba a Pérez por neoliberal sino por corrupto, pese a que el gobierno de Pérez –esa es una de esas contradicciones de la opinión pública– estaba formado por tipos que podían ser, cualquiera de ellos, canonizados. Todos eran figuras académicas, figuras de pensamiento, figuras tecnocráticas. Los ministros de Pérez, la mayoría, son ahorita figuras reconocidas en el plano profesional como lo eran antes de ser ministros. Ninguno de ellos ha sido procesado por ladrón ni nada por el estilo: Miguel Rodríguez, Moisés Naím, Imelda Cisneros, Gerver Torres, Fernando Martínez Mottola, Ricardo Hausmann. Sin embargo, la derecha tecnocrática venezolana, que tenía ministros que eran representantes suyos, jugó a la destrucción de Pérez, sobre todo para destruir a los adecos, pues varios personajes de ese entorno consideraban que eran el obstáculo para que ellos llegaran al poder.

—*O sea: que el enemigo eran los adecos.*

—En general los partidos, pero en concreto los adecos, porque eran el freno para que ellos llegaran al poder. De ahí nace la antipolítica. La antipolítica la riegan cuatro o cinco figuras de la derecha moderna venezolana que desarrollan la idea de que los partidos estaban formados por tipos incompetentes, por unos politiqueros baratos que no conocían, que no hablaban otra lengua, que no habían estudiado nada, que no sabían administrar una empresa. Entonces, según esa óptica, ¿cuál era la salvación? Un gerente de esos iluminados de la derecha.

—*Pensaban que sus experiencias personales como empresarios eran trasplantables al país.*

—Sí, pero de hecho, el primero de esa camada que logró llegar al poder fue Pedro Carmona[120] en el año 2002, y duró veinticuatro horas. Porque ellos, desgraciadamente, nunca entendieron que ser gerente es una cosa, es algo así como el primer grado de un político. Pero un político, un estadista, tiene que saber y conocer cien mil cosas más que las que sabe un gerente, por muy brillante que sea. No hay ninguna comparación entre un estadista de alta calidad y un gerente de alta calidad. No hay ninguna relación entre Bill Clinton, por ejemplo, y Lee Iacocca. Es decir, ellos despreciaban el oficio político y jugaron a destruir a los partidos, concretamente a Acción Democrática, con la idea de que les iba a caer a ellos, en las manos, el poder.

—*¿Quiénes eran los máximos representantes en Venezuela de la antipolítica?*

—Hubo un conjunto de movimientos: de ONG, de gerentes que estaban en posiciones de poder en medios de comunicación, grupos empresariales. Ellos fueron los estrategas de ese proceso de destrucción, pero detrás de todo, estaban los llamados Notables. Los Notables fueron unos factores esenciales de la antipolítica, y detrás de todos ellos estaba Caldera. Caldera se aprovechó de la ofensiva estratégica de la derecha y de la ofensiva estratégica de la izquierda, y las cultivó las dos. Hubo un momento en que en la

---

120 Pedro Carmona: empresario. Era el presidente de la patronal Fedecámaras cuando el 12 de abril de 2002 asume el poder, tras los sucesos del día anterior. El 13 de abril es depuesto y encarcelado.

casa de Uslar Pietri se producían reuniones donde estaban Ángela Zago[121] y Pablo Medina, de la izquierda radical, junto a presidentes de bancos, directivos de Fedecámaras y directivos de medios de comunicación. Es decir, fue un encuentro que produjo Caldera, que fue quien se aprovechó del descalabro de los partidos, del descalabro del poder económico, del golpe contra Pérez y de todo esto.

–*Para ti Caldera fue como el gran propiciador.*

–Sí. Primero, él fue el gran estratega detrás de Los Notables, detrás de todos esos movimientos antipolíticos. ¿Por qué? Porque él sabía que mientras los partidos estuvieran funcionando él no tenía posibilidad de volver a ser Presidente, porque la Presidencia iba a salir de la dirigencia del partido, y ya él estaba fuera de juego. Entonces, él calcula que si destruye a Copei puede ser Presidente otra vez.

–*Nombras a Uslar Pietri. ¿Uslar jugó abiertamente contra Pérez, en consonancia con Caldera o él no sabía…?*

–En consonancia con Caldera, en el grupo de Los Notables. Hay que recordar que varios de Los Notables fueron después ministros del siguiente gobierno de Caldera, entre ellos Ramón Escovar Salom. Ese era un grupo que manejaba Caldera; por supuesto, lo manejaba con toda la prosopopeya que requería Uslar, pero de todas maneras los manejaba.

–*¿Y la oposición de Uslar venía por qué? ¿Porque los adecos lo desplazaron del poder con el golpe que le dieron a Isaías Medina Angarita en 1945?*

–Sí, y porque además Uslar nunca creyó en la democracia; él siempre fue partidario del cesarismo democrático. Por eso fue gomecista, por eso fue lopecista, fue medinista y durante todo el período democrático estuvo enfrentado al sistema.

–*Al mencionar la reunión en la casa de Uslar Pietri, nombraste a Ángela Zago y Pablo Medina entre los que asistían. ¿Por qué nombrarlos a ellos y no nombrar a los banqueros y empresarios que también estuvieron? ¿O es que no se sabe?*

–Sí se sabe. Lo que pasa es que varios de ellos son amigos míos, y ahí hay un problema de lealtad. No puedo mencionar personas con las que puedo tener diferencias pero que son amigas mías… Hay directivos de medios de televisión, prensa, radio, miembros de diferentes directivas de gremios, tipos de gran poder en el país.

---

121 Ángela Zago: docente universitaria, periodista de tendencia de izquierda.

—El 20 de mayo de 1993, en su último discurso como Presidente, Carlos Andrés Pérez dice que «hubiera preferido otra muerte». Haciendo un paralelismo con lo que después pasó en el país, ¿crees que Caldera hubiera preferido otra muerte?

—Yo creo que Caldera ha tenido la muerte política que merecía, mientras que Pérez tuvo una muerte que no mereció nunca. Pérez ha sido uno de los líderes hemisféricos más importantes y más positivos para América Latina, y más allá de América Latina. Dondequiera que tú vas la gente lo recuerda por cosas positivas: por haber contribuido a la democratización de España, por haber contribuido a la democratización de América Latina, porque Venezuela ayudó a crear los sistemas electorales en muchos países latinoamericanos, porque ayudó al derrocamiento de la dictadura de Somoza, porque ayudó también a derrotar a los sandinistas. Es decir, Pérez estaba asociado al bien, mientras que Caldera es un líder asociado a la destrucción.

—Carlos Andrés Pérez, una persona que para muchos fue el súmmum de «lo adeco» —lo que tenía una connotación negativa–, que para muchos era identificado con lo corrupto de su primera presidencia, ¿cómo puede ser alguien como el que pintas? ¿Cómo explicar ese cambio? ¿Cómo, después de significar algo, se convierte en otra cosa?

—Carlos Andrés Pérez nunca fue, para los venezolanos, una conexión con la corrupción. Eso fue en las élites, en grupos políticos. Ve lo que ocurre con el caso concreto del año 1993, que fue el año de la caída de Pérez; todo ese pleito transcurría en el seno de veinte por ciento de la población; ochenta por ciento de los venezolanos no tenía absolutamente nada que ver ni tuvo nada que ver con el derrocamiento de Pérez. Ese fue un fenómeno que se produjo en las élites, en el Congreso, en la Corte Suprema, en los empresarios, los políticos. Tanto es así, que de casualidad Claudio Fermín no ganó las elecciones en 1993. A pesar de que era, teóricamente, el peor momento para ser candidato. No ganó por una semana. Si la campaña hubiera durado una semana más, él le gana a Caldera. Ahí se ve que esa concepción de corrupto nunca fue un fenómeno masivo; fue de los grupos de poder.

—Hablas del liderazgo tradicional que ante la apertura y la descentralización se sintió amenazado, y uno entiende que enfilaran sus baterías hacia Pérez, ¿pero cómo se explicaría la actuación de ese liderazgo político que nunca antes tuvo oportunidad –La Causa R o el MAS– y que por primera vez pudieron acceder a ser gobierno con las reformas que Pérez propulsó?

–Por anacronismo conceptual. Acuérdate de que el MAS era todavía
un partido que no terminaba de conseguirse a sí mismo, que seguía con
una manifestación marxista radical muy, muy poderosa. Y fíjate que ellos
tuvieron la oportunidad de escoger a Pérez, que representaba la socialdemocracia avanzada, pero se opusieron a él de una manera muy radical.
Luego, en 1993, frente a la comisura entre un señor retardatario, conservador, desactualizado y anacrónico como Caldera, que estaba compitiendo
con tres candidatos, todos menores de cincuenta años, ¿con quién se quedó el MAS? ¿Con quién se quedó la fuerza que se autodenominaba factor
de cambio, de transformación y modernización? Se quedó con Caldera.
Entre un señor de setenta y siete años y un Andrés Velásquez, que tendría
cuarenta y dos, o Claudio Fermín, que tenía cuarenta y tres, u Oswaldo
Álvarez, que tenía cincuenta, en el MAS se quedaron con el anciano. Que,
además, tenía una visión totalmente distorsionada del mundo. ¿Por qué?
Porque esa era la visión del MAS. El MAS se presentaba con una visión
de cambio, pero era un partido extremadamente conservador desde el
punto de vista intelectual. Más allá del arranque inicial que lo presentó
como una cosa muy renovadora, después volvió a un cauce izquierdista
que lo estancó.

–*Una tesis del libro* La democracia traicionada, *que escribiste con Luis
Emilio Rondón, es que la pugna entre Jaime Lusinchi y Carlos Andrés Pérez
por el control de Acción Democrática terminó con el partido y, de paso, con
la democracia...*

–Si no se hubiese dado la pelea entre Lusinchi y Pérez, aquí no
hubiera pasado a nada, porque aquí se creó el caldo de cultivo ideológico
y la sensación de que las élites del país estaban en el desastre, de adónde vamos con esto, de qué horror; lo que, como dije, solamente ocurría
en veinte por ciento de la población, y eso hace que algunos adecos, que
estaban atravesados por el conflicto interno de liderazgo entre Lusinchi y
Pérez, dijeran: vamos a salir de Pérez. Y fue exactamente lo que ocurrió,
porque si Acción Democrática no vota en el Senado a favor de la salida de
Carlos Andrés Pérez no hubiera pasado nada en este país. Todo hubiera
seguido perfectamente normal.

–*¿Eras senador de AD en ese momento?*

–Cuando Pérez, sí.

–*¿Y votaste por el enjuiciamiento?*

–No.

–¿Y cómo hiciste?
–Me desincorporé. Eso no está en mi memoria. Yo no cargo encima con esa maldición de haber votado por un crimen como ese.

–Señalas que se podría decir que la derecha venezolana tenía representantes dentro del gabinete, pero, sin embargo, a esa derecha eso no le importó sino que, por el contrario, siguieron atacando al gobierno de Pérez. Ahora, ¿quiénes dentro del gabinete podrían ser considerados de derecha?

–Eran lo que podríamos llamar la derecha moderna. Eran tipos excepcionalmente capaces, que habían estudiado en el exterior y conocían las tendencias económicas. Moisés Naím, Eduardo Quintero... Gente que podía ubicarse, junto con varios otros, en la derecha ilustrada, moderna, actualizada. Porque hay también una derecha tradicional, una que liderizaba Caldera, que era confesional, conservadora. Los que estaban en el gobierno no eran conservadores, eran más bien unos tipos con ideas de cambio. Ahora, eso no le importó al grupo dirigente del movimiento antipolítico porque ellos lo que querían era acabar con Pérez, no importa que al final acabaran con el país... Ellos creían que iban a heredar el poder, y resulta que, en primer lugar, el poder lo heredó Caldera, porque Caldera los manipuló y él se hizo del gobierno. Caldera los manipuló a ellos y manipuló el golpe. Él se montó sobre el golpe. Pero al final, el que ríe de último, ríe mejor. Las cosas se voltearon: llegó el golpista del 4 de febrero, que los usó a todos y después los pateó a todos[122].

---

122 Carlos Raúl Hernández. 29 de marzo de 2006 y 17 de julio de 2009. Doctor en Sociología Política. Docente en la Universidad Central de Venezuela. Consultor de la Copre entre 1984 y 1994. Militó en el MAS hasta mediados de los años ochenta, luego se inscribió en AD y estando en sus filas fue senador en el período 1989-1994.

CRONOLOGÍA EN BUSCA DE CONTEXTO

02.03.1992	RCTV inicia la transmisión de la telenovela *Por estas calles*.
10.03.1992	Dos dirigentes copeyanos entran a formar parte del gobierno.
10.03.1992	La Sala Penal de la CSJ admite la demanda de extradición que solicitó el Tribunal de Salvaguarda al Patrimonio Público para los sindicados en el Caso Jeeps.
10.03.1992	Noche de cacerolazo en varias ciudades del país.
11.03.1992	Una reunión del «cogollo» de AD analiza el Cacerolazo. Trasciende que insisten en pedir rectificaciones al gobierno, o de otro modo respaldarían la propuesta opositora de recorte de mandato presidencial.
08.04.1992	Corte Marcial ordena detenciones por el Caso Turpial: Pedro Lovera, dos militares y un empleado público.
26.04.1992	En reunión de Copei, Oswaldo Álvarez Paz aboga por asumir los compromisos con el gobierno, ya que dos copeyanos forman parte del gabinete.
27.04.1992	Se hace pública una carta que Oswaldo Álvarez Paz dirige a los militares alzados. Les dice: «Tiene valor la rebeldía frente a una dirigencia sorda y ciega».
28.04.1992	Arturo Uslar Pietri señala que «sigue habiendo peligro de un golpe».
18.05.1992	El fiscal general declara que la partida secreta del Ministerio de Relaciones Interiores es susceptible de ser investigada por la Fiscalía. Así mismo, pide al ministro Luis Piñerúa que revele el número de escoltas que protegen a Cecilia Matos.
21.05.1992	Ministro de Defensa recluyó en el cuartel San Carlos a implicados en el Caso Margold.
21.05.1992	Enrique Ochoa Antich, dirigente del MAS, denunció que escoltas de la Disip están al servicio de Cecilia Matos en Nueva York.
23.05.1992	El ministro de la Defensa, Fernando Ochoa Antich, declara: Si Carlos Andrés Pérez fuera la crisis, sería muy fácil su salida.
11.06.1992	Copei se retira del gobierno.
18.06.1992	Antonio Ríos se separa de la presidencia de la CTV para hacer frente al antejuicio de mérito por denuncias de peculado y tráfico de influencias.

29.06.1992	El senador por el MAS, Cristóbal Fernández Daló revela que el cuestionado Banco de Crédito y Comercio Internacional –BCCI– en 1987 hizo un aporte de doscientos mil bolívares para una cena en apoyo a la candidatura presidencial de CAP. El BCCI había sido acusado en 1988 en Florida, Estados Unidos, por lavado de dinero.
25.08.1992	Diputados piden investigar bienes de fortuna de Cecilia Matos. La acusan de estar vinculada a los contratistas militares Pedro Lovera y Gardenia Martínez.
12.09.1992	Jefe antidrogas de la Guardia Nacional aparece involucrado en el extravío de un cargamento de cocaína en una operación de «entrega controlada».
14.09.1992	Rafael Poleo reseña en *El Nuevo País* que Cecilia Matos habría depositado en un banco de Nueva York un cheque del BCCI por cuatrocientos mil dólares.
23.09.1992	El sindicalista Antonio Ríos es herido de dos balazos en un atentado que fue reivindicado, en manifiesto público, por un grupo autodenominado Las Fuerzas Bolivarianas de Liberación al Pueblo de Venezuela. Hablaron de «castigo ejemplar».
12.10.1992	En un acto en Paraguaipoa, estado Zulia, en donde se encuentra CAP, hay un incidente con saldo de dos muertos y siete heridos.
11.10.1992	Pablo Medina anuncia que pedirá juicio contra CAP por corrupción, por el pago de una deuda inexistente de más de mil millones de bolívares del Banco de los Trabajadores y por malversación de fondos en la construcción de la Casa de la Moneda.
18.10.1992	Por informes de inminente alzamiento, se hace una requisa en la cárcel de Yare en donde se encuentran presos los cabecillas del 4-F.
22.10.1992	Pedro Pablo Aguilar propone referéndum para recorte de mandato.
27.10.1992	El alto mando militar se reunió con representantes de AD, Copei, y MAS para explicar la situación de las Fuerzas Armadas y desmentir «rumores».
30.10.1992	Se amotinan en el Cuartel San Carlos militares detenidos por el 4-F.
31.10.1992	Ante preguntas sobre un indulto al jefe de los golpistas, CAP responde que no se puede indultar a quienes usaron las armas de la Nación para violentar la Constitución: sería como indultar a Pablo Escovar Gaviria en Colombia.

31.10.1992   El politólogo Aníbal Romero advierte que «hay mucha gente» jugando al fracaso de la democracia.

01.11.1992   David Morales Bello, senador de AD, se niega a recortar el período constitucional: sería una carambola a favor de lo que no lograron los alzados en armas.

01.11.1992   José Vicente Rangel en su columna de *El Universal* denuncia que dirigentes políticos de Copei y AD estarían manejando la posibilidad de un autogolpe.

01.11.1992   Rafael Caldera asegura que lesiona a las Fuerzas Armadas comparar a quien se alzó en armas el 4-F con Pablo Escobar Gaviria.

02.11.1992   Juan José Caldera asegura que la candidatura presidencial de Rafael Caldera es un hecho, y especifica que es un candidato «suprapartido».

02.11.1992   Henry Ramos Allup, jefe parlamentario de AD, considera infelices declaraciones de CAP igualando al jefe del 4-F con el jefe del Cartel de Medellín.

02.11.1992   Juan José Delpino, ex presidente de la CTV, sostiene que CAP debe irse de Miraflores como salida «pacífica y democrática» a la crisis.

03.11.1992   El MRE pide a Estados Unidos la detención preventiva –para una posible extradición– de José Ángel Ciliberto, Jorge Mogna y Omar Camero por el Caso Jeeps.

03.11.1992   El alto mando militar se reúne con la CTV para «dialogar sobre el país».

03.11.1992   Enrique Ocha Antich denuncia al Presidente ante un tribunal militar por injuriar a las Fuerzas Armadas, al equiparar a los golpistas del 4-F con narcotraficantes.

04.11.1992   El Senado aprueba pedirle al Presidente que se someta a un referéndum.

04.11.1992   Pedro Pablo Aguilar señala que si CAP no acata la petición, él tiene «una segunda y hasta una tercera carta bajo la manga» para lograr lo aprobado por el Senado.

04.11.1992   En alocución por radio y TV, CAP rechaza el exhorto del Senado.

05.11.1992   La DIM habría detenido a cinco tenientes y tres capitanes del Ejército por planes insurreccionales.

05.11.1992   El general Herminio Fuenmayor, ex director de la DIM, señala que de prosperar el referéndum «ahora sí que los militares tendrían excusa para un golpe».

05.11.1992   El fiscal general señala que la situación política es «la más crítica de toda la historia nacional»; convoca a salvar al país «por la vía constitucional».

06.11.1992   El diputado Miguel Henrique Otero –propietario del diario *El Nacional*– sostiene que el recorte del mandato debe incluir a todos los poderes.

06.11.1992   Arturo Uslar Pietri, en alusión a la negativa de CAP al referéndum: «Fue la última oportunidad que tuvo el Presidente para superar la crisis. Cerró el último respiradero que quedaba».

07.11.1992   Luis Raúl Matos Azócar –ex AD– dice que si el Presidente se niega a acatar recomendación del Senado, están dadas las condiciones para movilizaciones de calle.

07.11.1992   CAP asegura que la situación de las Fuerzas Armadas es normal.

Cuarta parte

–¿No teme usted a un juicio político por parte del Senado?
–Juicios políticos no existen en la Constitución venezolana. Si el Presidente delinque, desde luego puede ser sujeto de un juicio como cualquier venezolano.

CARLOS ANDRÉS PÉREZ a Gustavo Azócar en *El Nacional*,
11 de noviembre de 1992

CAPÍTULO 24

El golpe del 27 de noviembre era un golpe esperado. Como se dice en argot boxístico: estaba telegrafiado. Al igual que esos boxeadores a los que el locutor de cabina les adivina cuándo van clavar su mano, porque lo avisan –lo telegrafían– por la manera en que giran un hombro, sacan el codo y mueven a un lado la cara, asimismo el 27-N era un golpe avisado. Los mandos de seguridad del Estado lo estaban esperando, lo que no quería decir, sin embargo, que como el peleador que predice el manotazo del contrario, se estuviera preparado para resistirlo. Después del 4 de febrero, además de las muchas interrogantes que quedaron sin responder –que hacían presumir que el asunto no estaba clausurado–, y del robo de armas en Fuerte Tiuna, hubo tantos indicios de rebeldía en los cuarteles que por más crecido que se sintiera Pérez, por más que menospreciara a la insurgencia tenía que aceptar que algo se cocinaba en su contra. Desde septiembre, los informes de Inteligencia reportaban cada vez más y más señales de otra –o la misma– conspiración en marcha. Octubre se había ido en reuniones con funcionarios de Inteligencia, y todo el mes de noviembre en desmentir rumores –él y el ministro de la Defensa– y dar la cara como si no pasara nada. Pero en verdad sí estaba pasando, y los funcionarios dados de baja en el Ejército, los rumores de deserción y las muchas reuniones con el alto mando revelaban que seguía la rochela en las Fuerzas Armadas, y que el alzamiento era inminente. Si es que hasta a la primera dama le había llegado el chisme.

Unos días antes, Petrica –una antigua empleada de la familia– llegó para contarle a Blanca de Pérez que su hijo, que trabajaba como electricista en Miraflores, había escuchado una conversación entre un edecán y otro oficial:

–Eso es seguro, el sábado él va para Turiamo, y ahí lo agarramos preso –oyó el muchacho.

Apenas se entera, Blanca toma el teléfono y llama al despacho presidencial:

–¿Carlos Andrés, usted viene para acá?

–Sí, sí voy.

–Entonces lo espero, que tengo algo que comentarle.

Cuando Pérez llegó a La Casona, su esposa, en vez de contarle lo que sabía, le preguntó de sopetón:

–¿Usted va para Turiamo el fin de semana?

–No… no, yo no voy para Turiamo… Pero ¡¿quién le dijo a usted eso?! –respondió un tanto molesto.

–Mire, yo sé que va para Turiamo, no se haga el desentendido, pero no vaya, ¿oyó? No vaya porque Julio, el hijo de Petrica, el que trabaja en Palacio, ¿se acuerda?, él escuchó que en cuanto usted aterrice en Turiamo lo van a hacer prisionero.

En Miraflores se sabía que la confabulación venía andando. Por eso el informe de Blanca no debió sorprender del todo a Pérez, y la inicial irritación que mostró ante la intempestiva pregunta –¿va para Turiamo?– tendría más que ver con que pensó que la demanda venía por otros derroteros. Unos quizá más domésticos. Aclarado el punto, tendría que reconocer que la información que ella le confiaba no lo pillaba del todo desprevenido. Ya conocía lo que se estaba fraguando, aunque sí le llamó la atención que una unidad de la Marina pudiera estar en la conspiración. Después de un supuesto plan fechado –y abortado– para el 4 de octubre, el alto gobierno estimaba que la conjura podía reventar días antes de los comicios regionales de diciembre. Entre el 20 y el 24 de noviembre. Se sabía que dirigentes políticos de izquierda, periodistas, militares retirados y hasta sacerdotes se habían sumado de frente a la componenda y eran claras sus intenciones. Pero se carecía de precisiones, y en cambio se tenían muchas dudas. Preocupaba de manera particular la Aviación, por las sospechas que quedaron sembradas el 4-F. De igual modo mortificaba el papel del Ejército, que estaba muy dividido y desgarrado por dentro y aunque se pensara que había escarmentado tras la sacudida, aún quedaba mucha cabeza caliente que poner a enfriar. Por eso se había dado de baja a algunos hombres, pero aun así ignoraban cuántos oficiales más podían estar involucrados en una nueva asonada. ¿Y la Armada? Estaban enterados de dos contralmirantes insatisfechos con sus evaluaciones personales y de que existían unos cuantos capitanes contestatarios, pero desconocían si eso sería suficiente, si dentro de ese cuerpo había elementos como para lanzarse a la aventura, y del mismo modo tampoco se tenía idea de si la Infantería de Marina estaba involucrada.

Para mediados de noviembre era indiscutible que la izquierda radical participaba en un complot; eso decían los informes de la DIM, pero Pérez seguramente no terminaba de entender su nexo con los dos o tres generales y los dos marinos que se decía andaban en franca actitud maliciosa. ¿En qué punto podían coincidir oficiales que en el pasado habían combatido a la guerrilla con grupos de ultraizquierda? ¿Lo que se tramaba era un coletazo de lo de febrero, una acción independiente de la alta oficialidad que –como se dijo en su tiempo– quiso pero no pudo aprovechar el golpe de los comacates? ¿Eran dos intentonas separadas o acaso era una alianza entre los que se alzaron antes y otros que se querían alzar de nueva cuenta?

Cuando Blanca le mencionó a Turiamo, tuvo que recordar la historia que Carolina había vivido en las vísperas del 4-F y de la que se vino a enterar solo días después del zafarrancho. Al conocerla, no creyó en lo que su hija le aseguraba de forma tan vehemente: que el capitán de Turiamo estaba metido en el golpe del 4 de febrero. Él no podía aceptar que la base naval hubiese estado comprometida, y no lo aceptaría porque no, porque él iba con frecuencia a la casa vacacional de la base y conocía a esa gente, y menos lo creía porque cuando el 4-F en Turiamo ni un *dinghy* se movió contra el gobierno. Lo dicho por Carolina, tal vez había creído, eran apreciaciones muy personales de ella, o a lo mejor pantallerías de unos militares confianzudos e indisciplinados. Sin embargo, nueve meses después del cuento de su hija menor, tendría razones para dudar.

El 26 de noviembre en la noche aún no se había alzado nadie, pero sabía que había comenzado un movimiento extraño. Por Piñerúa y por el general Iván Darío Jiménez, el ministro de la Defensa, estaba avisado. Ese día en la mañana CAP había hecho un alto para pasar por el Centro Médico y ver a Thaís, la segunda de sus hijas, que dos días antes había sufrido un derrame cerebral, y en la tarde, después del almuerzo, presidió el Consejo de Ministros que se alargó hasta poco más de las nueve de la noche. A las diez cenó en la casa de un amigo italiano, en La Florida, que todos los años por esa misma época lo invitaba a comer una pasta con trufas blancas y tartufo como postre. Había llegado con Armando Durán, coleándolo en la invitación, porque en el camino a la comida quería aprovechar para conversar con él, que al día siguiente regresaba a España donde se desempeñaba como embajador. Estando en la cena, casi al término, el teniente coronel Fuenmayor, el edecán de guardia, lo llamó aparte. El Ministerio de la Defensa había ordenado acuartelamiento. A las nueve de la noche la primera alerta roja se había encendido en el alto mando naval: por una delación se supo que un contralmirante de la Armada era el jefe de la intentona.

El golpe estalló en la madrugada del 27 de noviembre. Una descoordinación con los oficiales del comando de regimiento de honor que estaban involucrados provocó que se apresurara el plan que estaba planificado para el fin de semana siguiente. La idea original era apresar al Presidente en Turiamo –como había oído el hijo de Petrica–, en La Orchila o incluso en La Blanquilla. En cualquiera de los tres sitios donde se decía que iba a vacacionar el mandatario estaban preparados para sorprenderlo, pero como un edecán implicado en la componenda no se reportó, los jefes del movimiento precipitaron la rebelión. A las cuatro de la mañana del viernes se levantó la base aérea de Maracay, y el general Visconti –el mismo de quien se tenían sospechas en febrero– comandaba la operación. Para ese instante ya había sido tomada la central de trasmisión de Los Mecedores, desde donde se emitían las señales de tres canales de televisión, y hora y media más tarde –para sorpresa de quienes pensaban que el líder del golpe era un contralmirante, y hasta para los propios golpistas– comenzó a televisarse de manera intermitente hasta las siete y media de la mañana un video en donde aparecía el jefe del alzamiento del 4-F llamando a la sublevación popular y en donde, para no defraudar a sus fanáticos, repetía la muletilla que lo había llevado a la fama, agregándole un remoquete que lo hiciera aparecer por fin victorioso: «Por ahora, y para siempre».

Pero ese tampoco fue el día de aquel golpista. A las seis y media de la mañana, desde Televen (la única televisora que los insurrectos no pudieron tomar porque su antena se localizaba en otro sitio) y Omnivisión (un canal de señal restringida que fue abierta expresamente) Fernando Martínez Mottola, el ministro de Transporte y Comunicaciones dio la cara por el gobierno e informó que un pequeño grupo de militares intentaba un derrocamiento, pero que la mayoría de las Fuerzas Armadas se mantenían leales. Poco después, por la radio, hizo lo propio Piñerúa, como ministro del Interior, y a las siete y veinte de la mañana, vía microondas a través de Televen, habló CAP anunciando que la situación estaba bajo control, y que él despachaba desde Miraflores. Veinte minutos más tarde ese mismo mensaje lo repite a la cadena en inglés CNN y media hora después lo reitera en entrevista que le hace desde Televen la periodista Raquel García.

Sin embargo, la rebelión aún no estaba controlada, y los verdaderos actores de la asonada apenas estaban empezando a actuar. El video que se había visto a través de los canales dos, cuatro y ocho no era el que los jefes del movimiento (dos contralmirantes de la Marina, un general de la aviación, un coronel del Ejército y un mayor de la Guardia Nacional) habían ordenado transmitir, sino uno que había grabado en la cárcel de Yare el líder de la logia del Samán de Güere. Fue un truco con el cual –contando con la complicidad de los oficiales encargados de tomar la televisora oficial– la logia pretendió usufructuar el alzamiento, pero muy rápido quedó en evidencias que el grupo del 4-F no comandaba el golpe ni fueron los que mantuvieron en ascuas al país y al gobierno aquel noviembre de 1992.

Gabriel y Zenaida estaban dormidos cuando los despertaron ruidos inusuales que provenían de la avenida Sucre. Eran como las cinco y media de la mañana del 27 de noviembre. Vivían en un edificio de dieciocho plantas recién construido a orillas de la avenida, en la esquina de Tinajitas, y hasta su apartamento del piso doce llegaron el correteo y las órdenes –los gritos– de los guardias nacionales que se movían abajo en la calle, deteniendo a los carros que a esa hora transitaban por el lugar. Lo vieron desde una de las ventanas, que daba al edificio del Palacio Blanco. Se despertaron y se asomaron. Los militares pitaban dando alto, detenían autos, ordenaban a sus conductores que se bajaran, les quitaban las llaves y dejaban los vehículos atravesados en medio de la vía. Hacían barricadas ante un inminente ataque; eso era obvio para el matrimonio que contemplaba la escena al igual que otros vecinos. Buscando más detalles, Gabriel y Zenaida se fueron al balcón que tenía vista a la avenida.

–Aquí está pasando algo feo –prefiguró Gabriel–, mejor nos vestimos por si acaso.

Como acababan de mudarse, aún no tenían instalación telefónica y no podían llamar a nadie para saber más, para buscar información. Encendieron el televisor y vieron la cinta que anunciaba una nueva sublevación. En cuanto Zenaida vio la arenga golpista, corrió llorando a abrir el clóset para buscar una ropa qué ponerse. Gabriel encendió un radio, y escuchó ya no la perorata de los alzados sino los reportes periodísticos de que se había producido otro alzamiento militar. No hallaban qué hacer. Iban de un sitio a otro del apartamento. Desde la ventana de la recámara al balcón, y viceversa. Seguían asomándose para tratar de ver más y más.

En lo que aclaró el día −eran ya las seis y cuarenta y cinco de la mañana−, oyeron el ruido de aviones. Gabriel, que se preciaba de conocer las aeronaves, corrió al balcón para tratar de identificarlas. Cree que son unos tucanos y, sin saber por qué, con un aire de suficiencia y optimismo voltea para animar a su mujer:

−Tranquila mi amor, esos son del gobierno.

Apenas termina de decirlo cuando observa −como si estuviera en una butaca de cine viendo una película− que el aparato lanza un cohetazo en dirección al Palacio de Miraflores. En todo el frente de su balcón. En su cara.

−¿Están bombardeando? −pregunta Zenaida que está saliendo del cuarto, y se pregunta él mismo, incrédulo.

Los dos se encuentran en la sala y desde ahí entrevén el humo negro que sale de un lugar que piensan es la casa de gobierno. Suenan más bombas −creen que dos más− y poco después, mientras corrían a refugiarse en el pasillo al lado de la cocina, sienten el traqueteo de unas ráfagas que imaginan son ametralladoras y, de inmediato, un golpe seco en su dormitorio y un reguero de polvo que −luego se dan cuenta− rocía la colcha de la cama y los vestidos y los zapatos del clóset. Una de las balas entró al cuarto, atravesó la habitación, se metió al clóset que estaba abierto y traspasó la pared, dejando un boquete inmenso por donde al día siguiente, con más calma, pudieron ver el Palacio Blanco.

−¡Qué arrecho! −se desahogó Gabriel.

La insurrección del 27 de noviembre de 1992 −el 27-N− pasó a la historia como el golpe de la Aviación, porque realmente fue ese componente armado el que actuó. La mayoría de los miembros de otras fuerzas que se inscribieron en la conspiración, o capitularon en las primeras horas o muy pronto fueron neutralizados. Los treinta y cinco funcionarios del grupo Ceta –un comando especial de la Policía Metropolitana– que se alzaron fueron contrarrestados de inmediato, aunque en el ínterin desaparecieron unas armas. Los efectivos del Ejército y los civiles que tomaron el canal ocho –la TV oficial– se rindieron un poco antes de la diez de la mañana, dos horas y media después de que cayeran los que habían ocupado la estación de transmisión de Los Mecedores, y a más de tres horas de darse cuenta de que no levantaban a las masas con la arenga de una grabación en video. Se rindieron a las nueve y cincuenta de la mañana dejando un inmenso rastro de sangre, porque hubo fuego cerrado para forzarlos a la rendición, pero también hubo fuego antes, en la madrugada, cuando el comando golpista irrumpió en la televisora de Los Ruices y se llevó por delante a los que quisieran bloquearlos, entre ellos a dos guachimanes –vigilantes privados– de las garitas de acceso al canal.

Los de la Armada casi ni participaron. Cuando, en horas de la madrugada, se enteraron de que el complot había sido descubierto, unos –entre ellos los contralmirantes que supuestamente comandaban el movimiento– se refugiaron en el Museo Militar (el mismo que nueve meses atrás había sido utilizado para fines semejantes), y desde las doce del día manifestaron su deseo de entregarse. Otros, como una unidad que operaba en Turiamo, ni siquiera aparecieron cuando, a las cinco y media de la mañana, dos aviones Hércules llegaron a buscarlos al aeropuerto de Puerto Cabello para trasladarlos a Caracas. De esa fuerza, los únicos que se alzaron fueron los infantes que participaron en la toma de la base aérea La Carlota, y que terminó a la una de la tarde.

Quienes sí se insurreccionaron de veras fueron oficiales de la Aviación. Los pilotos insurrectos lograron controlar las tres bases más importantes del país, bajo el mando de un general de brigada que desde Maracay ordenó bombardear objetivos en Caracas y sus alrededores. A las seis y media de la mañana inició el desfile aéreo que a lo largo del día contaría con Mirages, Broncos, Tucanos y helicópteros artillados. A las seis y cuarenta y cinco se sintieron las primeras descargas sobre la capital. Los objetivos eran el Palacio de Miraflores; el regimiento de la Guardia de Honor; la base logística de Fuerte Tiuna; la sede de la Disip en el Helicoide; el estacionamiento del CCCT, a un lado de la base La Carlota; la sede de la Policía de Sucre, al este de Caracas, y una estación de la empresa de telecomunicaciones CANTV en Camatagua. Pero no todos los que quisieron cumplir con su misión pudieron hacerlo, y hubo los que sencillamente no quisieron. Algunos aviadores prefirieron quedarse en tierra, en contra de la orden del general, y otros más escogieron disimular. Eso explicaría que muchas de las bombas no estallaran o ni siquiera pudieran ser lanzadas por los aviones.

–¡Coño! la bomba se me quedó pegada– fue una de las quejas de un piloto que quedó grabada esa mañana.

Para que una carga explosiva alcance el blanco es necesario que se haya montado con anticipación para ese fin. Porque los aviones nunca están armados con bombas. Las bombas sólo se montan cuando se ordena para una misión y es un oficial específico –el de armamento– el que va, las monta, las arma y, si quiere, las activa. Quizá eso explique que, a pesar del enorme número de aeronaves que se enfilaron en contra el gobierno, poco fue lo que pudieron hacer frente a la cacería que les montaron los dos únicos aviones F-16 que lograron escaparse del cerco en Maracay y que desde bien temprano se enfrascaron en enfrentar a los golpistas y obligarlos a rendirse, o a huir.

Cuando a las cinco de la tarde el último de los alzados bajó sus armas en la base Sucre de Maracay, ya hacía dos horas que un avión Hércules había escapado con rumbo desconocido llevando consigo un contingente de sediciosos, al frente de los cuales iba el general de brigada que había comandado todas las acciones aéreas.

El saldo que dejó el segundo golpe contra el gobierno de Carlos Andrés Pérez, según cifras que en su momento manejó el Ministerio de la Defensa, fue de trescientos muertos –uno de ellos el periodista Virgilio Fernández, que recién había terminado su carrera y ese día regresaba de cubrir una pauta para *El Universal*–, alrededor de mil heridos –uno de ellos, también periodista: Carmen Carrillo de *El Universal*–, mil cuatrocientos detenidos –entre militares y civiles–, y noventa fugados a Iquitos, Perú. De los insurrectos que se quedaron –los que no pudieron embarcarse en el autobús del Hércules C 130 que voló a Perú–, ciento noventa fueron enjuiciados de inmediato por un Consejo de Guerra extraordinario que se instaló el 28 de noviembre (para no cometer el mismo pecado del 4-F: un juicio interminable a oficiales activos) y que terminó imponiendo condenas que iban desde los seis hasta los veintisiete años de prisión por el delito de rebelión. Poco después, sin embargo, la Corte Suprema de Justicia anuló el decreto que había autorizado ese juicio sumario por estado de excepción; instruyó reponer la causa y ordenó que los acusados fueran juzgados por tribunales militares ordinarios, en tiempos ordinarios. Pero esto pasó después, tiempo después.

Para el 30 de noviembre, la administración de Pérez había logrado derrotar una segunda intentona militar y se declaraba presta para realizar las elecciones regionales el 6 de diciembre. CAP, de nuevo, parecía haber superado la catástrofe, parecía haber ganado la contienda; no obstante, y a lo mejor él mismo lo intuía, había quedado maltrecho. Como un *sparring* al que le han caído a palos a lo largo de muchos *rounds*, llevaba el golpe –la paliza– adentro. Pero no sólo por el levantamiento que acababa de aplastar, sino por los trancazos que había comenzado a recibir días antes, desde principios de ese fatídico noviembre de 1992, que fue el mes que selló su suerte en la Presidencia.

Porque antes del 27-F pasaron cosas trascendentes. La primera fue la solicitud aprobada en el Senado para que el Jefe de Estado aceptara una consulta popular de recorte de mandato.

Cualquiera que tuviera ¡orejas! oía lo que yo llamé en un artículo «el ruido de sables». Era evidente que venía un golpe de Estado. Y para evitarlo era preferible buscar una salida de Carlos Andrés Pérez por mandato popular, y no por mandato de los militares. De ahí el referéndum. Y yo se lo dije a Carlos Andrés, porque yo siempre conservé una muy buena relación personal con él:
–Tú dices que si se hace el referéndum lo ganas, bueno: intenta ganarlo. A lo mejor lo ganas, y se acaba el problema.
El peligro que había era el que Venezuela siempre ha tenido. Entonces decían: «Los militares como que están conspirando». ¡Desde luego que estaban conspirando! ¿Por qué? Porque los militares siempre se han sentido los dueños de Venezuela. El Ejército se profesionaliza con la llegada de Cipriano Castro, y fue apoyado por Castro y por Juan Vicente Gómez; sin embargo, en ese ejército de Gómez hubo intentos de golpe de Estado. Y en el año 1936 son los militares los que deciden que el sucesor de Gómez sea el ministro de la Defensa, que era Eleazar López Contreras, y son los militares los que en el año 1941 deciden que a López Contreras lo sustituya Isaías Medina. ¿Por qué? Porque ellos siempre han querido, siempre se han sentido los dueños del poder en Venezuela, y cuando no tienen el poder, conspiran. En 1945, ¿quién tumbó a Medina? No fue Rómulo Betancourt. A Medina lo tumbaron los militares: lo

tumbó Marcos Pérez Jiménez. Y yo diría que fue por el contexto político mundial, porque era el final de la Segunda Guerra y estaba de moda la democracia, y hubo una onda democrática recorriendo el continente y resultaba muy feo poner una junta militar, que llamaron a un civil y lo pusieron de Presidente. A los tres años las cosas habían cambiado, la guerra fría estaba próxima y ¡paff! rasparon a Rómulo Gallegos, y los militares cogieron de nuevo el poder. Y lo tuvieron hasta que pudieron. Cuando el grueso de la oficialidad se da cuenta de que el régimen no es sostenible, que el país estaba enardecido en contra de Pérez Jiménez, se alzan. Y se dirá lo que se diga: que si la huelga de medios o que tal cosa, pero ¡fueron los militares! Ellos siempre se han considerado los dueños del país, y cuando no están gobernando en forma directa, pues conspiran.

Por eso, mi propuesta de referéndum. Cuando realmente hubo la posibilidad yo lo propuse, y hubo mayoría en el Senado... Eso estaba listo, era muy fácil: simplemente que el Consejo Supremo Electoral tomara una resolución incluyendo un tarjetón en las elecciones que se aproximaban y lo convocara. Pero el Consejo Electoral lo negó porque Acción Democrática lo negó... Ahora, ¿por qué se echó para atrás Copei? Esa pregunta no he podido responderla. Dijeron que yo tenía una carta. No, yo no tenía ninguna carta bajo la manga, y tan no la tenía que a mí Carlos Andrés me ofreció ministerios: el Ministerio del Interior, el de Hacienda, el de la Familia, el que yo quisiera... Pero no era una carta bajo la manga lo que yo tenía, es que cualquiera que fuera sensible a la realidad venezolana olía, veía, suponía, oía el ruido de sables. Era inminente un golpe, y antes que eso era mejor que Carlos Andrés saliera por la vía popular[123].

Noviembre había empezado revuelto por la guerra de declaraciones a favor y en contra de un indulto presidencial para el jefe del 4-F (a quien Pérez comparó con el jefe de un cartel de drogas); por la propuesta

---

123 Pedro Pablo Aguilar.

que había lanzado el copeyano Pedro Pablo Aguilar, para el recorte del mandato presidencial; por el debate y la aceptación que había alcanzado esa propuesta, que el Senado terminó aprobando el día 5; por la negativa terminante del Presidente a aceptarla y por la posición ambivalente que exhibió el partido Copei, que después de respaldar, propulsar y votar en el Congreso por la consulta, el día 9 de noviembre emitió un pronunciamiento oficial en el que se deslindaba de Pedro Pablo Aguilar y de sus «otras vías» para forzar a CAP a un referéndum, y aceptaba que lo acordado por el Senado no era vinculante. Oswaldo Álvarez Paz, entonces gobernador copeyano en el Zulia, aunque se mostró de acuerdo con Aguilar, dejó claro que no se podía hacer más:

–Al no contar con el respaldo del Presidente de la República, pienso que, como van las cosas, es prácticamente imposible, si el Presidente no renuncia, reducirle el mandato.

El mes empezó revuelto por lo del referéndum, y terminó más revuelto por el golpe de la Aviación. Pero entre uno y otro barullo, entre uno y otro hecho, hubo uno muy peculiar: una acusación hecha a través de una columna dominical de chismes y denuncias. La acusación, pese al revuelo que llegó a armar, al principio casi nadie –mucho menos Pérez– pudo anticiparle sus consecuencias. En aquellos tiempos tan agitados, en vísperas de unos comicios regionales y a un año de terminar el período de gobierno, un cargo por corrupción era lo que menos alarmaba. Una denuncia más, se pensó. ¿Qué podía hacer una denuncia más?

Con fecha 22 de febrero de 1989 (8 días hábiles después de asumir CAP la Presidencia de la República) aprobó el Presidente en consejo de ministros una rectificación a la partida (rectificaciones al presupuesto) por la suma de Bs. 250.000.000,00 con el cargo a la Partida Gastos de Seguridad de Estado, publicado en la Gaceta Oficia de fecha 24 de febrero.
Posteriormente esta suma fue convertida en dólares en el Banco Central de Venezuela por órgano de Recadi, al cambio preferencial de Bs. 14,50 por dólar, logrando la cantidad de US$ 17.241.379,31.
Con fecha 12 de marzo de 1989 el Presidente de la República en consejo de ministros aprobó la eliminación de la Oficina de Cambio Diferencial (Recadi), según decreto publicado en la Gaceta Oficial del 13 de marzo de 1989.

Final del cuento: Los dólares quedaron en el BCV en billetes (efectivo). Con ello pagaron los gastos de la toma de posesión de CAP y el saldo... no se sabe dónde se encuentra.
Esta fue la última operación de Recadi.

(José Vicente Rangel en *El Universal*, 8 de noviembre de 1992).

CAPÍTULO 25

NO PODÍA SER ABSUELTO

–No se trató de un juicio, sino de un linchamiento político. No funcionaron las instituciones, sino que se puso en práctica la más cruda venganza política bajo la forma o la apariencia de la legalidad... Todo tuvo las características de un golpe judicial.

–*¿Un golpe jurídico?*

–Claro. Efectivamente, así como ahora hay tantas categorías de golpes, este fue un golpe judicial. Tan sencillo como eso. Pérez fue sacado y tuvo la entereza democrática de someterse a ese proceso a sabiendas de que era un proceso injusto, a sabiendas de que era una acción dirigida contra el sistema democrático. Y a mí lo que me saca de quicio es cuando se pretende hacer un paralelismo: «Aquí se enjuició a un Presidente de la República, aquí se decidió en un proceso». Eso es lo que dicen... Pero ¿fue igual un proceso sirviéndose de la institucionalidad, con la apariencia de legalidad? No, aquí no funcionaron todos los mecanismos. Y eso es parte de lo que estamos viviendo ahora. Es decir, fueron mecanismos que funcionaron para sacar del poder a una persona, para destituirla... Como dijeron dos profesores extranjeros, un chileno y un argentino que estudiaron los hechos e hicieron un informe: «¿Cómo es posible que con una acusación, con una declaratoria de mérito y apenas comenzando un proceso, ya con eso se destituye a un Presidente? ¿Dónde quedan las garantías? ¿Dónde la presunción de inocencia?» ¿Alguien se paseó por la posibilidad de que Pérez fuera inocente? ¿Pérez podía ser absuelto? No. Pérez no podía ser absuelto. Y eso fue lo que yo le dije a él desde el primer día, cuando me llamó y me ofreció la defensa.

–*¿Usted conocía a Pérez? ¿Había tenido trato con él?*

–Nunca, nunca, absolutamente.

–*¿Es militante de Acción Democrática?*

–No.

–*¿De otro partido?*

–No, tampoco. Yo no lo conocía a él ni había estado jamás en La Casona. Alguna vez lo había visto en la universidad, cuando era decano, con motivo de una graduación –creo que fue en el período 85-86– porque un grupo de estudiantes de la Escuela de Estudios Políticos lo nombró padrino de su promoción. Él fue a la facultad, en donde nos reuníamos siempre antes de los actos académicos; en la sala del consejo alguien le ofreció la toga, y él dijo: «No, yo no me puedo poner ninguna toga porque yo no soy egresado universitario». Aquello me pareció un gesto de alto respeto, y esa, por lo menos, fue la impresión que después yo tuve de él. Pérez era un hombre muy respetuoso de las instituciones, de la institucionalidad.

–*¿Cómo llegó a ser su abogado?*

–Más o menos en abril de 1993, me habían contactado unas personas allegadas a Pérez para plantearme en un almuerzo que si yo estaba dispuesto, eventualmente, a asumir la defensa de él, cosa que a mí me extrañó porque yo no tenía vinculación con el partido Acción Democrática ni con grupos políticos. Y al fin y al cabo había una cantidad de personas, muy vinculadas a Pérez, comenzando por el mismo David Morales Bello, que eran de su confianza. Cuando a mí me lo plantearon, dije: «Yo no he pensado en ese asunto, y esto es algo que tendría que pensar con detenimiento». Así quedó la conversación. El sábado 22 de mayo, acabando yo de regresar de Margarita, de un seminario que hizo allá el Colegio de Abogados, en mi casa recibieron una llamada de La Casona, a mediodía. Entonces hablé con mi esposa y con mis hijos: «Yo estoy seguro de que la llamada es para la defensa del Presidente –porque la relacioné con la conversación anterior– y si me están llamando para eso, tengo la disposición de aceptar, pero tenemos que saber muy bien que esto va a traer repercusiones en el plano familiar…» Cuando llegué a La Casona, esa imagen nunca se me olvidará: estaba él en un salón muy grande que tiene unos cuadros muy bellos; creo que era su despacho. Cuando vi a aquel hombre, cuando vi al Presidente de la República, todavía Presidente pero ya caído, ¡qué tristeza! ¡¿Esto es el poder?! Estaba él, Alejandro Izaguirre con su abogado, que era Rafael Pérez Perdomo, creo que estaban Carmelo Lauría, Virgilio Ávila Vivas y no sé si Morales Bello. Pérez me dijo: «Lo que quería era saber si usted estaría dispuesto a asumir la defensa mía». Mi respuesta fue muy rápida, porque ya la había pensado. Le respondí que sí, y ahí fue cuando le comenté: «Olvídese, que esto no es un juicio». Y él, con la ingenuidad propia de un hombre muy avezado políticamente pero desconocedor de las cosas jurídicas, me dice: «¿Y qué posibilidades hay?» Ninguna, le contesté. Y es que yo, no siendo analista político, aun no siendo una persona de experiencia en ese mundo de la política, no perteneciendo a ningún partido, veía muy claro desde el comienzo que aquello era sencillamente una acción para sacarlo a él del poder.

–*¿Por qué tenía esa seguridad?*

–Sin ser político, uno siempre sigue lo que tiene que ver con la política, y sobre todo los problemas políticos que tienen que ver en el ramo que uno cultiva, que es el Derecho Penal. A través del Derecho Penal se puede ser un buen auscultador de la cosa política, porque, lamentablemente, entre nosotros, han estado siempre muy vinculados. En todas las épocas se le ha utilizado como un instrumento de lucha, inclusive yéndonos a otro campo: la lucha contra la corrupción –o lo que a eso se le llama– ha sido la utilización de acusaciones de esa naturaleza como arma política. Y eso ha pasado siempre en Venezuela, cuando han finalizado los gobiernos. Si nos remontamos, por ejemplo, a 1945: a la caída de Isaías Medina Angarita se crearon aquellos tribunales contra Derecho de responsabilidad administrativa, tribunales *ad hoc* creados con posterioridad a los hechos, que fueron los que juzgaron a todos los representantes del gobierno medinista, y juzgaron a Arturo Uslar Pietri, a gente muy valiosa...

–*A Santiago Ochoa, el papá de Fernando Ochoa Antich.*

–A Ochoa Briceño y toda esa gente. Al final de los gobiernos venía el pase de factura. ¿Pase de factura cómo? A través de esos tribunales o a través de juicios que se han instaurado contra presidentes. Tal vez la novedad es que en el caso de Pérez no fue al término del mandato sino que fue antes. Por eso mi interpretación es: fracasados dos golpes, ante la impopularidad que tenía ya Pérez y ante la falta de apoyo de su partido político, todas las fuerzas se unieron para sacarlo del poder. Sacarlo aunque estuviera en la Presidencia, independientemente del costo que eso tuviera para el país, que fue –es lo que yo creo– una gran irresponsabilidad y la causa de la inestabilidad que vino después. Desde la perspectiva jurídica, yo había hecho un análisis hasta ver de manera clara que allí evidentemente no había absolutamente nada, que todo era una cosa creada, que era un pretexto para ser utilizado políticamente contra Pérez. Que era una escalada desde los golpes de Estado, el descontento popular, el descontento de su propio partido. Claro, yo estaba haciendo un análisis muy grueso. Porque me había interesado si todo eso era encasillable dentro de la categoría jurídica. Dentro de mi perspectiva, sin estar vinculado a ningún grupo político, vi que efectivamente a alguien se le ocurrió: «Bueno, a Pérez no se le pudo sacar con el 4 de febrero, no se le pudo sacar el 27 de noviembre; tenemos otra posibilidad: vamos a construir un caso». Y en eso confluyeron muchas personas. Uno, desde afuera, tenía que ver muy claramente que ese planteamiento de la utilización indebida, del desvío de los doscientos cincuenta millones de la partida secreta, de la transferencia de partidas, esto que José Vicente Rangel llamó «raspar la olla» de los dólares... que ese asunto, al final de un régimen, tenía un objetivo muy claro: sacar a Pérez de la Presidencia. Y no había ninguna posibilidad, independientemente de la argumentación jurídica, independientemente de que analizando el caso uno pudiera llegar a la conclusión de que no había peculado, de que no había malversación, de que se trataba dinero de la partida secreta, de una transferencia, independiente de ese alegato de apoyar al régimen recién instaurado de Nicaragua, etcétera... Independientemente de todo, la acusación era un pretexto para una finalidad.

–*¿No había ningún elemento que pudiera decir que Pérez estaba incumpliendo? ¿No había ningún acto que pudiera llevar a pensar que sí había cometido algún delito por el cual debía ser juzgado?*

–Ninguno. Todo esto fue creado. Primero porque la denuncia que hizo José Vicente Rangel ¿en qué terminó esa denuncia? Él hizo una denuncia de corrupción, por doscientos cincuenta millones de bolívares que se habían cambiado, y al final la sentencia condenatoria no fue por peculado. La sentencia deja sentado que no hubo apropiación, que no hubo enriquecimiento de fondos públicos, que no se pudo demostrar que Pérez se haya cogido ni un centavo. La sentencia fue por malversación de fondos, por el financiamiento de la misión policial que viajó a Nicaragua. Y no fue por doscientos cincuenta millones de bolívares o diecisiete millones de dólares, fue por seiscientos mil dólares de aquel momento.

–*¿Se pudo probar que fue para eso, si el trámite de rectificación de presupuesto se hizo más de un año antes de que Violeta Chamorro llegara a la Presidencia?*

–No.

–*¿Y si era obvio o si no se pudo probar que la partida no fue usada para eso, cómo...?*

–El tribunal dio por probado, sin que pudiera demostrar relación de causalidad, que la misión policial que viajó a Nicaragua había sido financiada a cargo de la partida secreta.

–*La rectificación presupuestaria fue en febrero de 1989, un año después es que eligen a Violeta Chamorro y un año y dos meses más tarde es que ella toma posesión.*

–Ahí no hubo ningún elemento de racionalidad ni hay que buscarlo. Hubo un designio político, hubo una decisión política, hubo un acuerdo político de todos los partidos, con apoyo por supuesto de los medios, pero fundamentalmente con apoyo político, y apoyo de su propio partido.

–*En el libro* La aparente justicia en el juicio al presidente Carlos Andrés Pérez *usted asegura que «muchos personajes en extraña pero efectiva y real coincidencia contribuyeron eficazmente al derrocamiento de Carlos Andrés Pérez»...*

–Yo no sé cómo, porque no tengo ninguna constancia de eso, pero lógicamente entre José Vicente Rangel, el fiscal general, Ramón Escovar Salom, que fue una pieza clave, el grupo que lo rodeaba a él, donde estaba Uslar Pietri y todos los llamados Notables, hubo como una coincidencia de muchas cosas, de muchos factores. Creo que eso fue determinante.

–*También señaló que la presión de la opinión pública había sido tal que hacía prácticamente imposible que la Corte Suprema de Justicia terminara con una decisión distinta a la que finalmente dio, porque entonces las descargas y acusaciones iban a ir en contra de ella.*

–Ahí no ocurrió, como sucede normalmente en el máximo tribunal, que se da una decisión y se espera a que se consignen los votos salvados para la publicación. En este caso, ya se sabía de antemano lo que se iba a aprobar porque los votos estaban contados, y el día 20 de mayo, cuando sale la decisión, ya sale con los seis votos salvados. Se tuvieron que consignar ese mismo día. Y al día siguiente en el Senado, sin discusión, sin oír el oficio, sin oír a la persona, sin permitir lo más elemental que es el derecho a la defensa, sin la oposición de su propio partido, sin nada de eso, autorizan de inmediato el enjuiciamiento. Y luego la Corte de Justicia da inicio al juicio con un auto extraño, y sin establecimiento de culpabilidad ya sancionado, a los noventa días, en agosto de 1993, ya Pérez estaba destituido de la Presidencia de la República por el Senado y se había declarado una vacante que jurídicamente nunca hubo. ¿Cómo va a haber falta absoluta del Presidente si hay un proceso? Es decir: la falta absoluta es por muerte, por renuncia, por abandono de cargo, por incapacidad, pero no puede haber falta absoluta si media un proceso, porque mientras medie el proceso se presume la inocencia. Razonando jurídicamente, Pérez ha debido ser mantenido en el cargo, aunque suspendido, hasta que se determinara definitivamente su culpabilidad. Es decir: ¿qué significó todo esto? Un juicio político. No había ninguna posibilidad de que Pérez fuera absuelto. Lo que pasa es que nosotros nos olvidamos de todo, y nos parece que sí, que sí funcionaron los mecanismos: que sí, que funcionó el tribunal, que funcionó el Senado. Pero ¿cómo funcionó? ¿De qué manera funcionaron? ¿Para liquidar a un hombre políticamente? ¿Para dar muerte al adversario político? Al que no se le pudo sacar el 4 de febrero, al que no se le pudo sacar el 27 de noviembre, pero había que sacarlo de alguna manera.

—*Por eso es que dice que fue un juicio político.*

—Evidentemente. Ante ese argumento, José Vicente Rangel decía que efectivamente era un juicio político porque se trataba de un político; eso es una confusión igual a la que inventaron ahora de que aquí no hay presos políticos sino políticos presos. Es decir, evidentemente es un juicio político por el sesgo del proceso, por la falta de respeto a las normas elementales.

—*¿Qué significado pudo tener esa decisión para el sistema jurídico en Venezuela?*

—Para mí fue un precedente nefasto que se sentó en la administración de justicia: la politización de la justicia, la judicialización de la política; es decir, resolver asuntos políticos sirviéndose del Poder Judicial y con apariencia de legalidad.

—*Usted y otros abogados han mantenido que en una decisión por antejuicio de mérito tienen que estar probados o soportados los supuestos delitos, pero hay otros abogados que sostienen que no hace falta soporte alguno, que para eso está el juicio en sí, que no es necesario que haya pruebas o indicios suficientes.*

—Eso también es todo un disparate. Si usted lee la sentencia del antejuicio se dará cuenta de que ahí se aceptó un razonamiento, y ahí mismo está la condenatoria de Pérez. Y eso fue lo que se repitió en el auto de detención, y en definitiva, cambiando un poco las cosas, fue la sentencia definitiva. Cambió porque en la sentencia definitiva ya no se habla de peculado, sino que terminó siendo malversación.

—*Pérez se negó todo el tiempo a decir para qué era esa rectificación, en qué se usó la partida secreta. ¿Usted comparte esa posición? ¿Él no debía decir para qué, en qué fue utilizada?*

–No tenía por qué decir, y en todo caso, y me lo señalaron muchas veces tanto Izaguirre como él, la ley misma se lo impedía. Pérez era un hombre muy meticuloso; es decir, había una cuenta donde se llevaban estas cosas, aunque no se especificaban, y él, como buen andino, muy de cuentas, era muy preciso en esas cosas. Un hombre muy distinto el que yo conocí del que decía la gente cómo era. Un hombre bien leído, bien inteligente. Una persona completamente distinta de esa imagen de poco ilustrado, de loco. Al contrario. Era muy respetuoso de la institucionalidad. Y vuelvo a lo que decía antes, para mí era un asunto armado políticamente, un asunto convenido dentro de toda una estrategia política que contaba además con algo muy importante, que fue el cambio de la correlación de fuerzas en la Corte Suprema... En esa época, en la Corte Suprema, de quince miembros, evidentemente había una mayoría que, si se quiere, bajo un esquema muy simplista de identificar simpatías políticas, una mayoría muy precaria pero mayoría al fin, estaba con el gobierno. En la Corte Suprema, el gobierno contaba con un grupo de magistrados que podían hacer mayoría, un grupo que no estaría de acuerdo con el enjuiciamiento de Pérez, independientemente de que no tuvieran una tendencia política marcada hacia Acción Democrática. Estarían de acuerdo por razones institucionales o por razones jurídicas, algunos... Pero Pérez, dentro de la labor de rectificación que emprendió a raíz del golpe y de la carencia de apoyo, ofreció una reestructuración del Poder Judicial y del máximo tribunal, y presionó de alguna manera para que varios miembros de la Corte renunciaran. Creo que él quería una reorganización, un poco haciéndose eco de la demanda de que no teníamos un Poder Judicial autónomo. Y lo que ocurrió fue que los jubilados, los que se fueron, eran personas con las que, en un determinado momento, Pérez podía contar. Yo creo que fue una falta de visión. Una estrategia buena, que yo comparto desde el punto de vista principista, pero una estrategia que no contaba con las líneas de la política.

–*Y con el contexto.*

–Exactamente. Entonces, ¿quiénes se fueron? No recuerdo exactamente, pero creo que se fueron Jesús Moreno Guacarán, Cipriano Heredia Angulo, Adán Febres Cordero, Otto Marín Gómez... Y eso, lógicamente, cambió la correlación que había, alteró la constitución de la Corte, y creo que facilitó el que Gonzalo Rodríguez Corro, un hombre efectivamente vinculado a Copei, no sé... ¡En fin!, uno no sabe qué cosas y qué pudo haber allí, pero yo pienso que esa alteración fue definitiva. O sea, Pérez propició un tribunal que le era adverso. Y con una Fiscalía adversa, con un tribunal adverso, con un país adverso, era muy fácil darse cuenta de que las posibilidades de salir adelante eran muy difíciles.

—*Volviendo a una pregunta anterior: hay juristas que aseguran que en el proceso para el antejuicio tienen que quedar debidamente soportados los supuestos delitos.*

—¿El antejuicio, qué es lo que es? Teóricamente es, como llaman algunos, una garantía reforzada, una prerrogativa de la que gozan los altos funcionarios públicos, no por su condición, no es personal, sino en razón de la función que desempeñan. Como la función es muy importante, y como el desempeño de esa función importante se puede prestar a acciones aventuradas de diversa naturaleza, debe haber una garantía reforzada. ¿Reforzada para quién? Para el cargo, para el Estado. Ese es el sentido de un antejuicio de mérito: tiene que ser entendido como una prerrogativa para evitar condenas apresuradas, y que proteja a la función de enemigos estrictamente políticos que pretendan servirse. Esto, por lo menos teóricamente, es lo que tiene que ser. Este antejuicio parecía claro que no cumplió con esas condiciones. Más bien, se convirtió en una fórmula expedita para sacar del medio al Presidente en ejercicio. La decisión del antejuicio de mérito era en definitiva una sentencia condenatoria. Porque no se dijo: «Aquí hay elementos que hacen presumir que puede haber elementos que comprometan la responsabilidad…»

—*En la decisión del antejuicio destacan frases textuales como: «surge del expediente que la idea de los fondos adicionales no pudo provenir de ninguna otra persona que del propio Presidente, porque eso es lo que pasa en sistemas como el venezolano en donde las órdenes del Presidente no se discuten» o «quién más puede ser sino el Presidente»…*

—Sí, hay esa frase muy clara allí: «Habiendo ocurrido esto, es presumible que no pudo ser otra persona distinta al Presidente de la República quien estuviera incurso en ese hecho…». Una sarta de disparates. Al leer eso no hace falta ser jurista ni avezado en el Derecho: al auto de detención iba a seguir la sentencia condenatoria. Ante eso, con un fiscal en esta posición, con un tribunal constituido de esa manera, parecía muy claro que no había ninguna posibilidad de éxito.

—*Y eso fue lo que usted más o menos avizoró en el primer encuentro que tuvo con Pérez, pero él ¿pensaba lo contrario?*

—Sí, Pérez, desde el comienzo pensó que sí iba a salir, que la razón estaba de su lado.

–Alguna gente dice que se comportaba así porque era un demócrata que estaba actuando conforme a derecho, pero otros piensan que fue por arrogancia. ¿No ha pensado que esa actitud de Pérez de no creer que algo podía pasarle, de decir «Voy a juicio porque estoy seguro de que no hay nada, porque no hay elementos de juicio en mi contra», pudo haber sido por arrogancia?

–No. A lo mejor mi posición ya no es en este momento imparcial porque, al fin y al cabo, en el proceso uno establece una relación muy estrecha con la persona que es cliente; pero realmente yo no aprecié esa posición de arrogancia, sino de sincero convencimiento de que «Esto no puede ser», de que no podía ir a ninguna parte, de que en definitiva esa Corte Suprema tenía que darle la razón, y no existiendo elementos que pudieran comprometer su responsabilidad, la decisión iba a ser favorable.

–La sentencia no fue por peculado, fue por malversación, por desviar recursos para financiar una misión a Nicaragua, porque se cambió el uso de la partida, pero ustedes, los abogados defensores, aseguraron en el proceso que la partida secreta no se cambió de uso.

–Primero, no podían coexistir peculado y malversación; segundo, no podía haber delito de peculado porque no hubo elemento alguno que demostrara que había habido apropiación de fondos públicos; en tercer lugar, la malversación supone el cambio de destino del dinero público a otro destino público, y en este caso no hubo cambio a otro destino público, porque ese otro destino del que se habla –no admitiendo como decíamos que existiera una relación demostrada entre la partida de los doscientos cincuenta millones y la misión que viajó a Nicaragua–, de todas manera, si se hubiera podido demostrar esa relación: ese dinero fue utilizado en una actividad de seguridad. El destino era defensa y seguridad de la Nación, porque la defensa de la estabilidad democrática de Nicaragua es defensa de la estabilidad democrática de Venezuela. Por eso los testimonios que hubo en el juicio, entre otros de José Rodríguez Iturbe[124] y de otros expertos. La idea nuestra era dejar claro que la utilización eventual en Nicaragua, aun en ese supuesto, es defensa y seguridad. Defensa y seguridad de la Nación no es, como decía Ramón Escovar Salom, la seguridad en los barrios. No. Seguridad es la seguridad en los barrios, que es seguridad interna, pero también es la defensa del sistema democrático, es la defensa de todo lo ocurrido en el Caribe, que al fin y al cabo es una zona de seguridad.

---

124 José Rodríguez Iturbe: abogado. Dirigente de Copei. Diputado al Congreso, presidió las comisiones de Política Exterior y de Defensa. Fue presidente de la Cámara de Diputados de 1987 a 1990.

—Ahora, si no estuvo demostrado que la rectificación presupuestaria del 22 de febrero de 1989, un año antes de las elecciones en Nicaragua, fue para eso, para enviar una misión allá, ¿cómo se hace la relación entre un hecho y otro? ¿Cómo se substancia? ¿Qué explicación jurídica hay para que una decisión se base en algo que no se explica?

—Eso es un exabrupto. Algo absolutamente incoherente.

—Cuando usted y el abogado de Alejandro Izaguirre dicen que ni siquiera se escuchó al Presidente en el antejuicio, antes del fallo, ¿es que el Presidente, por ejemplo, tenía que conocer el expediente?

—Sí. En el viejo Código de Enjuiciamiento Criminal había una norma expresa que señalaba que en el enjuiciamiento a los altos funcionarios públicos debía enviárseles copia del expediente. Cosa que no se hizo. Es decir, al presidente Pérez, introducida la acusación, nunca se le remitió formalmente copia de la acusación. Por los caminos verdes, porque se publicó además en los medios de comunicación y se hizo pública la ponencia y la propia acusación, es que lo supo. Pero formalmente el tribunal no le envió copia. Le fue negado el derecho a la defensa y se dio al traste, al mismo tiempo, con el principio de la igualdad de las partes que el procedimiento especial contempla.

—Otro asunto que ustedes alegaron en su momento fue que la decisión del antejuicio prácticamente transcribió la acusación del fiscal, y que ahí no había verificación de hechos sino solamente una denuncia de José Vicente Rangel, unos recortes de prensa...

—Y eso sienta un precedente gravísimo. Lo que yo señalaba antes: que lo que en principio está dispuesto en la ley como una garantía para la función pública, al final se convierte en una fórmula expedita de salir de un funcionario público. Por cualquier cosa, contando con la anuencia del fiscal, que es quien tiene que proponer la querella, puede ser posible acusar a un funcionario, suspenderlo y destituirlo. Lo que ha operado no sólo con el caso de Pérez, ha operado posteriormente con otros...

—¿Conocieron ustedes, o le ve alguna relación al hecho de que seis meses antes de que Rangel hiciera su denuncia, el fiscal Ramón Escovar Salom declaró a la prensa que iba a exigir información sobre la partida secreta del Ministerio de Relaciones Interiores, porque esa partida no podía ser secreta?

—No recordaba bien eso. La verdad, se ve que ya se estaba cocinando la vía de la partida secreta. Porque, además, era una vía utilizada. Lo que se utilizó contra los caídos del gobierno medinista, contra el mismo Uslar Pietri, fue precisamente la utilización inadecuada, desordenada, de la partida secreta.

Esas fueron las imputaciones que se hicieron en ese momento. Por eso, digo yo, esto entra dentro de ese esquema.

—Cuando habló de que hubo un concierto de muchas voluntades, me nombró a Ramón Escovar Salom, me nombró a Los Notables..., ¿en ese concierto de voluntades pudo haber estado Gonzalo Rodríguez Corro, quien estaba al frente de la Corte?

—No, yo creo que la actuación de Rodríguez Corro y del tribunal fue más circunstancial. Yo creo que fueron coincidencias. No creo que Rodríguez Corro estuviera en ese grupo, porque además había un enfrentamiento entre Fiscalía y Corte Suprema. Entre ellos no había ningún entendimiento. Yo creo que fueron las circunstancias las que llevaron a que el máximo tribunal —para decirlo en términos muy coloquiales— se cuadrara con esa posición. Por el cambio de correlación dentro de la Corte Suprema de Justicia.

—Tengo que preguntarle de nuevo: ¿Pérez no tenía por qué revelar el contenido de la partida secreta? ¿No había ninguna obligación?

—No, en lo absoluto. La partida secreta es secreta. Se administra, se lleva una cuenta; el ministro de Relaciones Interiores va y hace referencia, pero no hay que dejar constancia escrita, ni constancia de las razones ni de la utilización de esta partida, porque es precisamente para gastos que son secretos.

—Pero lo que se manejó es que si Carlos Andrés Pérez no tenía nada que temer, por qué no dijo para qué era. Es más, si estaba en juego la estabilidad, porque en realidad estaba en juego la estabilidad ya no sólo de su gobierno sino del sistema, ¿por qué no reveló para qué se utilizó?

—Es que incluso estaba la posibilidad de responder por delitos de divulgación. La ley lo especificaba. Además, yo creo que, en todo caso, eso carecía completamente de sentido, porque cualquier divulgación de la finalidad: que si la partida era para pagar gastos; para el pago de confidentes; para el envío de alguna misión al exterior; que todo eso tenía que ver con seguridad, etcétera... Lo que fuera, era algo que...

—¿Que de todos modos iba a ser utilizado en su contra?

—Efectivamente, sea cual fuera la razón, yo creo que era absolutamente inútil; que carecía completamente de sentido[125].

---

125 Alberto Arteaga Sánchez, 17 de julio de 2009. Abogado penal. Miembro del equipo que defendió a Carlos Andrés Pérez y Alejandro Izaguirre en el juicio en su contra.

CAPÍTULO 26

Ocupado como estaba en saborear el desenlace que tuvo la convocatoria al referéndum en su contra, y en atender por otro lado la confusa situación militar, Pérez le restó importancia a la acusación que había hecho José Vicente Rangel en su columna dominical de *El Universal*. Y la primera vez que lo abordaron sobre el asunto se dio el lujo de retar al columnista:

–Y si tiene que hacer alguna denuncia, que la haga.

El Presidente tenía otras preocupaciones sobre sus hombros. Unas eran de estricta competencia de la administración, como lidiar con la tormenta política que en su partido se desataba por la «repatriación» de Blanca Ibáñez –que estaba en Costa Rica– y el trámite iniciado ante Estados Unidos para una posible extradición de los demás implicados en el tema de los jeeps, al tiempo que negociaba con el Congreso –y los congresistas adecos– para que le terminaran de aprobar el impuesto a los activos de las empresas, la reforma a la Ley del Banco Central y la Ley General de Bancos. Esas negociaciones eran un rompedero de cabeza y un lleva y trae infinito. Otras de sus tribulaciones tenían que ver más con su entorno personal, pero implicaban iguales o mayores repercusiones para su gobierno: el Tribunal de Salvaguarda del Patrimonio Público había dado el primer paso en un juicio en contra de Cecilia Matos por supuesto enriquecimiento ilícito, y un chisme había empezado a rodar sobre unas cuentas que ella mantenía en el extranjero. Por todos esos pendientes, Carlos Andrés Pérez no se detuvo a calibrar una denuncia que en todo caso, habrá pensado, no llegaba ni a una cuartilla de periódico. Entregándose a otras cuestiones demeritó el alboroto informativo que de inmediato se levantó alrededor de una corrección de presupuesto, y una vez más no observó las señales en contra que se emitían a su alrededor, no atendió las luces rojas de alarma que se estaban encendiendo o que encendían ciertos personajes que, de pronto, se juntaban en la escena política como en determinadas oportunidades se alinean en el espacio algunos planetas.

Su talón de Aquiles fue el menosprecio de sus adversarios, el pensar que no podían hacerle nada. Yo recuerdo la primera vez que salió la información de que le estaban promoviendo un juicio unos diputados; le pregunté sobre eso, y él lo que hizo fue morirse de la risa: –Usted le va a creer a esos señores, que lo que pasa es que no tienen nada qué hacer; si tuvieran trabajo no estarían en eso[126].

El 9 de noviembre de 1992, al día siguiente de que Rangel diera cuenta de la sospechosa rectificación presupuestaria que había sido convertida a dólares preferenciales de manera también sospechosa porque se hizo poco antes –justo antes– de que el propio gobierno suspendiera Recadi y el cambio múltiple, el columnista Andrés Galdo, da la coincidencia, lanzó una acusación que apuntaba en la misma dirección que la de su colega. Sólo que él, ese lunes 9 de noviembre, no escribió de la modificación de una partida del presupuesto sino que de manera concreta se refirió a fondos –dólares, dijo– de la partida secreta del Estado venezolano que estaban siendo «despilfarrados» para auxiliar al gobierno de la nicaragüense Violeta Chamorro.

El miércoles 11, sin embargo, tal vez montándose en la ola que había comenzado a levantar lo que se suponía era una primicia de José Vicente Rangel, o tal vez haciendo un giro táctico en la imputación que ya venía manejando, Galdo se olvidó por completo de los dólares despilfarrados en Nicaragua, y en su columna «Laberinto», que publicaba en El Nacional y El Universal, señaló que la rectificación presupuestaria hecha por el gobierno el 22 de febrero de 1989 escondía un gran escándalo de corrupción. El más grande de toda la Venezuela democrática –aseguró– porque los doscientos cincuenta millones de bolívares cambiados a billetes verdes no habían ido a parar a la remesa de gastos de seguridad del Estado –la partida secreta– como decía la Gaceta Oficial, no habían sido utilizados para seguridad y defensa de la Nación sino que, con la excepción de dos millones de dólares aparentemente gastados en la ceremonia de trasmisión de mando del Teatro Teresa Carreño, habían sido guarda-

126 Carlos Raúl Hernández.

dos –en billetes de cien dólares– a la orden del presidente Pérez en una caja del BCV, y desde entonces –apuntaba– se desconocía su real destino. Lo que sí sabía con certeza era que esos doscientos cincuenta millones de bolívares de 1989, en noviembre de 1992 representaban más de mil millones de bolívares.

«Por mucho menos que eso –advirtió en «Laberinto»– fue que el Congreso de Brasil enjuició y destituyó al presidente Collor de Mello».

El jueves 12, el diario *El Nacional* abrió su primera página con el título: «Gobierno de CAP compró dólares preferenciales con partida secreta», y en una nota interna de la sección Política se señalaba –también en el título– que el Congreso reuniría recaudos sobre el «robo del dinero». Casi se daba por descontado que el manejo hecho en el presupuesto había sido para especular con la moneda y para ganarse unos reales al momento en que se liberara el mercado y los dólares norteamericanos tuvieran más valor:

En los albores del gobierno de Carlos Andrés Pérez –reseñaba la nota que hacía referencia a La última tajada de Recadi- la opinión pública estaba expectante sobre el destino del gran desaguadero de divisas que era Recadi. La promesa del Ejecutivo era eliminarlo, pero antes, y sin que esto lo supiera esa mayoría que acababa de votar blanco, el gobierno rectificó el presupuesto por un monto de 250 millones que fueron cargados a la partida de Gastos de Seguridad del Estado :iel Ministerio de Relaciones Interiores. Con ese dinero compró dólares a Bs. 14,50, alegando que eran para gastos de seguridad. Dos semanas después, el Régimen de Cambio Diferencial fue eliminado por decreto y hasta ahora nadie sabe dónde están esos 250 millones…

A título informativo debemos decir que al comprar dólares a 14,50 con 250 millones de bolívares, el gobierno había obtenido US.$ 17.241.379,31. Al vender esta cantidad al Banco Central de Venezuela a Bs. 43,00 habría logrado Bs. 741.379.310,33 ganando Bs. 491.379.310,33 por la operación, si es que vendió los dólares. Si por el contrario dejó el dinero en divisa norteamericana, tendría hoy, al cambio de 77 bolívares por dólar, unos 1.327 millones de bolívares aproximadamente.

(La última tajada de Recadi en *El Nacional*, 12 de noviembre de 1992).

La información de *El Nacional*, al hablar de cuarenta y tres bolívares por dólar, tomaba como referencia el cambio de la moneda nacional para el cierre del año 1989 (que fue de cuarenta y tres con quince), olvidando que el precio de la divisa norteamericana con que inauguró el mercado libre en marzo de ese año fue treinta y nueve bolívares con sesenta céntimos. Y alrededor de ese número se mantuvo unas cuantas semanas.

El mismo día que *El Nacional* publicaba sus cálculos numéricos, Acción Democrática aseguró que no pondría ninguna objeción a una investigación sobre la partida secreta. El presidente Pérez, desde Ciudad Guayana en donde se encontraba, se limita a declarar que en su condición de primer mandatario no tenía relación directa con el manejo de gastos de seguridad, y que en todo caso el asunto estaba dentro de los márgenes de la administración financiera del Estado.

El viernes 13, José Ramón Medina, el contralor de la República –según le declaró al periodista Virgilio Fernández en uno de sus últimos trabajos periodísticos– anunció que en vista del emplazamiento público para que se pronunciara, había ordenado una revisión de todas las actuaciones que en el área de «órdenes secretas» se habían realizado en 1989, pero especificó que hasta ese momento no creía en actuación oscura –«de carácter secreto»– sino en una práctica que es normal en Consejo de Ministros. Especificó que la responsabilidad de ese tipo de recursos recaía en los funcionarios involucrados de manera directa en el manejo de la partida, y en última instancia, si los ministros son responsables, el Presidente asumiría esa responsabilidad, pues debería estar al corriente de cómo y para qué se usan esos dineros. Advirtió que la Contraloría, según la ley, llegaba hasta el momento de fijar la legalidad del traslado y si había en realidad disponibilidad presupuestaria.

–Si están llenos esos dos extremos –puntualizó Medina– la Contraloría da su visto bueno a esa orden.

Y según un comunicado que dio a conocer la Oficina Central de Información, casi al mismo tiempo que Medina daba su anuncio, el movimiento presupuestario había sido revisado en su momento por la Contraloría. De igual manera se destacaba que la operación de cambio cumplió los requisitos legales.

La cantidad de divisas producto de la operación cambiaria fue destinada por el Ministerio de Relaciones Interiores a los fines previstos en la rectificación presupuestaria, relativas a la seguridad de Estado. Tales gastos quedan exceptuados de las disposiciones de la Ley Orgánica de la Contraloría; sin embargo, tal y como lo prevé el artículo 28 de la referida ley, fueron oportunamente revisados por la Contraloría General de la República… no habiéndose producido ninguna objeción al respecto. La responsabilidad de la Presidencia en cuanto al manejo de dichos fondos se reduce a recabar información de los ministros sobre la inversión de esos recursos en gastos de seguridad del Estado.

(Comunicado de la Oficina Central de Información, 13 de noviembre de 1992).

Con ese pronunciamiento oficial, el Ejecutivo creyó que había aclarado todo el lío que se había armado.

Pero el asunto siguió enredándose. El sábado 14 de noviembre, el periódico *El Universal* publicó una extensa entrevista que a primera vista no tenía nada que ver con la denuncia hecha por Rangel. El diálogo había tenido lugar en la isla de Saint Maarten. El entrevistador fue Carlos Croes –quien en tiempos de Lusinchi era el jefe de la Oficina Central de Información– y el entrevistado el empresario Omar Camero, el dueño de Televen, entonces radicado en la isla, y a quien en Venezuela se había sindicado en el caso de los jeeps. La entrevista, que ocupó toda una página, parecía estar dirigida a aclarar su participación en el asunto de los rústicos por el cual se sentía perjudicado. Así lo anunciaba el título: «Soy una víctima de la guerra Pérez-Lusinchi». En ella, Camero explicaba que se había visto obligado a vender Televen, entre otras razones –que no detalló–, porque llevaba tres años viviendo fuera del país, forzado por la circunstancia de que ya que en Venezuela no se sentía protegido por la justicia. Después de anotar que la venta de los carros rústicos por la cual le abrieron un juicio no le había reportado ingresos, especificó que sólo había prestado el nombre de una de sus empresas para que se compraran unos vehículos que no podían figurar a nombre del Ministerio del Interior porque eran para misiones secretas del Estado, y que muy lejos estaba de saber qué fines ulteriores les podían dar a esos jeeps. Él sólo había aceptado porque estaba en medio la palabra del entonces ministro de Relaciones Interiores, José Ángel Ciliberto, porque creía en la seriedad del gobierno y porque conocía –así lo dijo– que la Ley de Seguridad y Defensa prevé penas para quienes se nieguen a colaborar con su aplicación. Y por cumplir con la ley había quedado en medio de una pugna política –la de Pérez contra Lusinchi, precisó– de la que nada ganaba y en la que tampoco tenía que ver.

–Me he sentido humillado, atropellado, vilipendiado –se quejó Camero– por algo que realmente no reviste trascendencia... Con el solo objeto de utilizarlo, digamos temporalmente, como cortina de humo para tapar los grandes escándalos de corrupción que envuelven a esta administración, que ha sido repudiada en todos los sentidos.

–¿Y cuáles son esos escándalos de corrupción de los que usted tiene conocimiento? –preguntó el periodista.

–Son muchos. Me ocupo de leer sistemáticamente la prensa de mi país. Pérez comienza llegando al gobierno y antes de clausurar Recadi, hace un cambio de doscientos cincuenta millones de bolívares en Recadi a dólares a catorce con cincuenta. Por supuesto, fondo de la partida secreta de acuerdo con la rectificación y de acuerdo con todos los trámites cumplidos publicados en la *Gaceta Oficial*, que reposa en mi poder y que la tiene todo el mundo... Te puedo entregar copia. La tengo aquí.

El empresario no dice nada más sobre la materia, pero deja registro de que tuvo tiempo y quiso hablar de un tema que había reventado a la opinión pública apenas cuatro o cinco días antes (suponiendo que la entrevista en Saint Maarten, como muy tarde, se había realizado entre el jueves 12 y el viernes 13). Además de que está tan enterado de lo sucedido que aun viviendo en el extranjero desde hacía varios años, poseía una copia de la *Gaceta* de 1989 que recién había sido descubierta por los periodistas en Venezuela.

El domingo 15, en el mismo diario *El Universal*, José Vicente Rangel insistió en su columna en que hasta esa fecha seguía sin conocerse el destino del dinero de la rectificación presupuestaria, y en la página de al lado, Paciano Padrón, diputado por Copei, aseguraba que el Jefe de Estado sí había manejado los doscientos cincuenta millones de la partida secreta, que sí había «raspado la olla de Recadi», y anunció que al día siguiente pediría que la Comisión de Contraloría del Congreso abriera una investigación y enviara un cuestionario al mandatario para que explicara por qué mentía al decir que no tenía relación directa con los gastos de seguridad.

El lunes 16, en efecto, comenzó el movimiento en la Cámara de Diputados para investigar los hechos, mientras que el Tribunal de Salvaguarda vía *notitia criminis* abrió un procedimiento y La Causa R, por intermedio de sus diputados Pablo Medina y Aristóbulo Istúriz, retoma su idea de enjuiciar al Presidente y ese día introduce una solicitud ante la Corte Suprema de Justicia. Los delitos por los que acusan a Pérez son: encubrimiento, en el caso de las armas vendidas a la Nación por su ex jefe de seguridad, Orlando García; traición a la patria y rebelión, al ceder territorio en negociaciones con Colombia y privatizar la CANTV; y corrupción, por la entrega de mil noventa millones de bolívares al Banco de los Trabajadores para pagar su deuda externa, y por la conversión de doscientos cincuenta millones de bolívares de la partida secreta a dólares preferenciales.

Hasta entonces el tema de la rectificación presupuestaria se había tratado como una actuación irregular, como un ardid para desviar recursos del Estado con fines desconocidos. A nadie se le ocurrió hacer relación con la acusación que días atrás había lanzado Andrés Galdo sobre un supuesto despilfarro de la partida secreta en Nicaragua. Nadie pareció prestarle atención a la columna del lunes 9 de noviembre que apareció de manera simultánea en *El Nacional* y *El Universal*. Perdida como casi siempre estaba entre una avalancha de avisos —más en una época de campaña electoral— a la gacetilla de Galdo como que nadie la leyó, o si la leyeron no la vincularon con los hechos, o no quisieron vincularla.

De alguien (cualquiera: un político, un editor, un periodista, el mismo Andrés Galdo) haber hecho la relación en esos días, el debate hubiera tomado otro rumbo. A lo mejor hubiera provocado arranques nacionalistas, como cuando se invocaba que el Presidente estaba entregando el golfo a Colombia; o se hubiera hablado de derroche de recursos públicos sin consultar a la Nación, por las puras ganas de Pérez de trascender fronteras y ganar prestigio como líder internacional. Esos serían los temas que más se habrían manejado, y contra los cuales no todos podrían o querrían querellarse. A los copeyanos, por ejemplo, que participaron de manera tan activa en la comisión del Congreso que investigó el caso, les hubiera sido difícil sostener una acusación contra Pérez por un auxilio a Nicaragua, después de lo que había hecho Arístides Calvani en Centroamérica cuando fue ministro de Rafael Caldera e incluso años después, en la Era Luis Herrera. En todo caso, de alguien haber hecho la conexión entre lo revelado por Rangel el 8 de noviembre y lo denunciado por Galdo el 9 de noviembre, el cuestionamiento al primer mandatario hubiese tenido que hacerse por otra cosa: por inconsecuencia moral al condenar la existencia de Recadi y contradictoriamente utilizarlo poco antes de suspender sus funciones; o por uso de fondos en el extranjero –traición a la patria, habrían dicho los causaerristas–, pero ya no podrían acusarlo de malversación o enriquecimiento ilícito, como parecían apuntar las imputaciones desde un primer momento. Ya no se podría incriminar al Jefe de Estado por desviar dineros públicos con fines personales, ni preguntarse hacia dónde se había ido la plata de un presupuesto que si bien era secreto no debía ser usado con fines personales ni ilícitos. Ya estaría fuera de la polémica lo de un usufructo personal para cuentas privadas en bancos internacionales, compra de joyas o apartamentos. Ya era difícil hablar de robo al erario público.

Si se hubiera comentado lo de Nicaragua en las primeras semanas, otro a lo mejor hubiera sido el curso de esta historia. Pero el hubiera no existe. Nadie comentó sobre eso, nadie hizo o quiso hacer la relación. Era como si el asunto se hubiese sepultado, y cuando a fines de mes, por el camino de una filtración periodística en *Últimas Noticias*, José Luis Olivares, y en *El Diario de Caracas*, María Isabel Párraga, escriben que la partida secreta pudo haber sido utilizada para operaciones de Inteligencia en el exterior, estaba muy sembrada la percepción en la opinión pública de que los dineros fueron usados para algún fin *non sancto*. Además, CAP para entonces había rechazado contestar el cuestionario que le había enviado el Congreso y seguía insistiendo ante un auditorio escéptico que el acto competía a Relaciones Interiores.

–Lo importante es que se investigue el asunto –le mantuvo a un reportero de *El Nacional*.

–¿Y el cuestionario que anunció la Comisión de Contraloría? –le consultan.

–No lo acepto. No creo que me vayan a enviar cualquier cuestionario. Esta es una materia atinente al Ministerio de Relaciones Interiores.

De ahí en adelante la hipótesis que predominó, la que se dijo, se repitió y se exprimió como una naranja –y por la cual Pérez fue llevado a un antejuicio– era que los recursos de la partida secreta convertidos a dólares preferenciales en momentos en que estaban a punto de cerrar Recadi –y precisamente por eso– habían sido malversados, habían sido utilizados para algo indebido. Y aquella información que se llegó a manejar, sólo una vez y sólo como un rumor, de que el movimiento de la partida noventa y siete –de Gastos de Seguridad del Estado– había sido gastado en el exterior, fue descalificada de inmediato con el alegato de que esa sería la defensa que pretendería usar el mandatario para eludir los cargos. El propio José Vicente Rangel no le da crédito, cuando asiste al Congreso el 24 de noviembre para responder a la comisión investigadora:

–Explicaciones dadas hasta ahora hay dos –especificó–. Una de carácter oficial y la otra de carácter extraoficial. La oficial proviene del titular de la OCI, quien manifiesta que los dólares producto de la partida secreta, los diecisiete millones y pico de dólares, habían sido utilizados en gastos de seguridad. La versión extraoficial dice que ese dinero se utilizó para los gastos de transmisión de mando... Hay otras versiones: hay la versión, por ejemplo, informal, de que esta cantidad de dinero fue aplicada en operaciones militares en Centroamérica y en la región del Caribe. Otras versiones señalan que parte de ese dinero se quedó en cuentas bancarias privadas... La partida secreta no puede ser el burladero de los pillos, ni el santuario de las irregularidades, no puede ser el centro de las manipulaciones corruptas del poder. Yo creo que el Presidente de la República decidió raspar la olla de Recadi, deliberada y calculadamente.

Y cuando los diputados le pidieron que especificara lo de los depósitos en cuentas bancarias, respondió:

–Depósitos relacionados con el BCCI, depósitos relacionados con Panamá, con algunos bancos de Estados Unidos... Yo, realmente, no puedo ir más allá. Creo que corresponde a los organismos competentes requerir la información respectiva sobre depósitos en dólares que se hicieron durante ese lapso, que arranca el 22 de febrero de 1989 y semanas posteriores.

Durante los veinte días siguientes a la denuncia no hubo quien mencionara el extranjero como destino legal o plausible de esos recursos. Sí abundó quien pensara en cuentas privadas en instituciones financieras internacionales, ajenas al escrutinio de autoridades venezolanas.

Para cuando llega el 27-N, ese era el *issue* que prevalecía, ese el punto que sin embargo, por el hecho del golpe, entra como en un paréntesis. El alzamiento militar paró en seco la polémica. Dio un descanso. Un respiro. Pero en verdad fue nada más que un paréntesis. Setenta y dos horas después de la asonada, cuando el Ministerio de Defensa declaraba que estaban contabilizando las libras de explosivos que lanzaron sobre Caracas y Maracay, fue Ramón Escovar Salom, el fiscal general de la Nación, quien se ocupó de poner de nuevo el tema sobre la palestra y de revolver las dudas de lo que pudo haber pasado con los dineros de la partida secreta:

–Los sucesos del 27 de noviembre –precisó– no deben ser una cortina de humo frente a la denuncia de los doscientos cincuenta millones de bolívares de la partida de seguridad, que según José Vicente Rangel fueron utilizados en la compra de dólares preferenciales. Llamo a la conciencia de los venezolanos para que no dejen que el humo de las bombas esconda las reformas necesarias, la corrupción impune y las irregularidades que han disfrutado de un ambiente general de impunidad.

Aunque ya no era ministro, yo seguía vinculado a Carlos Andrés Pérez... Y poco antes del 27 de noviembre, José Vicente me llamó:
–Mira, Carlos, lo de la partida secreta contra Carlos Andrés ¡va! Ramón Escovar va a acusar...
José Vicente me dio toda la información. Obviamente para que yo se la dijera a Pérez, cosa que hice. Pérez me dijo:
–¡Yo no he cometido ningún delito! No he cometido ningún acto inmoral, no he cometido nada, yo no me he cogido un centavo[127].

---

127 Carlos Blanco.

CAPÍTULO 27

PREGUNTAS QUE SE QUEDARON SIN INTERLOCUTOR

–Al margen del papel político desempeñado en los años recientes, en el último tercio del siglo XX venezolano usted fue un personaje crucial en la vida del país. Fue el primer candidato presidencial que tuvo la izquierda –una vez pacificada– en 1973, y su actuación casi podría decirse que definió el devenir de la historia política venezolana, y sobre todo el de la vida política de Carlos Andrés Pérez. En 1980, lo salva de una condena por responsabilidad moral y administrativa en el Congreso, cuando como diputado se abstiene en la votación que por esos cargos se hizo por el caso del buque Sierra Nevada, pero en 1993 logra sacarlo de la Presidencia al hacer una denuncia en su contra por el uso de la partida secreta del Ministerio de Relaciones Interiores. ¿Cuán diferente era el Pérez de 1979 del Pérez de 1993? ¿Por qué a finales de los setenta mereció ser salvado de una sanción –que lo habría descalificado para una actuación política futura– pero a principios de los noventa, en cambio, merecía ser sancionado hasta llegar a inhabilitarlo o execrarlo del poder?

–¿Por qué cae Carlos Andrés Pérez? ¿A su juicio, qué es lo que hace posible su salida de la Presidencia de la República?

–¿Por qué era tan importante sacar a Pérez del poder, sobre todo tomando en cuenta que sólo faltaban meses para el término de su mandato?

–¿Cuáles fueron los principales errores cometidos por Carlos Andrés Pérez en su segundo período presidencial?

–¿Tuvo aciertos?

–Entrando de lleno en el asunto de la partida secreta, a casi dos décadas de lo sucedido, hay todavía muchas incógnitas en torno al caso, y por eso mismo se tejen especulaciones, muchas teñidas de pugnas políticas –sobre todo intrapartidistas– que caracterizaron aquella época. Precisamente por esa atmósfera cargada, para algunos no resulta descabellado lanzar hipótesis que involucrarían a políticos del establishment –incluso del partido de gobierno– juntándose para «armar» un caso en contra de CAP. Buscando contestar interrogantes que aún quedan abiertas: ¿Quién pudo confiarle a José Vicente Rangel, en 1992, la información sobre la rectificación de una partida presupuestaria ocurrida tres años antes? ¿De dónde sale el dato que permitió su denuncia? ¿quién o qué lo orientó a buscar un acto administrativo después de tanto tiempo?

–Por si aún no cree oportuno revelar detalles o contestar la anterior pregunta, y como mi deber es insistir, le comento que hay varias teorías de cómo pudo haberle llegado a usted la información y/o el cheque de la partida secreta que al final es lo que permite juzgar a Pérez. ¿Cuál de todas las conjeturas que a continuación enumero es la verdadera, o cuál es la que más se aproxima a lo ocurrido? ¿Acaso hay otra?:

1) Un empleado del BCV –allegado suyo– que sabe del movimiento de los recursos de la partida y de los errores que se cometieron en febrero de 1989, conoce de la existencia del cheque a nombre de Secretaría de la Presidencia y hace una copia, la guarda y luego se la entrega a usted para que «le dé el mejor uso» cuando lo considere pertinente.

2) Un funcionario del BCV –ya no un empleado de nómina– hace circular el cheque que después es la base para la denuncia pública.

3) En el marco de la pelea por el control de Acción Democrática, un miembro del gabinete de CAP, o de su entorno, que sabía de la rectificación presupuestaria (o de la existencia de un cheque que sugería un manejo presupuestario irregular o sospechoso), para congraciarse con el grupo que dentro de AD se oponía a CAP, le suministra la información a una persona allegada a ese grupo y es este nuevo personaje quien lo hace llegar a las manos de José Vicente Rangel.

4) Algún miembro del grupo que fue enviado a Nicaragua le «dio el pitazo», y usted poco a poco fue hurgando y hurgando, hasta armar un caso y un expediente. Esta hipótesis no descartaría, sin embargo, una colaboración de alguien del BCV o de Acción Democrática.

–Ahora bien, si la información sobre la rectificación presupuestaria no le llegó a usted por la vía de alguno de los funcionarios que participó en la operación en Nicaragua, de todos modos, le pregunto: ¿en el momento en que hizo la denuncia –noviembre de 1992– tenía idea de para qué habían sido utilizados los recursos de esa partida?

–¿Está enterado de que al día siguiente de su denuncia, es decir el lunes 9 de noviembre, Andrés Galdo en la columna que publica en los diarios *El Nacional* y *El Universal*, habla de que el gobierno de Carlos Andrés Pérez utiliza recursos de la partida secreta para auxiliar al gobierno de Violeta Chamorro en Nicaragua?

–La denuncia original que usted hizo y que dio pie al fiscal general para pedir el antejuicio de mérito fue por la malversación o el uso irregular de doscientos cincuenta millones de bolívares (unos diecisiete millones de dólares) de la partida secreta del Ministerio de Relaciones Interiores. Al final, la Corte Suprema de Justicia condenó a Carlos Andrés Pérez por el uso de un dinero (alrededor de seiscientos mil dólares) de la partida destinado a gastos de seguridad del Estado que se desvió para una operación en el extranjero, específicamente para gastos de protección de la Presidenta de Nicaragua, Violeta Chamorro… Ahora, ¿se ha preguntado cómo pudieron esos recursos ser utilizados para la seguridad de Violeta Chamorro, si la rectificación presupuestaria motivo de la denuncia data de un año antes de que en Nicaragua hubiera elecciones? ¿Cómo es posible relacionar ambos hechos si para la fecha en que se hizo la rectificación presupuestaria aún se estaba tratando de convencer al gobierno sandinista de la necesidad de realizar unos comicios?

–Suponiendo que en verdad la administración de Carlos Andrés Pérez sí desvió hacia Nicaragua recursos de la partida en cuestión, a diecisiete años de aquel proceso, ¿todavía cree que Carlos Andrés Pérez cometió irregularidades por eso? ¿Todavía piensa que sí debió ser enjuiciado y condenado por enviar esa ayuda al extranjero?

–¿Qué importancia o qué relación pudiera tener que el 18 de mayo de 1992, seis meses antes de que usted hiciera su denuncia, el fiscal Ramón Escovar Salom declarase a la prensa que «la partida secreta del Ministerio de Relaciones Interiores es susceptible de investigación por la Fiscalía» y que por lo tanto iba a exigir información sobre ella al ministerio?

–Carlos Andrés Pérez –y con él, algunos políticos y analistas– aseguran que todo el proceso que concluyó en su separación de la Presidencia fue producto de una componenda política, de una conjura, en la que incluso participaron miembros de su propio partido. Otros alegan que si bien no pudo haber una conspiración, sí hubo una coincidencia de voluntades trabajando con el mismo objetivo: destituir a Pérez. ¿José Vicente Rangel «trabajó» o «coincidió» con otras voluntades para sacar a Pérez del poder? Y si es así, ¿por qué?, ¿con quiénes?, ¿tenían idénticos o semejantes ideales, motivos, propósitos?

–En noviembre de 1992, cuando hizo la denuncia ¿pudo llegar a presagiar el alcance que tendría: la salida de CAP?

–Una vez que denunció la rectificación presupuestaria y comenzaron a desarrollarse los hechos, ¿creyó que Pérez aceptaría tranquilamente separarse del cargo? ¿Lo dudó alguna vez? ¿No pensó que procuraría aferrarse al poder?

–¿Por qué cree que Pérez aceptó dejar la Presidencia? ¿Por qué no se resistió?

–¿Sabía usted que entre febrero y marzo de 1993 dos personas llegaron a Miraflores y colocaron sobre el escritorio presidencial dos carpetas –dos expedientes, decían– con información confidencial que proponían que fuera utilizada para contrarrestar o por lo menos neutralizar las acusaciones por el caso de la partida secreta, pero que Pérez supuestamente rechazó utilizarlas? ¿Sabía usted que una de las carpetas llevaba el nombre de Ramón Escovar Salom, y la otra, el de José Vicente Rangel?[128]

---

128 José Vicente Rangel era el sujeto a quien iban dirigidas estas preguntas, pero fue imposible concretar una entrevista personal. Después de muchos intentos y varias alcabalas, en diciembre de 2009 se logró un contacto por teléfono, pero él no estaba disponible: se encontraba fuera de Caracas. Sugirió en cambio que le enviara un memorándum a su dirección electrónica. Se le mandó a su correo el cuestionario, explicándole antes lo que se pretendía hacer: un texto sobre la caída de CAP. No hubo reacción a los varios correos enviados. El último intento se hizo en enero de 2010.

CAPÍTULO 28

La denuncia original de José Vicente Rangel fue por unos fondos del Estado que aparentaban haber sido desviados para comprar dólares a precio especial, en momentos en que se sabía que ese cambio iba a ser eliminado. La acusación atacaba a Pérez por inmoral, y suponía un uso ilegal –especulativo– de los fondos desviados. Se señalaba que la plata había desaparecido, se había «extraviado», y bajo esa premisa la Comisión de Contraloría de la Cámara de Diputados creó una subcomisión para investigar y el Tribunal Superior de Salvaguarda del Patrimonio Público hizo lo propio. La comisión de Diputados, conformada por nueve miembros (cuatro adecos, dos copeyanos, un masista, uno del MIN y un independiente), comenzó a trabajar con esa idea y al iniciar las audiencias se reforzó la hipótesis. De acuerdo con los registros asentados en el Banco Central, contra la partida perteneciente a Relaciones Interiores habían emitido cheques a favor del Ministerio de la Secretaría de la Presidencia. Cobró vida así la tesis de peculado, la idea del «robo de dinero» como la calificó el copeyano Nelson Chitty La Roche, presidente de la comisión del Parlamento, el mismo día que abrió la investigación.

Mientras eso sucedía en la escena pública, del lado oficial no ofrecían respuestas directas a las preguntas directas que todo el mundo se estaba haciendo. La posición gubernamental mantenía que los gastos de seguridad y defensa eran secreto de Estado, y por lo tanto no podían revelarse. Y el Presidente se negó, una, dos y tres veces a responder el cuestionario que le remitían desde Diputados.

—El Presidente no puede ser interpelado –se atrincheró–. Son los ministros quienes manejan los recursos, y es el ministro de Relaciones Interiores quien maneja los fondos de la partida secreta.

Sólo fue en febrero de 1993 cuando Alejandro Izaguirre, ya para entonces ex ministro del gabinete, hizo público que los diecisiete millones de dólares los usó Relaciones Interiores, cuando él era su titular, para gastos de seguridad en el exterior. No ofreció detalles ni ahondó en especificaciones o motivos. Casi de inmediato, el gobierno reconoció que hubo fallas en el manejo de la partida, y señaló que por errores de oficina en el BCV se habían emitido cheques al despacho de Secretaría. El 8 de marzo, Celestino Armas, como ministro de la Secretaría de entonces, respondió un cuestionario de la comisión del Congreso reiterando que la partida se usó para gastos de seguridad en el exterior, y un día más tarde fue el propio Carlos Andrés Pérez, en cadena nacional, quien dirigió un discurso en donde aceptó lo ya dicho por Izaguirre y Armas: que los doscientos cincuenta millones de bolívares convertidos a dólares fueron usados por el MRI como correspondía, para cancelar gastos de seguridad y defensa en el exterior, y que el despacho de Secretaría no tuvo injerencia. Agregó además que por el mismo hecho de ser gastos secretos, no se podía especificar en qué se emplearon, no podían divulgarlos como nunca antes lo había divulgado ningún gobierno.

–Tengo el deber de informarle al país que no sólo no he cometido ni en este ni en ningún otro caso una acción inconveniente o irregular, sino que he sido celoso defensor de la corrección de los procedimientos establecidos en las leyes… En mi vida he demostrado que la riqueza material no me atrae. A mí lo que sí me atrae es la historia.

De todos modos, el fiscal Ramón Escovar Salom ya había empezado a armar su expediente, porque el 11 de enero de 1993 José Vicente Rangel, al contrario de lo hecho por los diputados de La Causa R, le había presentado formalmente la denuncia para que fuera él quien tramitara la solicitud de antejuicio de mérito a la Corte Suprema de Justicia. De ahí en adelante fue el fiscal quien se ocupó de llevar adelante el caso y estar pendiente de lo que la Corte decidía en torno a la otra demanda que habían interpuesto los causaerristas, y a principios de febrero, ante un rumor de que el máximo tribunal declararía sin lugar esa petición, el fiscal exhortó de manera pública a los magistrados a tener «serenidad» a la hora de decidir. La Corte, sin embargo, y a lo mejor con la serenidad que le pedían, determinó improcedente el recurso de la Causa R. Pero el fiscal siguió con su propia causa y el Presidente, desde Miraflores, con la suya.

–Hay una cosa muy clara –había dicho Carlos Andrés Pérez en su primera rueda de prensa del año 1993–: o hay partida secreta o no la hay. Si hay partida secreta, no se puede pretender que se diga en qué se invierte, como no lo hace ningún Estado. Ahora, si se cree que esto no es conveniente, pues entonces se quita la partida secreta y sanseacabó.

Pero el asunto no lograría zanjarse tan fácilmente. Ya había tomado las tablas del anfiteatro nacional, y a lo mejor fue entonces cuando desde el Ejecutivo voltearon a ver con detenimiento toda esa gran puesta en escena que –aún no lo sabían, pero ya empezaban a temer– meses después culminaría con un proceso al Presidente de la República, el primero que se conocería a un mandatario en ejercicio. ¿De dónde salió la acusación? ¿A quién se le pudo ocurrir, y cómo hizo para investigar o guardar recaudos de un acto administrativo que había ocurrido tres años y medio antes? Qué era lo que había hecho tan, pero tan mal el Ejecutivo para que cuatro meses después de una denuncia –una más– y después de una seguidilla de eventos como un debate nacional sobre recorte de mandato, un alzamiento militar, la celebración de elecciones regionales, la Navidad y el Carnaval, todavía el tema se mantuviera vivo el 11 de marzo de 1993. Porque el mismo día que el mandatario presentaba su cuarto mensaje anual ante el Congreso, fue el día que escogió el fiscal general para introducir ante la Corte Suprema de Justicia una solicitud de antejuicio de mérito por malversación y peculado en contra de Carlos Andrés Pérez como Jefe de Estado, y en contra del senador Alejandro Izaguirre y del diputado Reinaldo Figueredo Planchart.

Escovar Salom entregó la solicitud por Secretaría. Lo acompañaron en ese acto José Muci Abraham –quien había sido contralor los dos primeros años de la primera presidencia de Pérez, y quien según el propio Pérez preparó la acusación en conjunto con Escovar y Rangel; José Antonio Cova –ligado a Los Notables, en especial a Uslar Pietri, y ligado al 27-N, de acuerdo con los reportes de Inteligencia–; Manuel Quijada –vinculado a la liga del Samán de Güere e involucrado en el golpe de noviembre–, y Nelson Chitty La Roche –diputado copeyano de la comisión de Contraloría que no quiso perderse el evento por solidaridad, según declaró–.

«Señor presidente, señores magistrados –finalizaba Escovar Salom en su escrito al más alto tribunal del país–: la decisión es de la Corte y también la responsabilidad».

El 22 de febrero de 1989 en sesión de Consejo de Ministros, en la agenda de la ministra de Hacienda se contemplaba la aprobación de una rectificación presupuestaria: el aumento en doscientos cincuenta millones de bolívares de la partida noventa y siete de gastos de Seguridad y Defensa del Ministerio de Relaciones Interiores, mejor conocida por partida secreta. No hubo discrepancias al plantearse la rectificación y el punto fue aprobado. El 27 de febrero –el lunes siguiente– Carlos Vera, director general de Administración de Relaciones Interiores, siguiendo una orden de su jefe –el ministro Alejandro Izaguirre– solicita autorización a la oficina del Régimen de Cambio Diferencial –Recadi– para el otorgamiento de divisas por el monto rectificado. El 2 de marzo Recadi concede el cambio preferencial. Ese mismo día, el ministerio emite la orden de pago por la suma de doscientos cincuenta millones de bolívares y la Contraloría da su aprobación. De ahí en adelante comienza un lío de papeles que fue dejando un rastro que alguien siguió muy de cerca y tuvo sumo cuidado en atesorar.

Cuando el Banco Central de Venezuela recibe la orden del Ministerio del Interior se encuentra con que no tiene disponibilidad inmediata para cancelarla por completo en dólares, y entonces por error o descuido –dicen unos– o ex profeso –pensaron otros, incluso el propio Pérez años después–, emite dos cheques, los dos a nombre del Ministerio de Relaciones Interiores: uno es por doscientos cuarenta y dos millones setecientos cincuenta mil bolívares y otro por siete millones doscientos cincuenta mil bolívares, que es de inmediato cambiado en el BCV por quinientos mil dólares en efectivo. El error –el primero de una ristra– consistió en que la partida secreta, por ser secreta, no debe dejar rastro y por lo tanto no puede, no debe manejarse con cheques. La razón que se esgrimió en el momento para hacer lo contrario a lo establecido fue que al no contar con el monto total de dólares, se hace un cheque por el resto; y se supone –es una deducción– que sería para garantizar el cambio, ya que en pocos días se liberaría el mercado cambiario. Pero no se emitió un cheque, se emitieron dos, lo que de entrada no parecía tener sentido si uno de los cheques fue convertido enseguida en taquilla. Mas aquellos no fueron los únicos cheques emitidos ni los únicos errores cometidos.

El 10 de marzo, el último día que operó el mercado controlado, Relaciones Interiores pide al BCV que le entregue el saldo de la orden de pago en dólares. Es decir, que se la entregue completa y en *cash*. La petición la hace Vera, el director del ministerio, y como es usual lo hizo llenando a máquina un formulario tipificado, pero el banco le respondió entregándole un nuevo cheque –por dieciséis millones setecientos cuarenta y un mil trescientos setenta y nueve dólares– y en vez de hacerlo a favor del MRI que era el beneficiario competente, lo emite a nombre del Ministerio de la Secretaría de la Presidencia. ¿La razón? Que en el formulario a mano, en letra caligrafiada con tinta de bolígrafo se describió como destinatario al despacho de la Secretaría. ¿Quién lo hizo? ¿Por qué? ¿Y por qué el director del MRI no objetó el trámite? ¿No se dio cuenta? ¿O por qué unos funcionarios tan bien preparados y veteranos como los del BCV no invalidaron la orden que venía alterada y contraviniendo la norma dieron curso a un formulario con enmiendas? ¿O por qué no asentaron en un acta la irregularidad? Las razones para hacer o no hacer unas y otras cosas nunca se aclararon, y a lo mejor todo fue, como lo resumió Pedro Tinoco en su comparecencia en el Congreso, producto de la actuación de unos empleados descuidados. De lado y lado.

–Estos funcionarios no estarían en el problema en el que están si hubieran sido cuidadosos –enjuició en su día el ex presidente del BCV.

Pero como si las fallas y los descuidos cometidos en los primeros días fueran pocos, el jueves 16 de marzo dos empleados de Secretaría de la Presidencia –uno de ellos Oscar Barreto Leiva, director de Administración de ese ministerio– solicitan mediante oficio al Banco Central que de los dieciséis millones y pico de dólares que quedan, les adelanten dos millones de dólares. ¿Por qué lo hicieron? ¿A cuenta de qué?

Al día siguiente, viernes 17, se presenta al banco el director del MRI –el legítimo receptor de los fondos–, acompañado por los dos funcionarios de Secretaría, y el banco hace la entrega de los dos millones solicitados. Por lo que se adeuda de la orden original vuelve a emitir otro cheque, por poco más de catorce millones y medio de dólares, pero de nueva cuenta lo emite a nombre del Ministerio de la Secretaría. ¿Por qué el BCV insiste en el error? ¿Por qué Relaciones Interiores tampoco esa vez hizo reparos? Es que a nadie se le ocurrió hacer una salvedad o dejar constancia de irregularidad.

–¿Qué puede haber ocurrido? –se pregunta y se responde Tinoco ante los diputados–. Alguien se empapeló y, luego, la presencia conjunta del director de Administración del Ministerio de Relaciones Interiores y del director de Administración de la Secretaría de la Presidencia de la República los convenció de que era procedente, y empezarían a buscar

papeles que pudieran firmar y que justificaran eso... Para mí, es sencillamente un error, una confusión, quizás generada por el hecho de que es
«gastos secretos» y hay que sacarlos rápido y, después, por el descuido: el
olvido. Y ya una vez que el asunto estaba arreglado... pues lo olvidaron
y pasaron a otra cosa.

El lunes 20 de marzo los funcionarios de Secretaría de la Presidencia hacen una nueva petición por dos millones de dólares del remanente,
pero ahí sí –por fin– el Banco Central de Venezuela parece darse cuenta de
la pifia, anula el cheque emitido a nombre del Ministerio de la Secretaría
de la Presidencia, y al día siguiente cuando se presenta al banco el director
de Relaciones Interiores –junto con los dos funcionarios de Secretaría– se
hace la entrega del saldo en efectivo: catorce millones setecientos cuarenta
y pico mil dólares en billetes que, de inmediato, Vera deposita en una de
las cajas de seguridad que a nombre de Ministerio de Relaciones Interiores
había en el BCV.

–Yo responsablemente tengo que reconocer –declaró Alejandro Izaguirre en febrero de 1993 en la Comisión de Contraloría– que yo adminis-
tré los diecisiete millones y tanto de dólares, como el ministro del Interior,
a quien correspondía. Lo que sucedió en el Banco Central es una cuestión
totalmente insólita para mí; es imposible que un instituto con la seriedad del
Banco Central, teniendo en sus manos una orden debidamente procesada de
doscientos cincuenta millones de bolívares convertibles en moneda norteamericana, tenga la avilantez, para llamarlo de alguna manera, de formular
un cheque a nombre de la Secretaría de la Presidencia de la República...

Pero cómo explicar la osadía y la insistencia de la gente de Secretaría
(y la desidia o negligencia del director de Relaciones Interiores) de tomarse
atribuciones que no le incumbían y en apariencias pretender disponer de
unos fondos que, en teoría, no le correspondían. Porque, para empezar,
Secretaría de la Presidencia nunca contó con gastos secretos. Los únicos
despachos autorizados por ley a disponer de partida secreta, además de
Relaciones Interiores, eran Defensa, Justicia y Relaciones Exteriores.

Al final, y en verdad, a pesar de todo el lío, el BCV nunca entregó el
dinero de la partida secreta a Secretaría de la Presidencia; los fondos per-
tenecientes a la rectificación presupuestaria se entregaron al beneficiario
que concernía, que era el Ministerio de Relaciones Interiores, representado
por su director, y se guardaron en las gavetas que ese ministerio tenía en el
banco. Y eso sale a relucir en cuanto se revisa con atención y sin prejuicio

los recaudos que guarda el instituto emisor de los movimientos hechos. Cada vez que se entregaron las remesas de la partida siempre estuvo presente recibiendo y firmando como recibido el funcionario del MRI.

Por eso –quién sabe– la angustia de Reinaldo Figueredo, ex ministro de Secretaría, cuando en el interrogatorio de los diputados lo confrontan con la declaración que había dado Barreto Leiva, su otrora subalterno, quien había asegurado que fue en Relaciones Interiores en donde el administrador de ese despacho le había suministrado, primero, quinientos mil dólares y, luego, dos millones de dólares más que se necesitaban con urgencia en Secretaría.

Figueredo, que cuando reventó la denuncia de la partida secreta se encontraba en Nueva York (había retornado a los fueros diplomáticos luego de un fallido intento en 1991 por ser electo secretario general de AD en el estado Miranda), exhibió su malestar ante los parlamentarios que abundando en detalles le sacaron en cara que, según Barreto Leiva, en las dos ocasiones el dinero para Secretaría de la Presidencia se lo habrían entregado en un maletín.

–¡¿Y cómo era ese maletín?! –rezongó Figueredo–. ¿Ustedes no han tenido la curiosidad de saber cuántos bultos hacen dos millones de dólares? Dos millones de dólares pesan ¡veintiún kilos!, y se necesitan dos maracas de maletines. Ni el Ministerio de la Presidencia, ni yo como ministro, hemos recibido esa suma ni estaba autorizado Barreto, tenga o no firma en el Banco Central, para recibir en ningún momento esa cantidad a nombre del despacho.

Ahora, si Secretaría no recibió el dinero como sostenía Figueredo, por qué el apuro de dos de sus subalternos en dirigirse al BCV, por qué el afán. A lo mejor (aunque no necesariamente pudo ser así) la actuación de los funcionarios de Secretaría tenía que ver con la decisión de reforzar la seguridad del despacho presidencial que el propio Reinaldo Figueredo había tomado apenas llegó a Miraflores, en febrero de 1989.

Figueredo conocía muy bien la oficina del Presidente, porque en tiempos de la primera presidencia de Pérez iba con regularidad a rendirle cuentas como director que fue del Instituto de Comercio Exterior. Luego, cuando se estrena CAP II y él es nombrado ministro se da cuenta de que al salón se le han hecho una serie de cambios, pero todos eran más bien cosméticos u ornamentales y decidió –con la aprobación de Pérez– protegerlo. Blindarlo, de manera literal. Contrató a una empresa alemana reconocida en el mundo en la industria del blindaje para asegurar la debida protección, y todos los ventanales y vidrios del despacho del Presidente se mandaron a resguardar con esa empresa. Pero es de imaginarse que a los alemanes no les iban a pagar en bolívares, y lo más seguro era que ese gasto no estuviera contemplado de antemano en un presupuesto. Es posible que de ahí arranque el apuro y la actuación de los funcionarios de Secretaría de la Presidencia. Eso aclararía –pese a que Figueredo lo pueda negar– el acto de presencia de los funcionarios en las dos últimas entregas de dinero, como especies de *attachés* del director de administración del MRI. Pero, de todos modos, no justifica la actitud de girar instrucciones por su cuenta al BCV. ¿Por qué Oscar Barreto Leiva, director de Administración de la Secretaría, se tomaba esas facultades? ¿Y por qué cuenta esa historia tan difícil de creer de que se llevó dos millones de dólares en un maletín y en su propio carro? ¿Para qué?

Barreto era muy allegado a Carlos Andrés Pérez, había sido su edecán en el período 1974-1979 y una vez que Pérez termina ese mandato pide la baja con el grado de teniente coronel. Según cuentan, pasó a formar parte del *staff* político del en ese tiempo ex Presidente, y años más tarde, cuando comienza la campaña electoral por la segunda presidencia, lo designan responsable de las giras del entonces candidato. Era para la fecha un hombre de confianza de Pérez y a lo mejor de ahí el atore por la plata de la partida secreta que, sobra señalar, era una plata ajena. Por eso también se entendería lo que contesta Alejandro Izaguirre cuando, en la misma comparecencia que tuvo en el Congreso, los parlamentarios buscaron precisarlo sobre el destino de parte de los fondos:

–Usted dijo –sondeó el diputado Nelson Chitty– que había autorizado al director general de Administración del Ministerio de Relaciones Interiores para entregarle al Ministerio de la Secretaría de la Presidencia quinientos mil dólares y dos millones de dólares. ¿Es esto correcto?

–A la Secretaría de la Presidencia no la he nombrado –corrigió Izaguirre–; al director de Administración de Miraflores: el señor Barreto Leiva.

–¿Usted se lo dio con el carácter de, por decirlo así, administrador de Miraflores?

–Por instrucciones del señor Presidente de la República –puntualizó Izaguirre.

Eso también respondería al porqué, en todo momento, Reinaldo Figueredo rechazó haberle dado una orden a Barreto Leiva para que buscara la plata en el BCV. Aunque esa plata o parte de ella –pudiera teorizarse– hubiera sido para pagar el blindaje alemán que él mismo había ordenado. Explicaría además la desviación de una porción de los fondos secretos (reforzar unos cristales no se llevarían todos los diecisiete millones de dólares): fueron para blindar el despacho presidencial. Y si fue así, por lo menos una porción de los recursos habría sido utilizada tal y como lo exigía la partida noventa y siete: para gastos de seguridad y defensa del Estado. ¿Qué más seguridad que proteger la vida del Presidente?

Pero ¿y el resto del dinero?, ¿o una gran parte del resto? También podría haber sido utilizado con ese fin. Eso era lo que ya se sospechaba de lo declarado por Izaguirre de uso «en el exterior». A lo mejor, un año después de la rectificación presupuestaria, todavía podía quedar un repele de los catorce millones y pico de dólares que se habían dejado en las bóvedas del BCV, y ese repele podría haber sido utilizado para la Operación Orquídea, que fue la misión que llevó a Nicaragua a cuarenta efectivos de la Policía Metropolitana de Caracas para proteger a la presidenta Violeta Chamorro –días antes de que asumiera legalmente, según le revelaría CAP a los periodistas Roberto Giusti y Ramón Hernández– y para entrenar a los ciudadanos nicaragüenses que se encargarían del resguardo de una mandataria que, como era obvio, no confiaba en la protección que podría brindarle el ejército de su nación, en manos de los sandinistas.

Todo eso lo debían saber también, y casi desde un primer momento, quienes denunciaron la rectificación presupuestaria y quienes estaban detrás de la denuncia. El propio José Vicente Rangel admitió ante la Comisión de Contraloría que la información sobre la modificación de presupuesto la tenía en su poder como tres meses antes de hacerla pública:

–No la publiqué antes –argumentó– porque quise procesarla, porque quise madurarla, quise profundizar en ella.

Rangel quiso investigarla y si investigó como él aseguró, si escarbó aunque fuera un poco tuvo que haber descubierto el detalle de los vidrios blindados. Lo sabría, como también, no cabe duda, estaba enterado de la ayuda a Violeta Chamorro. Esta última información la conocería de antemano por uno de los funcionarios que había sido enviado en misión secreta a proteger a la mandataria de Nicaragua: el mismo jefe policial miembro del grupo especial Ceta que dos años después de haber estado en Centroamérica, se solivianta y participa en la conjura del 27-N. Como también había participado Rangel, según quedó registrado en los informes de Inteligencia que dispuso el ministro de la Defensa de ese entonces, general Iván Darío Jiménez, como lo reveló uno de los conjurados al asegurar que en la

casa de Rangel se habían hecho reuniones para el motín, y como seis años
más tarde lo demostrarían los hechos: Rangel y el Ceta alzado formaron
parte del gobierno del teniente coronel en 1999; Rangel y el Ceta alzado
tenían que haberse relacionado, vinculado o compartido información en
los días en que conspiraban en 1992. Pero José Vicente Rangel no habló
de la misión secreta a Nicaragua ni cuando hizo la denuncia en su columna
ni en su programa de televisión ni cuando acudió a la convocatoria que le
hizo la comisión de Diputados que investigaba lo que él había denunciado.
Es más, de plano lo negó:

—La inversión quizá podría justificarse para hacer pagos en el exterior, pero no fue así.

Rangel habló de desviación de fondos, de gastos para la Coronación,
de manipulaciones corruptas, de dinero desviado para comprar dólares a
precio preferente, de dólares extraviados, de depósitos hechos en bancos
privados. Porque Rangel, cuando denunció y cuando se presentó en las
oficinas parlamentarias no era el periodista que lanzaba una primicia y que
después acudía a la convocatoria hecha por los diputados para referirse a su
primicia, para ahondar o abundar en detalles de lo que había averiguado.
Rangel, cuando fue a la Comisión de Contraloría, no era el columnista
que hablaba de su tubazo periodístico —¿qué periodista guarda un tubazo
por tres meses?—. Rangel era un político que acusaba. Un político haciendo
su trabajo. El político que había sido toda su vida. Y como político había
esperado y encontrado el momento oportuno para actuar.

José Vicente Rangel había debutado en la actividad política, siendo
todavía un jovencito, a mediados de la década de los cuarenta, cuando se funda el partido de centro izquierda Unión Republicana Democrática —URD—
y él es uno de sus primeros militantes. Desciende de un ex funcionario del
régimen de Juan Vicente Gómez que resultó enjuiciado durante el trienio
adeco, en aquellos tribunales creados tras el golpe de 1945 para perseguir por
presuntos delitos administrativos a todo lo que oliera a pasado medinista o
gomecista. Rangel, sin embargo, después de que cayó la dictadura de Marcos Pérez Jiménez y Acción Democrática volvió al poder, nunca evidenció
resentimiento por aquel atropello de los adecos. En la década de los sesenta

comenzó a participar como diputado al Congreso, al principio en las planchas de URD y más tarde dentro de organizaciones con claro signo izquierdista. En 1973 fue el primer candidato presidencial que presentó la izquierda una vez pacificada la guerrilla, y lo volvió a ser en dos oportunidades más (las dos primeras respaldado por el MAS y el MIR y la tercera por el Movimiento Electoral del Pueblo y el Partido Comunista); y todo el tiempo se exhibió como un político respetuoso de las reglas y del intercambio democrático, y sobre todo como amigo de todos los presidentes. Tanto que aun apostado en un brocal distinto no dudó en pedir ayuda a la administración de Carlos Andrés Pérez –entre 1974 y 1978– cuando por un repentino mal de salud quiso revisarse y tratarse en Cuba. El gobierno acudió en su auxilio, y le aportó los medios para que lo hiciera y se curara.

Rangel continuó con su actuación como diputado representando a la izquierda en el Parlamento, pero moviéndose, sin embargo, con independencia. Como aquella vez en 1980 cuando, contrario a lo que se esperaba, fue el voto que salvó a Carlos Andrés Pérez de una acusación por responsabilidad administrativa y responsabilidad moral, en el proceso que le siguió el Congreso por el sobreprecio en la compra del buque Sierra Nevada. A finales de los años ochenta, ya en los tiempos de CAP II, pareció alejarse de la actuación política y refugiarse en la actividad como columnista en la prensa escrita. También empezó entonces su incursión en la televisión, con un programa dominical de denuncia –*José Vicente hoy*– en la estación Televen.

Si hubiera querido transferirse dinero al Ministerio de la Secretaría, no hay necesidad de dejar el rastro de un cheque, pues era plata de la partida secreta...

Hubo una confabulación. Lo que sirvió de pretexto fue un enredo en el Banco Central de Venezuela cuando se hizo el cambio de bolívares a dólares... Sin embargo, hubo alguien interesado en provocar la confusión. Hay un hecho curioso: el cheque por los dólares que restaban, se gira a nombre del Ministerio de la Secretaría de la Presidencia de la República por una confusión... Ese cheque aparece en los expedientes del Banco Central con cuatro sellos de anulado, el mismo día que equivocadamente se emitió. Sin embargo, ese cheque fue publicado sin sello de nulidad en el diario El Nacional. Quiere decir que ese cheque se emitió para ser fotografiado al momento de girarse, y celosamente guardado para publicarlo tres años después.

(Carlos Andrés Pérez a Caupolicán Ovalles en *Usted me debe esa cárcel*. Caracas, 1996).

En torno a quién pudo poner sobre la pista la manera tan irregular como se manejó el cobro de la partida secreta en 1989, hay varias teorías. En todas aparece la conjura, y en todas algún personaje dentro del Banco Central de Venezuela tuvo que haber participado, porque sin el consentimiento de alguien de adentro no se pudo, para empezar, sacar la copia del cheque que después tanto dio de qué hablar. La tesis de la componenda se asienta porque el tema de la partida secreta parecía estar rodando meses antes de que saliera a la luz pública, y porque sólo con el concierto de varios pudo concretarse la delación que terminó casi de manera simultánea en las columnas de José Vicente Rangel y Andrés Galdo. Varias personas lo sabían de antemano, y el chisme comenzó a correr. El fiscal general de la República amagó en mayo de 1992, cuando sin ton ni son declaró a la prensa que la partida secreta del Ministerio de Relaciones Interiores «es susceptible» de ser investigada por la Fiscalía. Nadie lo había consultado sobre ese aspecto, nadie le preguntó; fue él quien tocó la materia cuando los periodistas lo abordaron para que diera una respuesta a la petición hecha por el gobierno de que investigara a unos supuestos mercenarios que estarían entrenándose con fines de desestabilizar (denuncia hecha por políticos de oposición). Fue el fiscal quien en medio de la declaración sostuvo que estaba «persuadido» a creer que esos mercenarios podrían haber sido pagados por el mismo gobierno con los fondos secretos, y añadió a manera de crítica:

—La partida secreta del Ministerio de Relaciones Interiores no puede seguir siendo desaguadero sin control.

No se refirió a las partidas secretas de los Ministerios de Justicia o de Defensa, que para el caso también podían tener que ver, y mucho menos a la de Relaciones Exteriores, que también podría tener relación porque en su declaración se refirió a los guardaespaldas que estarían a disposición de Cecilia Matos en el exterior. El fiscal no se refirió a ninguna de ellas ni habló de modo general; habló de manera específica de la partida secreta del despacho del Interior a la que iba a investigar. Y eso es lo que llama la atención.

Ramón Escovar Salom en ningún modo había sido un personaje de bajo perfil, ni en esa coyuntura ni en toda su vida política. En su juventud había militado en Acción Democrática, pero en 1958 es como independiente que lo eligen senador al Congreso y desde entonces se le liga a Arturo Uslar Prieti y a lo que se llamó el uslarismo –fueron amigos personales–, pese a que a finales de la década de los sesenta Escovar rompió la alianza política que mantuvo con él. Durante dos décadas fue parlamentario; fue además ministro de Justicia durante el gobierno de Raúl Leoni, como después sería ministro de la Secretaría y de Relaciones Exteriores de CAP I (y en 1994, ministro de Relaciones Interiores de Rafael Caldera). Fue embajador en Francia en la administración de Jaime Lusinchi, y en 1989 gracias al acuerdo institucional que funcionaba entre los partidos, es nombrado fiscal general de la República. Por él votaron en el Congreso las fracciones de AD, Copei y el MAS, pero era ya una tradición política en la Venezuela democrática que cada vez que entraba un nuevo gobierno, los cargos para la Fiscalía y la Contraloría fueran palabreados –negociados– entre los principales partidos políticos. Es decir, AD y Copei. Cuando Pérez llegó a su segundo mandato, el acuerdo era que el fiscal lo proponía Acción Democrática y el contralor era potestad de la oposición. De todos modos, para uno u otro nombramiento, de manera previa, había una negociación política, y de esa no escapó la designación de Escovar Salom.

Es famoso en el anecdotario político venezolano el cuento de la reunión en la que por primera vez surge su nombre para ser fiscal general de la Nación.

Sucedió un lunes de febrero en La Casona, en el desayuno del «cogollito» adeco con el Presidente. Entre los presentes estaban Gonzalo Barrios, Luis Alfaro Ucero, Carlos Canache Mata, Octavio Lepage, Humberto Celli, Henry Ramos Allup, David Morales Bello, Carmelo Lauría, Luis Piñerúa Ordaz. Todos sentados en la mesa enorme del comedor privado de la residencia presidencial. En el centro de la mesa, destacándose entre la mantequillera, la jarra de café, los platos, los vasos, las tazas y los cubiertos, había un arreglo floral. Los presentes antes de probar el jugo de naranja, tocan el punto más importante. Apuraba designar al fiscal porque la ley exigía que debía ser nombrado durante los treinta primeros días de cada período, así que debían empezar cuanto antes a barajar candidatos para iniciar la negociación. Alguien lanzó al ruedo a Rafael Pérez Perdomo, pero enseguida alguien también lo objetó alegando que fue defensor del dictador Marcos Pérez Jiménez. Entonces Gonzalo Barrios, presidente del partido, sacó a relucir a Ramón Escovar Salom, nombre que al parecer estarían dispuestos a apoyar los copeyanos. Canache Mata lo avala, y enseguida un coro de voces parece aceptarlo. Pérez, en verdad –recuerdan algunos–, al principio no habló a favor ni en contra. Ante su parquedad, alguno pudo asumir que como que se resistía, pero en eso David Morales Bello, sentado en el medio de la mesa, al frente de Carlos Andrés Pérez y del arreglo floral, se opone. Morales Bello, que era pequeño de estatura, tal vez para dar énfasis a su opinión o hacerse oír mejor o para que Pérez lo viera de cuerpo entero o para él ver a Pérez a la cara, ya que las flores se interponían, se levanta de su puesto y señala:

–Mire, Presidente, si usted nombra fiscal a Ramón Escovar, ese hombre, téngalo en cuenta que le va a meter un juicio.

–¿Y por qué me va a enjuiciar? –fue la tajante respuesta de Carlos Andrés Pérez que hasta se dio el lujo de reír, y en adelante no se opuso al nombramiento.

Las reservas que tenía Morales Bello, y que lo empujaron a poner en aviso al Jefe de Estado, tenían que ver con algo que sucedió en las postrimerías de CAP I, cuando en 1977 Pérez decide sustituir a Escovar en la cartera de Relaciones Exteriores. Para más de uno –David Morales, entre ellos– el aspirante a dirigir el Ministerio Público no había superado aquel trauma de su sustitución (o destitución, según quien lo cuente), y el propio Escovar Salom confesará muchos años después en sus *Memorias* que el hecho de que le hubieran nombrado un reemplazo cuando él se encontraba en el exterior y sin habérselo notificado, fue con la estricta finalidad de humillarlo. Pérez desestima el acto como también en su momento desestimó la advertencia de Morales Bello. Para él, lo ocurrido seis meses antes de finalizar su primera presidencia no fue fruto de ninguna maquinación sino que, para cumplir con su partido, había decidido nombrar a Simón Alberto Consalvi en la Cancillería. Aseguró entonces, y lo siguió asegurando a través del tiempo, que había anticipado a Escovar Salom sus intenciones de cambiar el gabinete, para que lo tuviera en cuenta en su agenda de regreso. Suficiente confianza creía tener con Escovar como para anticipárselo: había sido su primer ministro de Secretaría y después, durante dos años, lo encargó de las Relaciones Exteriores. Cómo iba a ocultarle un cambio, por qué iba a jugarle sucio a última hora. Escovar estaba advertido, alegó siempre CAP, pero contrario a lo esperado, demoró su viaje en el extranjero y supuestamente por más que se intentó fue imposible localizarlo. Y los días pasaban y pasaban. Fue por eso que ordenó el cambio que se hizo oficial el mismo día en que el sustituido ministro puso un pie en el aeropuerto de Maiquetía. Escovar no asistió al acto de trasmisión en el ministerio, y desde entonces comenzó a tejerse el chisme de que no había perdonado la afrenta.

A medida que transcurría el segundo período de CAP, la especie tomó cuerpo porque desde sus inicios Escovar Salom se convirtió en severo crítico del desempeño del gobierno. A toda hora y cuando menos se esperaban, resultaban atronadores sus cuestionamientos –en Venezuela no hay Estado de Derecho, dijo por ejemplo en 1990– y junto con Los Notables se convirtió también en verdadero fustigador de las actuaciones de la Corte Suprema de Justicia a la que, no ocultaba, estaba empeñado en cambiar, acusándola de estar politizada y de actuar con lentitud, cuando no lenidad, en los juicios por corrupción contra altos personeros ligados al partido de gobierno. Llegó incluso a señalar, en los días posteriores al 4-F, que la Corte era desestabilizadora.

Todos esos indicios hacían pensar a los adecos, y a los no tan adecos, que Escovar Salom seguía con el reconcomio metido en el cuerpo. Y por lo mismo querría pasar su cuenta de daños. Las sospechas se reforzaron desde el mismo instante en que se encargó de la denuncia hecha por José Vicente Rangel. Lo llevará a juicio, pensaron los más allegados a Pérez, y se confirmaron las aprensiones en marzo de 1993, cuando sin esperar a que la comisión del Congreso culminara su investigación –que estaba en la fase final– ni aguardar señas del Tribunal de Salvaguarda, que ya se encontraba substanciando el expediente, remitió el caso a la Corte, avalado tan solo con el expediente presentado por Rangel. Por eso, en plena batahola por la solicitud de antejuicio, Acción Democrática no dudó en acusarlo de moverse con intereses desestabilizadores, por «la manera apresurada» como actuó.

La estrategia de los que robaban al Estado –sancionó en sus remembranzas Escovar Salom– fue siempre acusar de desestabilizadores a los que defendían los bienes públicos. En el seno de los partidos políticos se formó un enredo patológico de solidaridades que denominé una vez en un artículo publicado en *El Nacional*:

Solidaridades automáticas, el cual mereció el premio Enrique Otero Vizcarrondo por el mejor artículo del año en 1991.

(Ramón Escovar Salom en *Memorias de ida y vuelta*. Caracas, 2007).

Noventa días después de que Ramón Escovar Salom hiciera mención por primera vez de la necesidad de investigar la partida secreta del Ministerio de Relaciones Interiores, supuestamente le llega a José Vicente Rangel la primera información sobre un inusual manejo de esa partida. Pero también, por lo visto la novedad la tenía Andrés Galdo y algún rumor le había llegado a Omar Camero para que, aun viviendo en Saint Maarten se hubiera procurado un facsímil de la *Gaceta Oficial* que daba cuenta de la rectificación presupuestaria. Días antes del golpe del 27 de noviembre, el propio José Vicente Rangel se ocupó de llamar al ex ministro Carlos Blanco, antiguo amigo, para avisarle que la denuncia contra CAP iba, y que iba en serio, porque el fiscal general sería el acusador. ¿En qué se basaba Rangel para hacer tal afirmación? Aun cuando fuera su intención entregar el caso a la Fiscalía, ¿cómo podía estar tan seguro acerca de cuál sería la actuación del fiscal? Son algunas de las preguntas sin respuesta que nutren a los que aún sostienen que en torno al proceso a Pérez hubo conspiración.

Por aquella época –fines de 1992– se habló de una supuesta reunión en Nueva York a la que habrían concurrido los tres ex presidentes (Caldera, Herrera, Lusinchi) y allí, recordando al Pacto de Punto Fijo firmado en 1958 para garantizar la estabilidad de la debutante democracia, habrían llegado a una especie de acuerdo para enfrentar la crisis, enfilándose contra Pérez. De ser cierto ese cónclave, de todos modos no habría sido en esa instancia en donde se iniciaron las acciones para lo que algunos llaman componenda, y otros, coincidencias en contra de CAP. Para esa fecha, ya el runrún de la rectificación presupuestaria venía rodando.

Igual se mencionó, y esta vez con más especificaciones, de otras reuniones que ocurrieron meses antes de que estallara el escándalo. Se habla de una suerte de conspiración alimentada por el rencor que se habría fraguado, según algunos, en un bufete de abogados de Miami, y según otros bajo la sombra de una palapa en una casa a orillas del Mar Caribe. La confabulación habría contado con la participación de alta dirigencia adeca, de uno que otro copeyano, tal vez de uno de los denunciantes y de

algún otro político o empresario que figuraba en los listados de Inteligencia
como entre los que conspiraron o prestaron sus casas para los alzamientos
militares. Supuestamente desde esa reunión –en Miami o en el Caribe– se
iniciaron los contactos y las acciones. Porque la confabulación no podía
dejarse al azar. No se podía lanzar una denuncia y dejar que ella, por sí
sola, tomara cuerpo. Se necesitarían aliados –¿confabulados?–, compinches
por convicción propia o cofrades circunstanciales que, sin estar vinculados
de manera directa y confesa en la supuesta componenda, coincidían en
que el enemigo común era Carlos Andrés Pérez. Y allí es donde los dedos
apuntan a Rafael Caldera –por su célebre discurso y su empeño en ser candidato y de nuevo Presidente–, a Los Notables con Arturo Uslar Pietri a
la cabeza, y por supuesto al fiscal, quien siempre pareció en consonancia
con las peticiones de ese grupo.

Los Notables y su campaña sostenida desde 1990 en contra de CAP
y sus políticas, sin duda se ganaron un puesto importante en esta historia
–con o sin confabulación–. Entre otras, por la constante presión que hicieron
para recomponer la Corte Suprema de Justicia. Y Uslar fue particularmente
tenaz en ese propósito. Ostentaba el título del más importante intelectual
vivo en Venezuela y se erigía, además, como especie de conciencia nacional,
como máxima referencia moral. Y en su calidad de, exigía. Estaba hastia-
do de la corrupción, decía y dicen hoy sus defensores; estaba movido por
sus ganas de ser figura política y por el resentimiento, sostienen todavía sus
detractores. Porque Arturo Uslar Pietri, siempre se dijo, toda la vida había
querido ser Presidente –o cuando menos Primer Ministro si se reformaba la
Constitución–. Quiso ser Presidente y nunca pudo superar la interrupción
del gobierno de Isaías Medina Angarita, de quien se creía su legítimo sucesor, ni había perdonado la afrenta y la persecución a la que lo sometieron
los adecos cuando gobernaron entre 1945 y 1948.

Fue un personaje fundamental del siglo XX. En cierto modo fue
la primera gran figura que asumió el liderazgo de lo que ahora se
llama sociedad civil, cuando se convirtió en el personaje de lo que
llamaban Los Notables.
Tenía razón para sentirse muy golpeado por lo que le habían hecho
los adecos. Era explicable: la injuria, el vejamen. Tenía razones en
no quererlos, por eso de que lo hubieran perseguido en 1945 por
supuestos delitos de peculado. Le quitaron la casa, y ahí pusieron un

restaurante. Lo acusaron de que se había cogido dinero de la partida secreta... En fin, cosas que nunca pudieron probarle. Pero después fue nombrado embajador, y yo creo que había sanado las heridas. Se me hace muy difícil que Uslar haya conspirado con los militares... El odio no era para tanto.

Carlos Andrés Pérez siempre fue un hombre muy polémico y objeto de juicios muy radicales en uno y otro sentido. Hubo tiempos en que despertó grandes, profundos afectos en mucha gente, pero también disgustos, malestar, hasta odio. Le caía mal a mucha gente... Y la personalidad de Carlos Andrés no era compatible con la imagen aceptable que Uslar Pietri tenía de lo que debía ser un Presidente... Ahora, ¿cómo aceptó a Jaime?...[129].

Una de las teorías sobre cómo se filtró la información que dio pie al caso de la partida secreta indica que fue un empleado del BCV, con vocación de izquierda, quien se da cuenta del manejo irregular, fotocopia la información –o el cheque en cuestión– y la entrega a Rangel; y Rangel decide guardarla para usarla en mejores tiempos. Un gobierno que se estaba inaugurando, y que gozaba entonces de altos niveles de popularidad, no era blanco fácil para un ataque. Esa es la teoría que todavía manejan algunos de los que fueron parte del gobierno de CAP II. Sin embargo, la tesis se cae cuando pasan los años y en Venezuela la izquierda se pone de moda y toma el poder. El que supuestamente lo hizo –cualquiera– hubiera reclamado como suya esa acción. Cual talibán tras un ataque hubiera reivindicado ese acto que, de seguro, le habría significado unos cuantos galones a los ojos de su jefe. Pero eso, hasta la fecha, no lo ha hecho nadie.

También se ha hablado de que quien traicionó a Pérez fue un miembro de su mismo equipo, de su mismo grupo dentro del partido. Alguien que conoció de cerca lo ocurrido, y arrepentido por la crisis o molesto por la displicencia y por las acciones en contra del partido –a sabiendas de la lucha que había en Acción Democrática entre CAP y Lusinchi– quiso

---

129 Pedro Pablo Aguilar.

ganar puntos con el bando del ex Presidente, le hizo llegar a él o a uno de sus allegados el legajo y de allí se lo pasaron a Rangel, a Galdo o a quien quisieron hacérselo llegar.

La idea de que Lusinchi participara en el complot fue desechada por CAP desde un primer momento y a lo largo de los años, y todavía en el año 2008, Cecilia Matos lo negó, pero fue el propio José Vicente Rangel quien dirigió los focos al ex Presidente desde un primer momento, cuando en su audiencia en el Congreso, en noviembre de 1992, dijera:

–Esta información la tenía desde hace tres meses en mi poder… pero no fue por la vía del ex presidente Lusinchi, con el cual tengo muy poca relación.

Rangel fue quien lo mencionó, pero tal vez lo hizo para despistar.

En todo caso, la hipótesis de que fue de las filas de AD de donde emana la filtración se manejó casi desde el principio, porque así mismo ocurrió en 1979 cuando se destapó el escándalo por el sobreprecio del buque refrigerador Sierra Nevada: fue en las entrañas accióndemocratistas donde se cocinó y salió la especie, y desde donde primero se investigó el asunto y se concluyó que sí había responsabilidades morales y administrativas de CAP. Fue el mismo modus operandi. Juega también a favor de esta conjetura el hecho de que cuando el fiscal habló por primera vez de investigar la partida secreta, acababan de producirse las primeras acciones en contra de Blanca Ibáñez y el grupo de personalidades adecas involucradas por lo de los jeeps, y en el seno del partido ya se había planteado el tema de la renuncia presidencial. No había transcurrido todavía un mes de aquella tortuosa reunión del CEN de AD que, tras diez horas de debate, concluyó con caras largas y con el descarte de la renuncia o el recorte del mandato presidencial. Y si el Presidente no renunciaba, estaba visto, la única opción válida que quedaba dentro de la Constitución era intentar removerlo por un delito cometido dentro de su mandato.

Tras el golpe del 4-F, Pérez estaba débil y estaba también en un punto muy bajo de popularidad, y dentro de Acción Democrática –no era una novedad– desde hacía tiempo «le tenían ganas», así que podrían haber aprovechado para cobrársela. Alguien –quizá muy cercano al gobierno– sabía de los errores cometidos en la tramitación de la partida secreta de 1989 y aunque también sabía que el error fue corregido, lo filtró en busca de crear confusión, enrarecer más el ambiente y que otro se encargara de la acusación. Ya para entonces se había logrado el cambio de magistrados en la CSJ y el conteo no favorecería al gobierno; sólo faltaba esperar a que se asentaran los cambios, lo cual ya habría sucedido para el mes de noviembre, cuando Rangel saca a la luz su «tubazo», que sale justo cinco días después de que el gobierno iniciara trámites para pedir la extradición de los sindicados en el proceso por los vehículos rústicos. ¿Fue entonces cuando en AD dieron la luz verde para entregar los documentos?, ¿para consumar la traición?

–Fue una venganza, por lo de los jeeps –suelta entre dientes y con el grabador apagado un adeco.

–Eso fue un problema formal –lamenta otro, también *off the record*–, un error en la manipulación de la partida que echaron para atrás pero quedó la constancia de los recibos y eso, de alguna manera, del Banco Central le llegó a José Vicente Rangel. Ese es el porqué. No fue de la Secretaría de la Presidencia ni de Miraflores; fue del Banco Central, en donde están la fotocopia del cheque y el recibo firmado, de donde salió todo.

Carlos Raúl Hernández sostiene que hubo un acuerdo entre Caldera y Alfaro para desmantelar a Pérez, y el acuerdo implicaba que Alfaro apoyaba a Caldera para llegar a la Presidencia en 1993, y luego Caldera apoyaría a Alfaro. Y está convencido de que ese arreglo, en parte, funcionó. Afirma –esto en su libro *La democracia traicionada*– que la denuncia de la partida secreta salió de las filas del lusinchismo, así como del bando perecista salió la de los jeeps.

Paulina Gamus no está tan segura de que la delación proviniera del ala lusinchista, porque los lusinchistas ya no estaban en el gobierno y no tenían acceso a las gavetas de información gubernamental. Humberto Celli dice que no sabe de dónde se originó la denuncia. Héctor Alonso López señala que hay muchas, muchas tesis, pero que ninguna es comprobable. Reinaldo Figueredo se suma a quienes creen que todo se engendró en el BCV –de un economista de izquierda– y que en todo este lío él, que había sido el Secretario de la Presidencia, como en una partida de ajedrez, fue una de las piezas utilizadas para darle jaque mate al Rey.

Lo que no fue posible para el Congreso en 1980 ni para los golpistas por la vía insurreccional, ilegítima y aventurera del 4 de febrero de 1992, sería ahora un hecho real, presente, visible y demostrable, por la iniciativa del Ministerio Público, como defensor de la Constitución...

Fue un acto de legítima defensa de la moral pública contra un Presidente identificado desde hace tiempo, desde el escándalo del Sierra Nevada, en los años ochenta, como el de una red promiscua en su relación con el Estado.

(Ramón Escovar Salom en *Memorias de ida y vuelta*. Caracas, 2007).

El pecado que cometieron fue tumbar a un Presidente en ejercicio por razones absolutamente ilegales y de la manera como lo hicieron: tirándose a la torera el marco jurídico, porque ¿díganme si había razón alguna de juzgar al presidente Pérez por usar dinero de la partida secreta para garantizar que se consolidara una democracia en un país como Nicaragua, que estaba en el ojo de unas tendencias geopolíticas muy adversas que iban a terminar por afectar a Venezuela? Porque el trabajo del Estadismo no es resolver crisis, es prevenirlas. Por supuesto, lo que hicieron para sacar al presidente Pérez fue algo tirado de los cabellos. Y además, en el proceso se llevaron en los cachos el activo diplomático más importante que tenía Venezuela, porque Venezuela siempre tuvo, aun antes del *boom* petrolero, mucha más influencia en el continente de la que podía garantizar su base de poder; es decir: sus recursos económicos, sus recursos políticos, sus recursos de defensa. Desde que empieza la era democrática ya con el presidente Isaías Medina Angarita y sigue, con la breve pausa de la dictadura de Marcos Pérez Jiménez, Venezuela siempre fue lo que se llama en inglés *honest broker*: esa persona que es componedora de conflictos, pero no porque le interese sacar una tajada de ese conflicto, sino simplemente para resolverlo. Su único interés de participar es la resolución del conflicto, no obtener una ventaja para sí mismo.

Entonces, si había líos entre los países de América Latina, ¿a quién buscaban para que los mediara y los resolviera? A Venezuela. Y de hecho, a pesar de Contadora, del Grupo de Apoyo, del Grupo de Río y todo eso, ¿quién fue que finalmente resolvió el lío de Centroamérica? Venezuela. Entonces, cuando juzgas y tumbas a un Presidente que utilizó recursos del Estado venezolano –que supuestamente son secretos porque son para seguridad y defensa– y pones en la picota a un Jefe de Estado de otro país que se benefició de ese programa de cooperación de Venezuela, los demás países cogieron pánico. Más nunca a Venezuela la van a buscar como *honest broker* de nada porque van a decir: «Esos son unos locos, que el día menos pensado los secretos de Estado de nosotros van a salir ventilados en un tribunal venezolano». Y eso que teníamos y que perdimos era una herencia histórica. Hay poquísimos países en el mundo que se buscan como *honest broker:* Suiza, Canadá... Uno de ellos era Venezuela, y Venezuela lo perdió en ese proceso tan mezquino de sacar a Pérez[130].

130 Beatrice Rangel.

CAPÍTULO 29

CON EL MONARQUISMO EN LA CABEZA

—Todavía recuerdo el júbilo en el Ateneo de Caracas cuando cayó Carlos Andrés Pérez. ¿Recuerda que lo llamaban Locoven? Y él dio aquella lección que no tiene paralelo en la historia de Venezuela, una lección de templanza, de coraje: nunca dijo yo no fui, nunca dijo fue otro, y vivió toda su destrucción con un estoicismo impresionante. La entereza no abunda en la historia de Venezuela, y él dio una demostración de entereza. Él no se refugió en una embajada, no se escondió, no pidió perdón.

—*Hay quienes piensan que esa actuación fue por cálculo político; otros dicen que fue porque él contó los cañones y se dio cuenta de que los cañones no estaban de su parte.*

—Pero ¡por favor! ¿Qué quiere decir eso? ¿Que las personas pueden actuar abstrayéndose del momento, del ambiente, de las circunstancias, de todo? ¿Quién podía ser, entonces? Aquel que pusieron en la cruz que sabía que arriba tenía alguien que lo estaba cochando, como quien dice. ¿Qué debía hacer Carlos Andrés para merecer elogios de estas personas? ¿No estar inserto en nada? ¿Un tipo puro? Es un absurdo. Lo importante es que otros hombres, también con intereses como él, no fueron capaces de decir: «Yo hubiera preferido otra muerte». Y él no puso en riesgo la democracia, prefirió inmolarse y sacrificarse. Nadie dice que trató de hacer un golpe militar o que buscó la manera de un apoyo.

—*En el año 2008, en una entrevista que usted le concedió a El Nacional, le dijo a la periodista Gloria Majella Bastidas que Rómulo Betancourt tendió el puente entre el socialismo marxista y el liberalismo, y que a él hay que reconocerle la teoría de la socialdemocracia. ¿Qué se le podría reconocer a Carlos Andrés Pérez? Si es que algo se le debe reconocer.*

—Yo estoy haciendo un libro sobre Rómulo Betancourt, y me sorprendió encontrar expresiones altamente elogiosas para Carlos Andrés Pérez, aunque al final Betancourt reaccionó como reaccionan todos los grandes arquitectos de sociedades. Los grandes arquitectos dan su vida para edificar algo, pero pierden la noción de que eso que están edificando es algo vivo que comienza a vivir su propia vida, y genera situaciones o tendencias no previstas que pueden no corresponderse con sus expectativas. Al arquitecto de sociedades como Betancourt se le plantea una situación terrible: ¿mantenerse al frente de su obra para cuidarla? Nunca sabrá si funciona o no. Y retirarse significa que esa obra comience a vivir por sí misma, pero ahí comienzan a surgir, necesariamente, diferencias y hasta contrastes con lo que se concibió. Yo conozco un solo caso de un hombre que fue capaz, fuera de Venezuela, de hacer lo que hizo Betancourt: Nelson Mandela. Betancourt no podía saber si su obra funcionaba mientras él fuera el tutor de la obra. Él se aleja y la obra comienza a vivir por sí misma, y se generan situaciones imprevisibles y a veces chocantes con lo que él había concebido… Yo tengo la impresión de que algo así le pasó a Betancourt, al final, con Carlos Andrés; pero eso ni disminuye a Betancourt ni pone a Carlos Andrés como un hombre que adultera o altera las pautas del arquitecto. Yo creo que simplemente vivieron un período histórico…

—*¿Y entonces, qué se le reconocería a Carlos Andrés Pérez?*

—Fue un hombre capaz de realizar y de convertir en un acto administrativo algo que sus antecesores, incluido Rómulo Betancourt, creyeron que no se podía realizar sino después de una nueva batalla de Ayacucho: la nacionalización del petróleo. Carlos Andrés convirtió la nacionalización en un acto administrativo; igual hizo con la del hierro. Sin estridencias antiimperialistas. Simplemente como un acto de afirmación nacional. Eso es admirable, como realización histórica. Por el otro lado, es de admirar la templanza, la decisión y el coraje con que enfrentó la subversión guerrillera y sobre todo la invasión cubana cuando era ministro de Relaciones Interiores. Lo hizo con determinación y capacidad; porque nunca buscó congraciarse. Él no estaba pasándole la mano a los que combatía.

—*Estaba haciendo su trabajo.*

—Más que su trabajo, estaba defendiendo una convicción. Un trabajo lo puede hacer un policía, esto no. Esto se correspondía con lo que él había aprendido de Betancourt cuando estuvieron exiliados en Cuba del año 1951 a 1952. Eso, a mí me pareció admirable. Respeto también la entereza que demostró en el momento más duro y terrible que puede vivir un hombre de su ejecutoria. Verse llevado al escarnio público y mantenerse sereno en aquella actitud de no disculparse, no culpar. En absoluto. Como refrendo, le cuento algo: siendo yo embajador en Colombia, tiempo después de que Carlos Andrés saliera de la Presidencia, me encuentro un día en un acto en Cartagena en donde estaban los ex jefes de Estado, gobernadores, primeros ministros. Estaba yo conversando con otros embajadores y, de pronto, una señora bastante entrada en años, que camina con un bastón, se acerca y me pregunta: «¿Usted es el embajador de Venezuela?» Y yo: «Sí, a sus órdenes». Ella me dice: «Yo soy Violeta Chamorro, la Presidenta de Nicaragua; yo pedí que me indicaran dónde estaba usted porque quiero hablarle en mi nombre personal y en nombre del pueblo de Nicaragua para darle las gracias al pueblo de Venezuela y al presidente Carlos Andrés Pérez por haber establecido la democracia en mi país». Eso me dijo. Es decir, que lo que había sido motivo de escarnio, se convertía en motivo de orgullo, de satisfacción y de un deber ético de expresármelo a mí en ese momento, y frente a terceros. Eso me ayudó mucho a comprender que aquella entereza de Carlos Andrés Pérez se correspondía con la altura de miras que él había demostrado, y la determinación de corresponder con la esencia de toda su vida y de todo el trabajo de la democracia venezolana: respaldar, promover, sostener la democracia en el mundo, y en América Latina en particular. Y esa es la escuela de Betancourt desde 1945.

—*Usted ha dicho que Carlos Andrés Pérez es uno de los cinco personajes importantes que Venezuela ha producido; los demás son: Simón Bolívar, porque fue capaz de hacer de la lucha por la independencia una teoría, y diseñar estrategias y tácticas para llevarla a la práctica; Antonio Guzmán Blanco; porque concibió una Venezuela moderna y liberal; Rómulo Betancourt, porque hizo de la democracia la razón de ser del venezolano y Arnoldo Gabaldón, porque liberó a Venezuela del paludismo. A Pérez, me acaba de decir que le reconoce adelantar la nacionalización petrolera sin traumas.*

—Porque realizó una tarea imposible.

—*A la luz de la Venezuela de 2009, ¿qué significado puede seguir teniendo esa nacionalización del petróleo, si la empresa —PDVSA— que surgió en aquel momento ya no existe, ya no es la misma?*

—Yo soy historiador, y sé que después de catorce años de guerra en la que los venezolanos defendimos con nuestra sangre y nuestras armas al único Jefe de Estado que hemos defendido en la historia, que fue Fernando VII, y al día siguiente de que se logró la independencia, no venía la época risueña que algunos habían soñado, hubo quienes pensaron que la independencia no tenía sentido. Eso es lo que yo llamo ceguera histórica. Con el petróleo, se decía, primero, que se necesitaba un nuevo Ayacucho para nacionalizarlo; luego lo nacionalizaron y entonces algunos economistas dijeron que había sido un mal negocio, que mejor hubiéramos esperado. Como dijeron cuando la independencia: «¿Y si hubiéramos esperado?» Bastaba con esperar hasta la Segunda Guerra Mundial, y hubiera venido un príncipe español a bajar la bandera de España e izar la nuestra. Con el petróleo, los economistas no ven que hay otra dimensión de lo histórico que está en la conciencia de los pueblos, y que es aquello de realizar tareas imposibles. Eso es fundamental para que un pueblo pueda tomar conciencia de sí mismo y de su capacidad. Hay una gran diferencia entre la visión de largo plazo y la visión de corto plazo. Hay una gran diferencia entre comprender la necesidad de un acto y lo que es, posteriormente, evaluar su utilidad. ¿Cuánto ganamos nosotros como sociedad y como pueblo al someternos a la prueba de administrar lo que parecía para nosotros cosa de magia, y administrarlo eficazmente para convertir a PDVSA en una de las empresas modelo del mundo? ¿Eso no vale? Lo que nos reivindicaba como pueblo era ser capaces de un nuevo Ayacucho, y enfrentar la tarea de manejar aquella cosa que parecía imposible. Que vengan después otros hombres cortos de mira, retardatarios históricos y dañen lo que se construyó, eso es otra cosa. La historia está llena de ejemplos de eso.

–*Ha dicho que a Mijaíl Gorbachov había que reconocerle su papel como reformulador del socialismo del siglo XX. ¿A Pérez podría catalogársele como reformulador de la socialdemocracia en Venezuela? Es decir, ¿puede juzgársele en ese sentido, a partir de lo hecho o lo que quiso hacer en su segundo período?*

–No diría que él quiso reformular la socialdemocracia; él lo que quiso fue lograr, mediante la socialdemocracia, la solución de problemas profundos que venía viviendo la sociedad venezolana. Y por eso salió de la esfera de lo estrictamente político para tratar de llegar a un enfoque que yo llamaría técnico-científico de la realidad. Pero en ningún momento pensó alterar los fundamentos de esa sociedad que podría corresponderse con la socialdemocracia. Es más, se comprometió a la reforma del Estado. La reforma del Estado estaba planteada en dos sentidos: modernizar el Estado, profundizando la democracia. ¿Usted se imagina lo que significa que un hombre como Carlos Andrés Pérez: adeco viejo, andino, habituado a la pelea, que un hombre así asuma como una necesidad la descentralización político-administrativa? Yo estaba presente una vez cuando a él, siendo aún candidato, en una reunión de la Copre le preguntaron: «¿Y qué haría como Presidente si de las elecciones regionales salen tres gobernadores copeyanos, dos de La Causa R, un comunista, cinco adecos?». Y Carlos Andrés respondió con una sola palabra: gobernar». Ese episodio lo recordé hace poco en una reunión, y Oswaldo Álvarez Paz, que estaba al lado mío, y que fue el primer gobernador copeyano electo en el Zulia, dijo: «Yo avalo lo que dice Germán; a mí me consta que fue así; mientras Carlos Andrés fue Presidente, nunca se enfrentó a los gobernadores o se puso a favor del gabinete, sino que siempre trató de buscar una forma armonizada de gobernar al país». Ahora, ¿usted se imagina para un temperamento como el de Carlos Andrés Pérez –el que se le atribuye y el que tenía– llegar a comprender esto?… Yo participé en varias reuniones, a las que me invitaron cuando él era candidato –eran grupos de treinta o cuarenta personas que se reunían en alguna casa; yo estuve en cuando menos tres de esas reuniones–, y cuando escuchaba su programa de gobierno, me decía: «Esto es una gran empresa, es un cambio muy profundo, ¿está la gente preparada para esto?» Yo me lo preguntaba, pero en esos días todos estaban creyendo que era prédica electoral. Estaban entusiasmados con Carlos Andrés. Después cayeron en *shock*. Todavía están. Yo lo entiendo. Los pueblos tardan. Lo que sucede con Carlos Andrés Pérez a mí no me sorprende, y estoy hablando como historiador… Yo nunca fui del círculo íntimo de Carlos Andrés. Siempre me trató con gran respeto, y yo nunca le hablé a él sino de Presidente; él siempre me trató de profesor. Pero hay un aspecto de Carlos Andrés, con el que yo tuve contacto un poco inesperadamente, que me reveló su condición: un día, estaba yo en México, siendo embajador –era la época del presidente Lusinchi–, y me llaman urgente. Era Carlos Andrés Pérez, en ese entonces candidato a la Presidencia, que me dice: «Hay una persona que yo aprecio mucho, que literalmente es mi padre político, que tiene una enfermedad muy grave, Parkinson, y he sabido que hay en México un médico que ha hecho curaciones y yo querría contactarlo». Enseguida me pongo a averiguar, localizo al doctor y hago los arreglos. Llamo al presidente Pérez, le informo y él me dice: «Vamos a llegar pasado mañana, busque una habitación para alojarlo». Llegan dos días después, como a las siete de la mañana en el aeropuerto veo que aparece el presidente Pérez, literalmente cargando a Antonio Léidenz, fundador de Acción Democrática. Léidenz había ido con la esposa y una hija. Pérez me pregunta: «¿Y dónde vamos?». Le digo: «Conseguimos un apartamentito pequeño, que está muy cerca de la clínica donde tiene que ir». «¡Vamos allá!» –me dice–. Y revisó el apartamento ¡hasta la cocina! para cerciorarse de que Antonio Léidenz iba a estar en buenas condiciones. Después me preguntó por el médico, y le digo que ese día no podía atender a Antonio, pero que aceptó almorzar en la Embajada con nosotros. Vamos a la Embajada, llega el médico, y Carlos Andrés lo somete a un examen de medicina. Y pregunta, y pregunta y pregunta… Cuando el doctor se despide, me dice Pérez que antes de irse debe ir donde Antonio a informarle todo lo que había hablado con el médico… Ahora, un hombre que es capaz de dejar su campaña electoral –porque el día anterior había estado en Ciudad Bolívar y esa tarde salía de Ciudad de México para Caracas a seguir con la campaña–, un hombre que es capaz de hacer un paréntesis para atender así a un amigo, me reveló una calidad humana nada común. Él ha podido mandar a Léidenz con uno de sus ayudantes, sin ningún problema… Ese Carlos Andrés Pérez lo vi también en 1989, en otro viaje que hizo, vuelto un demonio en el hotel cuando se supo de la invasión norteamericana a Panamá. Y hablando por teléfono con un funcionario del Departamento de Estado, alegando que ya él tenía montada con Felipe González la salida de Noriega para España, y rechazando la idea de una intervención norteamericana en Panamá.

–*Días después del golpe del 4 de febrero, Ramón J. Velásquez dijo que si se hubiera producido la ruptura del orden constitucional hubiera sido terrible, hubiera significado una espiral de violencia. ¿La decisión de la Corte Suprema de mayo de 1993 que separa a Pérez del poder no pudiera considerarse una ruptura del orden constitucional?*

–El orden constitucional se rompió por lo que yo llamaría una epidemia, por una mezcla de dos virus muy peligrosos: uno, resentimiento; el otro, cobardía. Le puede poner cualquier apellido. La personalidad de Carlos Andrés le llegó a resultar incómoda a mucha gente. Por su estilo. Por su presencia. Por sus nexos internacionales. Por todo. Y aquello, a mucha gente de menor vuelo, le resultaba chocante. Nunca le perdonaron la nacionalización del petróleo, porque la hizo él cuando todos los demás la consideraban imposible. Eso basta para que toda la mediocridad del ambiente conspire contra él. El único hombre que fue capaz de sobreponerse a la incomodidad fue Eduardo Fernández. Y le costó su carrera política. Eduardo fue capaz de asumir la defensa de la democracia por encima de cualquier otra consideración, pero los demás, en general, me dejan esta pregunta: ¿por qué fue posible sobreseer a un golpista y no a Carlos Andrés Pérez? ¿No correspondía a la defensa de la institucionalidad democrática preservar la figura del Presidente de la República? No a Carlos Andrés Pérez. A la figura del Presidente. ¿No era lo pertinente? ¿No era lo que estaban obligados a hacer todos aquellos políticos? Ahí entra el miedo. ¿Miedo a qué? ¿A la opinión pública? No. A los medios de comunicación, a que los tildaran de carlosandrecistas. ¿Qué pasó? Que esos dos virus cruzados son demoledores: el resentimiento que causa la grandeza de otro, y la cobardía. Y repito: Carlos Andrés está muy lejos de ser un hombre puro, pero eso es otra cosa.

–*Dice que Carlos Andrés no es un ser puro ni perfecto…*

–No, no es un ser perfecto; incluso como gobernante no fue perfecto. Obviamente, yo soy historiador y no puedo creer en un hombre perfecto. Sería como si hubiera perdido los sesenta años que tengo estudiando historia. Una vez que uno ha reflexionado sobre Plutarco, sobre Suetonio y la historia de Roma y de Grecia, no puede creer en gobernantes perfectos…

–*A lo que iba era a los errores de Pérez. Quería hilar esa idea de que no es un hombre perfecto con una frase que él dijo en su último discurso, en donde habló de los «náufragos» en abierta referencia a la lista de desplazados que había dejado a lo largo de su vida política. Ahora ¿no pudo ser Carlos Andrés Pérez también un náufrago?, ¿un sobreviviente de otro tiempo? Porque él venía de una época en la que fue tutor pero se empeñó en seguir tutelando; no se hizo a un lado, sino que se empeñó en la reelección.*

–¿Usted se refiere a que la reelección fue un acto de, digámoslo así, de soberbia, de falta de orientación política? Yo he oído mucho sobre eso. Yo una vez, siendo profesor en la universidad, tuve un encuentro con él y le pregunté que si no había pensado en retirarse de la política. Y puso cara de extrañeza. Me dijo: «No, ¿y por qué? La política es mi vida, yo estoy en esto desde que tenía catorce años…». Ahora, si se une eso con aquello que dijo Luis Herrera cuando expresó que un ex Presidente era como un jarrón chino, ¿usted cree que la personalidad de Carlos Andrés le permitía convertirse en jarrón chino? Evidentemente que no, y sobre todo había algo importante: yo sospecho –no es que me lo dijera–, que él llegó a tener la idea de que en su primer período no había hecho otra cosa que esbozar cambios significativos y que, quizá, tenía sentido retomar la tarea y llevarla más adelante, pero no tanto por una visión teórica o conceptual sino más bien pragmática. No puedo decir con seguridad qué fue lo que predominó en él, y sí me he preguntado a veces por qué no siguió el ejemplo de Betancourt. Probablemente porque él no fue el padre de la criatura. Pero también hay una situación que debemos pensar: después del primer gobierno de Carlos Andrés Pérez, Venezuela entró como en una meseta inclinada hacia abajo. En general, la vida política había entrado en eso que digo: una meseta descendente... Y es muy sintomático que Carlos Andrés llegue al poder y se rodee de jóvenes que tenían dos cualidades: era gente que aportaba algo al gobierno y adquiría la responsabilidad de hacer algo para corresponder con su propia línea de acción. Y luego Carlos Andrés se aleja del partido. ¿Por qué?

—Porque pensaba que en AD no había quien hiciera esos cambios.

—En esas reuniones de campaña de las que hablé, yo escuché a Carlos Andrés decir: «Hay que volver a ideologizar la política; ¿cómo es esto de que las noticias las transmiten a las diez de la noche cuando la gente no las ve?; que los periódicos ya no publican editoriales...» ¿No sería eso lo que lo movió, ver que se estaba entrando en una especie de pantano? Recuerde que para las elecciones de 1988 los intelectuales hablaban de los carnavales electorales. Esa frase fue ¡nefasta! para destruir o contrariar la vocación democrática de un pueblo. Porque si el ejercicio de la soberanía popular, en condiciones democráticas —universal, directa y secreta y no controlada por el Estado— es un carnaval, ¿qué queda por defender? Los intelectuales, y yo no me excluyo, quedamos por debajo de nuestra responsabilidad, o lo que es peor: nos dejamos ganar.

—¿Cuáles cree que hayan sido las faltas cometidas por Carlos Andrés Pérez?

—Cometió una muy grave: creer que si perdonaba a sus adversarios, sus adversarios lo iban a perdonar a él. Un error increíble en un hombre de su experiencia, y además: andino y tachirense, porque todos los tachirenses en principio participan del espíritu del general Gómez —así decimos los orientales que somos, por definición, antiandinos—. Gravísimo error. El segundo error fue, no diría apartarse, pero en todo caso no cuidar al partido. Allí infringió una norma básica de conducta de Rómulo Betancourt. A Rómulo Betancourt le interesaba más el partido que el gobierno. Siempre.

Porque él sabía que la continuidad estaba en el partido, no en el gobierno. Carlos Andrés no cuidó al partido. El tercer error fue poner en práctica lo que había dicho que iba a hacer, y aún más: proclamarlo, porque su estilo personal era lo contrario al sigilo. En eso influyó mucho la opinión de gente que él respetaba. Conociendo a algunos de sus ministros, observé una falta de sentido histórico muy grave, que consistía en pensar que la verdad, la razón, se vende por sí misma. Si la medida que yo propongo, por ejemplo en el orden hacendario, es la que corresponde a la necesidad y es racional, yo no tengo que salir a venderla. Se vende por sí misma. Ese es un error en el que caen con mucha frecuencia los tecnócratas, pero en el que no pueden caer los políticos.

—*Y Pérez cayó en ese error.*

—Yo tengo la impresión de que quizá —ahora sí entro en una conjetura absoluta— pensó que su prestigio político era lo suficientemente decisivo y fuerte como para sobreponerse a los obstáculos… Pero hubo otro error que cometió, uno más grave: cuando el alzamiento del 4 de febrero, Carlos Andrés como Presidente de la República y comandante de las Fuerzas Armadas estaba obligado a preservar el orden institucional, y aquel golpe fue contra la constitucionalidad, contra la institucionalidad. A él le correspondía velar por la disciplina y por los valores de las Fuerzas Armadas. Es decir, dos razones más que suficientes para, esa misma noche, hacer un consejo de guerra y condenar a esos señores que dieron el golpe. ¿Por qué no lo hizo? Yo nunca le pregunté. El golpe había sido el acto máximo de violación. No había otra opción… Yo me pregunto —esto ya es pura conjetura—: ¿cómo habría actuado Betancourt?

—*Entonces, en definitiva, usted no cree que Carlos Andrés Pérez sea también un náufrago de otra época.*

—En absoluto. ¿Qué es lo que caracteriza a un náufrago?

—*Un tipo que llega a la orilla boqueando…*

—Exacto. ¿Esa fue la actitud de Carlos Andrés?… Él nadó hasta el último momento. Él tenía por qué luchar. Tenía un porqué para luchar, que era el decoro de la democracia.

—*Tomando en cuenta la historia venezolana, que se ha caracterizado por un fuerte componente populista-paternalista, ¿el segundo gobierno de Pérez no puede ser considerado como un accidente dentro de nuestra vida como nación?*

—Yo rechazo que la historia de Venezuela haya sido populista y paternalista. Eso son formas de no explicar la realidad.

–¿*Un cliché?*
–Son clichés… Es sencillamente la historia de una sociedad que viene de la monarquía absoluta y se está construyendo como una sociedad republicana. Ninguna sociedad ha hecho ese tránsito sin grandes dificultades, y sin un camino muy prolongado. La primera república moderna del mundo, viniendo de una monarquía que no era del todo absoluta, fue la república norteamericana. ¿Cuándo se consolidó la república norteamericana? Después de la guerra de secesión, un siglo después. ¿Cuándo llega a su máximo? En 1963, cuando es abolida legalmente la discriminación racial que conduce en el año 2008 a elegir a Barack Obama. ¿Qué vamos a decir de la república norteamericana? Los mismos problemas, los mismos vicios, los mismos errores, los mismos defectos de cualquier otra república los hemos vivido también nosotros. Entonces no es Venezuela, es el difícil tránsito de la monarquía absoluta a la república, convirtiendo súbditos en ciudadanos. Sacándoles de la cabeza el monarquismo[131].

---

131 Germán Carrera Damas, 23 de noviembre de 2009. Historiador, docente universitario, diplomático jubilado. Miembro de la Academia Nacional de la Historia.

CAPÍTULO 30

A mediados del año 1991, cuando faltaban pocos meses para concretar la privatización de CANTV, el consorcio que al final ganó la licitación hizo un análisis de riesgo político en el sistema de telecomunicaciones y en la economía venezolana en general. Querían saber en dónde se estaba metiendo, y si valía la pena. El resultado de ese análisis fue de cero. Ese fue el valor de riesgo que le asignaron a Venezuela. Es decir: cero riesgo político. No había problemas de estabilidad en el país. Por eso fue que se lanzaron con aquella oferta de quinientos millones de dólares por encima de la cifra que ofreció la competencia. Venezuela, además de mostrar una recuperación económica, evidenciaba tranquilidad política. Por eso se metieron de pata y cabeza a comprar el cuarenta por ciento de una empresa que se decía tenía veinte años de atraso tecnológico. Ellos la pondrían a valer. Dos años después de aquel análisis y de aquella apuesta, la economía venezolana se tambaleaba y el país entero también.

El golpe de Estado de febrero de 1992 fue el primer campanazo. En abril de ese año el gobierno tuvo que suspender una emisión de bonos en el mercado internacional porque, según las fuentes del Ministerio de Hacienda, «el ambiente sociopolítico» no era propicio para la colocación de esos papeles. Iban a ser tres emisiones por un total de doscientos ochenta millones de dólares, que servirían para pagar vencimientos de capital de deuda del Metro de Caracas, Cadafe y la República. Pero «el ambiente» pesaba demasiado y el Estado se encontraba cada vez más en aprietos para pagar no sólo esos sino otros compromisos. El déficit crecía, mientras Pedro Rosas, ministro de Hacienda, y Ricardo Hausmann, ministro de Cordiplan, a la chita callando trabajaban en una reducción de gastos y un proceso de ajustes, a la vez que seguían insistiendo en negociar el IVA con los parlamentarios adecos y sobre todo con la diputada copeyana Haydée Castillo, que era la mandamás de las finanzas de la fracción copeyana. Pero los recortes y el regateo con el Congreso no llevaban a ninguna parte, y el golpe del 27 de noviembre vino a ensuciar más «el ambiente sociopolítico». Una nueva colocación de bonos que estaba planteada para los primeros días de diciembre de ese año también tuvo que ser suspendida porque el banco de inversión que asesoraba dijo que había habido un «cambio substancial» de las condiciones, y en efecto, después de la asonada, se vio que el entorno era otro: se disparó el dólar, las tasas de interés llegaron a las nubes y el déficit público terminó el año bordeando seis por ciento del producto interno. Ya para el 11 de marzo de 1993, fecha en que el fiscal general solicita el antejuicio para el Presidente, la situación era en extremo delicada. Nada más el precio de la divisa norteamericana –recogió la periodista Luisa Maracara para *El Diario de Caracas*–, había trepado hasta los ochenta y cuatro bolívares con treinta y cinco céntimos. Una devaluación de casi diez por ciento desde el cierre de diciembre de 1992. La tranquilidad económica no era el fuerte en esos momentos.

Seis días después de la acción del fiscal en la Corte, Yo Yanai, presidente de la empresa Mitsui en Venezuela, en su machucado español le dejaba ver a la reportera Fabiola Sánchez –también de *El Diario de Caracas*– que los inversionistas extranjeros esperaban ver hacia dónde se dirigiría el país, para luego decidir adónde iban sus reales. Y al parecer lo que veían no los convencía para desembolsillar dinero a corto plazo.

–¿La empresa que usted representa tiene algún tipo de participación en Venezuela? –hurgó la periodista al empresario japonés.

–El *joint venture* establecido en El Tablazo, petroquímica –respondió Yo Yanai–. Uno en Puerto Ordaz de industria siderúrgica. Tenemos tres proyectos nuevos en industria química, siderúrgica y petrolera.

–¿Cuánto es la inversión aproximada que piensan hacer en esos proyectos nuevos?

–¡Oh!, grande. Uno de metal, cuatrocientos millones. Otro de siderúrgica, de doscientos cincuenta millones de dólares. Y de Faja de Orinoco es enorme, casi cuatro o cinco billones de dólares.

–O sea, que para su empresa Venezuela es un país importante para invertir.

–Sí, sí. Desde el punto de vista mediano es muy importante.

–¿Qué llama usted mediano plazo, y por qué?

–Cinco años. Uno o dos años, tener que ver y esperar, porque no está muy estable, ¿no?... ¿Oye? –Yo Yanai se coloca la mano en el pabellón de la oreja en señal de escuchar, y en efecto se escuchan tiros.

Teníamos un déficit fiscal importante, y de hecho, pocos días antes del segundo golpe yo me había reunido con los altos mandos militares para ver cómo íbamos a recortar el presupuesto de Defensa, pero en eso vino el segundo golpe y los mercados se asustaron. Entonces, decidí que teníamos que ir reestableciendo las bases de una economía más estable para poder, entonces, bajar las tasas de interés y tener un ambiente más propicio para la recuperación. Y por ahí, por los meses de diciembre de 1992 y enero, febrero de 1993 estuve, todas las semanas, tomando decisiones de recortes. Aumentos de tarifas públicas o recortes de gastos para ir cerrando el déficit fiscal pero sin anunciar: «Aquí hay un nuevo paquete». Sino tomar las medidas de una manera que llamara menos la atención. Yo quería atar toda esta mejora de confianza en la situación económica a un acuerdo con el Fondo Monetario –porque no se había renovado–; un convenio que le dijera a los mercados: este país está ordenado, este país está tranquilo, y que eso nos permitiera bajar las tasas de interés y facilitar la recuperación. Estuve ejecutando ese plan, para entonces ir al Fondo y decirles: «Ya he tomado estas decisiones, estas son ahora las cuentas nuestras, vamos a llegar a un trato que nos cubra, por lo menos por un año, de modo que nosotros le podamos entregar al próximo gobierno una situación ordenada, y de modo que la economía no se nos meta en problemas con los ruidos electorales que van a venir en algún momento». Ese era el plan.

Me acuerdo de que las primarias en AD para escoger candidato presidencial fueron el 18 de abril de 1993, domingo, y las primarias de Copei fueron el 25 de abril, también domingo. Ese domingo 25 volé a Washington a negociar un acuerdo con el FMI. El 26 de abril, lunes, me reuní con Michel Camdessus, el director del Fondo, y Camdessus me dijo: «Pero entonces tu país está listo, porque gane quien gane las elecciones las reformas van a seguir».

Para ese momento, no tenía ni la más mínima idea de que el gobierno iba a caer. En lo absoluto. Y me pasé toda esa semana negociando. Ya para ese entonces a mí me habían electo *chairman* del Comité de Desarrollo, que era un comité conjunto del Banco Mundial y el Fondo Monetario Internacional, y por esos días se celebraba la reunión de los veinticuatro ministros que tenían silla en el directorio del Fondo y del Banco, y yo era el *chairman* de ese comité. Esa reunión estaba programada para el sábado 1º de mayo, y el viernes anterior había una cena con el Secretario del Tesoro de Estados Unidos, Lloyd Bentsen. La cena empezaba a cierta hora y yo tenía que tratar de cerrar la negociación con el Fondo antes de esa cena. ¡Y cerré la negociación! Recuerdo que fui a mi cena muy contento.

Al día siguiente, sábado, dirigí el Comité de Desarrollo y el domingo volví a Caracas. El lunes en la mañana hubo gabinete económico, y en la tarde le presenté a Pérez lo que había negociado.

—Hagamos lo siguiente —me dijo él—, llamemos al candidato de AD y al candidato de Copei a una cena para esta noche en La Casona, y allá usted les explica todo.

Fui a la cena el lunes en la noche, lunes 3. Estábamos sólo los dos candidatos —que eran Oswaldo Álvarez y Claudio Fermín— Pérez y yo. Les expliqué todo y les especifiqué:

—Lo que queremos es una macroeconomía ordenada, porque no queremos que se nos dispare la inflación, se nos dispare la tasa de interés, se nos dispare el tipo de cambio... La cuestión es que podamos garantizar que este proceso electoral ocurra sobre un piso económico estable.

Ellos, los dos candidatos, básicamente dijeron que si teníamos que hacer algo que lo hiciéramos:

—Háganlo ya, antes de que la campaña electoral tome calor.

Eso fue el lunes 3 de mayo. Yo estaba eufórico. Me sentía eufórico. Recuerdo que salí de ahí, y en el carro tomé el celular, que era uno de esos teléfonos grandotes que parecían un bloque, y llamé a Gerver Torres que era director ejecutivo por Venezuela en el Fondo. Y Gerver y yo estuvimos un rato hablando, nada más rememorando todo lo que había sido la pelea para llegar hasta ahí. Es decir, hacer todos estos ajustes que hicimos medio sigilosos, haber convencido al gobierno de negociar con el Fondo —Ruth de Krivoy, por ejemplo, no quería que negociáramos—. Hablamos de lo que significaba haber logrado una negociación que a mí me parecía que estaba bien. Y la verdad, yo estaba supercontento. Me sentía con una tremenda sensación de realización.

El martes se filtró algo de que habíamos llegado a un acuerdo con el FMI, e inmediatamente el tipo de cambio bajó, las tasas de interés empezaron a bajar... Digamos que se empezaba a generar esta situación que estábamos buscando, que era el objetivo de la política: quitarle presión al dólar, a las tasas, a la inflación y se iba a generar un ambiente de crecimiento. Yo, ese martes 4 de mayo, estaba eufórico. Totalmente eufórico. En la tarde tenía una entrevista en un programa de radio, pero como a eso de las doce o una de la tarde me llama Pedro Rosas:

–Ricardo, tengo que ir a hablarte.

–Estoy saliendo para un programa de radio –le digo.

–No, no… es importante.

Lo noté preocupado, pero yo no tenía idea, no sabía de qué me iba a hablar, y me dije que lo que fuera debía ser más importante que un programa de radio. Por supuesto, le aseguré que lo esperaba. Entonces llega, y me dice:

–El presidente de la Corte Suprema va a pedir el juicio a Pérez.

–¡¿Qué?! ¿De qué me estás hablando?

Ahí me enteré yo del asunto. Es decir, yo sabía lo del tema de la partida secreta que se denunció en noviembre de 1992, así como veintisiete mil cosas más que habían salido en la prensa, pero yo, personalmente, no le estaba prestando atención a ese tema en lo más mínimo. Había tanta gente en contra del gobierno en ese momento; o sea, ¡estaban disparando de todos lados!, que yo no le di importancia a esa denuncia. Se fue Pedro de la oficina, y yo dije:

–¡No! Esto no puede ser.

Me tomó mucho tiempo digerir la noticia. Porque yo estaba preocupado por la economía, y no me pareció que por un cheque del año 1989, por un procedimiento administrativo, qué sé yo… fueran ¡a sacar al Presidente de la República! ¿En dónde se ha visto eso? Además, estábamos a puertas de las elecciones. ¿Cuál es el gran objetivo de sacar a Pérez ahora si, de todos modos, va a salir en unos meses?[132].

---

132 Ricardo Hausmann.

La propuesta de sentencia de Gonzalo Rodríguez Corro la conocieron los medios de comunicación a mediodía del martes 4 de mayo de 1993, antes incluso que los propios magistrados de la Corte Suprema. Al vespertino *El Mundo* hasta le dio tiempo de sacar la noticia en una segunda edición que circuló esa tarde, sobre todo en el área metropolitana. Es decir, a los jueces del alto tribunal todavía no les había llegado el sobre –se repartieron catorce– con la ponencia cuando ya se había filtrado la información a los periodistas: el presidente de la Corte Suprema de Justicia recomienda el enjuiciamiento del Presidente de la República.

La noche anterior, el ex ministro Izaguirre todavía declaraba sobre el asunto (habló durante dos horas) ante el Tribunal Superior de Salvaguarda del Patrimonio Público, pero ya lo que había dicho o no dicho a ese juzgado perdía toda razón de ser, porque lo que prevaleció de ahí en adelante fue la ponencia que se coló y en la cual Rodríguez Corro acogió por completo la tesis de la Fiscalía: «Acreditado como está que los hechos constituyen irregularidades con claras apariencias delictivas –sostenía el magistrado en su propuesta–… debe considerarse que existen suficientes razones para la formación de causa penal».

En el largo proyecto de sentencia, que constaba de doscientos ochenta y nueve folios, Rodríguez Corro ignoró el hecho de que el Banco Central de Venezuela había anulado el último cheque emitido a nombre del Ministerio de la Secretaría de la Presidencia, y que ninguno de los cheques emitidos antes, a favor de ese ministerio, había sido cobrado. Tampoco tomó en cuenta que todas las veces que el BCV entregó dinero de la partida estaba presente –y firmando el acta– el funcionario de Relaciones Interiores al que competía estar y de igual manera, que el grueso de los otros fondos que no habían sido entregados a cuentagotas (es decir, el resto: catorce millones setecientos cuarenta y un mil trescientos setenta y nueve dólares) fueron depositados en efectivo en las cajas de seguridad que Relaciones Interiores tenía en el BCV. Desconoció esos hechos, pero en cambio aseguró que «casi la totalidad» de los recursos «fue puesta y entregada» al despacho de la Secretaría. «Salvo que en la secuela procesal propiamente dicha se establezca lo contrario –infería Rodríguez Corro–, significa que se les dio un uso distinto de aquel para el cual estaban originalmente destinados, en cuya hipótesis surge la presunción de que no existían verdaderos motivos para la legítima adquisición de esa gruesa suma por razones de Estado y que las motivaciones invocadas fueron en realidad una apariencia».

Para el presidente de la Corte el principal indiciado no era otro que el Presidente de la República porque había estado en el «momento clave» en que se tomó la decisión de hacer la rectificación presupuestaria, acto del cual después se desprendieron una serie de irregularidades, que –él estaba claro– si bien no podían atribuírsele al mandatario por adelantado, «resultaría absurdo imaginar» que estuviera ajeno a ellas, y por el contrario era «razonable pensar» que estaba muy al tanto del cambio de beneficiario.

La adquisición de fondos adicionales para Seguridad y Defensa –decía la ponencia– no pudo provenir de ninguna otra persona que del propio Presidente de la República. Y todo contribuye a indicar que fue en función de una orden presidencial como se pusieron en movimiento rápidamente y sin ningún obstáculo, todos los mecanismos para lograr ese objetivo. Así suele suceder, por lo demás, en los sistemas como el venezolano, donde las órdenes o deseos presidenciales por regla general no se discuten.

Todo ello conduce en la dirección que apunta hacia la necesidad de llevar a juicio a la persona que aparece como principal gestor de la rectificación del presupuesto, por cuanto forma parte necesaria del debate judicial el establecer si a los fondos obtenidos con síntomas de deshonestidad se les dio un uso indebido de favorecimiento personal o de grupo…

No llevar a juicio al Presidente significaría retrotraer el ordenamiento jurídico venezolano a las etapas ya superadas del autoritarismo estatal, donde el Jefe de Estado prácticamente ejercería poderes hegemónicos…

No es propio de una sociedad organizada y regida por un Estado de Derecho aceptar este absurdo de que la popularmente denominada Partida Secreta…se les consagre oficialmente como un desaguadero de los dineros públicos…

A los fondos obtenidos se les dio un aplicación diferente a aquella para la cual estuvieron originalmente destinados, tal es el elemento constitutivo de la malversación; y por la otra, en vista del cúmulo de irregularidades detectadas, no se ha podido conocer a ciencia cierta el destino final del grueso del dinero, lo cual conduce a que haya necesidad de ir a juicio para poder establecer procesalmente si fueron o no destinados a beneficios indebidos, en cuya hipótesis se estaría en presencia de alguna de las figuras de peculado.

(Extracto de la ponencia del magistrado Gonzalo Rodríguez Corro).

La verdad es que no recuerdo cómo se filtró esa ponencia, no sé si fue algo para bajar la presión y que se conociera y se adaptara a la realidad, o fue algún magistrado. Porque publicar una ponencia puede generar entre los magistrados una presión... ¡Es una presión! Pero al mismo tiempo, también puede generar efectos colaterales. Inclusive en la prensa se hablaba de cómo se iba a votar la ponencia. Todas esas elucubraciones me parecen más morbosas que haberla conocido. Pero se ve que tenía una cierta oficialidad la transmisión de la información, porque como Rodríguez Corro tenía observaciones por escrito de la ponencia... pero es muy difícil de saber, y todo es un terreno de suposición.
La otra especulación válida es que si eso se publica es más urgente terminar de discutirla, porque uno tenía quince días para conocer el texto y hacer observaciones, pero en el momento en que sale a la prensa, la presión por acabar de discutirla y saber si tiene o no la mayoría, para cambiar o no de ponente, se hace más inminente...
También puede ser una estrategia. Ahí uno cae mucho en el terreno de la especulación.
Lo que sí es una realidad es que la filtración de la ponencia hizo inminente una cierta premura por terminar de discutirla[133].

Carlos Andrés Pérez reflexionó exactamente igual a como quince años después lo haría Cecilia Sosa frente a un grabador. Al enterarse del contenido de la propuesta de Gonzalo Rodríguez Corro, Pérez lo primero que piensa es que el ponente ya cuenta de antemano con algunos votos a su favor: «Ocho», le diría a los periodistas Giusti y Hernández, según *Memorias proscritas*; pero en verdad, en aquellos días no creería que fueran tantos, porque si no cómo justificar la confianza que hasta última hora demostró en que podía salir airoso del aprieto. De cualquier forma,

---

133 Cecilia Sosa.

sí debió calcular que el magistrado ponente no iba a tirarse una parada como la de pedir juicio para el Presidente si no tenía quien lo respaldara, y mucho menos iba a hacer pública la ponencia. Porque CAP asumió que la filtración provino del círculo de la presidencia de la Corte, y desde que trascendió la opinión de Rodríguez Corro entendió que a la olla que estaba sobre las brasas le habían avivado el fuego. Tenía que salir rápido del asunto, y ese mismo martes entre las nueve de la noche y las tres de la mañana se reunió con los directivos de AD, su partido –ahora sí, su partido–. El encuentro fue intenso; se cuenta que desde un primer momento anunció que pediría celeridad a la Corte, y que si la decisión final le era desfavorable no iba a esperar el pronunciamiento del Senado. Se iría antes. No iba a someterse a la humillación, pensaron los más desconfiados. No iba a exponer más al partido, arguyeron quienes aún lo apoyaban. Había entendido que todos los senadores adecos también tendrían que alzar la mano en su contra, manifestaron los más ecuánimes.

Al día siguiente en la tarde envió a los magistrados de la CSJ una carta urgiéndolos a que decidieran, lo que fuera.

> Aunque la ponencia no puede ser oficialmente conocida hasta tanto se reúna en pleno la Corte Suprema, ya es un hecho que ante el país y la opinión internacional se ha creado la expectativa sobre el enjuiciamiento… El país no puede ser sometido a esta incertidumbre durante varios días o semanas… La tranquilidad de la Nación, y muy especialmente el desenvolvimiento de su proceso económico, sensibilizado por las circunstancias de la situación política hacen perentorio que se dilucide de inmediato, sin términos de espera, el enjuiciamiento o no del Jefe del Estado….

(Extracto de la carta del presidente Carlos Andrés Pérez a la Corte Suprema de la República).

El jueves 6 de mayo, en su mensaje de radio semanal, deploró la ponencia en su contra y se declaró «hondamente angustiado» pero también «decidido y satisfecho» por su actuación. Aseguró que seguiría al frente del país hasta donde las decisiones de la Corte Suprema de Justicia se lo permitieran, pues él no iba a ser quien proporcionara mayores penurias.

–Porque yo soy un político que he dedicado mi vida, mi ya larga vida, al servicio del país y que tiene ambición de que la historia lo considere entre los gobernantes que han luchado por hacer de Venezuela la gran patria que nos entregó liberada Simón Bolívar.

Aún en lo más hondo confiaba en que por un tris la decisión final pudiera ampararlo. Sin embargo, ya debía haberse paseado por el escenario contrario, y estaba al tanto —más después de la reunión nocturna con AD— de que con un clima político tan adverso, Acción Democrática no se opondría a una solicitud de juicio. Por eso mismo fue que en el mes de abril había hecho los contactos con Alberto Arteaga Sánchez, un abogado penalista ligado desde hacía tres décadas a la universidad, con una destacada reputación entre sus pares y de reconocida independencia política, lo que sería un punto a su favor si aceptaba asesorarlo. Había leído un artículo de Arteaga publicado en *El Universal* a finales del mes de marzo y le llamó la atención la manera de enfocar la materia que traía a todos —y a él— de cabeza. Arteaga, como maestro de tantos años, en un ejercicio didáctico había desglosado en nueve puntos su interpretación del caso de la partida secreta, y en el primer punto dejó claro que aun cuando la mayoría estuviera convencida de que existían pruebas que indicaran que el mandatario se había apropiado de doscientos cincuenta millones de bolívares, él —ex decano de la Facultad de Derecho de la Universidad Central de Venezuela— aseguraba «rotundamente que las pruebas no han sido presentadas». De ahí en adelante, en un texto sucinto, el abogado haciendo de articulista explicó lo que significaba la partida secreta, su manejo, su significado, el hecho de que por su misma naturaleza podía ser convertida a dólares, marcos o pesetas y hasta ser guardada bajo un colchón, y también (fue el primero que lo hizo fuera del círculo gubernamental) estableció que el destino y el uso de la mentada partida por referirse a gastos de seguridad y defensa, y por lo tanto a gastos secretos, no podían ser revelados. Porque el artículo ciento treinta y cuatro del Código Penal castigaba con presidio de siete a diez años a quien revelara secretos de Estado. Arteaga fue también el primero, y quizá el único, que dijo en ese entonces que el fiscal general, por la propia Ley Orgánica del Ministerio Público, tenía prohibido acceder a esa información que paradójicamente tanto buscaba. El artículo seis de esa legislación lo expresaba de manera taxativa: «Los funcionarios públicos están obligados a prestar cooperación a la Fiscalía y a suministrar los documentos e información que les sean requeridos, salvo aquellos que constituyen secreto de Estado…».

Pérez, a través de interpuestas personas, había buscado la asesoría de Arteaga Sánchez cuando vio que la situación se le ponía cuesta arriba. Pero el abogado, en aquel momento, no había pensado ni de manera remota en asumir el caso, y se negó. Aunque dejó abierta una posibilidad:

–Más adelante, viendo cómo se desarrollan las cosas podría ser; si no tienen otro abogado, podremos volver a hablar.

El 6 de mayo de 1993 Pérez ya no estaba para andar en busca de jurisconsultos. Tenía que ver cómo resolvía la crisis que ya –era innegable– tenía por delante. Debía ver cómo salir del berenjenal en que estaba metido, y en el que también estaba metido el resto del país, o cuando menos el resto del país que reflejaban los medios de comunicación. Pérez empezó a reunirse con sus ministros más inmediatos, con AD, con Copei y, no podía faltar, con el alto mando militar.

Viendo el asunto a la distancia que dan los años, una vez que la ponencia de Rodríguez Corro salió a la luz pública no cabía duda de que el veredicto iba a ser contrario al Jefe de Estado. Y en aquellos momentos muchos lo vieron como un hecho; quizá por eso los movimientos iniciales de Pérez una vez que trasciende la información: se reúne con los líderes políticos y, adelantándose a una larga agonía, urge a la Corte Suprema a que decida de una vez por todas. O la presiona; cualquier interpretación puede caber. Pero la Corte le contestó que no, que se tomarían los quince días pautados para decidir, y en esos quince días se dijo y se opinó de todo, y rodaron bolas –inmensas– de rumores y chismes. Y unos que no lo eran tanto.

Entre los adecos, había quienes casi aplaudían lo que se estaba viviendo, mientras que otros, sobre todo los que más estaban ligados al tema judicial, no dejaban de mesarse los cabellos porque aseguraban que la ponencia del presidente de la Corte era contradictoria al autorizar el juicio por malversación y peculado.

–Parece una vaina de un tribunal popular, de esos que se deciden en una plaza pública –saltó uno.

–Eso es un disparate –exclamó alguien–, un soberano desatino. Si Carlos Andrés se cogió el dinero no lo puede haber malversado. Es una cosa o la otra, pero no las dos al mismo tiempo. Es un contrasentido. Peculado es robo de dinero público, significa que él se cogió fondos públicos para uso personal, para su cuenta privada. Y malversación es otra cosa. Malversación se refiere a que la plata que era para hacer albergues, puentes o el bacheo de unas calles se usó para pagar cursos a unos inspectores de aduanas, costear una refinería o construir una iglesia. Es decir, que una plata que en el presupuesto estaba dispuesta para una cosa la utilizaron para otra, pero de todos modos fue utilizada en función pública. Entonces: o fue peculado o malversación, pero las dos cosas ni de chiripa.

–Y malversación no es delito –aportó otro adeco–. Es una irregularidad. Lo que pasa es que aquí cuando se aprobó la Ley de Salvaguarda del Patrimonio Público nos dio por ponernos exquisitos y queriendo ser más papistas que el Papa no se nos ocurrió otra cosa que tipificar como delito lo que antes, aquí y en la Cochinchina, se trataba como mal manejo, como una desorganización, una irregularidad administrativa que requería sanciones administrativas pero nunca sanciones penales. Eso sólo pasa en este país. Aquí, en Venezuela, en la Venezuela de Luis Herrera nada más y nada menos, con esa ley pretendíamos decir que sí, que sí perseguíamos la corrupción, y contrario a lo que pasa en el mundo, dijimos que malversación es un delito, y un delito que merece penas, y pusimos penas. ¡Así es como funcionan las vainas en este país! Así de alegres somos.

Pero esas eran opiniones o interpretaciones de adecos, y –en estricto apego a la verdad– de algunos adecos, dichas entre contertulios o cuando alguien los pellizcaba sobre el asunto. Y al final se quedaban en eso: opiniones adecas, y en aquellos días turbulentos, ¿quién le iba a creer a un adeco?

Los políticos no supieron resolver la crisis política- sostenía el que después sería el Procurador del gobierno de Rafael Caldera-. Los militares no supieron dar el golpe para solucionar la crisis política. Ahora la solución de la crisis política depende de una sentencia. Es la sentencia más anhelada. La gente la espera como la medicina que acabe con su mal... El sedante colectivo sería una sentencia que sacara al presidente Pérez del poder....

(Jesús Petit da Costa en *El Universal*, 27 de marzo de 1993).

En medio del ruido y la agitación, antes que seguir a un leguleyo socialdemócrata se prefería hacer caso a cualquiera de los miles de cuentos que circulaban precedidos de la coletilla: se supo de buena fuente. Por ejemplo, el 6 de mayo, el día de la alocución radial del Presidente, corrió el rumor de que Pérez había renunciado. El rumor salió al aire por una televisora y la Bolsa de Valores de Caracas marcó una caída de mil puntos al cierre. Y así como ese hubo muchos más: que no, que CAP no renunciará sino que se va a alzar y por eso se había reunido con los altos mandos militares para cuadrar el alzamiento, o es que no vieron lo que dijo en la exposición en el Poliedro: «No voy a renunciar –dijo el mandatario al inaugurar ExpoFrancia 2000–; no voy a renunciar, no voy a renunciar».

Pero claro que no renunciará –apuntaban otros descreídos–, si es que el juicio no va para ninguna parte, porque ni cuando la Corte lo dictamine el Senado lo va a refrendar: por más rabia que le tengan en el partido, no todos los adecos pondrán su voto y además, ya, desde ahorita, más de un copeyano se ha mostrado en desacuerdo y dicen que se desincorporarán de sus curules. Pues claro que no se va, ya el jefe del Estado Mayor Conjunto de las Fuerzas Armadas desayunó en La Casona, y se le puso a la orden al Presidente, y le dijo que en cuanto ellos dieran el golpe, ahí mismito lo volvían a nombrar Presidente. Que no, que Pérez sí se va a separar del poder, a la hora de las chiquitas se va a ir pero, ya lo dijo en la reunión con el cogollo adeco, va a nombrar un sucesor temporal, un tipo que mientras tanto él podrá manejar a su antojo. Eso es lo que hará. Que no, que cómo es posible que haga eso, si Venezuela no es una monarquía y si la Corte falla en su contra y el Senado también, a quien corresponde sustituirlo es al presidente del Congreso; eso es lo que dice y manda la Constitución. Que qué va, que eso sí es verdad que no puede ser: cómo se le va a dejar el poder a Octavio Lepage, otro adeco. Es más de lo mismo. Quien debe tomar las riendas de Miraflores debe ser un venezolano a prueba de balas –casi literal–, un tipo que por consenso sea designado por el Parlamento. Que no, que ni un bateador designado ni Lepage ni un ciudadano con aires de Supermán; quién va a creer que Carlos Andrés Pérez va a soltar el coroto y aceptar tan tranquilo una destitución, si ya se sabe –de muy buena fuente– que trama un autogolpe.

Un día estoy yo en mi casa, a un cuarto para las seis de la mañana; suena el interministerial, y era el presidente Pérez:
–¿Usted se puede venir aquí al despacho?
Pues claro que podía ir, y fui y nos pusimos a hablar sobre lo propuesto por el presidente de la Corte que iba a terminar en juicio para él y en la petición al Congreso de que nos allanaran la inmunidad parlamentaria a Izaguirre y a mí, para enjuiciarnos también. Estábamos conversando de eso, y él ve que mientras conversamos, yo no me inmuto.
–¿Y no le parece grave?

—Bueno, Presidente, yo le estaba diciendo, que eso es una conspiración, y con todo respeto, si yo estuviera sentado donde usted está, y usted donde yo estoy, yo sé lo que yo haría.

—¿Y qué haría usted?

—Desde el mismo teléfono desde donde usted me llamó, yo llamaría al ministro de la Defensa, y cuando el ministro, general de división, entrara por la misma puerta por donde yo acabo de entrar, yo le echaría todo este cuento de lo que va a pasar, de que van a declarar que sí hay mérito para un antejuicio, pero como yo, Jefe de Estado, así haya separación de poderes, tengo la responsabilidad de que cada una de las instancias actúe conforme a mi mandato, a él le diría que yo lo voy a encargar de la Presidencia de la República ¡ahora mismo!

—¡Pero, Figueredo, qué quiere usted! —me dice el presidente Pérez— ¿qué yo haga como Fujimori?

—Noooo, yo no estoy diciendo que usted va a cerrar el Congreso, ni nada de eso; lo que estoy diciendo es que usted todavía tiene facultades, margen de maniobra. Y va a haber un problema de orden constitucional, porque hay un Presidente que usted está dejando y otro que tiene aspiraciones de serlo, que es el presidente del Congreso; entonces, ahí hay un problema de orden constitucional que tiene que dirimirse en la Corte.

Yo lo que le quería decir es que con esa actuación ya estaba enviando un mensaje: «Si no actúan de acuerdo con la ley, ¿quién creen que va a ser el Presidente?...» Pues, uno que tiene charreteras y que tiene unos fusiles en la mano... De eso no tenía la menor duda. Eso fue lo que le dije al presidente Pérez.

—El único problema que podría haber —también le dije—, es que se queden las Fuerzas Armadas encargadas del despacho, pero ellas no cuentan con el apoyo de los Estados Unidos. Además yo no creo que este ministro es de los hombres que va a dar ese golpe. Eso es lo único que podría ocurrir.

Pero Pérez dijo que no, que él no iba a hacer eso, por nada.

—¡Ah, bueno! —le dije—, entonces usted puede tener la seguridad de que a nosotros nos van a condenar[134].

---

134 Reinaldo Figueredo.

Mientras se gastaban los días que los magistrados del máximo tribunal tenían para estudiar la propuesta de Rodríguez Corro, ciento cincuenta académicos de todo el país manifestaron en apoyo a una acusación privada en contra de Carlos Andrés Pérez; se regó la información de que habían develado un atentado –con carro bomba– contra el mandatario; un artefacto explosivo –y ese no fue un rumor– estalló en las oficinas de la organización filantrópica de Cecilia Matos; las tasas de interés subieron a ochenta por ciento; el ex contralor José Muci Abraham denunció que podría haber un fujimorazo; varios medios sugirieron que el primer mandatario nacional huiría del país; Humberto Celli –presidente de Acción Democrática– instó a CAP a renunciar; Acción Democrática reaccionó a esas declaraciones convocando una reunión de dirección nacional y Rafael Caldera, adelantándose a cualquier maniobra, aseguró que si Pérez era suspendido, cualquier ministro que él dejara encargado también quedaría cesante, y en relación específica con la discusión que tendría que resolverse entre los más altos jueces del país, opinó abiertamente:

–Partimos todos de la hipótesis de que consideramos casi indispensable que la Corte Suprema confirme la posición que ha tenido su presidente Gonzalo Rodríguez Corro, porque otra cosa no se entendería.

Otro que tampoco quiso guardar su parecer fue el dirigente masista Teodoro Petkoff, quien yendo más allá de la materia que podía dirimirse en los tribunales especuló, en un artículo periodístico, lo que se estaba viviendo el país y lo que a su juicio se estaba jugando:

…Se puede estar razonablemente seguro de que el mundo militar recibiría con alivio la noticia de la salida de Pérez. Para las Fuerzas Armadas la defensa de las instituciones ha pasado por la de una persona repudiada por la mayoría del país. Han actuado sabiendo que lo hacían contra la corriente. La salida de Pérez liquidaría ese factor de tensión interna en la institución. Dicho de otra manera, si para algún sector es conveniente la solución constitucional de la presente crisis, es precisamente para el militar. Ese último y desesperado recurso que sería el autogolpe no luce ya como plausible.
De aquí la enorme responsabilidad de la Corte Suprema de Justicia. Habría de suponer que los magistrados comprenden perfectamente que en este mayúsculo problema de Estado, su decisión es, en el más estricto sentido de la palabra, absolutamente política…

Ignorar el contexto político del caso y discutir la ponencia de Rodríguez Corro desde el ángulo del preciosismo jurídico podría inducir a errores graves. Tal como están las cosas, los magistrados podrían, incluso, prescindir de la lectura de la ponencia. Lo que les toca evaluar es si en un país donde se está discutiendo abiertamente la cuestión del sucesor del Presidente, donde el tema no es el de su inocencia o culpabilidad sino el de si puede designar o no a su sucesor, podría la Corte producir un veredicto que contraríe el estado de la opinión pública...

¿Por ocho meses y medio que le quedan a Pérez de mandato podría la Corte producir una sentencia políticamente equivocada?...

Pérez llega a juicio por un gazapo que se le escapó. Pero lo que se juzga no es el destino de los 250 millones de bolívares, sino una política completa, un estilo de gobierno, un comportamiento público.

El país ya sentenció: quiere revocarle el mandato. Ese es un derecho tan democrático como el de elegir –siempre que se ejerza según la normativa constitucional y en paz–. Le toca a la Corte Suprema de Justicia hacer posible que el derecho de revocar el mandato a un gobernante felón sea ejercido.

(Teodoro Petkoff en *El Diario de Caracas*, 17 de mayo de 1993).

Si él hubiera dicho, si el partido y él hubieran decidido hacer movilizaciones de esas como las hace cualquier gobierno: traerse la gente en autobús... Porque había muchísima gente que todavía, el día de hoy, es carlosandrecista. Si algo así se hubiera hecho, te aseguro que hubieran podido traer miles de personas de todas partes y hacer una movilización de apoyo, algo que hubiera impactado en la opinión pública. Algo que, por lo menos, aunque lo hubieran sacado, lo hubieran hecho salir como víctima. Pero lo que sucedió fue como el abandono total. Como un leproso. Nadie salió a quebrar lanzas por él[135].

---

135 Paulina Gamus.

El martes 18 de mayo en la noche cayeron fuertes lluvias sobre Caracas, y en medio de ese aguacero que bañó el valle y agregó caos de tráfico a la tensión reinante, Carlos Andrés Pérez concedió una entrevista al periódico *El País* de España. En el encuentro se mostró como era usual que se exhibiera ante la prensa, sobre todo la extranjera: relajado. Niega la posibilidad de autogolpe, dice que sabe en qué se gastaron los diecisiete millones de dólares de la partida secreta pero ratifica que no lo dirá porque la ley se lo prohíbe, asegura que acatará cualquiera que sea la decisión de la CSJ y ofreció el pecho cuando el periodista español lo hurgó sobre las acusaciones de corrupción: «Hay dos cosas que no se pueden ocultar: la tos y el dinero –le contestó categórico al corresponsal Pepe Comas–. Yo tengo una vida. A mí no me importa tanto lo que se diga hoy de mí, sino lo que se diga mañana. De mi entorno digo lo mismo. Estaría dispuesto a dar un poder a cualquiera, para que busque si tengo alguna cuenta bancaria en el mundo. Yo nunca he usado chequera».

El miércoles 19, el Comité Directivo Nacional de Acción Democrática, integrado por ciento veinte personas, decidió destituir a Humberto Celli como presidente del partido. Una amplia mayoría tomó distancia de la petición que días atrás Celli le había hecho al Presidente de la República, porque aun cuando más de uno coincidía en esa petición, más de uno también concordaba con que esa opinión debió guardársela, no debió discutirse de manera pública, porque los trapos sucios no se ventilaban al sol para que todo el mundo viera los manchones y los desgastes de la tela. Ese mismo miércoles, en horas del mediodía, en una cadena nacional de ocho minutos de duración, Carlos Andrés Pérez habló de lo que ya era inminente:

–Debemos creer que tenemos magistrados dignos y responsables, que actuarán conforme a Derecho… Pidámosles sí, que este sea un precedente laudatorio y digno de la democracia que queremos, donde el Jefe del Estado puede ser sujeto a juicio: que la justicia no es ejercicio de la política ni instrumento de pasiones o conveniencias de grupos políticos o económicos. Y que jamás confundamos la función de la Corte con la de los partidos políticos o con los del Parlamento… Dejemos a los señores magistrados en paz, administrando justicia con su sapiencia jurídica y acostumbrémonos los políticos a respetar la justicia. Precedente grave, preocupante y funesto sería un juicio fundado en la política.

Yo no creo que él estuviera esperando esa sentencia. Eso, no le cabía a él... Y hubo muchas cosas que se rumoraban en el tribunal... Se hablaba sobre presiones que fueron mal ejercidas. Presiones de parte de sus ministros, o de algún ministro, a magistrados que tenían hijos militares o que estaban en su carrera militar. Es un detalle que se dijo pero yo creo que él ni supo. Es más, estoy segura que él ni lo mandó a hacer. Pero fue tan, tan, tan negativo aquello. Le hizo daño. Yo creo que también fueron acciones muy desesperadas, tipo veinticuatro horas antes de la toma de decisiones. Por supuesto, siempre hay magistrados un poco débiles, no tan decididos, pero cuando te sientes con una presión sucia, tienes que asociarlo con que te lo están mandando.

Yo nunca fui tocada por nadie. Nunca. Pero mi percepción fue que hubo presiones de todos lados. Eso es normal. La presión siempre va a existir y la presión se ejerce de todos los lados; el problema es que los magistrados tengan la entereza de que sus valores coincidan con lo que tú vas a hacer, cosa que... ¡no es tan fácil![136].

La decisión se conoció en Palacio después del mediodía, al término del almuerzo. El presidente Pérez comía junto con su gabinete y estaba casi al final del postre –una *mousse* de parchita, según el gordo Jesús Lossada Rondón en *El Universal*– o tal vez ya en el café. La comida, a la que fueron invitados algunos ex ministros, más que un almuerzo fue una reunión para esperar juntos la decisión de la Corte Suprema. Y todo el encuentro había sido un lleva y trae de información; tanto que, poco antes, cuando estaban por el segundo plato, el ministro del Interior Jesús Ramón Carmona, que había salido a atender una llamada, regresó con la noticia de que parece que sí, que sí están los votos a favor del Presidente. En ese instante hubo un momento de alegría –como una brizna de satisfacción– pero era una alegría contenida. Ya en la mañana, mientras se encontraban en la reunión de gabinete, les habían avisado de un supuesto empate a siete y pretendieron seguir impertérritos, pero cuando Carmona apareció y dijo que la votación como que negaba la ponencia de Gonzalo Rodríguez Corro hubo un soplo de contento. Algunos levantaron su copa, en un brindis que más que celebración abierta era buscando buenos augurios. Pérez, entre tanto,

---

136 Cecilia Sosa.

428   LA REBELIÓN DE LOS NÁUFRAGOS

se mostraba firme. Tranquilo, como le correspondía estar y como toda una carrera política lo había adiestrado: sereno, aplomado. Y el resto, con él, también quería estarlo.

Poco antes de que se enterara todo el país –que fue a las tres y cuarenta y cinco de la tarde– supieron la verdad: después de un proceso que se había iniciado setenta días antes y tras cinco horas de deliberación, la Corte Suprema de Justicia había concluido que sí había méritos para llevar a juicio al Presidente de la República y a dos de sus ex ministros. Votaron a favor nueve jueces, y se abstuvieron seis magistrados que presentaron sus votos salvados. El dictamen fue por peculado y malversación de fondos públicos.

Aquello era una cuestión de elementos. Lo más importante fue que en el momento en que se declaró que procedía el juicio, no había ningún elemento que lo soportara. Lo único que había eran tres papelitos de la Contraloría. Nada más. Prácticamente una transcripción de lo que había presentado el fiscal. No había una relación causal desde el punto de vista probatorio. Y a mí me parecía que si estábamos hablando del Presidente de la República, ¡por favor!...

Después, en el juicio, surgieron elementos nuevos; por ejemplo, apareció la *Gaceta Oficial* donde estaba la misión de la Policía Metropolitana que se había enviado al exterior. Pero eso no se conoció cuando el antejuicio. Para el momento de la solicitud de juicio esos elementos eran inexistentes. Lo de la plata que había sido utilizada en Centroamérica se determinó con posterioridad, en el propio proceso. Pero en lo que fue el desarrollo del antejuicio no había nada de eso.

Aquello fue como… una loquera, un ¡apúrate! para consignar el voto salvado. Materialmente, había que tenerlo hecho. Todo era una premura, un...

Lo usual es que tú tienes una lectura de la ponencia; inclusive se pasan observaciones por escrito, antes y durante la reunión. Entonces el magistrado ponente dice: «Yo acepto esto pero no acepto esto»; y ahí se va discutiendo… ¿Pero aquello?… Cuando nos sentamos ya el cuadre de la votación estaba más o menos claro.

Hubo muy poco, muy poco debate. Inclusive creo que tenían preparado hasta cómo se iba a notificar. Estaba todo, todo estructurado. Además, con un ponente que era el mismo presidente de la Corte se facilitan mucho las cosas.

Al final, en 1996, Carlos Andrés Pérez terminó siendo sentenciado por haberse comprobado que el dinero había sido pedido para que se gastara en Venezuela, y él lo gastó en el exterior. Ahí no se discutió si era bueno o malo que Violeta Chamorro tuviera, por parte de Venezuela, un apoyo. Eso no fue lo que se discutió. Se sabe que la plata no estaba robada. Se sabe que se utilizó, se reconoce que se utilizó en esa operación, pero el procesamiento de la partida secreta decía que era para gastarla internamente, y como la Constitución dice que él responde de lo que haga su gente, pues cayó ahí.

Lo que pasa es que el análisis jurídico que se hace de la decisión que declara que hay mérito para enjuiciarlo no es ese. El análisis jurídico que se hace es que había que siquitrillarlo. La decisión era para defenestrar un gobierno, para destruir a un líder político.

Y la Corte se fue con esa sentencia, y cuando digo que se fue, no estoy diciendo que los que salvamos el voto nos quedamos del lado afuera. La Corte se fue con todo, aunque aparentemente estuviera castigando un hecho de corrupción o estuviera tan agresiva que estaba metiendo preso a un Presidente... La Corte quedó completamente manipulada, por las presiones... Después, entró un período de «déjala en el desván»... Más adelante, yo traté de llevarla a un escenario más apegado al Derecho, de más respeto...[137].

En el Salón de los Espejos se conoció la resolución y un silencio espeso cayó, momentáneo, como un manto de jerga, de coleto. Fue cuestión de segundos. Enseguida un concierto de incredulidad mezclado con indignación hizo rechinar los vidrios. No aceptaban lo que estaba pasando y la irritación se regó cuando, de manera apretada, se enteraron de los votos salvados: la sentencia se montó sobre calificativos basados, a su vez, en dudas y suposiciones; en vez de analizar la petición y los documentos de la Fiscalía los transcribieron textuales y los aceptaron como buenos; no hay pruebas relacionadas con los hechos; pareciera que el fallo se fundamentó en

---

137 Cecilia Sosa.

suposiciones que se desearían comprobar en un juicio; el antejuicio requiere pruebas constituidas; el tribunal no cuidó la razón legal y se amparó en el clamor de la opinión pública; hubo vicios de procedimiento; se negó el derecho a la defensa, nunca informaron a los procesados de qué se trataba, no le dieron la posibilidad al Presidente de defenderse y declarar sobre lo que se le acusaba; los documentos del Banco Central prueban algo diferente a lo que concluye la sentencia...

Votaron a favor de la propuesta de Gonzalo Rodríguez Corro: Roberto Yépez Boscán, Ismael Rodríguez Salazar, Juvenal Salcedo Cárdenas, Alirio Abreu Burelli, Rafael Alfonzo Guzmán, Josefina Calcaño de Temeltas, Hildegard Rondón de Sansó, Beatriz Romero de Encinozo. Disintieron, presentando sus votos salvados: Cecilia Sosa Gómez, Héctor Grisanti Luciani, Aníbal Rueda, Carlos Trejo Padilla, Luis Henrique Farías Mata y Alfredo Ducharne Alonzo.

El que fue el último gabinete de Pérez, y todos los convidados de ese día al Salón de los Espejos, estaban conmocionados.

Habló –enfadado– Ricardo Hausmann. Habló –todavía incrédulo– Alirio Parra. Habló Teresa Albánez. Jesús Ramón Carmona. Fernando Martínez Mottola. José Andrés Octavio. Pedro Luis Urriola. Roberto Giusti. Enrique Colmenares Finol...

Fue el propio Pérez el que –cuentan– tragó grueso y, de inmediato, llamó al botón a su equipo que se desperdigaba en enojo e impotencia: «Tienen que permanecer al frente de sus despachos hasta que decida lo contrario el encargado de la Presidencia. No pueden renunciar».

No perdió el aplomo, se ocupó de tranquilizar los ánimos y esa misma noche, sin esperar a que el Senado votara –y lo botara– al día siguiente, anunció en transmisión conjunta de radio y televisión que se separaba del cargo y que lo entregaría a quien fuera designado por el Congreso. Fue su última alocución.

No había creído que llegaría ese día. Hasta el final se había aferrado a un hilo de esperanza; confiaba –lo contó después muchas veces–, porque creía que le asistía la razón, porque en verdad nunca creyó posible la escena y –esto ya no lo dijo sino es recreación periodística–, porque contrario a lo que se creía, él sí había pensado las cosas. No fue que entregó todo como después le reclamaron hasta sus más íntimos aliados. Sí, es cierto, cambió su gabinete, frenó el paquete –ya no más «El gran viraje»– y, lo que más le reclamaban, presionó para que se jubilaran magistrados y se renovara parcialmente la Corte Suprema, tal y como habían exigido Los Notables y el Consejo Consultivo. Él se puso del lado de los que pedían que, contra lo acostumbrado, el Congreso no renovara los períodos vencidos a los jueces sino que se designara a otros. Él hizo eso, pero tampoco fue que se entregó y puso su cabeza en el picadero. Tantos años en la política tenían que pesar a la hora de actuar.

En abril de 1992 de la CSJ salieron cinco jueces que podían estar identificados con él, como Jesús Moreno Guacarán (su ministro de Justicia hasta dos años antes) y Otto Marín Gómez (que lo había sido durante su primera administración); sí, salieron cinco y entraron cinco nuevos pero entre los nuevos y los que ya estaban adentro había quienes él pensaba podían, cuando menos, hacer caso omiso a las fuerzas en su contra. Una de ellos podía ser la magistrada Hildegard de Sansó, a quien conocía en persona y que había entrado como suplente en el tribunal cuando se retiró Pedro Alid Zoppi. Y otro era Ismael Rodríguez Salazar (que sustituyó a Cipriano Heredia) quien a mediados de los sesenta, cuando fue juez superior en Anzoátegui, había mostrado cierta inclinación hacia Acción Democrática en por lo menos una acción importante en la que estuvo involucrado el gobierno de Raúl Leoni. Con ellos dos de su lado, no cabe duda de que la balanza se hubiera inclinado en otro sentido. De manera que en aquellos días en que todo el mundo pedía acabar con el máximo tribunal, él debió barajar muchas cartas y las barajó. Pensó lo que estaba haciendo. No fue que entregó todo lo que le pidieron a ojos cerrados. Además, eso está claro, no imaginaba en lo más mínimo, pese a lo vaticinado por Morales Bello, que él se iba a enfrentar a ese paredón. Y ese jueves 20 de mayo de 1993, aunque en realidad no contaba con seguridades, ni tenía los votos en la mano, confiaba.

Pero por si acaso, las últimas cuatro noches las había dedicado a escribir lo que podía ser su carta de despedida. Cuidó mucho en decir lo que quería decir y fue meticuloso en el orden. Algo ya había asomado en los mensajes radiales de las últimas tres semanas y en las entrevistas exclusivas –muy pocas– que había concedido, pero algo no era todo y el que sería su último discurso tenía que ser una pieza atinada, sólida, infalible.

A las ocho de la noche empezó la cadena. Carlos Andrés Pérez, el Presidente, estaba en el Salón Sol del Perú acompañado por su tren ejecutivo completo y el alto mando militar en pleno. No cabía un alma más en la sala.

Me dirijo a mis compatriotas en uno de los momentos más críticos de la historia del país y de los más difíciles de mi carrera de hombre público.

Debo confesar que pese a toda mi experiencia jamás pensé que las pasiones personales o políticas pudieran desbordarse de manera semejante...

Ha cambiado poco nuestra idiosincrasia. Nuestra manera cruel de combatir sin cuartel. Ha revivido con fuerza indudable un espíritu inquisitorial y destructor que no conoce límites a la aniquilación...

Reconozco con inmenso dolor esta realidad y no solo porque yo sea el objetivo... sino porque este es un síntoma y un signo de extrema gravedad, de algo que no desaparecerá de la escena política porque simplemente se cobre una víctima propiciatoria. Esta situación seguirá afectando de manera dramática al país en los próximos años. Yo represento una larga historia política. Una que arranca a partir de la muerte de Juan Vicente Gómez y de los primeros gobiernos que sucedieron a la dictadura... Formé parte de los jóvenes que en 1945 se lanzaron temerariamente a transformar el país.

Derrocado Rómulo Gallegos, asumimos todos los riesgos para recuperar para Venezuela su libertad y su dignidad. Formé parte de quienes desde 1958 combatieron con mayor denuedo por la democracia... En el camino dejamos muchos adversarios vencidos, pero jamás humillados; por el contrario, se les tendió la mano franca cada vez que fue preciso...

Supuse que la política venezolana se había civilizado y que el rencor y los odios personales no determinarían su curso. Me equivoqué...

Pido a mis compatriotas que entiendan estas reflexiones no como expresión nostálgica o dolida de quien se siente vencido o derrotado. No. Ni vencido ni derrotado. Mis palabras son una convocatoria a la reflexión... Ojalá que nos sirva la lección de esta crisis...

Como Presidente de la República, antes y ahora, he actuado con mesura y con abierto ánimo de conciliación. No he perseguido a nadie. A nadie he hostilizado. Sin embargo, contra nadie se ha desatado una campaña sistemática, larga y obsesiva, como se ha ensañado contra mí y contra mi gobierno. La he soportado con la convicción de que en las democracias son siempre preferibles los abusos de la oposición que los abusos del gobierno.

Los adversarios que quedaron en el camino y los enconos de las luchas políticas pasadas se fueron uniendo poco a poco y todos fueron resucitando agravios que parecían olvidados. Así se ha formado la coalición que tiene en zozobra al país... Nunca una coalición fue tan disímil. Cuando se retratan en grupo aparecen señalados con definiciones precisas de diversas etapas de la lucha política de los últimos cincuenta años. Rostros de derrotados o frustrados que regresan como fantasmas o como espectros, predicando promesas mágicas de resurrección...

Es como la rebelión de los náufragos políticos de las últimas cinco décadas. Los rezagos de la subversión de los años sesenta. Con nuevos reclutas. Los derrotados en las intentonas subversivas del 4 de febrero y el 27 de noviembre de 1992 se incorporan a la abigarrada legión de causahabientes. Todos los matices, todas las ambiciones y todas las frustraciones juntas de repente...

Me siento orgulloso de lo que, acompañado por mis colaboradores a lo largo de mi gobierno, hemos logrado hacer para darle rumbo moderno y definitivo al Estado venezolano. Al propio tiempo que siento la angustia y la pena por la crisis que inevitablemente ha acompañado al proceso de reformas que emprendimos...

Asumí la impopularidad de esta tarea. Tenía una alternativa quizás distinta: porfiar hasta el final y comprometer los recursos del Estado, extremando la falsa armonía social. Pero los resultados habrían sido catastróficos...

Fue en 1992 que brotó la soterrada conspiración civil, que aprovechó astutamente la conmoción producida por la felonía de los militares golpistas. La misma conspiración de hoy que recurre a otros métodos, porque se agotaron todos los demás, desde la metralla y el bombardeo implacable hasta la muerte moral. Si no abrigara tanta convicción en la transparencia de mi conducta que jamás manchará mi historia, y en la seguridad del veredicto final de justicia, no tengo inconveniente en confesar que hubiera preferido la otra muerte.

No me perdonan que haya sido dos veces Presidente por aclamación popular. No me perdonan que sea parte consubstancial de la historia venezolana de este medio siglo. No me perdonan que haya enfrentado todos los avatares para salir victorioso de ellos. No se me perdonan ni mis errores ni mis aciertos. Pero aquí estoy: entero y dedicado a Venezuela...

En el día de hoy, los magistrados de la Corte Suprema de Justicia encontraron méritos para enjuiciar al Presidente de la República y a los ex ministros Alejandro Izaguirre y Reinaldo Figueredo.

El pasado 9 de marzo, en mensaje dirigido a la nación, expliqué minuciosamente la forma y las razones por las cuales se tramitó esa rectificación presupuestaria de doscientos cincuenta millones de bolívares, con cargo a los servicios de inteligencia y seguridad del Estado. Nada tengo que rectificar o agregar... Una vez más quiero dejar constancia de que no hubo delito alguno. Y jamás podrá presentarse, tampoco, prueba que ponga en tela de juicio la conducta del ministro de Relaciones Interiores como del ministro de la Secretaría.

Me dirijo hoy a todos mis compatriotas y a todos los extranjeros que han hecho de Venezuela su patria: ... Ahora nos enfrentamos al juicio. No solicitaré de los señores senadores que anulen la decisión de la Corte Suprema de Justicia... No me defenderé porque no tengo nada de qué defenderme...

Tal como lo establece la Constitución procederé inmediatamente a entregarle el cargo al presidente del Congreso, con el fin de que el Parlamento proceda a designar a la brevedad posible a quien ha de encargarse de la Presidencia, mientras se decide el juicio contra el Presidente de la República.

Convoco a las fuerzas políticas, económicas, institucionales y sociales, a los medios de comunicación y a todos los venezolanos, a unirse alrededor del encargado de la Presidencia de la República que designe el Congreso para superar este momento aciago...

Quiera Dios que quienes han creado este conflicto absurdo no tengan motivos para arrepentirse[138].

El 21 de mayo de 1993, a las cuatro y cuarenta y cinco de la tarde, Moraima Salcedo estaba en la sala de su apartamento en Santa Paula, al frente del televisor y con periódicos regados a su alrededor. Ya se había

---

138 Alocución del presidente Carlos Andrés Pérez en cadena nacional.

tomado la champaña comprada para celebrar sus cuarenta años –de hecho, se la tomó la noche anterior–, y en la nevera no tenía ni siquiera una lata de cerveza, pero no le importaba. No necesitaba alcohol para achispar su ánimo, para estar feliz. Tampoco compañía. Su esposo, a esa hora, estaba en el trabajo (él no pidió permiso), y ella se encontraba sola. Mientras aguardaba el acto oficial de transmisión de mando, se entretenía releyendo la prensa. Repasando por encima las crónicas de lo acontecido el día anterior. No pudo contener una carcajada al entresacar frases sueltas del discurso del ya depuesto Presidente:

«… he actuado con mesura y con abierto ánimo de conciliación», la expresión le sonó falsa.

«… ni vencido ni derrotado…». ¡Ja!, fue cuando soltó la risa.

«… es como la rebelión de los náufragos…», ahí arrugó el entrecejo entre extrañada y despectiva.

«… quiera Dios que quienes han creado este conflicto absurdo no tengan motivos para arrepentirse…», le pareció el colmo de la altivez.

Moraima no terminaba de creer que hasta última hora, hasta sus momentos finales, el mandatario derrocado –porque eso era para ella: un derrocado– quisiera sermonear, y hasta amenazar. A su parecer, el futuro no podía ser más promisorio. Y lo que más le gustaba de todo era que ella estaba para atestiguarlo. Ahora sí es verdad que las cosas van a cambiar –pensaba–. Se había dado el primer aldabonazo. Estaba complacida. Se sentía livianita, como si flotara.

–Este país por fin se va a componer –dijo en voz alta, en el instante en que el canal ocho de televisión iniciaba un enlace en vivo. Eran las cinco de la tarde.

En el Palacio de Miraflores, a las cinco y catorce minutos, Javier, el joven de ojos rayados, aún permanecía en el puesto que había escogido para despedir al que había sido su jefe máximo durante más de cuatro años. Todavía resistía al lado de la columna a la que se había apostado. A su lado también seguía Rosario Orellana, la viceministra de la Secretaría de la Presidencia, y un grupo compacto de secretarias. Se habían mantenido firmes, y ninguno había podido ser desplazado por las tropas de ocupación que minutos antes habían invadido los pasillos. A las cinco y quince minu-

tos se abrió la puerta del despacho presidencial y apareció Carlos Andrés
Pérez que se despedía con su acostumbrada batida de brazos. La mitad de
la gente aplaudió; era la mitad que había trabajado bajo su mando. Pérez
dio la espalda para dirigirse hacia el carro que ya lo esperaba con la puerta
abierta. Se escuchó un sollozo. Una grosería. Rosario Orellana se volteó y
ordenó a las secretarias que la rodeaban:

–¡Vámonos!

Javier también se volteó y, sin ser secretaria, acató la orden; él tampoco quería estar presente cuando se destaparan las botellas de whisky y
se descorchara la champaña. Pero antes de dar la espalda, inhaló hondo
y al exhalar, junto con el aire botó casi todo lo que llevaba por dentro:

–*Consummatum est* –exclamó.

CAPÍTULO 31

—¿Gente como uno hizo esto? —preguntó Laura incrédula.

Ni Bernabé ni Eloísa pronunciaron palabra pero ambos hicieron un gesto elocuente. Sí, gente como uno.

Ahora pienso: ¿Será este destrozo, este trato de la cosa ajena como a violín prestado, esta falta de respeto a la hospitalidad ajena que observo en gente como uno el vivo retrato, la caricatura de la huella que dejaremos sobre la tierra?

Tiendo a filosofar demasiado, a intentar análisis y disecciones que me conduzcan a hipótesis más generales. Tiendo a trascendentalizar. Pero esa uniformidad de la conducta indica algo macabro. Hemos elevado el avvivato a la categoría de héroe. El que se salta la fila, el conductor que se adelanta por la zona de seguridad en el trancón, el que se aprovecha de otro. Hemos aceptado como categoría del trato social que el mundo se divide en vivos y en bobos. Y todos quieren ser vivos. Tomar lo que puedan. Asaltar la nevera. Acabar con todo, en una permanente actitud de saqueador. Ese es el vivo. El modelo social. No se deje, mijito. Muchos pasados de vivos, muchos realmente vivos, muchos bobos abusando del prójimo para sentirse vivos. Al final, todos bobos, todos víctimas de una forma de trato en la que el fin es abusar del otro, brincarse las reglas, aprovechar cuando los otros dan tiro. Las reglas de juego comunes no existen. Nada merece respeto.

(Sebastián Uribe Riley en *La voz interior* de Darío Jaramillo Agudelo).

CRONOLOGÍA QUE YA TUVO SU CONTEXTO

05.06.1993   Por consenso entre las fracciones políticas, el Congreso elige a Ramón J. Velásquez para que, en vez de Octavio Lepage, sea el Presidente constitucional mientras transcurre la suspensión del cargo de Carlos Andrés Pérez.

13.08.1993   El Congreso de la República termina de aprobar un paquete de leyes, entre las cuales está el Proyecto de Reforma a la Ley Orgánica de Salvaguarda del Patrimonio Público, que estipula eliminar el delito de malversación genérica, y que en días siguientes es enviada al despacho de Miraflores para que el presidente Ramón J. Velásquez le ponga el «Ejecútese». Sin embargo –según revela Juan Carlos Rey en su libro *Crisis de la responsabilidad política en Venezuela*– la fracción parlamentaria de Copei se de da cuenta de que al suprimir el delito de malversación «ya no sería posible» enjuiciar a CAP, y lo único que queda es acusarlo por peculado «del cual, por lo que se conocía de las investigaciones, no podía ser declarado culpable». Copei pide a Velásquez que devuelva el proyecto de ley para una reconsideración. Velásquez acepta y la devuelve.

31.08.1993   El Congreso de la República, *motu proprio*, sin que hubiese un pronunciamiento de la Corte Suprema de Justicia, decide por mayoría declarar la falta absoluta de Carlos Andrés Pérez como Presidente de la República. Votan a favor: Copei, MAS, Causa R, MIN, Nueva Generación Democrática, Avanzada Popular, FPI y F-1. El bloque de Acción Democrática se abstiene.

17.11.1993   Por orden de la CSJ allanan las oficinas de CAP en el edificio Las Delicias.

18.11.1993   Por instrucción de la CSJ realizan una inspección ocular en los archivos del despacho presidencial en Miraflores y del Ministerio de la Secretaría de la Presidencia.

18.05.1994   La Corte Suprema de Justicia dicta auto de detención a CAP y ordena internarlo en el Retén Judicial de El Junquito.

20.05.1994   Tras seis horas de deliberación, el CEN de Acción Democrática expulsa a Carlos Andrés Pérez de las filas de esa organización.

26.07.1994   En vista de la edad de CAP, la CSJ acepta que pase a régimen de «residencia vigilada».

22.11.1994   Comienza el juicio en contra del ex Presidente. El fiscal Iván Darío Badell formula cargos por malversación agravada y peculado y pide acciones civiles (multa) por daños causados a la Nación.

30.05.1996   Después de dos años y doce días de permanecer preso, la CSJ condena a CAP por el delito de malversación genérica agravada. El fallo es el mismo para Reinaldo Figueredo Planchart. No hay decisión contra Alejandro Izaguirre porque en el transcurso del proceso fue indultado por el presidente Rafael Caldera. La condena se fundamenta en «la territorialidad de los gastos de defensa», es decir: la partida secreta no se puede usar en el exterior del país. La sentencia ignora las declaraciones y opiniones de los testigos-expertos que coincidían en que «los gastos de seguridad y defensa pueden realizarse fuera del territorio nacional». Entre los expertos consultados que suscriben esa tesis figuran: el presidente en ejercicio Rafael Caldera, los ex presidentes Luis Herrera Campins, Jaime Lusinchi, y Ramón J. Velásquez, el diputado José Rodríguez Iturbe, el general Carlos Celis Noguera, el doctor Luis Herrera Marcano, el doctor Rafael Sureda Delgado, el coronel Ricardo Leonardi. La pena impuesta a CAP es de dos años y cuatro meses de arresto domiciliario. Queda pendiente determinar el monto del daño patrimonial causado por el envío de una misión policial a Nicaragua.

28.05.1997   La CSJ ordena que son seiscientos tres mil doscientos noventa y cinco dólares ($ 605.295) el monto que deberán restituir a la República CAP, Reinaldo Figueredo, Alejandro Izaguirre, Oscar Barreto Leiva y Carlos Vera. La decisión incluye a Izaguirre porque él fue indultado de su responsabilidad penal, mas no de su obligación civil.

Epílogo 1

Una vez me dijo Miguel Ángel Capriles que lo malo mío era
que yo metí a Venezuela en una batidora «ostereizer».

Carlos Andrés Pérez en *Usted me debe esa cárcel* de CAUPOLICÁN OVALLES

Miami, marzo 2008.

Son las cinco de la tarde. Desde un balcón en el piso tres de uno de los edificios de la avenida Collins, un anciano mira el mar y las ondas suaves que se forman a lo lejos y que van a reventar a la orilla. Esa tarde no tiene pensado recibir más visitas, pero al igual que ha hecho todos los días de los últimos sesenta años, al igual que todos los días que recuerda, viste impecable. Hoy, la camisa es blanca, de yuntas. La corbata de seda azul, y el pantalón es de un traje gris; el paltó se lo quitaron hace un rato y, seguro, ya debe estar colgado en el clóset. Un par de zapatos de piel de cocodrilo adornan, más que calzan, sus pies. Está sentado en una silla de la terraza, es un asiento cómodo pero que por lo bajo le dificulta el movimiento de sentarse, y sobre todo el de levantarse. Es todo un proceso. No puede hacerlo solo. Necesita ayuda, por eso siempre hay alguien cerca. Pendiente de lo que necesita. Adivinando lo que quiere. Pero ahora, en este instante, no. No hay nadie alrededor, y lo agradece. Está solo, contempla el mar. Es una tarde tranquila y fresca. No hay ruido ni cháchara que lo distraiga de su actividad preferida en los últimos tiempos: pensar. El ACV que lo atacó hace cuatro años –justo el día de su cumpleaños– le ha dificultado el habla y el movimiento, pero no el pensamiento. La habilidad de pensar quedó intacta. Y eso es lo que hace con gusto esta tarde, mientras mira las olas que se forman a lo lejos. Piensa –parece una paradoja– en otras olas, unas que hace quince años reventaron en otras costas y que en su retirada arrastraron consigo un país entero. Mientras mira y no mira las olas, piensa:

–Querían un vengador...

Epílogo 2

Mucha gente se pregunta en qué forma será juzgado Pérez por la historia...
quién sabe si a final de cuentas su nombre sea registrado al lado de las figuras transformadoras
del país... Lo que sí es seguro es que, aun con el reconocimiento de la historia, CAP no tendrá
la gloria a la que aspiraba...

ARGELIA RÍOS en *Economía Hoy,* 11 de mayo de 1993

¿De qué se quejan?

Monterrey, 15 de marzo de 2010.

AGRADECIMIENTOS

A mediados del año 2004 pensé por primera vez escribir una crónica sobre la caída de Carlos Andrés Pérez. En días tan difíciles como los de entonces me interesé por esa historia en la que ya intuía encontrar las raíces de lo que en ese momento vivíamos –y seguimos viviendo– como nación. Sin embargo, no fue sino hasta finales de ese año cuando di los pasos iniciales: revisar libros y periódicos viejos. Luego, 2005 se me fue en visitas espasmódicas a la hemeroteca y en mudarme de país, así que sólo fue a inicios de 2006, ya con quince meses viviendo entre México y Venezuela, cuando en verdad encaré con seriedad el asunto. La primera entrevista la hice en marzo, y las otras vinieron a lo largo de los tres años siguientes. Al principio, mis vuelos a Venezuela eran más o menos frecuentes y los aprovechaba para entrevistar, buscar libros, fotocopiar más periódicos viejos. Pero, poco a poco, los viajes se fueron espaciando. Hoy, cuatro años después, entiendo que nunca hubiera podido escribir este mamotreto en Caracas. Necesitaba alejarme de la bulla cotidiana. Necesitaba enconcharme. Así fue como logré reconstruir hechos, digerir situaciones, entender y, finalmente, escribir el cuento –mi cuento–. Lo hice en Monterrey, resguardada por el silencio que brinda mi casita al pie de la Sierra Madre Oriental y acompañada sólo de Paulina, mi gata; los vaporones (bochornos, le dicen en México) de la postmenopausia; los mensajes de texto de mi hija desde Caracas –Madre ¿andas por ahí?– y los correos siempre puntuales de VenEconomía y el Museo de Antioquia.

Terminé *La rebelión de los náufragos* en el silencio y a la distancia. Sin embargo, hasta mi concha regiomontana llegó la mano amiga de un montón de gente, sin la cual no hubiera podido hacer mi trabajo. A esa gente, le doy las gracias:

A todos los entrevistados, los que aparecen con sus nombres y los que me hablaron *off the record*, por el tiempo y la atención que me brindaron –algunos más de una vez– y por dejar en mis manos sus declaraciones.

A Roberto Giusti, porque a pesar de que nunca hablamos, fue un artículo suyo escrito en 1997 el que me dio la escena inicial. Y a Javier, que no se llama Javier, porque además de su vivencia me regaló la escena final. Y a Violeta, que tampoco se llama Violeta y es esposa del que no se llama Javier, por su historia y sus análisis.

A Sebastián de la Nuez, por sus consejos cuando apenas iniciaba mi tarea y por los periódicos de su colección que gentilmente me cedió, y a Enrique Rondón, por facilitarme el acceso al archivo de *Últimas Noticias* y *El Mundo*, pero especialmente por el empujón –y con las dos manos– que me dio para que empezara a escribir de una vez por todas y dejara de seguir «investigando».

A Anna María Díaz, Argelia Ríos, Gabriela Caraballo, Mariela Pereira, Hugo Vilchez y Rafael del Naranco que me prestaron libros, documentos o me suministraron datos, informaciones y números telefónicos, para mí, imposibles de conseguir.

A Rosa María Zulueta y Alfredo Ducharne, quienes sin conocerme accedieron a mis requerimientos.

A Eva Crisóstomo, Mónica Meza y Geraldine Trujillo por la valiosa ayuda que me prestaron con la revisión hemerográfica, cuando yo ya no pude hacerlo.

Al grupo de cuaimas venezolanas de Monterrey, por ser tan buena nota y disculpar mis ausencias –por estar «trabajando»– a los desayunos que organizan casi mensualmente.

A Mariana Reyes, por aquello de que no me quedara con nada adentro.

Al combo del Táchira tres raya uno (mi papá, mis hermanas y allegados), que siempre listo y siempre presto respondía a mis peticiones –todas urgentes, todas importantes, todas en medio de un ahogo de vida o muerte– por un recorte, un video, un fax, una información específica, un enlace telefónico. Y por ser el soporte, el árbol bajo el cual me siento protegida.

A las distinguidas integrantes del G-ampliado: Fabiola Sánchez, Patricia Ventura Nicolás, Mercedes Martínez, Cristina Marcano, Luisa Maracara y Alicia Mocci por sus cuentos, contactos, libros y por el cariño que supo llegar hasta mi concha mexicana.

A las dos más importantes miembros del G-3: Gloria Majella Bastidas –que suministró libros (muchos libros), documentos, teléfonos, observaciones– y Ross Mary Gonzatti –que compartió análisis y bibliografía, y se leyó con cariño pero sobre todo con rigurosidad el manuscrito original, encontrando huecos, frases rebuscadas, condenando errores–. A ellas dos, de manera especial, porque sin ellas no hay Cumbre que valga, y por haber sido las más fieles interlocutoras con las que me encontraba cuando apenas aterrizaba en Maiquetía.

A Sergio Pérez y Rubén Blades, porque me marcaron la entrada para comenzar a escribir.

A Alberto Barrera Tyszka, por su generosidad, y por entregarme la llave de la puerta exacta.

A Ulises Milla –por su interés, apoyo, profesionalismo y entusiasmo–, y al Grupo Alfa –en especial Carola Saravia y Magaly Pérez Campos–, por su respaldo, su respeto y sus buenos oficios.

A Araceli Franco, porque sin su «cocheo» no hubiera podido con esto.

A Glinda Neva, mi hija, por asumir tareas que ayudaron a descargarme y a espaciar mis visitas a Caracas; y por atender mis constantes peticiones de un libro, una fotocopia, un papel que yo necesitaba que me enviase urgente.

A Alberto, mi marido, mi primer lector, mi patrocinante y hasta mi *publisher* (le gusta como suena en inglés) si hubiera podido: por estar siempre aquí, a mi lado, oyéndome, atendiéndome, discutiendo, confrontándome, apoyándome, abrazándome.

ÍNDICE ONOMÁSTICO

276, 297, 334, 335
Ríos, Argelia   49 n., 143 n.,
    297 n., 445 n., 450
Rivas Vásquez, Rafael   211
Rodríguez, Gumersindo   54
Rodríguez, Manuel   17
Rodríguez, Miguel   52, 64, 65,
    73 y n., 74-76, 85, 91, 120, 121,
    131, 132, 135, 139, 142, 145,
    146, 162 n., 173, 182 n., 238,
    247, 249, 256, 260, 264, 265,
    278, 292, 301, 302, 327, 328
Rodríguez, Norberto   150
Rodríguez, Valmore   315
Rodríguez Ávila, Morel   68
Rodríguez Citraro, Germán   106,
    229
Rodríguez Corro, Gonzalo   20,
    253, 359, 363, 415, 417, 418,
    420, 424, 425, 427, 430
Rodríguez de Pérez, Blanca   19,
    30 n., 42 n., 178, 199, 204, 209
    y n., 214, 231 n., 316, 317, 319,
    323, 341-343
Rodríguez Iturbe, José   361 y n.,
    439
Rodríguez Mendoza, Miguel   74,
    94 n., 301
Rodríguez Ochoa, Arnoldo   100,
    151, 217, 219, 221
Rodríguez Salazar, Ismael   430,
    431
Romero, Aníbal   336
Romero de Encinozo, Beatriz   430
Rondón, César Miguel   269 y n.
Rondón, Enrique   192, 450
Rondón, Luis Emilio   332

Rondón de Sansó, Hildegard   430,
    431
Roosen, Gustavo   52, 66, 174,
    250
Rosas, Pedro   250, 264, 265, 410,
    414
Rueda, Aníbal   430
Ruff, Mattias   216

S

Sachs, Jeffrey   278
Sáez, Irene   243 y n., 271, 272
Salas Feo, Henrique   326
Salcedo Cárdenas, Juvenal   430
Sánchez, Fabiola   411, 450
Sánchez Bueno, Armando   148 y n.
Sanguinetti, Julio María   31
Santeliz Ruiz, Ramón   221, 228,
    229
Sarney, José   31
Silva Michelena, Héctor   65
Smith, Roberto   181, 303
Soares, Mario   31, 35
Somoza, Anastasio   331
Soon, Cho   73
Sosa, Cecilia   255 n., 417 y n.,
    427 n., 429 n., 430
Sosa Rodríguez, Julio   259
Subroto, Alí   31
Sucre Figarella, Leopoldo   51,
    175
Sureda Delgado, Rafael   439

T

Tagliaferrro de Lima, Jorge   213

Esta edición de
LA REBELIÓN DE LOS NÁUFRAGOS
se terminó de imprimir en el mes de mayo de 2011,
en los talleres de Editorial Melvin C.A.
CARACAS, VENEZUELA